WINTERKINDER

Ausgewählte Pressestimmen zu
WINTERKINDER

»Ein überwältigend schönes Buch ... lebendig, es strotzt geradezu vor Geschichten in der Geschichte.«

Cathrin Kahlweit, Süddeutsche Zeitung

Zur englischen Ausgabe:

»Ein tief berührendes und mitreißendes Stück Zeitgeschichte, glänzend über vier Generationen erzählt ... eine erstaunliche Lebensgeschichte voll Liebe, Tod und Verrat.« *Simon Sebag Montefiore*

»Eine der faszinierendsten Familiengeschichten der jüngsten Zeit. Nur wenigen gelingt es, so wie Owen Matthews über die bewegte Liebe seiner Eltern und über das grausige Schicksal seiner Großeltern mit dieser Mischung aus tiefer Zuneigung und kritischer und zugleich unaufdringlicher Objektivität zu schreiben.« *Library Review*

»An den berührendsten Passagen wird dieses Buch zum Liebesbrief eines Kindes an seine Mutter – wunderschön geschrieben und äußerst bewegend ...« *Daily Telegraph*

»Eine mitreißende Familiengeschichte ... Dieses faszinierende Buch ist keine Fußnote zur sowjetischen Geschichte: Es ist sowjetische Geschichte ...« *Observer*

»Eine unglaubliche Geschichte ... Viele Passagen sind von fast unerträglicher Eindringlichkeit.« *The Independent*

Ein russisches *Wilde Schwäne.*« *Sunday Times*

Das Buch

An einem Mittsommertag im Jahr 1937 küsste Boris Bibikow seine beiden Töchter zum Abschied und verschwand für immer. Eine der beiden, Mila, verliebte sich viele Jahre später, mitten im Moskau des Kalten Krieges, in einen jungen Engländer und beginnt mit ihm eine gefährliche, leidenschaftliche Affäre.

Jahrzehnte später trägt ihr Sohn Owen Matthews die Puzzleteile dieser dramatischen Geschichte zusammen: Er möchte wissen, wie sein Großvater den grausamen Säuberungen Stalins zum Opfer fiel. Wie seine Mutter ihre Kindheit in Waisenhäusern überlebte. Und wie Willkür, bittere Armut und ideologischer Fanatismus jahrzehntelang einen ganzen Kontinent beherrschen konnten. Und schließlich: Wie die außergewöhnliche Liebesgeschichte seiner Eltern mitten im Moskau des Kalten Krieges ihr glückliches Ende fand.

Der Autor

Owen Matthews, geboren 1971 in London, studierte Neuere Geschichte in Oxford und begann seine Karriere als Journalist in Bosnien. 1995 ging er als Redakteur nach Moskau und schrieb von dort als freier Korrespondent für *The Times*, *The Spectator* und *The Independent*. Seit 1997 Korrespondent für *Newsweek*. Er lebt heute mit seiner russischen Frau und zwei Kindern in Istanbul.

Von Owen Matthews erschien im Graf Verlag außerdem *Moskau Babylon* (Frühjahr 2015).

OWEN MATTHEWS

WINTERKINDER

DREI GENERATIONEN LIEBE UND KRIEG

Aus dem Englischen von Vanadis Buhr

Mit 34 Fotos

List Taschenbuch

Besuchen Sie uns im Internet:
www.list-taschenbuch.de

Ungekürzte Ausgabe im List Taschenbuch
List ist ein Verlag der Ullstein Buchverlage GmbH, Berlin.
1. Auflage September 2015
© für die deutsche Ausgabe Ullstein Buchverlage GmbH, Berlin /
Graf Verlag, München 2014
© 2008 by Owen Matthews
Titel der englischen Originalausgabe: *Stalin's Children.*
Three Generations of Love and War (Bloomsbury, London 2008)
Umschlaggestaltung: bürosüd° GmbH, München,
nach einer Vorlage von Büro Jorge Schmidt, München
Titelabbildung: © Plainpicture / elliot erwitt;
© Getty Images (Illustration)
Satz: Uwe Steffen, München
Gesetzt aus der Berling und der Optima
Druck und Bindearbeiten: CPI books GmbH, Leck
Printed in Germany
ISBN 978-3-548-61274-4

Für meine Eltern

Inhalt

Prolog

Die Hand die unterschrieb hat eine Stadt ruiniert…
Hat die Toten des Erdballs verdoppelt, ein Land halbiert.
Dylan Thomas

Auf einem Regal in einem Keller der einstigen KGB-Zentrale in Tschernigow, im Herzen der Ukraine, liegt eine dicke Akte mit einem zerfledderten Deckel aus brauner Pappe. Sie umfasst etwa eineinhalb Kilo Papier, alle Seiten sorgfältig nummeriert und gebunden. Es geht darin um den Vater meiner Mutter, Boris Lwowitsch Bibikow, dessen Name in eigentümlich kunstvoll gestochener Schrift auf dem Deckel eingetragen ist. Direkt unter dem Namen steht mit Schreibmaschine geschrieben: »Streng geheim. Volkskommissariat für innere Angelegenheiten. Sowjetfeindliche rechte trotzkistische Organisation in der Ukraine.«

Die Akte dokumentiert, wie mein Großvater im Spätsommer 1937 in den Händen von Stalins Geheimpolizei zu Tode kam. Ich fand sie 58 Jahre nach seinem Tod in einem schäbigen Büro in Kiew. Die Akte lag schwer auf meinem Schoß, auf unheimliche Weise bösartig, ein geschwollener Tumor aus Papier. Sie roch nach säuerlichem Moschus.

Den größten Teil der Akte machen dünne Formulardurchschläge aus, an vielen Stellen von der Schreibmaschine durchstanzt. Dazwischen immer wieder Zettel aus dickerem Papier. Gegen Ende finden sich einige Blätter weißes Schreibpapier, be-

deckt mit einer dünnen Handschrift und zahlreichen Tinten-
klecksen – das Bekenntnis meines Großvaters, ein Volksfeind zu
sein. Das 78. Dokument ist eine Bestätigung, dass er das Todesurteil gelesen und verstanden hat, das ein Gericht in Kiew unter
Ausschluss der Öffentlichkeit über ihn verhängte. Die darunter-
gekritzelte Unterschrift ist seine letzte dokumentierte Handlung
auf Erden. Ganz am Ende der Akte ist ein schlechter Durchschlag abgeheftet, der die Vollstreckung des Urteils am folgenden Tag, dem 14. Oktober 1937, bestätigt. Der Vollstrecker hat
mit einem nachlässigen Kringel unterzeichnet. Da die sorgfäl-
tigen Bürokraten, die die Akte zusammentrugen, vergaßen zu
dokumentieren, wo er begraben wurde, umfasst dieser Stapel Papier gleichsam die sterblichen Überreste von Boris Bibikow.

Auf dem Dachboden der Alderney Street Nr. 7 in Pimlico, London, steht ein schmucker Überseekoffer, auf den in ordentlichen
schwarzen Buchstaben »W. H. M. Matthews, St Antony's College,
Oxford, АНГЛИЯ« gemalt ist. Darin befindet sich eine Liebesgeschichte. Oder vielleicht eine Liebe.

Der Koffer enthält Hunderte Liebesbriefe meiner Eltern,
sorgfältig nach Datum sortiert, aus der Zeit von Juli 1964 und bis
Oktober 1969. Viele sind auf dünnem Luftpostpapier geschrieben, andere auf sauberem weißem Schreibpapier. Die Hälfte der
Seiten – die Briefe meiner Mutter, Ljudmila Bibikowa, an meinen Vater – sind mit einer geschwungenen, geneigten und doch
sehr femininen Handschrift bedeckt. Die meisten Briefe meines
Vaters an meine Mutter sind maschinengeschrieben, weil er gern
von jedem Brief einen Durchschlag behielt. Doch am Ende hat
er immer von Hand eine kleine Notiz über seiner extravaganten
Unterschrift eingefügt oder manchmal eine charmante kleine
Zeichnung. Die wenigen Briefe, die er mit der Hand geschrie-

ben hat, sind in schmaler, gerader und sehr korrekter kyrillischer Schrift gehalten.

In den sechs Jahren, die meine Eltern durch die Geschicke des Kalten Krieges getrennt waren, schrieben sie sich jeden Tag, manchmal sogar zweimal täglich. Seine Briefe sind aus Nottingham, Oxford, London, Köln, Berlin, Prag, Paris, Marrakesch, Istanbul, New York. Ihre sind aus Moskau, Leningrad, der Familiendatscha in Wnukowo. Die Briefe schildern jedes Detail, jeden Gedanken im Alltag meiner Eltern. Er sitzt an einem nebligen Abend in einem einsamen möblierten Zimmer in Nottingham und schreibt über Curry zum Abendessen und unbedeutende akademische Streitereien. Sie verzehrt sich nach ihm in ihrem winzigen Zimmer am Arbat in Moskau und schreibt über Gespräche mit Freunden, Ballettaufführungen, Bücher, die sie liest.

Manchmal ist ihr briefliches Gespräch so intim, dass ich mir bei der Lektüre ihrer Korrespondenz wie ein Voyeur vorkomme. Manchmal ist ihr Schmerz über die Trennung so intensiv, dass das Papier zu erzittern scheint. Sie rufen sich winzige Begebenheiten ins Gedächtnis aus der kurzen Zeit im Winter und Frühjahr 1964, die sie gemeinsam in Moskau verbrachten. Sie plaudern über gemeinsame Freunde und Essen und Filme. Aber vor allem sind die Briefe erfüllt von Verlust, Einsamkeit und einer Liebe so groß, dass sie, wie meine Mutter schrieb, »Berge versetzen und die Welt aus den Angeln heben kann«. Und obwohl die Briefe so schmerzlich sind, glaube ich, dass sie zugleich auch die glücklichste Zeit im Leben meiner Eltern schildern.

Jetzt, wo ich sie durchblättere, auf dem Fußboden des Dachbodens, der mein Kinderzimmer war und in dem ich 18 Jahre lang unmittelbar neben dem verschlossenen Koffer schlief oder den Stimmen meiner Eltern lauschte, die von unten heraufschwebten, wird mir plötzlich klar, dass diese Korrespondenz ihre ganze Liebe enthält. »Jeder Brief ist ein Stückchen unserer Seele. Sie dürfen nicht verloren gehen«, schrieb meine Mutter in den ersten qualvollen Monaten nach der Trennung. »Deine Briefe bringen mir kleine Stücke von dir, von deinem Leben, deinem Atem, deinem pochenden Herzen.«

Beide schütteten hier jeweils ihre Seelen aus, sie befanden sich in diesem Stapel Papier, der Blatt für Blatt sechs Jahre lang fast ununterbrochen auf Postzügen quer durch Europa ratterte. »Während unsere Briefe unterwegs sind, bekommen sie etwas Magisches… das macht sie so besonders«, schrieb Mila. »Jede Zeile ist mit dem Blut meines Herzens geschrieben.« Doch als sich meine Eltern wiedersahen, mussten sie feststellen, dass kaum noch genug Liebe übrig war. Sie war zu Tinte geworden und auf Tausende Seiten Papier geflossen, die nun sorgfältig zusammengefaltet in einem Koffer auf dem Dachboden eines Reihenhauses in London liegen.

Wir glauben, dass wir mit unserem rationalen Verstand denken, aber in Wirklichkeit denken wir mit unserem Blut. Dieses Blut war in Moskau überall um mich herum. Ich habe als junger Erwachsener viel Zeit in Russland verbracht, und in jenen Jahren stolperte ich immer wieder über den Ursprung jener Erfahrungen, die für meine Eltern wesentlich waren. Viele der Details und Sinneseindrücke dieser Stadt nahm ich genauso wahr, wie meine Eltern es seinerzeit taten, auch wenn mir die Stadt so voll vom Hier und Jetzt schien. Der Geruch nach nasser Wolle in der Metro im Winter. Verregnete Nächte in den Seitenstraßen des Arbat, über denen der schaurige Koloss des Außenministeriums wie ein Schiff im Nebel glüht. Die Lichter einer sibirischen Stadt wie eine Insel in einem Meer aus Wäldern, gesehen aus dem Fenster eines winzigen wackeligen Flugzeugs. Der Geruch des Meeres im Hafen von Tallinn. Und gegen Ende meiner Zeit in Moskau die plötzliche glasklare Erkenntnis, dass ich mein Leben lang genau die Frau geliebt hatte, die neben mir am Tisch saß, mitten unter Freunden im warmen Dunst der Zigaretten und Gespräche in einer Küche in der Nähe des Arbat.

Und doch war das Russland, in dem ich lebte, ganz anders als das Russland, das meine Eltern gekannt hatten. Ihr Russland war eine streng kontrollierte Gesellschaft, in der unorthodoxe Gedanken ein Verbrechen waren, in der alle wussten, was ihre Nachbarn taten, und das Kollektiv jedes Mitglied, das es wagte, sich über die Regeln hinwegzusetzen, massivem moralischem Terror aussetzte. Mein Russland war eine haltlose Gesellschaft. In den 70 Jahren unter sowjetischer Führung hatten die Russen viel von ihrer Kultur, ihrer Religion, ihrem Gott verloren; und viele von ihnen auch den Verstand. Aber immerhin hatte der sowjetische Staat das ideologische Vakuum mit seinen eigenen kruden Mythen und strikten Regeln gefüllt. Er hatte die Menschen ernährt, gelehrt und eingekleidet, ihr Leben von der Wiege bis ins Grab durchgeplant und, wichtiger als alles andere, für sie gedacht. Kommunisten – Männer wie mein Großvater – hatten versucht, einen neuen Menschen zu erschaffen, hatten den Menschen ihre alten Überzeugungen genommen und sie mit bürgerlichem Pflichtgefühl, Patriotismus und Fügsamkeit erfüllt. Doch als die kommunistische Ideologie wegbrach, verschwand auch ihre seltsame Fünfzigerjahremoral im schwarzen Loch abgehalfterter Mythologien. Die Menschen glaubten nun an Wunderheiler im Fernsehen, japanische Weltuntergangskulte und sogar wieder an den eifersüchtigen alten Gott der Orthodoxie. Doch tiefer als all diese neuen Glaubensrichtungen reichte Russlands absoluter, bodenloser Nihilismus. Plötzlich gab es gar keine Regeln mehr, jedes Mittel war erlaubt, und alles war möglich für die, die kühn und skrupellos genug waren, zu raffen, so viel sie konnten.

Es gab jede Menge Asche, aber nur wenige Phönixe. Vor allem der *narod*, das Volk, zog sich auf sich selbst zurück, machte weiter wie immer und ignorierte die Erdstöße, die seine Welt erschüttert hatten. Arbeit, Schule, Auto, Datscha, Schrebergarten, Fernsehen, Wurst und Kartoffeln zum Abendessen. Russland nach dem Fall des Eisernen Vorhangs erinnerte mich oft an einen Käfig voller Laborratten in einem aufgegebenen Experiment, die immer noch vergebens an den Zuckerwasserspendern nuckeln, lange nachdem die Wissenschaftler das Licht gelöscht haben und ausgewandert sind.

Ein Teil der russischen Intelligenzija nannte es *rewoluzija w sosnanii*, die »Revolution des Bewusstseins«. Doch das beschrieb es nicht einmal ansatzweise. Es war keine richtige Revolution, weil nur eine kleine Minderheit sich entschied oder die Vorstellungskraft hatte, die Gunst der Stunde zu nutzen, um sich neu zu erfinden und an die schöne neue Welt anzupassen. Für die Übrigen war diese Revolution mehr wie eine leise Implosion, ein kollabierender Bovist, ein plötzliches Ineinanderschieben der Möglichkeiten im Leben, keine Revolution, sondern ein langsames Absacken in Armut und Verwirrung.

Die meiste Zeit in Russland glaubte ich mich in einer Geschichte ohne Handlungsstrang, einer ständig wechselnden Diaschau der Phantasmagorien, die Moskau zu meiner persönlichen Erbauung auf mein Leben projizierte. Tatsächlich aber war ich gefangen im Gespinst familiärer Vorgeschichte, das sich immer enger um mich legte.

Ich ging nach Moskau, weil ich meinen Eltern entkommen wollte. Aber genau dort fand ich sie wieder, auch wenn ich das lange Zeit nicht wusste oder nicht sehen wollte. Dies ist eine Geschichte über Russland und über meine Familie, über einen Ort, der uns geschaffen und befreit und inspiriert und beinahe gebrochen hat. Und letztlich ist es eine Geschichte über die Flucht, darüber, wie wir aus Russland geflohen sind, auch wenn wir alle – selbst mein Vater, ein Waliser, selbst ich, der ich in England aufwuchs, immer noch etwas Russisches in uns tragen, das unser Blut wie ein Fieber infiziert.

1

Der letzte Tag

Ich glaube nur an eines:
die Macht des menschlichen Willens.
Josef Stalin

Ich sprach Russisch, bevor ich Englisch sprach. Bevor ich in Mütze, Blazer und kurzen Hosen auf eine englische Prep School geschickt wurde, sah ich die Welt auf Russisch. Wenn Sprachen eine Farbe haben, dann ist Russisch das grelle Rosa der Siebzigerjahrekleider meiner Mutter, das warme Rot der alten usbekischen Teekanne, die sie aus Moskau mitgebracht hatte, das kitschige Schwarz-Gold des handbemalten russischen Holzlöffels, der in der Küche an der Wand hing. Englisch, die Sprache, die ich mit meinem Vater sprach, war das gedeckte Grün des Teppichs in seinem Arbeitszimmer, das verblichene Braun seiner Tweedjacken. Russisch war eine vertrauliche Sprache, ein privater Code, den ich mit meiner Mutter benutzte, warm und sinnlich und rau, die Sprache von Küche und Schlafzimmer. Sie roch nach warmem Bett und dampfendem Kartoffelbrei. Englisch war die Sprache der Förmlichkeit, des Erwachsenseins, des Lernens, die Sprache von »Janet and John« auf dem Schoß meines Vaters, und sie roch nach Gauloises und Kaffee und dem Motorenöl seiner Dampfmaschinensammlung.

Meine Mutter las mir Puschkins Geschichten vor, zum Beispiel das fantastische Versepos *Ruslan und Ljudmila*. Die übernatürliche Welt der dunklen russischen Wälder, das lauernde Böse und strahlende Helden, heraufbeschworen an Winterabenden in einem kleinen Londoner Wohnzimmer und untermalt vom fernen Quietschen der in die Victoria Station einfahrenden Züge, war mir in meiner Kindheit unendlich lebendiger als alles, was mein Vater heraufbeschwören konnte. »Dort ist der russische Geist. Dort riecht es nach Russland«, schrieb Puschkin über ein geheimnisvolles Land am Meer, wo eine große grüne Eiche stand; um die Eiche war eine goldene Kette geschlungen, an der Kette lief eine schwarze Katze auf und ab, und im Gewirr der Äste schwamm eine Meerjungfrau.

Am Ende des brütend heißen Sommers 1976 besuchte uns meine Großmutter Marta in London. Ich war damals viereinhalb Jahre alt, und der Rasen im Eccleston Square Garden war nach der Hitzewelle gelb und verbrannt. Glühend heiße Gehwege, der Geschmack von Erdbeereis, meine Lieblingslatzhose aus beigefarbenem Cord mit einer großen gelben Blume auf dem Bein. Ich erinnere mich an die Korpulenz meiner Großmutter, ihren modrigen russischen Geruch, ihr weiches, rundes Gesicht. Auf den Fotos sieht sie immer aus, als sei ihr unwohl. Groß und ärgerlich und männlich hält sie mich wie einen zappelnden Sack, und meine Mutter lächelt nervös. Sie machte mir Angst, wenn sie unvermittelt losschimpfte, mit ihrer Unberechenbarkeit, ihrer spürbaren Anspannung. Sie saß oft stundenlang da, allein und still in einem Sessel am Wohnzimmerfenster. Manchmal schob sie mich weg, wenn ich auf ihren Schoß klettern wollte.

Eines Nachmittags waren wir auf dem Eccleston Square. Meine Mutter plauderte mit anderen Müttern, meine Großmutter saß auf einer Bank. Ich spielte Räuber und Gendarm mit mir selbst, ausgerüstet mit einem Polizeihelm aus Plastik und einer Cowboypistole, und rannte im Park herum. Ich schlich mich von hinten an meine Großmutter heran, sprang dann hinter der Bank hervor und versuchte, ihr Handschellen anzulegen. Sie saß reglos da, während ich mit dem Verschluss der Handschellen kämpfte, und als ich aufblickte, weinte sie. Ich holte meine Mutter, und dann saßen sie lange Zeit beisammen. Ich versteckte mich in den Büschen. Dann gingen wir nach Hause, und meine Großmutter weinte immer noch still.

»Sei nicht traurig«, sagte meine Mutter. »Oma weint, weil die Handschellen sie an die Zeit erinnern, als sie im Gefängnis war. Aber das ist lange her, und jetzt ist alles gut.«

Die meiste Zeit ihres Lebens lebte meine Mutter für eine imaginäre Zukunft. Ihre Eltern kamen ins Gefängnis, als sie drei war. Von da an übernahm der sowjetische Staat ihre Erziehung und formte ihren Verstand – nicht aber ihren Geist – nach seinen Vorstellungen. Ein strahlender Morgen warte hinter dem Horizont, erzählte man ihrer Generation, aber damit er kommen könne, müsse wie bei den Azteken Blut vergossen werden, und der Einzelne müsse sich der großen Sache opfern. »Einfache sowjetische Menschen sind überall und vollbringen Wunder« ist ein Satz aus einem beliebten Lied der Dreißigerjahre, den meine Mutter oft zitiert, immer voller Ironie, wenn sie sich bürokratischer Dummheit oder Grobheit ausgesetzt sieht. Doch in einem tieferen Sinne prägte die Vorstellung, der Einzelne könne jedes noch so große Hindernis überwinden, ihr Leben.

Ihr Vater Boris Bibikow glaubte das auch. Er inspirierte – und terrorisierte – Tausende Männer und Frauen so, dass sie eine gewaltige Fabrik buchstäblich aus dem Schlamm errichteten, auf dem sie stand. Meine Mutter ihrerseits vollbrachte ein kaum weniger bemerkenswertes Wunder. Gewappnet mit nichts als ihrer unerschütterlichen Überzeugung trat sie gegen das Ungeheuer des sowjetischen Staates an und gewann.

Ich sehe meine Mutter nie als kleine Frau, obwohl sie winzig ist, gerade mal 1,50 Meter groß. Aber sie hat einen gigantischen Charakter; die kinetische Energie ihrer Gegenwart füllt ganze Häuser. Ich habe sie oft weinen sehen, aber nie ratlos. Selbst in ihren schwächsten Momenten zweifelt sie nie an sich selbst. Sie hat keine Zeit für Nabelschauen, für das maßlose Leben, das meine Generation führt, obwohl sie bei all ihrer eisernen Selbstdisziplin auch bereit ist, bei anderen großzügig über Fehler hinwegzusehen. Schon in meiner frühesten Kindheit beharrte meine Mutter darauf, man müsse um alles im Leben kämpfen, und jedes Scheitern sei vor allem ein Scheitern des Willens. Ihr Leben lang stellte sie kompromisslose Forderungen an sich selbst und genügte ihnen auch immer. »Wir müssen uns ihres Glaubens an uns würdig erweisen, wir müssen kämpfen«, schrieb sie an meinen Vater. »Wir dürfen es uns nicht erlauben, schwach zu sein… Das Leben kann uns schon im nächsten Moment niederschmettern, und niemand wird uns schreien hören.«

Sie ist auch unglaublich schlagfertig und intelligent, doch diese Seite erlebe ich an ihr nur, wenn sie in Gesellschaft ist. Beim Abendessen mit Gästen ist ihre Stimme klar und einfühlsam, und sie formuliert ihre Ansichten mit altmodischer Bestimmtheit in rollendem Englisch.

»Alles ist relativ«, sagt sie beispielsweise schelmisch. »Ein Haar in einem Teller Suppe ist zu viel, ein Haar auf dem Kopf ist nicht genug.« Oder sie erklärt: »Das Russische hat so viele reflexive Verben, weil die Russen pathologisch unverantwortlich sind! Im Englischen sagt man ›ich will‹, ›ich brauche‹. Im Russischen heißt es ›der Wille ist aufgekommen‹, ›der Bedarf ist entstanden‹. Die Grammatik ist der Spiegel der Psychologie! Der Psychologie einer infantilen Gesellschaft!«

Wenn sie spricht, springt sie mühelos von Nurejew zu Dosto-jewski, zu Karamsin und Blok. Ihr abschätziges Schnauben und ihre wegwerfenden Gesten werden begleitet von bewundern-dem Luftholen und verzückt an die Brust gedrückten Händen, wenn sie ein neues Thema ansteuert wie ein Rennfahrer, der um die nächste Kurve rast. »Ha, Nabokov!«, sagt sie mit geschürzten Lippen und hebt eine Augenbraue, damit alle Anwesenden wis-sen, dass sie ihn für einen unverbesserlichen Aufschneider und eine kalte, herzlose und gekünstelte Person hält. »Ach, Charms«, sagt sie und hebt eine Handfläche zum Himmel, um zu zeigen: Das ist ein Mann, der Russlands Absurdität, Pathos und tägliche Tragödie wirklich versteht. Wie viele russische Intellektuelle ihrer Generation ist sie in der Kasba der Literatur ihres Landes ganz und gar zu Hause und findet ihren Weg durch die Gas-sen wie eine Einheimische. Ich habe meine Mutter immer be-wundert, doch in solchen Momenten, wenn sie eine ganze Tisch-gesellschaft in Atem hält, erfüllt mich unbändiger Stolz auf sie.

Milan Kundera schrieb einmal: »Der Kampf des Menschen gegen die Macht ist der Kampf der Erinnerung gegen das Vergessen.« Und so ist es auch für meine Mutter, wenn sie diese Geschichte erzählt. Sie hat selten mit mir über ihre Kindheit gesprochen, als ich selbst noch ein Kind war. Doch als ich sie als Erwachsener da-nach fragte, begann sie freimütig zu erzählen, ohne dabei melo-dramatisch zu werden, mit verblüffender Sachlichkeit und Auf-richtigkeit. Doch zugleich sorgt sie sich, die Geschichte könne zu düster, zu bedrückend werden, wenn ich sie erzähle. »Schreib über die guten Menschen, nicht nur über das Dunkel«, sagte meine Mutter zu mir. »Ich habe so viel menschliche Güte erlebt, so viele wunderbare, seelenvolle Menschen.«

Ein letztes Bild meiner Mutter, ehe wir ihre Geschichte erzählen: Sie ist 72 Jahre alt und sitzt an einem sonnengesprenkelten gedeckten Mittagstisch. Wir sind im Haus eines Freundes auf einer Insel in der Nähe von Istanbul, auf einer luftigen Terrasse mit Blick über das Marmarameer. Meine Mutter hockt seitlich auf dem Stuhl, wie sie es wegen ihrer Hüfte immer tut, die eine Tuberkulose in ihrer Kindheit verkrüppelt hat. Unser Gastgeber, ein türkischer Schriftsteller, ist braun gebrannt wie ein antiker Meeresgott. Er schenkt Wein ein und reicht Platten mit selbst gesammelten Muscheln und Speisen, die sein fantastischer Koch zubereitet hat.

Meine Mutter ist entspannt und so hinreißend, wie sie eben sein kann. Unter den Gästen ist auch eine türkische Balletttänzerin, eine große, wunderschöne Frau mit dem langgliedrigen Körperbau einer Tänzerin. Sie und meine Mutter sprechen voller Leidenschaft über das Ballett. Ich sitze am Ende des Tisches und rede mit unserem Gastgeber, als ich höre, wie sich der Ton meiner Mutter verändert; nicht dramatisch, es ist nur eine Nuance. Doch die winzige Veränderung ist über die verschiedenen Gespräche am Tisch hinweg hörbar, und wir drehen uns um und hören zu.

Sie erzählt eine Geschichte über Solikamsk, eine Stadt der verlorenen Kinder im Krieg, in die sie 1943 evakuiert wurde. Die Lehrerin der überfüllten Schule, die sie besuchte, brachte ein Tablett mit Schwarzbrot für die Kinder zum Mittagessen. Sie sagte den Kindern aus dem Ort, sie sollten ihre Stücke den Waisenkindern geben, obwohl sie alle am Verhungern waren.

Meine Mutter erzählt die Geschichte mit einfachen Worten, ohne großes Pathos. Sie sieht niemanden an. Um ihre Lippen spielt ein schmerzliches Lächeln. Mit ihren beiden beiden Zeigefingern zeigt sie uns, wie groß die Brotstücke auf dem Tablett waren. Aus ihren Augen strömen Tränen. Auch die Tänzerin fängt an zu weinen und umarmt meine Mutter. Ich kenne die Geschichte schon, und doch bin ich erneut erschüttert darüber, welch ganz normales Wunder das Leben und das Schicksal für uns bereithält – dass jenes hungrige Kind aus dem winterlichen Klassenzimmer im Krieg dieselbe Person ist, die nur hier an diesem heißen Nachmittag bei uns sitzt, als sei sie aus einer anderen, unendlich fernen Welt zu uns in unser sorgloses modernes Leben gestoßen.

Die Küche meiner Tante Lenina am Frunsenskajaufer an einem hellen Moskauer Sommerabend Ende der Neunzigerjahre. Ich sitze auf dem breiten Fenstersims und rauche eine Zigarette nach dem gewaltigen, fettigen Mahl, das ich mindestens fünf Mal loben musste, ehe sie überzeugt ist, dass ich zufrieden war. Lenina kocht in ihrem alten Emaillekessel Wasser. Den deutschen Wasserkocher, den ihre Töchter ihr geschenkt haben, verschmäht sie.

Lenina, die Schwester meiner Mutter, ist genauso üppig, wie es ihre Mutter Marta gewesen war, mit breiten Hüften und großen Brüsten, der Rücken unter der Last der Probleme der Welt gebeugt. Sie hat Martas stechend blaue Augen. Meine Mutter auch, ich auch und mein Sohn Nikita auch. Doch ihr Temperament hat Lenina wohl eher von ihrem geselligen Vater Boris Bibikow geerbt. Sie liebt es, Freunde um den Küchentisch zu versammeln, zu plaudern, zu tratschen, Intrigen zu schmieden. Sie zieht gerne die Fäden und organisiert das Leben anderer in ausgedehnten Telefonaten. Sie liebt es, Fernsehmoderatoren über Telefon-Hotlines zu terrorisieren und Ladenbesitzer in persona. Sie ist eine große Frau mit einer kräftigen Stimme, und sie leidet an vielen, vielen, oft beinahe tödlichen Krankheiten, über die sie sehr gerne spricht.

Als sie den Tee einschenkt, stürzt sich Lenina in ihr Lieblingsthema: das bunte Liebesleben ihres Neffen. Ihre Augen beginnen mädchenhaft-lasziv zu leuchten. Ich habe Leninas Rolle der strengen alten Dame schon lange durchschaut. Sie ist nur eine der Waffen in ihrem umfangreichen Arsenal, das sie im täglichen Kampf gegen die Außenwelt auffährt. Am liebsten aber beugt sie sich auf ihrem Hocker an der Ecke des Tisches vor, stützt einen Ellbogen auf, fixiert ihren Neffen mit wachsamem Auge und will die neuesten Einzelheiten erfahren. Wenn es unanständig wird, gackert sie wie ein Marktweib.

»Du hast Glück, dass ich das alles nicht deiner Mutter erzähle«, gluckst sie. Obwohl sie es nie müde wird, ihre eigenen Töchter auszuschimpfen, kritisiert sie mich nur selten während unserer allwöchentlichen Tratschrunde. Stattdessen steuert sie lebenskluge und oft recht zynische Ratschläge bei. Meine Tante Lenina ist mir, obwohl ein halbes Jahrhundert älter als ich, eine wahre Freundin und Vertraute.

Lenina hat ein phänomenales Gedächtnis. Unsere Gespräche beginnen immer in der Gegenwart, aber verweilen dort nur flüchtig, da diese nicht bunt und dramatisch genug ist, um ihre Aufmerksamkeit lange genug zu fesseln. Schon mit dem nächsten Satz geht sie nahtlos in die Vergangenheit über und begibt sich auf eine nächtliche Wanderung durch ihre Erinnerungen. Wie beim Stühlerücken wird ihre Aufmerksamkeit mal hierhin, mal dorthin gezogen.

Mit zunehmendem Alter wird sie blinder und weniger mobil, doch ihre Vorstellungskraft scheint an Klarheit zu gewinnen. Die Vergangenheit ist ihr näher als die Gegenwart. Sie beklagt sich, dass sie nachts Besuch von den Toten bekommt. Sie lassen sie nicht in Ruhe – ihr Mann, ihre Eltern, ihre Freunde, ihre Enkelin Mascha, die mit 26 Jahren an Krebs starb. Sie alle streiten, schmeicheln, lachen, meckern und gehen ihren Beschäftigungen nach, als merkten sie nicht, dass sie tot sind. Sie sieht die Vergangenheit in ihren Träumen, unablässig. »Es ist wie im Kino«, sagt sie. Zum Ende ihres Lebens hin erscheint ihr sein Anfang lebendiger als je zuvor. Einzelheiten tauchen auf, Gespräche, Begebenheiten, Geschichten. Schnipsel eines Lebens als winzige Filmclips, die sie chronologisch aufschreibt, um sie mir bei meinem nächsten Besuch zu erzählen. Sie weiß, ich kenne die handelnden Personen inzwischen so gut, dass sie sie nicht mehr erklären muss.

»Hab ich dir erzählt, was mir zu Onkel Jascha und den Mädchen, die er in seinem Mercedes abgeholt hat, wieder eingefallen ist? Was Warja gesagt hat?«, fragt sie am Telefon, und ich weiß sofort, dass sie über ein legendär unmoralisches Automobil spricht, das mein Großonkel Jakow 1946 aus Berlin verschiffen ließ, und über den Zorn, den dies in meiner Großtante entfachte. »Sie war so zornig, dass sie alle Blumentöpfe im Haus nach ihm warf und das Geschirr aus der Küche. Jascha konnte nicht aufhören zu lachen, selbst als ihm die Teller um die Ohren flogen. Und das machte sie erst recht wütend!«

Lenina sieht die Welt durch Gespräche, Stimmen, Menschen. Im Gegensatz zu ihrer Schwester, meiner lesewütigen Mutter, liest sie nicht viel. Sie ist eine Schauspielerin, der Küchentisch ihre Bühne und die stetig wechselnden Freunde, Bittsteller, ehemaligen Studenten, Nachbarn und Verwandten sind ihr Publikum.

Die Geschichte von Ljudmila und Lenina beginnt in einer anderen Küche, im Hochsommer 1937 in einer schmucken Wohnung mit hohen Decken im Zentrum von Tschernigow. Die großen Fenster standen weit offen und ließen die kühle Brise von der Desna herein. In einer Ecke spielte meine dreijährige Mutter mit einer Lumpenpuppe. Meine Tante Lenina lehnte auf dem breiten Fenstersims und suchte die Straße nach der eleganten Silhouette des großen, schwarzen Packard ihres Vaters ab. Sie war zwölf Jahre alt und hatte ein rundes Gesicht mit großen, klugen Augen. Sie war modisch gekleidet in ihrem geliebten Tennisrock aus weißer Baumwolle, nachgeschneidert aus einer Moskauer Zeitschrift. Draußen, jenseits der Wipfel der Platanen in der Lermontowstraße, sah sie die goldenen Kuppeln der Kathedrale von Tschernigows mittelalterlichem Kreml.

Am Küchentisch machte ihre Mutter Marta viel Aufhebens um ein Proviantpaket für ihren Mann Boris: gebratenes Huhn, hart gekochte Eier und eine Gurke, ein paar Kekse, eine in Zeitungspapier eingewickelte Prise Salz, alles eingeschlagen in Pergamentpapier. Boris wollte auf dem Weg zum Bahnhof kurz vorbeischauen, um sein Gepäck abzuholen, bevor er in ein Sanatorium der Partei in Gagra am Schwarzen Meer aufbrach. Es sollte sein erster Urlaub innerhalb von drei Jahren sein.

Marta beschwerte sich, an niemanden Bestimmtes gerichtet, dass ihr Mann sich wieder einmal verspätete, so typisch, einfach typisch! Boris war so besessen von seiner Arbeit, dass er sich nicht einmal den Morgen seines Urlaubsbeginns freinehmen konnte. Für die Parteiausschüsse schien er immer mehr Zeit zu haben als für seine Familie.

Marta war eine große, kräftige Frau, die schon füllig wurde, wie die russischen Bäuerinnen, sobald sie Kinder geboren haben. Sie trug ein Kleid aus importierter Baumwolle und war sorgfältig geschminkt. Ihre Stimme war immer nörgelig, so kam es Lenina jedenfalls vor, und ihr graute bei dem Gedanken an eine Woche allein mit ihrer Mutter ohne den mäßigenden Einfluss ihres Vaters. An der Spüle stand Warja, das leidgeprüfte Hausmädchen der Familie, ein stämmiges Landmädchen, das einen weiten *sarafan* mit gestärkter Schürze trug, das traditionelle Kleid der Bäuerinnen. Warja schlief in einer Art Schrank am Ende des Flures, aber sie verdiente Geld und wurde verköstigt, und so akzeptierte sie Marta und Schlimmeres. Marta verließ grummelnd die Küche, um Boris' Gepäck zu überprüfen, das im geräumigen Flur stand, und Warja zwinkerte Lenina zu, als sich ihre Blicke trafen.

Ljudmila – oder Mila – war ihrer großen Schwester treu ergeben wie ein kleiner Hund und ließ sie am liebsten keine Sekunde aus den Augen. Die Mädchen hatten mit ihrem Vater ein gegenseitiges Verteidigungsbündnis geschlossen, eine Komplizenschaft, die Marta missfiel und die sie nicht verstand.

Lenina am Fenster sah das große schwarze Auto ihres Vaters um die Ecke biegen und vor dem Wohnhaus halten. Es polterte im Treppenhaus, und Boris kam in die Wohnung gestürmt. Er war ein kräftig gebauter Mann, der bereits Bauch ansetzte und dessen rasierter Schädel vorzeitig kahl wurde. Er trug bewusst proletarische Kleidung, schlichte Leinenhemden im Sommer und gestreifte Matrosenjacken im Winter, und sah viel älter aus als seine 34 Jahre. Er war schon jetzt der zweitmächtigste Mann der Stadt, Sekretär für Agitation und Propaganda des Regionalausschusses der Kommunistischen Partei, ein bekannter politischer Agitator, ein aufsteigender Stern in der Partei, Träger des Leninordens. Boris betrachtete seine Lehrjahre in der Provinzverwaltung als Vorspiel zu einem mächtigen Posten in Kiew oder sogar Moskau. Er würde es weit bringen. Nun ignorierte er die Schimpftiraden seiner Frau und küsste seine beiden Töchter schnell zum Abschied.

»Sei brav und pass auf deine Mutter und deine Schwester auf«, flüsterte er Lenina zu

Er brachte seine Frau mit einer flüchtigen Umarmung zum Schweigen, griff nach dem gepackten Koffer und dem Proviant-paket und rannte die Treppe hinunter. Lenina eilte ans Fenster und sah den Fahrer ihres Vaters rauchend am Auto stehen. Er warf die Zigarette weg, als er seinen Chef die Steintreppe herun-terkommen hörte. Lenina winkte eifrig, als ihr geliebter Vater in sein Auto stieg, und er winkte flüchtig zurück, es war mehr eine Wischbewegung als ein Winken. Es war das letzte Mal, dass sie ihn sah.

Nachdem sie ihren Mann verabschiedet hatte, ging Marta über den Treppenabsatz zu den Nachbarn hinüber, um zu sehen, ob alles in Ordnung war. Sie hatte am Morgen nicht wie sonst die Tür gehört, und niemand war zum Mittagessen nach Hause ge-kommen. Als Marta zurückkam, fiel Lenina auf, wie blass und nervös sie war. Niemand hatte auf ihr Klingeln hin die Tür geöff-net. An dieser klebte ein gestempelter Zettel mit dem Siegel des Volkskommissariats für Innere Angelegenheiten, des NKWD. Sie wusste sofort, was das bedeutet. Die Nachbarn der Bibikows, die Familie eines Kollegen ihres Mannes, waren in der Nacht ver-haftet worden.

Am nächsten Morgen lag große Müdigkeit in Martas Augen, als sie die kleine Ljudmila anzog, und ihre Stimme war herrisch, als sie den Kindern die Sommerhüte auf die Köpfe drückte und sie zum Einkaufen trieb.

Auf dem Weg zum Markt blieb Marta stehen, um Ljudmilas Schuh nachzubinden. Als sie in die Hocke ging, trat ein Mädchen in Leninas Alter leise zu ihr. Sie flüsterte Marta etwas ins Ohr und lief eilig wieder davon. Anstatt aufzustehen, sank Marta wie ein angeschossenes Tier auf dem Bürgersteig auf die Knie. Ihre Kinder versuchten erschrocken, sie aufzurichten. Nach wenigen Augenblicken hatte sie sich erholt, stand auf und eilte zurück nach Hause, Ljudmila, die stolpernd Schritt zu halten versuchte, hinter sich her ziehend. Jahre später erzählte Marta Lenina, was das Mädchen gesagt hatte: »Heute Nacht kommen sie mit einem Durchsuchungsbefehl.« Niemand wusste, wer das Mädchen war oder wer sie geschickt hatte.

Zurück in der Wohnung, fing Marta an zu weinen. Sie war in den zwölf Jahren ihrer Ehe nur einmal von ihrem Mann getrennt gewesen – als er in der Roten Armee diente, kurz nachdem sie sich kennengelernt hatten. Und jetzt war er weg und die Welt, die sie sich aufgebaut hatten, im Begriff, auseinanderzufliegen.

An jenem Abend gingen die Kinder hungrig zu Bett. Zum Abendessen hatte ihre Mutter nur hastig ein paar Reste zusammengeworfen. Marta konnte nicht schlafen, wie sie später Lenina erzählte, und wusch die halbe Nacht Wäsche. Dann saß sie am offenen Fenster und wartete auf das Auto. Kurz vor Morgengrauen schlief sie schließlich ein und hörte es nicht.

Marta wurde durch ein heftiges Klopfen geweckt. Sie sah auf ihre Armbanduhr; es war kurz nach vier Uhr morgens. Marta zog einen Morgenrock über und öffnete die Tür. Draußen standen vier Männer, alle in schwarzen Lederjacken mit Pistolengürteln und Lederstiefeln. Der Anführer zeigte ihr einen Durchsuchungsbefehl und einen Haftbefehl gegen ihren Mann. Er fragte, ob Bibikow zu Hause sei. Marta sagte Nein, er sei weg, und bettelte um eine Erklärung. Die Männer drängten sich an ihr vorbei und begannen, die Wohnung zu durchsuchen. Die Kinder wurden von ihren Stimmen geweckt. Ljudmila fing an zu weinen. Ein Mann öffnete die Tür zu ihrem Zimmer, schaltete kurz das Licht an, schaute sich um und hieß die Kinder still sein. Ljudmila krabbelte zu Lenina ins Bett und weinte sich in den Schlaf. Ihre Mutter kam verwirrt herein und tröstete sie. Sie lauschten, wie nebenan Schubladen durchwühlt und Schränke ausgeleert wurden.

Die Männer blieben zwölf Stunden und durchsuchten systematisch jedes Buch, jede Akte in Boris' Arbeitszimmer. Sie erlaubten Marta nicht, in die Küche zu gehen und den Kindern etwas zu essen zu machen. Lenina erinnert sich, dass ihre Gesichter »hart waren wie ihre Ledermäntel«. Als sie mit der Durchsuchung fertig waren, konfiszierten sie eine Kiste voller Dokumente, für die Marta unterschreiben musste. Die Beamten des NKWD versiegelten die vier Zimmer der Wohnung und ließen Marta und die Kinder in Nachthemden in der Küche. Nachdem sie die Tür zugeknallt hatten, brach Marta tränenüberströmt auf dem Fußboden zusammen. Ljudmila und Lenina fingen ebenfalls an zu weinen und umarmten ihre Mutter.

Als Marta die Fassung wiedererlangt hatte, ging sie ins Bad und wrang ein nasses Kleid aus. Sie wischte sich vor dem Badezimmerspiegel das Gesicht ab, wies Lenina an, sich um ihre Schwester zu kümmern, und ging aus dem Haus. In der Gewissheit, ihre Familie sei Opfer eines schrecklichen Fehlers geworden, lief sie zur örtlichen Zentrale des NKWD. Spät am Abend kam sie zu den Kindern zurück, mit leeren Händen und verzweifelt. Sie hatte praktisch nichts in Erfahrung gebracht, außer dass sie nur eine von Dutzenden panischen Ehefrauen war, die den ungerührten Rezeptionisten wegen ihrer vermissten Ehemänner bestürmt hatten, nur um zu hören, die Männer würden überprüft, und man würde die Frauen auf dem Laufenden halten.

Zu dem Zeitpunkt wusste Marta nicht, dass ihr Mann noch auf freiem Fuß und in einem Schlafwagen erster Klasse auf dem Weg nach Süden war, voller unschuldiger Vorfreude auf seinen wohlverdienten Urlaub im Sanatorium der Partei.

2

»Nicht Männer, sondern Giganten!«

Jungens, lasst uns den Plan erfüllen!
Wahlspruch, den Boris Bibikow mit Kreide
an die Wand der Fabriktoilette schrieb

Es gibt heute nur noch zwei Fotos von Boris Bibikow. Eines ist ein zwangloses Gruppenfoto, das irgendwann um 1932 im Charkower Traktorenwerk aufgenommen wurde. Er sitzt auf dem Boden, vor zwei Dutzend jugendlich aussehenden, strahlenden Arbeitern. Seinen Arm hat er um die Schultern eines jungen Mannes mit Bürstenhaarschnitt gelegt. Bibikow trägt ein zerknittertes, am Kragen offenes Hemd, und sein Schädel ist rasiert, ganz im proletarischen Stil, den so viele Parteikader in seiner Generation zur Schau trugen. Anders als alle anderen auf dem Foto lächelt er nicht, sondern blickt streng in die Kamera.

Das andere Foto, in seinem Parteidokument, datiert von Anfang 1936. Bibikow trägt die Uniform eines Parteikaders, zugeknöpft bis zum Hals, und starrt auch hier entschlossen aus dem Bild. Seine heruntergezogenen Mundwinkel verraten mehr als nur einen Anflug Grausamkeit. Er ist durch und durch rücksichtsloser Gefolgsmann der Partei. Die Förmlichkeit seiner Pose und die Tatsache, dass Bibikow in einer Zeit geboren wurde, in der man vor einer Kamera nie ganz ungezwungen war, ergeben eine nahezu perfekte Maske. Auf keinem der beiden Bilder ist er selbst zu sehen, nur der Mann, der er sein wollte.

Er starb als Mensch ohne Vergangenheit. Wie viele seiner Zeit und seiner Schicht warf Bibikow sein einstiges Selbst ab wie eine schändliche Haut, um als Homo soveticus wiedergeboren zu werden, der neue sowjetische Mensch. Er erfand sich so vollständig neu, dass selbst die Ermittler, die akribisch seinen Weg durch den »Fleischwolf« des NKWD im Sommer und Herbst 1937 aufzeichneten, nicht die geringste Spur seiner einstigen Existenz ausmachen konnten. Es gibt keine Fotos, keine Papiere, keine Dokumente aus seinem Leben vor der Partei.

Seine Familie stammte von Alexandr Bibikow ab, einem General unter Katharina der Großen, der sich die Gunst der Zarin und einen Adelstitel verdiente, als er 1773 den Bauernaufstand unter dem Anführer Jemeljan Pugatschow unterdrückte. Der Aufstand wurde mit größter Brutalität niedergeschlagen, ganz wie es die Zarin befohlen hatte. Tausende Rebellen wurden aufgehängt oder verprügelt, weil sie es gewagt hatten, sich dem Staat zu widersetzen.

Boris Bibikow wurde 1903 oder 1904 auf der Krim geboren – in seiner NKWD-Akte steht ersteres Jahr, seine Mutter schrieb letzteres nieder. Sein Vater Lew, ein kleiner Grundbesitzer, starb, als Boris und seine Brüder Jakow und Issaak noch ganz klein waren. Bibikow sprach nie von ihm. Seine Mutter Sofija war Jüdin aus einer wohlhabenden Kaufmannsfamilie auf der Krim. Ihr Vater Naum besaß eine Getreidemühle und einen Getreideheber, was wohl den merkwürdigen »Beruf« erklärt, den Bibikow auf seinem Verhaftungsprotokoll angab: »Mühlenarbeiter«. Boris konnte Englisch und kämpfte nicht im Bürgerkrieg. Das ist so ziemlich alles, was wir über seine frühen Jahre wissen. Jakow, der Einzige der Brüder Bibikow, der den Zweiten Weltkrieg überlebte und erst 1979 starb, war ähnlich besessen – er sprach niemals über seine Herkunft oder seinen hingerichteten

»Nicht Männer, sondern Giganten!« Boris Bibikow (1. Reihe, 2. von rechts) mit jungen Fabrikarbeitern im Traktorenwerk Charkow, um 1932.

Bruder. Für die Brüder gab es nur die Zukunft, sie blickten nie zurück.

Ich glaube nicht, dass mein Großvater ein Held war, aber er lebte in heroischen Zeiten, und solche Zeiten treiben große wie kleine Menschen zu großen Taten. Die Losung der bolschewistischen Revolution war »Frieden, Land und Brot«, und damals muss diese Botschaft in den Ohren ehrgeiziger und idealistischer Männer frisch, kraftvoll und prophetisch geklungen haben. Die Parteikader sollten nichts Geringeres als die Avantgarde der Weltgeschichte sein. Irgendwann, nachdem die Oktoberrevolution das alte Russland hinweggefegt hatte, scheint Bibikow, wie so viele Mitglieder der »einstigen Klassen«, eine Art romantische Offenbarung erlebt zu haben. Oder vielleicht – wer weiß das heute schon – war die Triebfeder Ehrgeiz, Eitelkeit oder auch Gier. Sein

Erbe, das kleine Getreidemühlenimperium seines Großvaters mütterlicherseits auf der Krim, wurde 1918 verstaatlicht. Viele seiner nobleren Verwandten in Moskau und Petrograd waren ins Exil geflohen oder als Klassenfeinde verhaftet worden. Die Bolschewiken waren die neuen Herren Russlands, und ein tatkräftiger und intelligenter junger Mann kam nur dann zum Erfolg, wenn er sich so schnell wie möglich auf die Gewinnerseite schlug.

Die einzige verbliebene Zeugin ist Lenina, und sie beschreibt ihren Vater als edelmütigen und selbstlosen Menschen. Und selbst wenn das nicht stimmte, so trägt Leninas Wort eine eigene emotionale Wahrheit in sich. Einigen wir uns also darauf, dass eine neue Welt errichtet werden sollte und dass die Großartigkeit dieser Vision in all ihrer Frische und Schönheit Bibikow fesselte. Er und seine beiden jüngeren Brüder Jakow und Issaak stürzten sich von ganzem Herzen hinein.

Im letzten Jahr des Bürgerkriegs schrieb sich Boris an der neu eröffneten Höheren Parteischule in Simferopol auf der Krim ein. An der Schule sollte eine neue Generation Kommissare ausgebildet werden, die das riesige Reich regieren sollten, das die Bolschewiken zu ihrer eigenen Überraschung gerade gewonnen hatten. Nach einer einjährigen Ausbildung in der Theorie des Marxismus-Leninismus und den Grundlagen der Agitation und Propaganda wurde mein Großvater im Mai 1924 Parteimitglied – ein junger Hitzkopf von 21 Jahren, der der Revolution dienen wollte, wo auch immer sie ihn brauchte.

Wie sich herausstellen würde, waren die dringendsten Erfordernisse der Revolution recht prosaisch. Boris wurde ausgesandt, die sommerliche Tomaten- und Auberginenernte einer neuen Kolchose in Kurman Kimiltschi zu überwachen, einer ehe-

Der Parteigenosse. Offizielles Foto aus Boris Bibikows Parteiausweis, aufgenommen 1936. Auf dem Bild ist er 36 Jahre alt und war gerade zum Vorsitzenden des Regionalausschusses der Kommunistischen Partei in Tschernigow ernannt worden.

maligen tatarischen Siedlung in den Bergen der Halbinsel Krim, die zwei Jahrhunderte lang von Deutschen bewohnt worden war. Und dort, auf den staubigen Feldern, begegnete er seiner zukünftigen Frau Marta Platonowna Schtscherbakowa.

Einige Wochen, bevor sie Boris kennenlernte, hatte Marta Schtscherbakowa ihre jüngere Schwester Anna sterbend auf einem Bahnsteig in Simferopol zurückgelassen.

Die beiden Mädchen waren auf dem Weg von ihrem Heimatdorf in der Nähe von Poltawa in der westlichen Ukraine zu den Feldern auf der Krim, wo sie den Sommer über arbeiten wollten. Marta war mit ihren 23 Jahren schon weit über das Alter hinaus, in dem die Bauernmädchen ihrer Generation heirateten. Sie hatte zehn Schwestern; zwei Brüder waren bereits als Kinder gestorben. Ihr Vater Platon empfand so viele Töchter zweifellos als Fluch und dürfte froh gewesen sein, zwei von ihnen loszuwerden.

Marta wuchs auf in einer Atmosphäre des unterschwelligen Misstrauens und der willkürlichen Brutalität eines armen, dreckigen Dorfes in der ukrainischen Steppe. Doch selbst gemessen an den harten Maßstäben des russischen Bauernlebens, fanden die Schwestern Marta streitsüchtig, eifersüchtig und schwierig. Das erklärt vielleicht, warum sie keinen Mann in ihrem Dorf gefunden hatte und warum sie und Anna für überzählig gehalten und weggeschickt wurden, um sich ihren Lebensunterhalt selbst zu verdienen. Die Zurückweisung durch den Vater war die erste und vielleicht tiefste der vielen Wunden, die ihrer Seele in ihrem Leben zugefügt wurden und deren Narben sich zu einer ausgeprägten Bösartigkeit verhärten sollten.

Als Anna und Marta Simferopol erreichten, hatten sie schon mindestens eine Woche Strapazen hinter sich, waren in Bummelzügen und auf Lastwagen mitgefahren. Anna hatte Fieber, und inmitten der Menschenmenge auf dem glühend heißen Bahnsteig fiel sie in Ohnmacht. Die Leute drängten sich um das Mädchen, das blau angelaufen war und zitterte. Jemand schrie »Typhus!«, und Panik breitete sich aus. Marta wich von ihrer Schwester zurück, drehte sich um und lief mit den anderen davon.

Marta war jung, verängstigt und zum ersten Mal allein nach einem Leben in der drangvollen Enge des Holzhauses der Familie. Ihre Befürchtung, in eines der berüchtigten und tödlichen Typhusspitäler in Quarantäne gesteckt zu werden, war vielleicht nur allzu berechtigt. Doch die Entscheidung, ihre Schwester zurückzulassen, sollte sie für den Rest ihres Lebens verfolgen als eine Sünde, für die sie grausam bestraft wurde. Getrieben von Angst und sicherlich auch Verwirrung, leugnete Marta, das vom

Fieber geschüttelte Mädchen auf dem Bahnsteig zu kennen, und stieg mit der Menge in den ersten Zug nach Westen.

Viele Jahre später, als Mutter und Tochter ein halbes Leben voller Gräuel hinter sich hatten, erzählte Marta Lenina davon, wie ihre Schwester wahrscheinlich gestorben war. Doch Marta erwähnte den Vorfall nur beiläufig, als sei er nicht weiter bemerkenswert. Irgendetwas war in ihr zerbrochen, oder vielleicht war es nie dagewesen.

Schon als kleiner Junge hatte ich Angst vor meiner Großmutter Marta. Als sie uns 1976 besuchen kam, verließ sie zum ersten und einzigen Mal die Sowjetunion und flog auch zum ersten Mal in einem Flugzeug. Vor dieser Reise nach England war ihre längste Fahrt die als Gulag-Gefangene gewesen, im Zug nach Kasachstan und wieder zurück. In die schweren Koffer, die sie nach London mitbrachte, hatte sie ihre eigene dicke Baumwollbettwäsche gepackt, wie es bei sowjetischen Reisenden üblich war.

Martas Bewegungen waren unglaublich schwerfällig, als sei der Körper ihr eine Last. Zu Hause trug sie billige sowjetische bedruckte Kleider und Pantoffeln; wenn sie ausging, zog sie ein muffiges Tweedkostüm an. Sie lächelte fast nie. Beim gemeinsamen Abendessen saß sie düster und teilnahmslos am Tisch, so als missfiele ihr der bürgerliche Luxus, in dem ihre Tochter lebte. Einmal, als ich mit Messer und Gabel Schlagzeug auf dem Tisch spielte, schimpfte Marta mich mit unvermittelter Wut so aus, dass mir die Tränen in die Augen schossen. Ich war nicht traurig, als sie wieder abreiste. Sie verabschiedete sich tränenreich von uns, was mir peinlich war. »Ich werde dich nie wiedersehen«, sagte sie zu meiner Mutter, und sie sollte recht behalten. Für mehr blieb keine Zeit, mein Vater wartete bereits draußen in seinem orangefarbenen VW-Käfer, um sie nach Heathrow zu bringen.

Heute denke ich oft an Marta und versuche, unter den vielen Schichten aus Gerüchten und Erwachsenenwissen, die sich um ihr Bild in meinem Kopf gelegt haben, meine eigenen Erinnerungen an sie wachzurufen. Ich versuche, mir das hübsche, aufblühende Mädchen vorzustellen, das Boris geheiratet hat. Und ich frage mich, wie sie eine Tochter haben konnte, die so lebhaft und lebensfroh war wie meine Mutter. Nun, da ich einen Teil von Martas gebrochener Lebensgeschichte kenne, verstehe ich, dass etwas in ihrer Seele geschehen war, was bewog, das sie all ihre Energie und Lebenskraft gegen sich selbst richtete. Sie hasste die Welt, und da ihr selbst alles Glück verwehrt geblieben war, versuchte sie, es auch in denen zu zerstören, die um sie waren. Ich war ein kleiner Junge, als ich sie kennenlernte, doch schon damals sah ich, wie tot ihre Augen, spürte, wie hölzern ihre Umarmungen waren. Da war etwas Furchterregendes, Kaputtes um sie.

Der Zug in Simferopol brachte Marta nach Westen, nach Kurman Kimiltschi. Sie hatte gehört, dass es dort Arbeit geben sollte, und so stieg sie aus auf den staubigen Bahnsteig und ging zum Büro der Kolchose. Man wies ihr eine Pritsche in einer schäbigen Baracke für Wanderarbeiter zu. Und dort begegnete sie dem jungen Kommissar Boris Bibikow.

Das Liebesverhältnis von Marta und Boris führte zu einer revolutionären Ehe. Er war ein aufsteigendes und gebildetes Mitglied der neuen revolutionären Elite, sie ein einfaches Bauernmädchen mit tadellosen proletarischen Referenzen. Mag sein, dass Bibikows Wahl zu einem gewissen Grad Berechnung war. Aber noch wahrscheinlicher war es eine Mussheirat, das Ergebnis eines Flirts auf der Krim im hohen Gras einer Wiese in einer heißen Sommernacht.

Ihre erste Tochter kam sieben Monate, nachdem sie »unterschrieben« hatten – die neue Bezeichnung für die Zivilehe –, im März 1925 zur Welt. Bibikow nannte sie Lenina, nach dem kürzlich verstorbenen Revolutionsführer Wladimir Iljitsch Lenin. Als Lenina acht Monate alt war, trat ihr Vater seinen Militärdienst bei der Roten Armee an. Marta zeigte Lenina stets die Briefe, die Bibikow nach Hause schickte, und sagte: »Papa.«

Als Bibikow dann nach Hause zurückkehrte, war Lenina zwei Jahre alt und weinte, als der fremde Mann ins Haus kam. Marta erklärte ihr, Papa sei wieder da. Die kleine Lenina sagte: »Nein, das ist nicht Papa!« und wies auf die Blechkiste, in der Marta die Briefe ihres Mannes aufbewahrte. »Das ist Papa, da drin!« Es war wie eine kindliche Vorahnung des Tages, an dem Boris aus der Tür und aus ihrem Leben verschwinden würde – um sich wieder in einen Stapel Papier zu verwandeln.

Boris Bibikows Leben wird eigentlich erst 1929 deutlicher, als Leninas Erinnerungen an ihn einsetzen und das Projekt begann, dem er seine Karriere widmete und das ihm zu einer gewissen Größe verhelfen sollte. Im April jenes Jahres verabschiedete der 16. Parteitag der KPdSU den ersten Fünfjahrplan zur Entwicklung der Volkswirtschaft. Der Bürgerkrieg war gewonnen, der Generalsekretär der Partei, Josef Stalin, hatte seinen Erzrivalen Leo Trotzki abgelöst, und die Partei wollte mit dem Plan aus den Ruinen eines von Krieg und Revolution zerstörten Russlands ein neues sozialistisches Land erstehen lassen. Das Ganze war nicht nur ein Wirtschaftsprojekt – es war für junge Gläubige wie Bibikow nichts Geringeres als der Entwurf einer strahlenden sozialistischen Zukunft.

Der Plan sah vor, die Bauern zu sozialisieren, die über 80 Prozent der Bevölkerung ausmachten und aus Sicht der Partei gefährlich reaktionär waren. Die Revolution war vorwiegend urban, gebildet, doktrinär – so wie Bibikow selbst. Die Bauern mit ihrem blasphemischen Wunsch nach der eigenen Scholle und ihrer starken Bindung an Familie und Kirche wehrten sich gegen das Monopol der Partei über ihre Seelen. Ziel war es, das Land zu einer »Getreidefabrik« zu machen und die Bauern zu Arbeitern.

»100 000 Traktoren machen den *muschik*, den Bauern, zum Kommunisten«, schrieb Lenin. So viele Bauern wie möglich sollten in die Städte getrieben werden, um dort gute Proletarier zu werden. Die, die auf dem Land blieben, sollten auf großen, effizienten Kolchosen arbeiten. Und um diese Kolchosen effizient zu machen und Arbeitskräfte für die Städte freizustellen, wurden Traktoren gebraucht. Während der Aussaat im Frühjahr 1929 waren in der ganzen Ukraine lediglich fünf Traktoren im Einsatz. Die übrige Arbeit wurde von Männern und Pferden geleistet. Das weite Land mit der schwarzen Erde folgte, wie schon seit unzähligen Generationen, dem langsamen Herzschlag der Jahreszeiten und dem Rhythmus der Arbeit von Mensch und Tier.

Das würde die Partei ändern. Stalin selbst befahl den Bau von zwei gigantischen Traktorenwerken im Herzen des Getreidegürtels in Süd- und Zentralrussland – eine in Charkow in der Ukraine, dem Brotkorb des Reiches, und die andere in Tscheljabinsk am Rande der leeren Steppen. Die Partei gab auch die Losung heraus: »Wir produzieren erstklassige Maschinen, um den jungfräulichen Boden des bäuerlichen Bewusstseins gründlicher zu pflügen!«

Das Charkower Traktorenwerk oder ChTS sollte vor der Stadt gebaut werden, auf einem leeren Feld. Die schiere Größe des Projekts und seine Zielsetzung waren atemberaubend. Für

das erste Produktionsjahr stellte die Partei 287 Millionen Gold-
rubel bereit, 10 000 Arbeiter, 2000 Pferde, 160 000 Tonnen Eisen
und 100 000 Tonnen Stahl. Aus dem Lehm, der für das Funda-
ment ausgehoben wurde, wurden Ziegel gebrannt. Bei Baubeginn
waren 24 mechanische Betonmischer und vier Steinbrecher die
einzigen Maschinen vor Ort.

Die überwiegende Mehrheit der Arbeitskräfte waren unge-
lernte Bauern, die gerade erst enteignet worden waren. Die meisten hatten noch nie eine andere Maschine als eine von Pferden
gezogene Dreschmaschine gesehen. Die Maurer wussten zwar,
wie man einen russischen Ofen baut, hatten aber keinerlei Erfahrung mit Ziegelsteingebäuden. Die Zimmermänner wussten, wie
man mit der Axt eine *isba* baut, eine Holzhütte, aber Baracken
hatten sie noch nie gebaut.

Ein heroischer Ton ist sicher angemessen, wenn man von jenen
Tagen spricht, denn so sah Bibikow wohl auch sich selbst und
seine Mission. Allein die Tatsache, dass das Projekt überhaupt
begonnen und dann sogar in Rekordzeit abgeschlossen wurde,
ist ein Beleg für den rücksichtslosen Glauben und die fanatische
Energie seiner Erbauer. Anders als spätere Generationen sowjetischer Bürokraten waren die Parteifunktionäre des ChTS keine
Schreibtischmenschen. Selbst wenn man die Übertreibungen der
offiziellen Berichte unberücksichtigt lässt, so ist doch gut dokumentiert, wie sie Seite an Seite mit den verwirrten, missmuti-
gen, halb verhungerten Bauern im Schlamm arbeiteten. Und vor
allem machten sie aus den Bauern nicht nur Arbeiter, sondern
Menschen, die an sich glaubten. Ohne die richtigen Maschinen
und gelernte Arbeiter konnte nur der reine Glaube – und reine
Furcht – ein Lehmfeld in 90 Millionen Ziegelsteine verwandeln
und aus diesen Ziegelsteinen ein industrielles Ungeheuer errich-
ten. Das ganze Projekt sollte demonstrieren, wie der unerschüt-

terliche Wille der Partei über vermeintlich unüberwindbare Widrigkeiten triumphierte.

Bibikow und seine Familie lebten in einer großen Gemeinschaftswohnung in der Kuibyschewstraße 4 im Zentrum von Charkow, einer prächtigen Wohnung in einem alten Bürgerhaus, das Bibikows Rang als aufsteigender Parteifunktionär angemessen war. Sie teilten sich die Wohnung mit Rosa und Abram Lamper, einem kinderlosen jüdischen Ehepaar. Abram war Ingenieur, Rosa eine hervorragende Köchin. Martas eifersüchtiger Verdacht, die Kinder könnten Rosas Kochkünste ihren eigenen vorziehen, war gewürzt mit dem reflexartigen Antisemitismus der Bauern.

Bibikow verschwand oft tagelang in der Fabrik; Lenina sah ihn selten. Früh am Morgen holte ihn ein offizieller Wagen ab, und spätabends kam er wieder, wenn Lenina bereits im Bett war. Doch er fand immer noch Zeit, am Wochenende bei einer wunderschönen und adeligen jungen Lehrerin Deutschstunden zu nehmen. Da Marta vermutete, ihr Mann habe eine Affäre mit seiner Lehrerin, nahm Bibikow Lenina zu den Stunden mit. Hand in Hand gingen sie zu Fuß dorthin, vorbei an der Technischen Universität. Unterwegs kaufte er Lenina Süßigkeiten. Er begrüßte seine Lehrerin mit einem Handkuss – eine unverzeihliche bürgerliche Geste, wenn sie in der Öffentlichkeit geschah. Dann gab er Lenina ein Buch zu lesen, betrat das Zimmer der Lehrerin und zog die Tür hinter sich zu.

An manchen Abenden brachte er Freunde aus der Fabrik mit nach Hause – Männer wie Potapenko, den Vorsitzenden des Parteikomitees der Fabrik, und Markitan, Parteivorsitzender von Charkow. Obwohl er weder trank noch rauchte, erinnert sich Lenina an ihren Vater als Herz und Seele der Partei. Sie beschreibt ihn als großen *sawodila*, einen großen »Anführer«, einen Agitator. »Ich war stolz, das Kind eines Anführers zu sein – und er war ein Anführer«, erinnert sich Lenina. »Er hatte Zauberkräfte, wenn es darum ging, Menschen zu begeistern.«

Zauberkräfte oder nicht, Bibikow scheint jedenfalls mit großem, fast schon fanatischem Enthusiasmus am Bau der großen Fabrik gearbeitet zu haben. Einer seiner Kollegen erzählte Lenina später, dass ihr Vater mit Kreide »Jungens, lasst uns den Plan erfüllen!« an die Waschraumwand geschrieben hatte, um die Arbeiter anzuspornen. Bibikow war außerdem verantwortlich für Rekrutierungsfahrten aufs Land und zu Einheiten der gerade demobilisierenden Roten Armee, um neue Arbeitskräfte anzuwerben. Auf diesen Kurzreisen in Zügen, Mietkutschen und Autos ergingen sich Bibikow und einige handverlesene Arbeiter in Lobeshymnen auf das ChTS, begleitet von Bildern in kräftigen Farben für die überwiegend analphabetischen Zuhörer. Von diesen Fahrten kam Bibikow immer schmutzig und völlig erschöpft nach Hause. Lenina erinnert sich, wie sich ihre Mutter über die Läuse beschwerte, die er sich beim Übernachten in den Hütten der Bauern holte. Sie kochte seine Unterwäsche in einem großen Emaillekessel auf dem Gasherd aus.

Die offizielle Geschichte der Fabrik wurde anonym im Jahre 1977 geschrieben. Der Verfasser, vermutlich ein Fabrikleiter im Ruhestand, war ganz offensichtlich ein Augenzeuge der bedeutsamen früher Tage des ChTS. Eine der Heldinnen der Geschichte ist Warwara Schmel, ein Bauernmädchen, das aus einem entlegenen Dorf nach Charkow kam, um mit ihrem Bruder auf der Baustelle zu arbeiten. Ihre Zeit in der Fabrik wird zur Metapher für den Fortschritt des Proletariats unter dem Einfluss der *stroika*, dem Bau. Warwara, so wird berichtet, war so überwältigt vom Anblick des ersten Traktors, dass sie ihn eingehend untersuchte, bis ihre Hände und ihr Gesicht mit Maschinenfett verschmiert waren. Die Szene wurde von einem »sardonisch grinsenden jungen Mann in gelben Gummistiefeln« beobachtet, einem ausländischen Korrespondenten, der die Baustelle besuchte und zu einer Allegorie des verächtlichen Westens wurde, überzeugt von der unabänderlichen Rückständigkeit Russlands.

»Symbolisch!«, sagte der ausländische Journalist. »Das Bauernfräulein inspiziert einen Traktor. Und was passiert? Sie macht sich nur das Gesicht schmutzig. Ich sage es noch mal und werde es immer wieder sagen – der Bau der Fabrik ist ein völlig unrealistisches Projekt. Ich rate diesem Fräulein von ganzem Herzen, nicht seine Zeit zu verschwenden und lieber zu Hause – wie heißt es noch? – Schtschi zu kochen.«

Der offiziellen Geschichte zufolge kamen Menschen »aus der ganzen Union, viele auf Ruf der Partei und des Komsomol*. Diese Menschen hatten sich ihrer Aufgabe mit aller Leidenschaft verschrieben und gaben ihre ganze Kraft. Wahre Enthusiasten, das Rückgrat des Bauvorhabens, die vorderste Front aktiver Kämpfer für den Bau eines festen Fundaments für die sozialistische Wirtschaft.«

Die Wirklichkeit sah anders aus. Die meisten Bauern, die auf die Baustelle strömten, waren hungerleidende Flüchtlinge eines Krieges, den der junge sowjetische Staat gegen sein eigenes Volk angezettelt hatte.

»Dieser Umstand, der entscheidende Bedeutung für die ganze Volkswirtschaft der UdSSR hat, hat der Partei das volle Recht gegeben, in ihrer praktischen Arbeit von der Politik der Einschränkung der Ausbeutungstendenzen des Kulakentums** zur Politik der Liquidierung des Kulakentums als Klasse überzugehen«, steht im Beschluss des ZK der KPdSU vom 5. Januar 1930.

---

* Kommunistischer Jugendverband.
** Kulak: wohlhabender Bauer.

Das Protokoll der Wannseekonferenz 1942, mit dem die End-
lösung der Judenfrage organisiert wurde, ist bekannter – doch
der Beschluss der KPdSU zur Entkulakisierung sollte sich als
doppelt so tödlich erweisen.

Einheiten der Armee wurden mobilisiert, um die Bauern von
ihrem Land zu vertreiben und das »gehortete« Getreide für die
Städte und den Export zu beschlagnahmen. Funktionäre des
NKWD begleiteten sie, um verdächtigte Kulaken zu liquidie-
ren – womit praktisch jeder Bauer betroffen war, der ein bisschen mehr arbeitete als seine Nachbarn oder der sich der Um-
setzung auf eine Kolchose widersetzte. Die Rote Armee, die in
den Schrecken des Bürgerkriegs völlig verroht war, zog brutal in
den Krieg gegen die Bauern. Es kam zu Massenhinrichtungen,
ganze Dörfer wurden niedergebrannt und ihre Bewohner mitten
im Winter auf Gewaltmärsche oder auf Viehtransportern in Arbeitslager in der ganzen Sowjetunion geschickt. Die Deportier-
ten wurden von ihren Wächtern »weiße Kohle« genannt.

»Es war ein zweiter Bürgerkrieg – diesmal gegen die Bauern«
schrieb Alexander Solschenizyn in seinem epischen Werk *Der
Archipel Gulag*, einer »künstlerischen Bewältigung« des Terrors
dieser Zeit. »Es war tatsächlich der Große Wendepunkt oder
wie es auch formuliert wurde, der Große Bruch. Nur, dass uns
nie jemand sagte, was da gebrochen war. Es war das Rückgrat
Russlands.«

Bis Anfang 1930, nach einem Winter des Scheinkriegs –
Scheinkrieg, da die eine Seite unbewaffnet war –, war die Hälfte
der Bauernhöfe der Ukraine zwangskollektiviert worden. Am
2. März 1930 veröffentlichte Stalin einen Artikel in der *Prawda*,
der Parteizeitung, in dem er örtliche Parteikader, die »trunken
vom Erfolg« gewesen seien, für Gewalt und Chaos verantwortlich machte. Tatsächlich aber waren die örtlichen Parteigenos-

sen verwirrt und demoralisiert, die Bauern hatten scharenweise die neuen Kolchosen verlassen, und der Widerstand der Bauern gegen das System und seine Vertreter war so eskaliert, dass selbst Stalin zunächst zum Einhalten aufrief.

Trotz der Gräuel, die überall auf dem Land begangen wurden, machten Bibikow und die anderen Parteikader, die für den Bau des großen Traktorenwerks ausgewählt worden waren, unbeirrt weiter.

»Als die Schwalben aus den fernen, warmen Ländern zurückkehrten, als die Lerchen in der Luft jubilierten und der Boden unter der sanften Sonne auftaute, begannen in der Steppe Tausende Schaufeln zu glitzern«, schreibt der Verfasser der offiziellen Geschichte in der blumigen Sprache eines Leitartikels der *Prawda*. Doch die Bedingungen waren hart. Arbeiter zogen Schlitten voll frisch gestochenem Lehm, weil es nicht genügend Pferde gab – die Hälfte der russischen Pferde waren bis 1934 von verhungernden oder rachsüchtigen Bauern geschlachtet worden. Zimmerleute bauten 150 grob zusammengezimmerte Baracken für die Arbeiter. In einem behelfsmäßigen unterirdischen Brennofen wurden die ersten Ziegelsteine für den Schornstein der eigentlichen Ziegelfabrik gebrannt. Zwei Eisenbahnwaggons wurden auf den neu verlegten Schienen aufgestellt, der eine als Badehaus, der andere als mobiles Krankenhaus. Schlamm drang von unten durch die Bodenbretter der Werkstätten, und jeden Abend standen schlammverkrustete Bastschuhe vor den Baracken aufgereiht, um in der Frühlingssonne zu trocknen. Langsam wuchsen die Mauern der Fabrik aus den schweren Lehmfeldern in die Höhe, aus denen sie erbaut wurden.

Es war ein Wunder, das in der ganzen Sowjetunion wiederholt wurde. Die gigantischen Stahlstädte Magnitogorsk im Ural und Tomsk in Sibirien wurden mitten in der Steppe errichtet; in

Swerdlowsk entstand Uralmasch, eine gewaltige Schwermaschinenfabrik; in Tscheljabinsk das andere große Traktorenwerk, bekannt als TschTS, und eine Mähdrescherfabrik, in der die »Schiffe der Steppe« produziert wurden. In Kriwoi Rog und Saporoschje entstanden neue Stahlhütten, im Donezbecken wurden neue Anthrazitkohleminen gewonnen. An jedem Tag des ersten Fünfjahrplans wurden eine neue Fabrik und 115 neue Kolchosen gegründet. Im ganzen Land setzte man die scheinbar fantastischen Ideen des Politbüros in Moskau um. Gewiss hatte der Staat bei der Bestrafung der Feinde der Revolution seine Gnadenlosigkeit unter Beweis gestellt, und der Preis für ein Scheitern wäre zweifellos hoch gewesen. Doch es ist schwer vorstellbar, dass diese Wunder der Industrialisierung nur durch Furcht allein möglich wurden. In der Flut der Propagandafotos glücklicher, lächelnder Arbeiter steckt auch ein Fünkchen Wahrheit, vermute ich. Einen intensiven Augenblick lang regte in den an dem großen Projekt beteiligten Männern und Frauen sich echter, glühender Stolz auf das, was sie erschufen.

Bis zum Spätsommer 1930, weniger als ein Jahr nach Beginn des Fünfjahrplans, stand die Grundstruktur der Fabrik – die Mauern, endlose Glasdächer, Schornsteine, Brennöfen, Straßen, Schienen. Eine Fabrikzeitung wurde gegründet. Man nannte sie *Temp*, Tempo, um die Arbeiter zu größerer Produktivität anzutreiben, das Tempo zu erhöhen. Bibikow war der Chefredakteur, schrieb regelmäßig Artikel und bot Lehrgänge für die angehenden Journalisten unter den gebildeteren Arbeitern an. Er veröffentlichte auch ein paar Texte in der *Iswestija*, der großen Moskauer Tageszeitung, die Lenin gegründet hatte. Lenina erinnert sich, wie er am Morgen des Erscheinens seiner Artikel aufgeregt mehrere Ausgaben am Kiosk kaufte. Leider wurden damals die meisten Artikel ohne Hinweis auf den Verfasser veröffentlicht, und viele der Zeitungsarchive der damaligen Zeit wurden im Krieg zerstört. So bleibt es ein Geheimnis, was Bibikow schrieb.

Alexandr Grigorjewitsch Kaschtanjer, der 1931 als Praktikant für die *Temp* arbeitete, schrieb Ljudmila 1963, was er von Bibikow noch wusste. »Damals war der Name Deines Vaters in aller Munde. Ich hörte die Reden des Genossen Bibikow in der Fabrik, bei Konferenzen, auf den Baustellen. Ich weiß noch, dass sie überzeugend und streitlustig waren. Die Zeiten waren turbulent, und allein der Name der Zeitung spiegelte die Gedanken der Arbeiter des Traktorenwerks wider: ›Los, wir haben keine Zeit zu verlieren, haltet das Tempo!‹ Du kannst stolz auf Deinen Vater sein; er war ein wahrer Soldat aus Lenins Garde. Tragt die Erinnerung an ihn wie ein Licht in euren Herzen!«

Die *Prawda* veröffentlichte im Februar 1966 (nachdem Bibikow unter Chruschtschow offiziell rehabilitiert worden war) einen Artikel über das ChTS, der den Geist der heroischen Geburt der Fabrik heraufbeschwor. »Ich verbrachte den Sonntag im Haus des [Arbeiters] Tschernoiwanenko. Alle plauderten über die heutige Arbeit in der Fabrik«, schreibt der anonyme *Prawda*-Korrespondent. »Aber die Erinnerungen trugen uns immer wieder zurück in die Dreißigerjahre. Was für eine Zeit! Der Beginn des Zeitalters der Industrialisierung in der UdSSR! Wir erinnerten uns an die Menschen des ChTS, wie sie damals waren. Der streng dreinblickende, aber höchst gerechte Direktor Swistun, der Parteiagitator Bibikow – ein fröhlicher und beseelter Genosse, der unsere Jungen so inspirieren konnte, dass sie alle Schwierigkeiten im Sturm nahmen, sei es, in Rekordzeit ein Glasdach zu bauen oder die Böden zu teeren oder eine neue Maschine zu installieren. Dazu gab er keine Befehle, er riss alle mit durch die Leidenschaft seiner Überzeugung. ›Das waren keine gewöhnlichen Männer‹, sagte Tschernoiwanenko mit dumpfer

Stimme, in der unterdrückte Leidenschaft schwang. ›Das waren Giganten!‹«

Um den Zeitplan des Projekts einhalten zu können, setzte Bibikow das scheinbar paradoxe System des »sozialistischen Wettbewerbs« ein – er ließ die Schichtarbeiter in Gruppen darum wetteifern, wer die meiste Arbeit schaffte. Er gab den Arbeitern auch Helden aus ihren eigenen Reihen: »Männer, die durch ihr Vorbild andere zu großen Taten inspirieren und als wahre Helden in die Geschichte der Fabrik eingehen. Legendäre Menschen.«

Die von Bibikow und der Propagandaabteilung der *Temp* geschaffenen Helden waren Männer wie Dmitri Melnikow, der einen 14 Tonnen schweren Bagger der amerikanischen Firma Marion in sechs Tagen zusammenbaute, nicht in zwei Wochen, wie es in der Bauanleitung des Herstellers hieß. Diese und andere wundersame Taten wurden auf den *stengasety* veröffentlicht, den Wandzeitungen, die in der ganzen Fabrik aufgehängt wurden. Wer nachlässig war, wurde dagegen von seinen Kollegen angezeigt: »Ich, Betongießer der Kusmenko-Gruppe, war wegen der Inkompetenz von X drei Stunden untätig«, stand in einer öffentlichen Anzeige auf einer *stengaseta* Ende 1930. »Ich fordere, dass die Heldenarbeiter unserer Gruppe aus seiner Tasche für diese verlorenen Stunden bezahlt werden.«

Doch trotz dieser Schmeicheleien blieben die Arbeiten hinter dem Zeitplan zurück. Im Oktober 1930 rückte der 13. Jahrestag der Revolution näher und der Fertigstellungstermin der Fabrik drohte. Auf Anregung von Bibikows Parteiausschuss organisierten Vorarbeiter »Sturmnächte« der Arbeit, in denen Gruppen von Arbeitern zu den Klängen von Blasorchestern miteinander um die Wette arbeiteten.

Die Arbeiter und die Verwaltung der Fabrik waren bald wie besessen von diesen Wettkämpfen, in Einklang mit einer nationalen Zeitungskampagne, die ausführlich über diese wundersamen (und zunehmend seltsamen) Heldentaten berichtete. Eines der Leitmotive der endlosen Berichterstattung der *Prawda* wurde es, Ausländer zu begeistern und ihre Vorhersagen zu widerlegen. Um nicht überflügelt zu werden, stellte das ChTS bald seine eigenen Rekorde auf:

»Die [Arbeiter] widerlegten auch die Berechnungen ausländischer Experten zur Produktivität des Kaiser-Betonmischers«, dokumentiert die Geschichte des ChTS stolz. »Professor Zailiger behauptete beispielsweise, die Maschine könne nicht mehr als 240 Mischungen Beton in einer Acht-Stunden-Schicht produzieren. Doch die Kommunisten des Traktorenwerks beschlossen, die Norm überzuerfüllen.« 400 Männer kommen zur Schicht und produzieren heldenhaft 250 Mischungen. »Ausländische Experten und ihre Theorien sind für uns nicht Gesetz«, prahlte Vorarbeiter G. B. Marsunin dem Journalisten der *Temp* gegenüber.

Das Blasorchester der Fabrik spielte nun die ganze Nacht, jede Nacht, schallte durch die Maschinenhalle und übertönte den Lärm der sechs Kaiser-Betonmischer des ChTS. Die Vorarbeiter eilten hin und her und feuerten ihre Männer zur Arbeit an. Im Laufe der folgenden Monate wurden neue Rekorde aufgestellt – erst 360, dann 452 Mischungen. Betongießer aus der ganzen Sowjetunion kamen in Charkow zusammen, um die erstaunlichen Rekorde des ChTS zu feiern. Der ausländische Betonmischungsexperte, der mysteriöse Professor Zailiger selbst, reiste aus Österreich an und schaute erstaunt zu. »Ja, ihr könnt arbeiten, das ist eine Tatsache«, zitiert ihn die *Temp*.

Auch unter den Maurern waren Wunderkinder. Arkadi Mikunis, ein junger Enthusiast aus dem Komsomol, blieb nach der Arbeit länger, um den erfahrenen Maurern zuzusehen, und las

in seiner Freizeit Spezialmagazine für Maurer. Sehr bald war
er so gut wie seine Lehrer mit ihrer Norm von 800 Ziegelsteinen pro Schicht. In einer eigens organisierten »Sturmnacht« vermauerte Mikunis in einer einzigen Schicht 4700 Ziegelsteine.
»Mehr«, dokumentiert die *Temp* stolz, »als selbst Amerika.« Auf
einem von der Fabrik bezahlten Urlaub in Kiew wurde er eingeladen, den örtlichen Maurern seine Künste vorzuführen, und
vermauerte 6800 Ziegelsteine. Die Nachricht verbreitete sich in
der gesamten Maurerwelt, und ein deutscher Meister kam eigens
aus Hamburg, um das Wunder selbst zu sehen. Nach einer halben Schicht gab er den Wettkampf gegen Mikunis auf. Und Mikunis hörte trotzdem nicht auf. Sein Rekord stieg auf 11 780 Ziegelsteine an einem Tag, das fast schon unmögliche Dreifache des
vorherigen Weltrekords. Für seine wundersamen Fähigkeiten im
Schnellmauern – mit einer Rate von einem Ziegelstein alle vier
Sekunden über zwölf Stunden – wurde Mikunis mit dem Leninorden ausgezeichnet.

Als sei das Aufstellen neuer Rekorde nicht genug, gründete
Bibikow auch noch Abendkurse, um das Niveau des sozialistische Bewusstseins der Arbeiterschaft der Fabrik zu heben. Im
Frühjahr 1931 besuchten die meisten der Arbeiter, die ein Jahr
zuvor noch hungerleidende Bauern gewesen waren und Lehm ge-
stochen hatten, Abendkurse, um sich als Maschinisten und Ingenieure zu qualifizieren. Nach Schichtende stürmten alle zur
Kantine und zu den Waschräumen, um anschließend rechtzeitig zum Unterricht zu kommen. 500 glückliche Arbeiter wurden sogar nach Stalingrad und Leningrad geschickt, um dort zu
lernen, wie man die neuen Spezialmaschinen bedient, die dort in
den Fabriken installiert worden waren. Eine der vielen Entschul-
digungen, die Bibikow seiner leidgeprüften Frau für seine ständigen Verspätungen hatte, war, dass er persönlich Kurse in Marxis-

mus-Leninismus für eine fortgeschrittene Gruppe Vorarbeiter und Verwalter gab. Außerdem hielt er für die Parteibasis Großkundgebungen und Lesungen zur politischen Ökonomie ab. Man stellt sich dabei Reihen begeisterter und nicht so begeisterter Zuhörer vor, die zu der kahlköpfigen, lebhaften Figur in ihrem gestreiften Matrosenhemd aufblicken und die Informationen so unkritisch in sich aufsaugen wie ein Schwamm. Marx und Lenin traten allmählich an die Stelle des eifersüchtigen russischen Gottes, mit dem sie groß geworden waren.

Am 31. Mai 1931 wurde der Industrieoberboss des Politbüros, Sergo Ordschonikidse, ehrerbietig in den fast fertiggestellten Fabrikgebäuden herumgeführt. Ordschonikidse ordnete die Fertigstellung des Baus bis zum 15. Juli an. Der Einbau der Produktionsstraßen sollte direkt danach beginnen. Angesichts der unausgesprochen drohenden Strafen im Falle eines Scheiterns ist es nicht weiter überraschend, dass die Fabrik termingerecht fertig wurde.

Am 25. August 1931 liefen die ersten Testtraktoren vom Band. Am 25. September sandte der Fabrikdirektor ein Telegramm an das ZK, in dem er berichtete, das ChTS sei wie geplant ab dem 1. Oktober bereit, in Produktion zu gehen – nur 15 Monate nach dem ersten Spatenstich.

20 000 Menschen versammelten sich zur offiziellen Eröffnung in der riesigen Maschinenhalle. Demjan Bedny, der »proletarische Dichter«, dessen Pseudonym »Demjan der Arme« bedeutete, war dort und dokumentierte die Ereignisse in Versen. Anwesend war außerdem eine Delegation von Würdenträgern aus Moskau. Ein Doppeldecker flog über das Fabrikgelände und verteilte Flugblätter, auf denen ein Gedicht mit dem Titel *Heil dem Giganten des Fünfjahrplans* abgedruckt war. Der ausländische Journalist mit den Gummistiefeln war auch da, »genauso schludrig, aber nicht

mehr so selbstbewusst«. Warwara, das Bauernmädchen, das er verspottet hatte, hatte die Fabrikschule besucht und war nun eine ausgebildete Stahlpressenarbeiterin.

Grigori Iwanowitsch Petrowski, Vorsitzender des Obersten Sowjet der Ukraine, durchschnitt das zeremonielle Band, ging zu Fuß in die Halle und fuhr zu den Klängen der *Internationale*, gespielt vom Blasorchester der Fabrik, auf einem leuchtend roten, über und über mit Nelken bedeckten Traktor wieder hinaus. Am Steuer saß Marusja Bugajewa, die beste Arbeiterin der Fabrik. Dutzende anderer Traktoren folgten. Ein Kolchosenarbeiter rief, so berichtete die *Temp* in ihrer Sonderausgabe zur Eröffnung: »Genossen, es ist ein Wunder!«

Das sowjetische Satiremagazin *Krokodil* veröffentlichte wortgetreu das Telegramm der Fabrikleitung: ERSTER OKTOBER ERÖFFNUNG TRAKTORENWERK CHARKOW. EINLADUNG VERTRETER DER REDAKTION ZU ERÖFFNUNGSFEIERLICHKEITEN. ES LADEN EIN FABRIKDIREKTOR SWISTUN. PARTEISEKRETÄR POTAPENKO. VORSITZENDER DES FABRIKAUSSCHUSSES BIBIKOW. Das Magazin verfasste ein Gedicht anlässlich des großen Ereignisses, *An die Erbauer des Traktorenwerks Charkow.*

An alle, an all die Helden des Baus,
Die teilhaben an einem unserer großen Siege,
Die gearbeitet haben am Bau des Charkowtraktors:
Ein flammender Gruß des Krokodils!
Das Krokodil ist überglücklich über die Neuigkeit
Und neigt seine Kiefer vor euch:
Ihr habt eure Aufgabe mit bolschewikischer Ehre erfüllt,
Charkow hat das Tempo gehalten ...
Ein Rekord! Ein Jahr und drei Monate!

Doch hinter dem allgemeinen Jubel bahnte sich auf dem Land eine Katastrophe an. Die Traktoren des ChTS kamen zu spät, um Einfluss auf die Ernte 1931 zu nehmen, die wegen der verheerenden Schäden, die die Kollektivierung angerichtet hatte, katastrophal ausfiel. Die geplanten »Getreidefabriken« produzierten kaum mehr als die Hälfte dessen, was das gesamte Land fünf Jahre zuvor geerntet hatte. Die Bauern konnten gegen den Verlust ihres Landes und ihrer Häuser nur protestieren, indem sie ihre Tiere schlachteten und so viel wie möglich von ihren Lebensmittelvorräten aufaßen, ehe die Kommissare kamen. Augenzeugen des Roten Kreuzes berichteten von Bauern, die »trunken vom Essen« waren, ihre Augen glasig durch ihre wahnsinnige, selbstzerstörerische Völlerei und das Wissen um die Konsequenzen.

Es ist nicht weiter überraschend, dass sie nur unwillig für die neuen staatlichen bäuerlichen Großbetriebe arbeiteten. Doch der Staat verlangte nicht nur Getreide für die Menschen in den Städten, sondern auch für den Export gegen harte Währung, um ausländische Maschinen für Projekte wie das ChTS kaufen zu können. Sowjetische Ingenieure wurden in die USA und nach Deutschland geschickt, um mit Kofferraumladungen voller sowjetischem Gold Dampfhammer, Blechwalzmaschinen und Pressen zu kaufen – Gold, das mit dem Verkauf von Getreide zu Krisenpreisen verdient wurde. Der amerikanische Dampfhammer des ChTS, den sabotiert zu haben Bibikow später angeklagt wurde, kostete 40 000 Rubel in Gold, das entspricht fast 1000 Tonnen Weizen, genug, um eine Million Menschen drei Tage lang zu ernähren.

Im Oktober 1931 beschlagnahmte die sowjetische Regierung 7,7 Millionen Tonnen einer mageren Gesamternte von 18 Millionen Tonnen. Das meiste davon ging in die Städte, die Bastionen der sowjetischen Macht, doch zwei Millionen Tonnen wurden in den Westen exportiert. Die Folge war eine der größten Hungersnöte des Jahrhunderts.

Während der Enteignungen von 1929 und 1930 waren einzelne Dörfer regelrecht verhungert, wenn sie Widerstand gegen die Kommissare leisteten, die rigoros alle Lebensmittel konfisziert hatten, die sie finden konnten. Nun, mit Wintereinbruch 1931, grassierte der Hunger in der gesamten Ukraine und in Südrussland. Millionen Bauern wurden zu Flüchtlingen, strömten in die Städte und starben auf den Bürgersteigen von Kiew, Charkow, Lwow und Odessa. In den Zügen, die durch die Hungergebiete fuhren, wurden bewaffnete Wachen aufgestellt. Sie sollten verhindern, dass die Züge gestürmt wurden. Eines der schrecklichsten Bilder des russischen Jahrhunderts ist ein Foto hohlwangiger Bauern, die an einem Marktstand in der Ukraine zerstückelte Kinder als Fleisch verkaufen.

An den Grenzen der neuen riesigen Felder der Kolchosen standen zum Schutz vor Getreidedieben Wachtürme wie die in den Gulags. Ein Gesetz sah mindestens zehn Jahre Arbeitslager als Strafe für Getreidediebstahl vor. Ein Gericht in Charkow verurteilte in einem Monat 1500 Getreidesammler zum Tode. Die Wachtürme wurden mit Jungen Pionieren besetzt, Mitgliedern der kommunistischen Jugendorganisation für Kinder zwischen zehn und fünfzehn Jahren. Der 13-jährige Pawlik Morosow wurde 1932 zum Nationalhelden, als er seinen eigenen Vater bei den Behörden anzeigte, weil er Kulakeneigentum nicht an die örtliche Kolchose abgeliefert hatte. Der redselige Pawlik wurde anschließend, vielleicht nicht ganz zu Unrecht, von seinem Großvater umgebracht. Die Geschichte dieses jungen revolutionären Märtyrers wurde auf der Titelseite der *Prawda* veröffentlicht und inspirierte Bücher und Lieder über sein Heldentum.

»Das Elend war so unmenschlich, so unvorstellbar, die Katastrophe so furchtbar, dass es fast abstrakt schien. Es hatte keinen Raum innerhalb der Grenzen des Bewusstseins«, schrieb Boris Pasternak nach einer Reise in die Ukraine. Der junge ungarische Kommunist Arthur Koestler fand das »riesige Land in Schweigen gehüllt«. Der britische Sozialist Malcolm Muggeridge nahm den Zug nach Kiew und erlebte dort, wie die Bevölkerung verhungerte. »Ich meine, wirklich verhungerte, im absoluten Sinne, nicht nur hungerte«, schrieb er. Schlimmer noch, Muggeridge musste erleben, dass Getreidevorräte an die Soldaten ausgegeben wurden, die die verhungernden Bauern vom Revoltieren abhalten sollten. Verbittert verließ der idealistische Muggeridge die Sowjetunion, überzeugt, »eines der monströsesten Verbrechen der Geschichte« mit angesehen zu haben, »so furchtbar, dass die Menschen in Zukunft kaum glauben werden, dass es wirklich passiert ist«.

Selbst hartgesottene Revolutionäre wie Nikolai Bucharin vom Politbüro waren entsetzt. »Während der Revolution sah ich Dinge, die mit ansehen zu müssen ich nicht einmal meinen ärgsten Feinden wünschen würde. Doch 1919 kann nicht verglichen werden mit dem, was zwischen 1930 und 1932 geschah«, schrieb Bucharin, kurz bevor er 1938 im Zuge der Säuberungen erschossen wurde. »1919 kämpften wir um unser Leben ... doch später waren wir verantwortlich für die Massentötung völlig wehrloser Männer und ihrer Frauen und Kinder.«

Die Hungersnot war nicht nur eine Katastrophe – sie war eine Waffe, die bewusst gegen die Bauern eingesetzt wurde. »Eine Hungersnot war nötig, um ihnen zu zeigen, wer hier das Sagen hat«, sagte ein älterer Parteifunktionär zu Wiktor Krawtschenko, einem Apparatschik, der 1949 in die USA flüchtete. »Sie hat Millionen Leben gefordert ... aber wir haben den Krieg gewonnen.«

Bibikow muss den Hunger ebenfalls gesehen haben – die verhärmten Gesichter, die aufgedunsenen Bäuche und die leeren
Augen. Er war oft in seinem schwarzen Packard in Angelegenheiten der Partei und der Fabrik unterwegs, oder er reiste erster
Klasse mit der Bahn, mit Wächtern auf den Gängen. Er muss gewusst haben, dass spezielle Lastwagen auf geheimen Befehl der
kommunalen Behörden nachts die Städte der Ukraine patrouil-
lierten und die Leichen der Bauern einsammelten, die aus den
Dörfern herbeigekrochen waren. Viele müssen es bis an die sta-
cheldrahtbewehrten Grenzen des ChTS am Rande der Stadt geschafft haben. Doch morgens war für die, die nicht sehen wollten, keine Spur des allgegenwärtigen Grauens mehr vorhanden.
George Bernard Shaw erklärte nach einer sorgfältig inszenierten
Tour durch die Ukraine im Jahr 1932, dass er »in ganz Russland
keinen einzigen unterernährten Menschen gesehen habe«. Walter
Duranty, der mit dem Pulitzer-Preis ausgezeichnete Korrespondent der *New York Times*, tat Berichte über die Hungersnot als
antisowjetische Propaganda ab. Für die Partei waren hungernde
Bauern nur ein Abfallprodukt der Revolution, die zu ignorieren
waren, bis sie pflichtgemäß starben – und dann vergessen wurden. Die Parteiführer wollten, dass die Welt nur die glänzenden
Errungenschaften sah, nicht den Preis, der dafür bezahlt wurde.

Bibikow sorgte dafür, dass seine Familie von alldem nichts erfuhr. Wenn Lenina an diese Jahre in Charkow denkt, erinnert sie
sich an Basare voller Obst und Gemüse und daran, wie ihr Vater
mit Würstchen aus der Fabrikkantine und Schachteln voller Süßigkeiten für die Kinder nach Hause kam. Ihr fehlte es an nichts.
Was Bibikow wohl dachte, wenn er in der Abenddämmerung die
in Papier eingeschlagenen Würste in seine Aktentasche packte,
ehe mit der Nacht die verhungernden, verzweifelten Wanderer

kamen? Er dachte, da bin ich mir ganz sicher: »Gott sei Dank trifft es sie und nicht uns.«

Die Erschütterungen der Kollektivierung zwei Jahre zuvor konnten noch als Krieg gegen die Klassenfeinde der Revolution, die Kulaken, erklärt werden. Doch nun waren diese Feinde vernichtet und die Kolchosen der Zukunft etabliert. Selbst wer völlig von der Ideologie verblendet war, musste erkennen, dass der Arbeiter-und-Bauern-Staat es mit schmerzlicher Offensichtlichkeit nicht schaffte, sein eigenes Volk zu ernähren. Außerdem war es trotz aller glorreichen Errungenschaften der Industrialisierung klar, dass der sozialistische Traum mehr und mehr durch Zwang aufrecht erhalten wurde. Bereits im Oktober 1930 untersagte ein Gesetz die Freizügigkeit der Arbeit und kettete so die Bauern an ihr Land und die Arbeiter an ihre Fabriken, nicht anders als in den Tagen der Leibeigenschaft. Im Dezember 1932 wurden interne Pässe eingeführt, um den Exodus der Verhungernden in die Städte einzudämmen.

Bibikow muss gewusst haben, dass der Traum zum Albtraum wurde. Macht ihn seine Entscheidung, weiter an den Sozialismus zu glauben, zum Zyniker? Schwer zu sagen, denn er hatte kaum eine andere Wahl, als der Parteilinie zu folgen. Die Alternative wäre gewesen, sich den Verhungernden anzuschließen, wenn nicht Schlimmeres. Und doch war er sicher intelligent genug, die furchtbaren Risse zu erkennen, die sich in dem Paradies auftaten, für das er sein ganzes Erwachsenenleben gekämpft hatte.

Vielleicht überzeugte er sich, wie so viele seiner Generation, von der größten aller Irrlehren des 20. Jahrhunderts: dass im Herzen eines Dieners der höheren Menschlichkeit kein Platz für bürgerliche Sentimentalitäten sei. Vielleicht glaubte er, dass die Partei letztendlich aus all dem Chaos eine schöne neue Welt erschaffen würde. Oder vielleicht redete er sich ein, weniger selbstgerecht, seine Pflicht bestünde darin, mit allen Mitteln die Rückständigkeit Russlands mit ihren Hungersnöten und der zermürbenden Armut zu überwinden, indem er dabei half, eine moderne Industrienation aufzubauen. Am wahrscheinlichsten ist jedoch eine menschlichere Erklärung: Es war sehr viel leichter, die eigenen Mythen zu leben und weiter an die ultimative Weisheit der Partei zu glauben, als seine Meinung zu äußern und eine Katastrophe zu riskieren.

Und doch scheint das von der Hungersnot verwüstete Land, das Bibikow im Winter 1931/32 erlebte, ihn tiefgreifend verändert zu haben. Die Partei hatte immer recht, ja – aber die Praktiken der Partei könnten zumindest gemildert werden. Wie viele Parteiführer in der Ukraine, die die Schrecken, die Stalins harte Linie hervorbrachte, aus erster Hand erlebt hatten, war Bibikow überzeugt, dass Stalins Herrschaft gemäßigt werden musste, um weitere Katastrophen abzuwenden. Die Gelegenheit, seine Meinung zu sagen, bot sich ihm 18 Monate später, kurz vor der Geburt seiner zweiten Tochter, meiner Mutter, Ljudmila Borissowna Bibikowa.

3

Tod eines Parteigenossen

Es war vor langer Zeit, und es ist nie geschehen.
Jewgenija Ginsburg

In den ersten Januartagen des Jahres 1934 ließ Bibikow seine hochschwangere Frau zu Hause zurück und reiste mit einigen Fabrikverwaltern in einem Sonderzug nach Moskau, um dort als Beobachter von Amts wegen am 17. Parteitag der KPdSU teilzunehmen. Da er mit Marta nie über Politik sprach, hatte sie keine Ahnung, dass ihr Ehemann offenen Ungehorsam plante, der ihn letztlich das Leben kosten sollte.

Der Parteitag war als »Parteitag der Sieger« angekündigt worden, zur Feier des Sieges der Kollektivierung, der triumphalen Erfüllung des ersten Fünfjahrplans und der Konsolidierung der Revolution. Doch trotz der offiziellen Lobreden auf den Erfolg der Partei war die Basis erschöpft. Bibikow war, wie viele andere auch, der Überzeugung, die Hungersnot, die einen großen Teil Südrusslands weiter im Griff hatte, müsse beendet werden. Der Fünfjahresplan war erfüllt worden, doch die Männer und Frauen der Basis, die eher Verwalter als Ideologen waren, sahen mit eigenen Augen, dass das wahnsinnige Tempo der Veränderung nicht aufrechterhalten werden konnte. Doch Stalin, der Heißsporn am Schreibtisch, forderte höhere Produktivität, höhere Erträge und mehr Nachdruck bei der Kollektivierung – trotz der offenkundig katastrophalen Folgen.

Auf dem Parteitag kam es zu keinem offenen Dissens. Doch es wurde viel darüber gesprochen, Stalin aus der Machtposition zu drängen, zu der er den bisher unbedeutenden Posten des Generalsekretärs ausgebaut hatte, und ihn durch den moderateren Sergei Kirow zu ersetzen. Kirow, Erster Sekretär der Leningrader Parteiorganisation, war zu jenem Zeitpunkt Stalin mehr als gewachsen. Er war ein Bürgerkriegsheld und enger Verbündeter Lenins gewesen und der größte Redner der Partei seit Leo Trotzki.

Bibikow und viele seiner Kollegen aus der Ukraine wurden ermutigt durch den scheinbaren Geist der Offenheit auf dem Parteitag, durch das Gefühl, teilzunehmen an einer ideologischen Debatte unter Gleichgestellten über die Zukunft des großen Experiments, an dem sie gemeinsam arbeiteten. Sie standen voll und ganz hinter Kirows Plan, das Tempo zu drosseln. Das sollte sich als fataler Fehler erweisen. Für Stalins damals bereits paranoides Hirn war Kirows Versuch, das unerbittliche Tempo der Kollektivierung zu reduzieren, eine unverzeihliche Beleidigung und ein Angriff auf seine ideologische Führung der Revolution. Stalin vergaß nicht, wer wie wählte, auch wenn seine Rache erst vier Jahre später begann. Von den 1966 Abgeordneten des 17. Parteitags sollten 1108 im Zuge der Säuberungen sterben. Der Parteitag endete mit den inzwischen üblichen stehenden Ovationen und Aufrufen zu noch größeren Triumphen in der Zukunft. Bibikow stand auf und applaudierte wie alle anderen Stalin und dem Politbüro. Doch das Ergebnis war politisch uneindeutig. Kirow hatte sich geweigert, Stalin offen herauszufordern. Doch es war klar, dass Stalin noch nicht der unangefochtene Meister der Partei war. Die angeblich so offene Debatte über die Zukunft der Partei sollte sich erst wieder unter Michail Gorbatschow wiederholen und die Partei dann für immer zerfallen.

Bibikows zweite Tochter Ljudmila kam am 27. Januar 1934 zur Welt, kurz nach der Rückkehr ihres Vaters vom Parteitag. Er hatte seine erste Tochter nach Lenin benannt, doch die zweite nannte er bewusst nicht Stalina, wie einige Speichellecker es bereits getan hatten.

Die Jahre vergingen in stürmischer Arbeit an der Fabrik. Nichts deutete auf die politische Apokalypse hin, die Stalin insgeheim plante. Doch am Abend des 2. Dezember 1934, erinnert sich Lenina, kam ihr Vater tränenüberströmt von der Arbeit nach Hause. Er warf sich auf das Ledersofa im Wohnzimmer und saß dort lange Zeit reglos, den Kopf in den Händen.

»My propali«, sagte Bibikow leise zu seiner Frau. »Wir sind verloren.«

Lenina fragte ihre Mutter, was los sei. Marta antwortete nicht und schickte sie ins Bett.

Am Abend zuvor war Sergei Kirow von einem einzelnen Attentäter in seinem Büro in der Parteizentrale im Smolny-Institut in Leningrad erschossen worden. »Wir sind verloren«, sagte Bibikow, als er um den Mann weinte, den er so bewundert hatte. Aber weinte er auch um sich? Weinte er aus Zorn, weil er sich zu sehr mit der Verliererseite identifiziert hatte? Bei aller sorgfältig gepflegten proletarischen Schroffheit muss Bibikow ein politisches Tier gewesen sein, ein Mann des ZK, mit dem Gespür eines aufsteigenden Sterns dafür, woher der Wind weht. Als Bibikow auf dem Sofa um Kirow weinte, muss er über die nun so gefährlichen Gespräche im Januar nachgegrübelt haben und darüber, ob er wohl zu viel gesagt hatte.

Und doch fiel der Hammer nicht sofort. Auch Stalin weinte öffentlich auf Kirows Beerdigung und trat als Hauptsargträger auf, als Kopf der trauernden Nation. Er hatte Zeit genug, sich an den Feinden im Herzen der Partei zu rächen, die er auf dem Parteitag identifiziert hatte.

Auf lokaler Ebene lief die Parteimaschine weiterhin störungsfrei. Die Produktivität des ChTS wurde weiter gesteigert, und die Hungersnot wich gnädig – wenn auch nur, weil die Millionen Toten nicht mehr ernährt werden mussten. Bibikow und drei weitere Verwaltungsmitglieder des ChTS wurden mit dem Leninorden Nr. 301 in einer Schachtel aus rotem Samt ausgezeichnet. Die Auszeichnung war nur der Auftakt zu noch Größerem. Ende 1935 kam die erwartete Beförderung. Bibikow wurde Parteisekretär der Provinz Tschernigow, in der hügeligen Landschaft der nördlichen Ukraine. Bibikow war erst 32 Jahre alt und auf dem besten Weg in eine erfolgreiche Zukunft – vielleicht eine Position im ukrainischen oder sogar nationalen ZK. Vielleicht sogar mehr.

Nach den rauchenden Schornsteinen und quietschenden Eisenbahnknoten von Charkow muss der Umzug nach Tschernigow wie ein Schritt zurück in ein langsameres, älteres Russland gewesen sein. Der Kreml von Tschernigow mit seinen mittelalterlichen Kathedralen steht hoch über der träge dahinfließenden Desna. Baumbestandene Parks erstrecken sich bis ins Zentrum der Stadt, und im Sommer schweben überall die Pollen der Pappeln, die die Straßen säumen. Die gedrungenen, reich verzierten Häuser, die die wohlhabenden Kaufleute Tschernigows erbauen ließen, stehen bis heute, und die ganze Stadt hat sich einen Hauch vorrevolutionärer bürgerlicher Ehrbarkeit bewahrt. In der Stadt gibt es viele große Kirchen, die irgendwie vom Dynamit der Bolschewiken verschont geblieben sind. Tschernigow war vielleicht einfach zu abgelegen, um eine gründliche Säuberung der religiösen Gebäude zu rechtfertigen, zu fern der großen Industriezentren der östlichen Ukraine, in denen die Zukunft des Sozialismus geschmiedet wurde. Es war ein Provinznest, doch Bibikow war sich sicher, wenn er seinen neuen Parteiposten erfolgreich ausfüllte, dann müsste er nicht lange dort ausharren.

Die Bibikows führten ein privilegiertes Leben. Die spartanische Parteimoral der frühen Dreißigerjahre ließ bereits nach. Die Elite gestand sich schnell Vergünstigungen zu, die sie über ihre Mitbürger erhob. Marta kaufte im exklusiven Parteiladen ein, und Bibikow hatte Anrecht auf Urlaub in den eigens erbauten Sanatorien am Schwarzen Meer. Jeden Monat gab Bibikow Marta ein kleines Buch mit Marken für importierte Lebensmittel, Textilien und Schuhe aus dem *insnab*, dem Laden für »ausländische Versorgung«. Die Familie zog in eine große Vierzimmerwohnung mit eleganten Möbeln, die für die neuen Herren von Tschernigow von einer wohlhabenden Kaufmannsfamilie beschlagnahmt worden war. Dort schrubbte Warja die Töpfe der Bibikows mit Ziegelstaub, bis sie glänzten.

Boris montierte Regale bis an die hohe Decke seines Arbeitszimmers und bestückte sie mit Büchern, die er in seinem großen Ledersessel las. Auf dem Heimweg von der Arbeit ging er oft in der örtlichen Buchhandlung vorbei und kaufte Kinderbücher für die Mädchen und ideologische Werke für sich selbst. Wenn Marta Lenina ausschimpfte, schlich diese sich auf Zehenspitzen in das Arbeitszimmer ihres Vaters und kletterte schluchzend auf seinen Schoß. »Wir sollten nicht über sie klagen«, sagte er dann. »Stärken wir lieber unsere Union.« Ein scherzhafter Verweis auf die aktuelle Parteisprache.

In ihrem ersten Winter in Tschernigow begeisterten die Bibikow-Mädchen die Stadt mit ihrem schmiedeeisernen Schlitten, den ihr alter Nachbar in Charkow für sie gebaut hatte. Scharen von Kindern beobachteten neiderfüllt dieses Wunder auf den steilen Befestigungswällen des Kremls, die sich perfekt zum Rodeln eigneten. Im Sommer fertigte Marta den Mädchen nach Moskauer Modezeichnungen schicke weiße Glockenhüte und nähte ihnen Kleider aus bedruckter Importbaumwolle. Passend zu ihrem neuen Status als Ehefrau der Elite nannte sie sich nun Mara, weil sie fand, Marta klinge zu bäuerlich – ein seltsam verdrehter sozialer Snobismus im Land der Diktatur des Proletariats. Bibikow arbeitete so besessen wie immer, doch er verbrachte mehr Zeit in seiner Küche, wo er mit Parteigenossen plauderte – aber niemals trank. Er kaufte Marta und Lenina Abonnements für das neu erbaute Theater, doch er selbst ging nie hin, weil er jeden Abend bis neun Uhr arbeitete, und da war die Vorstellung fast schon zu Ende.

Lenina war nie so glücklich gewesen wie in jenen Tagen des geheimen Bündnisses mit ihrem geliebten Vater. »Ich sehe es jetzt ganz deutlich«, erzählte sie mir fast ein Leben später. »Ich sehe es wie einen Traum. Schwer zu glauben, dass es wirklich geschehen ist.«

Bibikow entspannte sich so weit, dass er sogar zu flirten begann – oder zumindest offener zu flirten. Lenina erinnert sich, wie Marta ihn in der Küche anschreit und wegen seiner verschiedenen Geliebten ausschimpft. Zu jener Zeit, im Januar 1936, mussten alle Parteimitglieder ihre Parteidokumente neu ausstellen lassen, damit unwürdige Elemente eliminiert werden konnten. Damals entstand das Porträt von ihm im Parteirock, das wir heute noch haben. Vielleicht verrät sein grimmiges Gesicht auch eine Spur Selbstgefälligkeit.

Doch hinter der äußerlichen Normalität des ukrainischen Kleinstadtlebens trieb das Land in den Wahnsinn. Der NKWD, jetzt unter Führung des skrupellosen und sadistischen Nikolai Jeschow, bereitete einen weiteren Bürgerkrieg vor. Dieses Mal richtete er sich nicht gegen die »Weißen« oder die Bauern, sondern gegen den tückischsten Feind überhaupt: die Verräter in den eigenen Reihen der Partei.

Zuerst waren die alten Bolschewiken dran, deren Ansehen und moralische Autorität Stalins Position bedrohen konnten. Lew Kamanew und Grigori Sinowjew, beide Mitglieder in Lenins erstem Politbüro, wurden im August 1936 in einem Schauprozess angeklagt und gestanden, schikaniert durch den hysterischen Generalstaatsanwalt Andrei Wyschinski, imperialistische Spione zu sein. »Schädlingen« oder Oberingenieuren, bezichtigt der Sabotage der Industrialisierung, wurde ebenfalls öffentlich der Prozess gemacht. Sie gestanden, Mitglieder einer konterrevolutionären Organisation zu sein, die den Triumph des Sozialismus mit allen Mitteln zu verhindern suchten. Stalins Rivale Leo Trotzki, der Kopf der angeblichen konterrevolutionären Bewegung, war bereits ins Exil auf die Insel Büyükada bei Istanbul geflohen. Das Vokabular und die Taktiken der kommenden Großen Säuberung wurden geprobt und verfeinert.

Bis 1937 blieb die Ukraine noch einigermaßen verschont von den Schauprozessen, die die Moskauer Elite der Armee, Intelligenzija und Regierung dezimierten. Doch dann sollte es gerade die Ukraine sein – für Stalin die Brutstätte des Trotzkismus und potenzieller Opposition –, die die volle Wucht seines Zornes zu spüren bekam, als er schließlich die Macht des Sicherheitsapparats entfesselte, den er so sorgfältig aufgebaut hatte.

Während des Februar-März-Plenums des ZK unternahmen Stalins Gegner einen zum Scheitern verurteilten letzten Versuch, gegen Stalins Machtmonopol zu protestieren. Direkt nach der Versammlung wurde ein Fünftel der ukrainischen Parteiführung ausgeschlossen. Bibikow, der die knappe Ankündigung in der *Prawda* las, muss befürchtet haben, dass noch Schlimmeres kommen würde. Ab dem Frühsommer wurden ihm nahestehende Kollegen vom NKWD zu Verhören einbestellt. Nur wenige kehrten zurück.

Die Menschen zogen sich instinktiv zurück und hüllten sich in schützendes Schweigen, wie Fußgänger, die in einem Sommergewitter nach Hause eilen. Lenina bemerkte, wie sich die Atmosphäre plötzlich veränderte. Ihr Vater sah müde aus und hatte viel von seiner sonstigen Fröhlichkeit verloren. Das freundschaftliche Geplauder der Parteifrauen im Treppenhaus war zu einem nervösen Austausch von Nettigkeiten geworden. Bibikow war sicherlich erleichtert, als er im Juli 1937 seine Sommerreise ins Parteisanatorium in Gagra an der georgischen Schwarzmeerküste vorbereiten konnte.

Ich öffnete den zerfledderten braunen Pappdeckel der NKDW-Akte meines Großvaters an einem grauen Dezembermorgen in einem düsteren Büro im ehemaligen NKWD-Gebäude in Kiew, in dem sich heute die Zentrale des ukrainischen Geheimdienstes befindet. Die Akte ist auf 260 Seiten angewachsen und bewegt sich auf jenem ganz speziellen russischen Grat zwischen banaler Bürokratie und schmerzlicher Schärfe. Sie ist eine Ansammlung absurder Kleinlichkeit (Konfiszierung des Komsomol-Ausweises, Konfiszierung eines Browning Automatic mit 23 Ladungen Munition, Konfiszierung von Leninas Ferienpass der Jungen Pioniere) und krassen Terrors: lange Geständnisse, geschrieben in mikroskopisch kleiner, unleserlicher Handschrift, voller Kleckse und offensichtlich unter Folter verfasst, die förmliche Anklage mit der Unterschrift von Generalstaatsanwalt Wyschinski, der Zettel mit der hingekritzelten Unterschrift, der die Vollstreckung des Todesurteils bestätigt. Papiere, Formulare, Notizen, Belege – das ganze Zubehör einer albtraumartigen, sich selbst verschlingenden Bürokratie. Ein Stapel Papier, der für ein Menschenleben steht.

Das erste Dokument, so fatal wie alle, die danach kommen sollten, ist eine maschinengeschriebene Resolution des Regionalstaatsanwalts von Tschernigow, der die Verhaftung von »Boris L. Bibikow, Leiter der Abteilung für die Verwaltung der Parteiorgane in der Region Tschernigow« wegen mutmaßlicher Zugehörigkeit zu einer »konterrevolutionären trotzkistischen Organisation und organisierter antisowjetischer Aktivitäten« anordnet. Es wird empfohlen, Bibikow für die Dauer der Ermittlungen ohne Möglichkeit, auf Kaution freizukommen, festzuhalten. Sein Vatersname fehlt, als sei der Name von einer Liste übernommen worden, die jemand angefertigt hatte, der weder Bibikow kannte noch irgendetwas über seinen Fall wusste. Die Resolution des zivilen Staatsanwalts wurde noch am selben Tag durch eine Ermächtigung des NKWD bestätigt, aus der, als der komplizierte bürokratische Apparat Fahrt aufnimmt, am 22. Juli ein förmlicher Haftbefehl des örtlichen Staatsanwalts wird. Der Beamte Koschitschursin – oder so ähnlich, die Handschrift ist schwer zu entziffern – wird beauftragt, Bibikow »in der Stadt Tschernigow« zu finden. Er versagt – Bibikow ist bereits auf dem Weg nach Gagra. Gefasst wird er schließlich dort, am 27. Juli, und zurück nach Tschernigow ins Gefängnis des NKWD verbracht.

Was er wohl gedacht haben mag, als er auf die andere Seite des Spiegels trat, von der Welt der Lebenden in die der Verdammten, was er wohl gesagt hat, das weiß heute niemand mehr. Am einfachsten wäre es für ihn gewesen, gar nichts zu sagen, resigniert aufzugeben und sich als toten Mann zu betrachten. Doch so war er nicht. Er war ein Kämpfer, und er kämpfte um sein Leben, nicht ahnend, dass die Partei seinen Tod schon beschlossen hatte. Als Parteigenosse hätte er wissen müssen, dass kein Widerstand

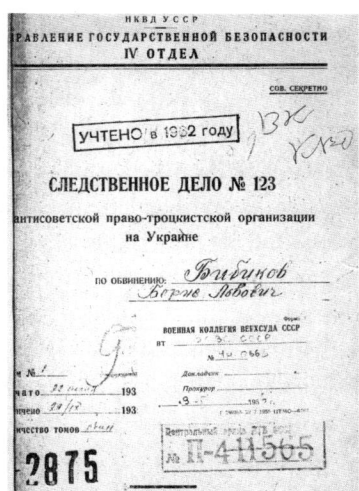

НКВД УССР
РАВЛЕНИЕ ГОСУДАРСТВЕННОЙ БЕЗОПАСНОСТИ
IV ОТДЕЛ

СОВ. СЕКРЕТНО

УЧТЕНО в 1942 году

СЛЕДСТВЕННОЕ ДЕЛО № 123

антисоветской право-троцкистской организации
на Украйне

ПО ОБВИНЕНИЮ: *Бибиков*
Борис Львович

2875

»Die Akte, die alles bestimmende Akte.« Der Deckel der NKWD-Akte zu Fall Nummer 123, »sowjetfeindliche rechte trotzkistische Organisation in der Ukraine«. Boris Bibikows Name ist in eigentümlich kunstvoll gestochener Schrift eingetragen.

gegen den allmächtigen Willen der Partei möglich war – wir wissen aber, dass er irgendwann in den folgenden Monaten aufhörte, ein Apparatschik zu sein und einfach ein Mensch wurde, ein Mensch, der sich ein paar kurze Augenblicke fehlgeleiteter Tapferkeit lang weigerte, Lügen zu leben.

Alexander Solschenizyn schreibt in *Der Archipel Gulag* über die Einsamkeit des Angeklagten in der Haft, über die Verwirrung und die Entwurzelung, die Angst und die Empörung der Männer und Frauen, die in jenem Sommer rasend schnell die Gefängnisse der Sowjetunion füllten. »Der ganze Apparat warf sich mit seinem ganzen Gewicht auf einen einsamen und unbefangenen Willen«, schreibt Solschenizyn. »Mein Bruder! Verdamme nicht die, die sich als schwach erwiesen und mehr gestanden, als sie sollten. Sei nicht der Erste, der den Stein wirft.«

Jewgenija Ginsburgs erschütternder Bericht über ihre eigene Verhaftung während der Säuberung und ihre 18-jährige Gefangenschaft, *Marschroute eines Lebens*, beschreibt das berüchtigte »Fließband« des NKWD. Gefangene wurden fortlaufend durch ganze Ermittlerteams verhört, ohne Nahrung und Schlaf, gequält, geschlagen und gedemütigt, bis sie unterschrieben oder ihr Geständnis abgaben. Die, die zuerst zusammenbrachen, wurden denen gegenübergestellt, die mehr Widerstand leisteten, um ihre Solidarität zu brechen. Man sagte ihnen, Widerstand sei zwecklos; wenn einer ein Geständnis ablegte, konnten die Übrigen allein auf dieser Grundlage erschossen werden. Ihre Frauen und Kinder wurden bedroht. Perverserweise konnten überzeugte Kommunisten überredet werden, für die Revolution zu unterschreiben: Deine Partei will es so! Trotzt du der Partei? Lockvögel drängten Mitgefangene zum Geständnis: Nur so rettest du dein Leben und das deiner Familie! Solschenizyn berichtet, wie überzeugte Kommunisten ihren Mitgefangenen zuraunten: »Es ist unsere Pflicht, die sowjetischen Verhöre zu unterstützen. Wir sind mitten im Gefecht. Wir sind selber schuld. Wir waren zu gutherzig; sieh dir die Fäulnis an, die sich ausgebreitet hat. Eine heimtückische Verschwörung ist im Gange. Selbst hier sind wir von Feinden umgeben.«

Belogen, gefoltert, in einer Welt aus Schmerz und Verwirrung, weigerte sich Bibikow, der Parteimann, ein einziges Mal, den Befehlen der Partei Folge zu leisten, und hielt an seiner Unschuld fest, solange er es ertragen konnte. Aber wie fast alle brach er am Ende zusammen.

19 Tage nach seiner Verhaftung unterschrieb er sein erstes Geständnis. Er hatte überraschend lange durchgehalten. Doch dann gestand Bibikow unterwürfig, Verbrechen gegen die Sowjetunion begangen zu haben. Die Fabrik sabotiert zu haben, die er mit aufgebaut hatte. Trotzkistische Spione rekrutiert zu haben. Propa-

ganda gegen den Staat betrieben zu haben. Er gab zu, die Partei verraten zu haben, der er sein Leben gewidmet hatte. Seine nächsten Kollegen denunzierten ihn, und er denunzierte sie. Keiner der 25 angeblichen Mitglieder des Kreises verweigerte das Geständnis.

Das erste Geständnis ist vom 14. August 1937. Darin kommt Bibikow zum ersten Mal selbst in der Akte zu Wort – der erste Hauch einer menschlichen Stimme in der trockenen Behördensprache. Die Verbrechen, die er gesteht, sind so bizarr, so verblüffend unwahrscheinlich, dass mir regelrecht schlecht wird beim Wechsel von banalem Juristenjargon zu der grotesken Sprache des Albtraums.

»Vernehmungsprotokoll. Angeklagter Bibikow, Boris Lwowitsch, geboren 1903. Ehemaliges Parteimitglied. Frage: In der Aussage, die Sie heute mit eigener Hand gemacht haben, geben Sie zu, Mitglied einer konterrevolutionären, terroristischen Organisation zu sein. Von wem, wann und unter welchen Umständen wurden Sie in die Organisation eingeführt?«

»Antwort: Ich wurde durch den ehemaligen zweiten Parteisekretär von Charkow, ILJIN, im Februar 1934 für die konterrevolutionäre, terroristische Organisation rekrutiert… Wir trafen uns oft im Zuge unserer Parteiarbeit. Bei unseren Treffen 1934 drückte ich Zweifel an der Richtigkeit der Parteipolitik in Fragen der Landwirtschaft, der Entlohnung der Arbeiter usw. aus. Im Februar 1934, nach einer Ausschusssitzung, lud ILJIN mich in sein Büro ein und sagte, er wolle offen sprechen. Dann schlug er vor, ich solle der trotzkistischen Organisation beitreten.«

Die Niederschrift war mit der Maschine getippt, und Bibikow hatte sie unterschrieben. Die Handschrift gibt keinen Aufschluss darüber, was ihm durch den Kopf ging, als er seine Unterschrift hinkritzelte.

Doch ein einfaches Geständnis war nicht genug. Die Bürokratie verlangte weitere Einzelheiten, mehr Namen, um die Quote der Volksfeinde zu erfüllen, die in jedem Bezirk und in jeder Region des Landes gefunden werden musste. Wie Drehbuchautoren, die eine Seifenoper von grotesker Komplexität fabrizieren, verlangten die Ermittler von ihrer umfangreichen Besetzung, die Geschichten der Übrigen zu untermauern und die Handlung noch vielschichtiger zu gestalten. Bibikows erstes Geständnis brachte ihm keine Ruhepause. Die Verhöre gingen weiter. Doch irgendwann muss etwas in ihm gegen die Perversität und den Horror rebelliert haben, und er versuchte, sich den Weg zurück in die Welt des gesunden Menschenverstands zu erkämpfen. Diese Augenblicke des Widerstands dringen durch die dünnen, lakonischen Seiten der Akte wie ein stiller Schrei.

»Fragen an Fedajew«, steht in der nüchternen Niederschrift seiner ersten »Gegenüberstellung« mit einem »Mitverschwörer«, dem einstigen Vorsitzenden des Regionalausschusses Charkow. »Sagen Sie uns, was Sie über Bibikow wissen.«

»Fedajews Antwort: ›In zwei Gesprächen mit Bibikow stellte ich sicher, dass er bereit war, sich an der Organisation trotzkistischer Arbeit zu beteiligen. In unserem letzten Gespräch vereinbarten wir, eine trotzkistische Gruppe im ChTS zu gründen …‹«

»Frage an Bibikow: ›Bestätigen Sie die Aussage des Verdächtigen Fedajew?‹«

»Bibikows Antwort: ›Nein. Das ist eine Lüge. Ein solches Gespräch hat nie stattgefunden.‹«

»Diese Aussage wurde uns vorgelesen und ist korrekt. (Unterschrift) Fedajew. Der Angeklagte Bibikow verweigerte die Unterschrift.«

Doch letztendlich war sein Widerstand zwecklos. Zeugen waren nur die NKWD-Leutnants Slawin und Tschalkow, die die Gegenüberstellung durchführten, und Fedajew selbst, der wahrscheinlich zu viel Angst hatte, um Bibikows Widerstand für etwas anderes als masochistische Dummheit zu halten. Irgendwann brach Bibikow völlig zusammen.

»Im Charkower Traktorenwerk beschlossen wir, eine teure komplizierte Maschine zu sabotieren, die entscheidend für die Produktion von Radschleppern war…«, schrieb er in winziger Handschrift in seinem letzten und am wenigsten detaillierten Geständnis. »Wir überredeten Ingenieur KOSLOW, ein Werkzeug in der Maschine zu lassen, sodass sie für lange Zeit kaputtgehen würde Die Maschine allein kostete 40 000 in Gold und es gibt nur zwei davon im ganzen Land… Im ChTS planten wir, eine Artilleriegranate aus dem Krieg in einen Hochofen zu werfen, um ihn für drei oder vier Monate funktionsunfähig zu machen… Ich rekrutierte auch meinen eigenen Stellvertreter, Iwan KAWIZKI, für die Organisation… Wir versuchten die Arbeit des ChTS zu unterminieren, indem wir die Erfüllung der Aufträge für die Hammer-und-Sichel-Traktoren-Station verschleppten und die Lohnzahlungen an die Arbeiter hinauszögerten.«

Am Rand stehen unerklärliche Notizen in seiner Handschrift, die ihm offenbar diktiert wurden: »Wer, was, wann?« »Genauer.« »Welche Organisation?«

»Unser heimtückischer konterrevolutionärer Akt wurde nur durch die Wachsamkeit des Oberingenieurs GINSBURG vereitelt«, schließt das letzte Geständnis. »So habe ich meine Partei verraten. Bibikow.«

Die Manuskriptseite war sorgfältig in der Mitte durchgerissen. Über dem Riss ist eine Art Gekritzel erkennbar, als habe der

Schreiber verzweifelt versucht, das Todesurteil auszulöschen, das er sich gerade selbst geschrieben hatte.

Dann verschwindet seine Stimme. Es folgen Auszüge aus Niederschriften anderer Angeklagter, in denen Bibikows Name erwähnt wird – 16 miteinander zusammenhängende Geständnisse, alle penibel getippt mit wütenden, fast das Papier durchdrückenden Kommas zwischen den Namen in Großbuchstaben: »SELENSKI, BUZENKO, SAPOW, BRANDT, GENKIN, BIBIKOW …«

Bibikow wurde unter Ausschluss der Öffentlichkeit am 13. Oktober vor die Militärkommission in Kiew gestellt, eine der sogenannten Troikas, bestehend aus drei Richtern, die hinter verschlossenen Türen die Fälle derjenigen verhandelten, die nach Artikel 58 des sowjetischen Strafgesetzbuchs angeklagt waren. Der Artikel schloss »jede Handlung, die auf den Sturz, die Unterhöhlung oder die Schwächung der Herrschaft der Räte der Arbeiter und Bauern abzielt«, mit ein. Der Beschluss des Gerichts ist lang und detailliert und wiederholt größtenteils Wort für Wort die in den Geständnissen beschriebenen Sabotageakte. Doch um das Maß vollzumachen, ergänzt die letzte Fassung die Anklage noch um das Ergebnis, Bibikow sei »Mitglied der *k.r.* [der Begriff *kontr-rewolustjonnaja* wird so oft verwendet, dass die Schreiber beginnen, ihn abzukürzen] trotzkistisch-sinowjewistischen terroristischen Organisation gewesen, die den gemeinen Mord an Genosse Kirow am 1. Dezember 1934 begangen und in den darauf folgenden Jahren terroristische Akte gegen andere Partei- und Regierungsmitglieder geplant und ausgeführt hat… Wir verurteilen den Angeklagten zur höchsten Form der Strafe: Er soll erschossen und sein Besitz beschlagnahmt werden. Gezeichnet A. M. ORLOW, S. N. SCHDANA, F. A. BATNER.«

СВИДЕТЕЛЬСТВО О СМЕРТИ

П–А   № 873137

Гражданин   Бибиков Борис Львович

умер (ла) 25.XI.39г. двадцать пятого ноября тысяча девятьсот
тридцать девятого года   возраст 36л

Причина смерти

о чем в книге записей актов гражданского состояния о смерти 19 55 года ноября
месяца 25   числа произведена соответствующая запись за № 1817

Место смерти: город, селение

нойед   область, край

республика
Место регистрации Советскоер/б ЗАГС г.Москвы

Дата выдачи « 29 » ноября   1955 г.

Заведующий бюро записей актов
гражданского состояния (подпись)
Гербовая печать Бюро ЗАГС Советского р-на г.Москвы

Boris Bibikows erster Totenschein. Todesursache und -ort sind
nicht eingetragen. Die Behörden bestätigten erst 1988 seinen
Tod endgültig – dass Bibikow am 14. Oktober 1937 in der Nähe
von Kiew erschossen und in einem Gemeinschaftsgrab bestattet
worden war.

Bibikow unterzeichnete ein Formular, das bestätigte, dass er
den Richterspruch und das Urteil gelesen hatte. Das sind seine
letzten dokumentierten geschriebenen Worte. Seine Unterschrift mit bürokratischer Genauigkeit unter der Akte, die die
staatliche Version seiner Lebensgeschichte enthält. Der letzte
Akt eines Lebens im Dienste der Partei.

Das letzte Formular der 79 Seiten der sogenannten Lebens-
akte, das dünnste von allen, ist eine Viertelseite Papier, die am
unteren Rand mit der Schere grob abgeschnitten wurde und die
Vollstreckung des Urteils bestätigt. Es gibt keinen Hinweis darauf, wo oder wie es vollstreckt wurde, doch die übliche Methode
waren »neun Gramm«, das Gewicht einer Pistolenkugel, in den

Hinterkopf. Die Unterschrift des befehlshabenden Offiziers ist unleserlich; das Datum ist der 14. Oktober 1937.

In den zwei Tagen, die ich in Kiew saß und die Akte studierte, war Alexandr Panamarjew bei mir, ein junger Beamter des ukrainischen Geheimdienstes. Er las mir Passagen in kaum leserlicher kursiver Schrift vor und erklärte juristische Begriffe. Er war blass und intelligent, etwa so alt wie ich, ein ruhiger junger Mann, der aussah, als ob er noch bei seiner Mutter wohnte. Unter seiner aufgesetzten professionellen Schroffheit schien er fast so berührt wie ich von dem, was wir da lasen.

»Das waren furchtbare Zeiten«, sagte er leise, als wir in der anbrechenden Dunkelheit der Wolodimirskajastraße eine Zigarettenpause machten. Über uns ragte drohend der Granitklotz des alten NKWD-Gebäudes auf. »Ihr Großvater glaubte, aber glauben Sie nicht, dass seine Ankläger ebenfalls glaubten? Oder die Männer, die ihn erschossen? Er wusste, dass Menschen erschossen worden waren, ehe er verhaftet wurde, aber hat er je etwas gesagt? Wie können wir wissen, was wir in der Situation getan hätten? Gott behüte uns davor, je einen solchen Test bestehen zu müssen.«

Solschenizyn stellte einst die gleiche schreckliche Frage. »Wenn mein Leben anders verlaufen wäre, hätte ich dann nicht selbst zum Henker werden können? Wenn es nur so einfach wäre! Gäbe es doch böse Menschen, die heimtückisch irgendwo böse Taten verüben, und man müsste sie nur von uns anderen trennen und zerstören. Doch der Grat zwischen Gut und Böse verläuft mitten durch das Herz eines jeden Menschen. Und wer ist schon bereit, ein Stück seines eigenen Herzens zu zerstören?«

Bibikow selbst hat wohl, rational, wie er war, die Logik seiner Henker voll und ganz verstanden, in den Kellern des Gefängnisses oder als er in seinen letzten Momenten mit dem Gesicht zur Mauer stand. Und vielleicht – warum nicht? – hätte er, wenn er in seinen frühen Tagen in der Partei anderen Menschen begegnet wäre, andere Gönner gefunden, selbst zum Henker werden können. Erklärte er die Hungersnot, die seine Partei über die Ukraine brachte, nicht als eine notwendige Säuberung von feindlichen Elementen? Betrachtete er sich nicht selbst als einen der Auserwählten der Revolution, der einer höheren Moral folgte? Bibikow war kein Unschuldiger; keine böse und fremde Macht, die über sein Verständnis hinausging, hatte Besitz von ihm ergriffen. Im Gegenteil, er war ein Agitator, ein Fanatiker der neuen Moral – der Moral die nun für das übergeordnete Wohl sein Leben forderte, wie sinnlos das auch sein mochte.

»Nein, es war kein Theater und auch keine Heuchelei, wenn sie in den Zellen das Vorgehen der Regierung verteidigten«, schreibt Solschenizyn. »Sie brauchten ideologische Argumente, um sich ein Gefühl der eigenen Richtigkeit zu bewahren – sonst war der Wahnsinn nahe.«

Wenn Menschen zu Bausteinen der Geschichte werden, geben intelligente Männer die moralische Verantwortung ab. Und tatsächlich war die Säuberung – auf Russisch *tschistka* – für die Verantwortlichen etwas Heroisches, so wie der Bau des Traktorenwerks für Bibikow heroisch war. Der Unterschied bestand darin, dass Bibikow seine persönliche Revolution aus echten Ziegelsteinen und Beton baute, während die Ziegelsteine des NKWD die Klassenfeinde waren. Jeder Hingerichtete war ein weiterer Stein im großen Bau des Sozialismus. Wer *einen* Tod für die große Sache billigt, billigt sie alle.

In mancher Hinsicht war Bibikow vielleicht schuldiger als die meisten. Er war ein führendes Parteimitglied. Männer wie er gaben Befehle und stellten Listen zusammen. Die Ermittler an der Basis folgten diesen Befehlen. Waren diese Männer böse, wenn man bedenkt, dass ihnen nichts anderes übrig blieb, als zu tun, was ihnen befohlen wurde? War Leutnant Tschawin, ein Mann, der aus Parteisoldaten wie Bibikow Geständnisse folterte, nicht weniger schuldig als die Parteimenschen selbst, die ihre Untergebenen lehrten, der Zweck heilige die Mittel? Die Männer, die vom NKWD rekrutiert wurden, waren dem berühmten Satz seines Gründers Felix Dserschinski zufolge entweder Heilige oder Schufte – und der Geheimdienst zog deutlich mehr als die übliche Zahl Sadisten und Psychopathen an. Aber sie waren keine Außerirdischen, keine Fremden, sondern Männer, russische Männer vom selben Fleisch und Blut wie ihre Opfer. »Wo kommt dieses Wolfsrudel in unserem eigenen Volk her?«, fragte Solschenizyn. »Hat es wirklich unsere Wurzeln? Unser Blut? Es ist unseres.«

Das war die wahre, dunkle Genialität hinter der Säuberung. Man steckte nicht einfach zwei Fremde in einen Raum, der eine das Opfer, der andere der Henker, und überzeugte den einen davon, den anderen zu töten. Man überzeugte beide davon, dass der Mord einer höheren Sache diene. Es fällt leichter, sich vorzustellen, dass solche Taten von Ungeheuern verübt werden, von Menschen, deren Verstand durch die Schrecken des Krieges und der Kollektivierungen verroht war. Doch in Wahrheit waren einfache, anständige Männer und Frauen, voller humanistischer Ideale und ehrenwerter Prinzipien, bereit, das Massaker an ihren Mitmenschen zu rechtfertigen und sogar daran teilzunehmen. »Um Böses zu tun, muss der Mensch zunächst glauben, dass das, was er tut, gut ist«, schreibt Solschenizyn. »Oder aber, dass es ein wohlüberlegter Akt in Übereinstimmung mit den Naturgesetzen ist.« Das kann nur dann passieren, wenn ein Mensch nur noch politischer Rohstoff ist, eine Einheit in einer kalten Berechnung, dessen Leben und Tod verplant wird wie eine Tonne Stahl oder eine Ladung Ziegelsteine. Das war ohne Zweifel Bibikows Überzeugung. Er lebte nach ihr, und er starb nach ihr.

Ein Teil der Akte blieb mir zunächst verschlossen. Etwa 30 Seiten der »Rehabilitierungsuntersuchung«, eingeleitet von Chruschtschow im Jahre 1955 als Teil einer umfassenden Überprüfung der Opfer der Säuberungen, waren sorgfältig mit Klebeband zusammengeheftet worden. Doch es gelang mir, Panamarjew, der genauso neugierig war wie ich, zu überreden, heimlich das Klebeband zu lösen. Eilig begannen wir, diesen Teil der Akte durchzublättern.

Die verbotenen Seiten betrafen die NKWD-Männer, die an Bibikows Verhören teilgenommen hatten. Selbst ein halbes Jahrhundert später versuchte der ukrainische Geheimdienst noch, seine eigenen Leute zu schützen. Ihre Akten waren von den Ermittlern sortiert worden, die Bibikows Rehabilitierung vorbereitet hatten. Doch die NKWD-Beamten selbst konnten nicht befragt werden, weil sie alle bis Ende 1938 erschossen worden waren.

»Die ehemaligen Mitarbeiter des ukrainischen NKWD TEITEL, KORNEW und GEPLER ... wurden wegen Fälschung von Beweisen und antisowjetischer Aktivitäten verurteilt«, besagt eines der Dokumente. »Ermittler SAMOWSKI, TRUSCHKIN und GRIGORENKO ... wurden wegen konterrevolutionärer Aktivitäten strafrechtlich verfolgt«, steht in einem anderen Dokument.

Praktisch jede Person, deren Name in der Akte auftaucht, von den Angeklagten und ihren NKWD-Vernehmungsbeamten bis hin zum örtlichen Parteisekretär Markitan, der zwei Tage nach

Bibikows Verhaftung den Befehl unterschrieb, ihn aus der Partei auszuschließen, war innerhalb eines Jahres umgebracht worden. Die Säuberung hatte ihre Schöpfer gefressen, und von ihren Leben waren nur noch dumpfe Echos im großen Schweigen des Papiers geblieben.

Das letzte Dokument in der Akte, gestempelt und nummeriert, war ein Brief, den ich in jenem Sommer an den ukrainischen Geheimdienst gesandt hatte mit der Bitte, die Akte meines Großvaters einsehen zu dürfen. Dabei bezog ich mich auf ein ukrainisches Gesetz, demzufolge nahe Verwandte Zugang zu ansonsten als geheim eingestuften NKWD-Archiven haben. Die Akte war von geschickten Händen sorgfältig gelöst und mein Brief gelocht, nummeriert und ganz ans Ende des Dossiers geheftet worden. So war die letzte Unterschrift in dieser fatalen Akte, an den unteren Rand des Briefes gekritzelt, meine eigene.

4

Verhaftung

Danke, Genosse Stalin, für unsere glückliche Kindheit
Parole auf einem Propagandaplakat von 1936

Selbst nach Jahren in Moskau wurde ich das Gefühl nie ganz los, in einem seltsamen Fadenspiel verschiedener Epochen zu sein.

Da waren die wunderlich historischen Spuren: Soldaten in Marschstiefeln und Reithosen, Babuschkas mit Kopftüchern, zerlumpte, bärtige Bettler wie aus einem Roman von Dostojewski, die obligatorischen Garderoben und Wählscheibentelefone, Fellmützen, Chauffeure und Dienstmädchen, Brot mit Speck, Abakusse anstelle von Registrierkassen, druckerschwarze Zeitungen, der Geruch nach Holzrauch und Außentoiletten in den Vororten, Fleischverkauf von Lastwagen voller Rinderkadaver, inmitten derer ein *muschik** mit einer blutigen Axt arbeitet. Manche Dinge scheinen sich seit der Zeit meines Vaters, ja meines Großvaters nicht verändert zu haben.

Es gab einige wenige Augenblicke, in denen ich glaubte, einen Blick auf die albtraumartige Welt erhascht zu haben, die mein Großvater im Juli 1937 betrat. Einige Stunden lang sah und roch und berührte ich sie. Es genügte vielleicht, um ein Gefühl dafür zu bekommen, wie es war, zumindest körperlich. Wie es in sei-

---

* Bauer.

81

nem Kopf und in seinem Herzen aussah, möchte ich lieber nicht
wissen.

Eines Abends Anfang Januar 1996, einen Monat, nachdem ich
in Kiew die Akte meines Großvaters eingesehen hatte, ging ich
bei leichtem Schneefall in Richtung Hotel Metropol. Ich war
auf der Suche nach einem Taxi und bemerkte nicht, dass mir
drei Männer folgten. Ich nahm sie erst wahr, als der Ärmel eines
gelben Schaffellmantels auf mein Gesicht zukam, gefolgt von
einem mächtigen Schlag gegen meinen Kiefer. Ich spürte keinen
Schmerz, nur die Erschütterung, wie in einem ruckelnden Zug.
Zwei oder drei Minuten lang vollführte ich einen graziösen Tanz,
stand auf, fiel hin, rappelte mich wieder hoch, und die Männer
schlugen immer weiter auf mich ein. Ich roch das nasse Fell meiner Mütze, die ich mir ins Gesicht drückte, um meine Nase zu
schützen.

Dann sah ich, als ich auf der Straße lag, die verkrusteten Vor-
derräder und schmutzigen Scheinwerfer eines roten Lada, der im
Schnee auf uns zu hielt. Es war kaum zu glauben, doch ein Mann,
dessen linkes Bein in einem gewaltigen Gips steckte, schob sich
aus der Beifahrertür. Er brüllte etwas, und die drei Männer sahen
plötzlich verlegen aus und schlenderten scheinheilig davon. Der
Mann aus dem Auto half mir auf die Beine und fuhr dann davon.

Im selben Augenblick kam ein Polizeijeep um die Ecke. Ich
hielt ihn an, öffnete die Tür, berichtete murmelnd, was passiert war, und stieg ein. Als wir auf der Neglinnajastraße Ge-
schwindigkeit aufnahmen, um die Angreifer zu verfolgen, klärte
sich plötzlich mein Hirn, und die Zeit schaltete zugleich mit
dem Polizisten am Steuer mehrere Gänge höher. Wir bogen in
die Ochotny Rjad ein, und ich sah meine Angreifer, die an der
Metrostation Lubjanka im Schnee spielten. Der Jeep schoss ele-

gant quer über acht Fahrspuren hinweg und kam schliddernd neben den Männern zum Stehen.

Die drei Männer holten ihre Pässe hervor, ruhig und selig betrunken, lächelnd in dem Glauben, es handele sich nur um eine Routinekontrolle. Zwei hatten die asiatischen Gesichtszüge der Tataren, der Dritte war Russe. Als sie mich aus dem Jeep klettern sahen, erstarrten sie und schienen zu schrumpfen.

»Das sind die Männer«, sagte ich theatralisch und zeigte auf sie.

Die beiden Tataren wurden in einen winzigen Käfig hinten im Jeep geschoben. Nicht einmal eine Viertelstunde war vergangen, seit sie angefangen hatten, mich zu verprügeln.

In der Polizeiwache stand der ewige russische Gefängnismief aus Schweiß, Pisse und Verzweiflung. Die Wände waren oben beige und unten dunkelbraun gestrichen. Meine beiden Angreifer saßen in einem Käfig in der Ecke des Empfangsraums der Polizeiwache. Sie hatten die Gesichter in die Hände gelegt, sprachen leise miteinander und sahen gelegentlich zu mir hoch.

Der diensthabende Polizist saß hinter einer Plexiglasscheibe, sein kleines Büro einen halben Meter höher als der übrige Raum. Vor ihm auf dem Tisch lagen mehrere große, viktorianisch wirkende Registerbücher, ein Satz Briefmarken, ein Stapel Formulare und ein Aschenbecher in Form einer Fanta-Dose. Er nahm ungerührt meine Daten auf, dann rief er seine Vorgesetzten an. Von diesem Augenblick an war das Schicksal der Männer besiegelt, glaube ich. Ich war Ausländer, das hieß, es würde Ärger geben, wenn der Fall nicht ordentlich bearbeitet wurde – Konsulatsbeschwerden ans Außenministerium, Papierkrieg.

Die Ermittlerin, die den Fall übernahm, war Swetlana Timofejewna, Oberstleutnant der Moskauer Kriminalpolizei. Sie war eine selbstbewusste und matronenhafte Frau, die mich schamlos und penetrant von oben bis unten musterte und es offenbar gewohnt war, Männer in die Kategorien Schlappschwanz und Großmaul zu unterteilen. Sie war eine dieser untersetzten, unbesiegbaren russischen Frauen mittleren Alters, die wie Dobermänner in den Vorzimmern aller großen Männer Russlands lauerten, Kartenverkaufsschalter beherrschten und Hotelrezeptionen kommandierten.

Nachdem wir die Einzelheiten mehrmals mündlich durchgegangen waren, zog sie andächtig ein leeres Formular hervor, über dem *protokol* stand, »offizielle Aussage«, und begann mit der Niederschrift der offiziellen Fassung meiner Aussage. Ich unterzeichnete unten auf jeder Seite und setzte meine Initialen neben jede Korrektur. Schließlich holte sie eine leere Akte mit der Aufschrift *delo*, »Kriminalfall«, und schrieb sorgfältig die Daten der Angeklagten auf den braunen Deckel. Die Akte war eröffnet. Von diesem Augenblick an waren ich, meine Angreifer, die Ermittler ihre Geschöpfe.

Drei Tage lang stolperte ich daraufhin auf Swetlanas Vorladungen hin immer wieder zur Polizeiwache, erschöpft von einer leichten Gehirnerschütterung. Die Polizeiwache wirkte bei Tageslicht sogar noch deprimierender, ein niedriges zweistöckiges Betongebäude in einem Hof voller schmutzigem Schneematsch, Mülltonnen und streunenden Hunden. Ich begegnete den Polizisten, die in der Nacht des Angriffs bei mir waren, und einer von ihnen versicherte mir in vertraulichem Flüsterton: »Wir sorgen dafür, dass die Typen eine interessante Zeit erleben.« Schuldbewusst musste ich feststellen, dass ich darüber Befriedigung verspürte.

Langer, unruhiger Schlaf in meiner sonnenlosen Wohnung im dritten Stock wechselte mit langen Nachmittagen auf der Wache. Ich hatte das Gefühl, irgendwie in eine verstörende Unterwelt gerutscht zu sein, in der ich mit hämmerndem Schädel zusah, wie der Stift der Ermittlerin über endlose Seiten Papier kroch, und hoffte, es möge endlich aufhören. Bis in meine fiebrigen, frustrierten Träume hinein beobachtete ich den kriechenden Stift, wie er sich in das billige Papier drückte, geführt von einer körperlosen Hand im harten Behördenlicht.

Am dritten Tag – doch irgendwie kam mir die Zeit viel länger vor als drei Tage, dieser bürokratische Albtraum zwischen Wachen und Schlafen – fühlte ich mich wie ein alter Mann, als ich die ausgetretenen Stufen zur Wache hinauftrottete, vorbei an der stinkenden Toilette, von der jemand die Klobrille geklaut hatte. Swetlana Timofejewna erwartete mich. Zum ersten Mal, seit ich sie kannte, war sie in Uniform.

»Wir kommen jetzt zur *ochnaja stawka*«, sagte sie. Die *ochnaja stawka*, oder Gegenüberstellung, gehört routinemäßig zum russischen Ermittlungsverfahren. Dabei trifft der Angeklagte auf seine Kläger, und ihre Aussagen werden verlesen. Sie nahm die Akte schwungvoll an sich und führte mich die Treppe hinunter in einen großen Raum, der aussah wie ein großes Klassenzimmer. Reihenweise Bänke standen vor einem erhöhten Podium, auf dem wir nun schweigend Platz nahmen. Ich starrte auf die Maserung des Tisches.

Die Männer kamen so leise herein, dass ich sie erst hörte, als der Polizist die Tür schloss. Sie waren gefesselt und schlurften steif und mit gesenkten Köpfen. Sie ließen sich schwer in der vordersten Bankreihe nieder und sahen kleinlaut zu uns hoch, wie schuldbewusste Schuljungen. Sie waren Brüder, wie Swetlana Timofejewna mir erzählt hatte, Tataren aus Kasan. Beide waren verheiratet, hatten Kinder und lebten in Moskau. Sie sahen jünger aus, als ich gedacht hatte, und kleiner.

»Matthews, bitte vergeben Sie uns, wenn wir Ihnen wehgetan haben. Wenn wir irgendetwas tun können…«, setzte der Klei-

nere der Männer an, der ältere Bruder. Doch Swetlana Timofe-
jewna schnitt ihm das Wort ab. Sie verlas meine unbeholfene
Aussage in der längsten der vier Versionen und danach einen
Arztbericht. Sie hörten schweigend zu; der Jüngere hatte den
Kopf in die Hände gelegt. Ihre eigene Aussage war nur fünf Sätze
lang und besagte, dass sie zu betrunken waren, um sich an das
Geschehene zu erinnern, und dass sie freimütig ihre Schuld und
ihre Zerknirschung zugaben. Am Ende jeder Aussage folgte ein
unangenehmer Augenblick, wenn Swetlana Timofejewna den
Angeklagten die Papiere zur Unterschrift zuschob. Ich wollte
helfen und schob sie auf dem Tisch weiter, damit sie mit ihren
klirrenden Handschellen unterzeichnen konnten. Sie nickten
beide Male in höflicher Anerkennung.

»Haben Sie noch etwas zu sagen?«

Der ältere Bruder, der immer noch seinen gelben Mantel trug,
fing an zu sprechen. Zunächst war er ganz ruhig, mit einer gezwungenen Kumpelhaftigkeit in der Stimme. Er sah mir fest
in die Augen, und als er redete, hörte ich nicht mehr, was er
sagte, spürte nur noch seinen Ton und las in seinem Blick. Er
flehte mich an, sie zu verschonen. Mein Gesicht war zu einem
entsetzten Lächeln erstarrt. Er beugte sich weiter vor, und eine
Spur Panik kroch in seine Stimme. Dann fiel er auf die Knie und
weinte. Er schluchzte laut, und sein Bruder weinte still.

Dann waren sie weg. Swetlana Timofejewna sagte etwas,
doch ich hörte sie nicht. Sie musste es noch einmal wiederholen
und meine Schulter berühren. Sie sagte, wir sollten gehen. Ich
murmelte etwas davon, die Anklage fallen zu lassen. Sie seufzte
schwer und machte mir mit müder Stimme klar, so als versuche
sie, einem Kind die harten Tatsachen des Lebens zu erklären,
dass das nicht möglich sei. Sie war keine hartherzige Frau, obwohl sie nun schon jahrelang dumme kleine Leute für dumme

kleine Verbrechen verhaftet hatte. Doch obwohl sie die weinenden Frauen der Männer gesehen hatte und wusste, dass der Fall banal war, nicht wert der schrecklichen Strafe, die sie nun auslösen würde, wusste sie schon, dass sie noch am selben Nachmittag einen ausführlichen Bericht tippen würde, in dem sie empfahl, die beiden Männer bis zur Gerichtsverhandlung in Untersuchungshaft zu nehmen.

Wir steckten jetzt alle drin, die Maschinerie war angelaufen. Die Tatsache, dass ich Ausländer war, bedeutete, dass alles nach Buch ablaufen würde. Die Akte, die allmächtige Akte. Wir alle waren nun gezwungen, ihrem Lauf zu folgen, Schritt für Schritt, weil das einmal Geschriebene nicht mehr ungeschehen gemacht werden konnte.

Die beiden Männer verbrachten elfeinhalb Monate in der Butyrka, einem der berüchtigtsten Gefängnisse Russlands, und warteten auf ein Gerichtstermin. Irgendwann erhielt ich eine Vorladung vor Gericht, doch ich hatte Angst hinzugehen. Ein Freund ging an meiner Stelle hin und entschuldigte mich. Er erfuhr, dass die Brüder im Gefängnis an Tuberkulose erkrankt waren. Selbst in Abwesenheit des Opfers wurden sie verurteilt zu einer Haftstrafe die der bereits in Untersuchungshaft verbrachten Zeit entsprach. Sie hatten ihre Jobs verloren, und ihre Familien waren nach Tatarstan zurückgekehrt. Als ich all das hörte, waren der Schock und sogar die Erinnerung an jene Nacht in der unsere Leben so katastrophal kollidiert waren, längst verblasst. Die Geschichte ist verloren, versuchte ich mich zu überzeugen, im Babel der Horrorgeschichten, die durch die Nachrichtenabteilung wirbelten, in der ich arbeitete. Es war pervers, sagte ich mir, das Schicksal zweier schuldiger Männer zu beweinen, wenn doch jeden Tag die Zeitungen, die sich auf meinem

Schreibtisch stapelten, voller schrecklicher Geschichten über das Leiden Unschuldiger waren.

Doch die Erinnerung an den Schrecken und die Schuld, die ich empfand, als die beiden Männer vor mir um Gnade winselten, saß tief und gärte in mir. Ich glaube, dass viele Russen einen ähnlich schwarzen Schleim aus Trauma und Schuld und bewusstem Vergessen in ihrem Inneren haben. Er bildet einen reichhaltigen Kompost, in dem all ihre Genusssucht, ihre Heimtücke, jedes ihrer Vergnügen und jeder Verrat wurzeln. Für die verhätschelten Europäer, unter denen ich aufgewachsen bin, war es anders, auch wenn viele überzeugt waren, dass sie unter der Gleichgültigkeit ihrer Eltern, der Grausamkeit ihres Ehepartners oder persönlichem Scheitern gelitten hatten. Nein, der durchschnittliche russische 17-Jährige, schloss ich aus meinen jahrelangen Wanderungen auf der schlimmeren Seite des neuen Russland, hatte schon mehr echten Missbrauch und Hoffnungslosigkeit und Korruption und Ungerechtigkeit erlebt als die meisten meiner englischen Freunde in einem ganzen Leben. Und um zu überleben und glücklich zu sein, mussten die Russen so viel vergraben, so viel bewusst ignorieren. Kein Wunder also, dass ihre Freuden und ihre Schwelgerei so intensiv sind; sie müssen mit der Intensität ihres Leidens mithalten.

Nachdem die Wohnung der Bibikows in Tschernigow durchsucht worden war, hörten sie tagelang nichts. Bibikow kehrte nicht aus dem Urlaub zurück. Der NKWD erklärte Marta immer wieder, sie würde informiert werden, sobald es weitere Entwicklungen gäbe. Warja wurde zu ihren Verwandten aufs Land geschickt, und Marta und ihre beiden Töchter wohnten im Bad und in der Küche ihrer Wohnung, weil alle anderen Zimmer verschlossen und versiegelt waren. Marta kaufte mit dem Geld, das noch in ihrem Portemonnaie war, Lebensmittel und nahm danach die wohltätigen Gaben der verbliebenen Nachbarn an.

Bibikows Kollegen wussten von nichts – viele von ihnen waren selbst verschwunden, und die übrigen hatten entweder furchtbare Angst oder vertrauten naiv darauf, dass der NKWD bald seinen Fehler berichtigen würde.

Einen großen Schrecken erlebte die Familie, als Marta die Kinder allein ihre Kirschsuppe essen ließ, eine traditionelle Sommerspezialität in der Ukraine, und wieder einmal ins Büro des NKWD ging, um nach Neuigkeiten zu fragen. Lenina las ein Buch, das ihr Vater ihr geschenkt hatte, und bemerkte nicht, dass sich ihre kleine Schwester Ljudmila alle Kirschkerne, so tief sie konnte, in die Nase gesteckt hatte und nicht mehr herausholen konnte.

»Ich bin eine Spardose«, erklärte Ljudmila ihrer Schwester und steckte sich noch einen Kern in die Nase. Ihre Mutter tobte, als sie nach Hause kam. Sie eilte mit Ljudmila ins Krankenhaus, wo eine strenge Schwester die Kirschkerne mit einer langen Zange entfernte, die offenbar extra für diesen Zweck vorgesehen war. Lenina bekam eine Tracht Prügel, weil sie nicht aufgepasst hatte, und weinte, weil sie nicht bei ihrem Vater Trost suchen konnte.

Nach fast zwei Wochen der Ungewissheit und Sorge beschloss Marta, Lenina nach Moskau zu den Brüdern ihres Mannes zu schicken, die gute Beziehungen hatten. Sie konnten doch sicher ein paar dieser Beziehungen spielen lassen und herausfinden, was geschehen war? Sie hatte kein Geld für eine Fahrkarte, also wickelte sie ein paar Silberlöffel in eine Serviette und ging zum Bahnhof, wo sie eine Schaffnerin um einen Sitzplatz im Kiew-Moskau-Express anbettelte, der spätabends durch Tschernigow fuhr. Die Schaffnerin verstaute Lenina in einem Gepäcknetz und wies sie an, sich absolut still zu verhalten. Sie sagte ihr auch, sie solle die Silberlöffel behalten. Marta rannte neben dem Zug her, bis er so schnell fuhr, dass sie nicht mehr mithalten konnte.

Zehn Jahre zuvor hatte Martas Vater sie von ihrem Zuhause weggeschickt, wo sie aufgewachsen war. Auf einem Bahnsteig in Simferopol hatte sie ihre sterbende Schwester ihrem Schicksal überlassen. Als sie nun die Lichter des Zuges, der ihre älteste Tochter nach Moskau brachte, in der Nacht verschwinden sah, wurde ihr klar, dass ihre neue Familie am Zerbrechen war. Sie ging ins Telegrafenamt und sandte ein kurzes Telegramm an die Verwandten ihres Mannes in Moskau, in dem sie Lenina ankündigte. Dann ging sie nach Hause. Ljudmila war auf einer Decke auf dem Küchenfußboden eingeschlafen. Sie hob sie hoch und, wie sie Lenina später erzählte, »heulte wie ein verwundetes Tier«.

Am Kursker Bahnhof in Moskau nahm Boris' jüngerer Bruder Issaak Lenina in Empfang. Der andere Bruder, Jakow, ein Offizier der Luftwaffe, diente im Militärbezirk Ferner Osten in Chabarowsk bei Wladiwostok und wusste noch nichts von Boris' Verhaftung. Issaak war 23 Jahre alt, ein vielversprechender Ingenieur im Flugzeugmotorenwerk Dynamo. Er umarmte seine junge Nichte und bat sie, ihre Geschichte für sich zu behalten, bis sie mit der Tram in die kleine Wohnung gefahren seien, die er sich mit seiner und Boris' Mutter Sofija teilte. In der Küche hörten sie Lenina schweigend zu. Lenina fing an zu weinen, schluchzte, dass sie nicht wüsste, was ihr Vater falsch gemacht hatte. Issaak versuchte, sie zu beruhigen. Es sei alles ein Missverständnis, sagte er ihr, und er kenne Leute, die die Sache aufklären könnten.

Am nächsten Tag sprach Issaak mit einem Freund im Dynamo-Werk, einem der ortsansässigen Politoffiziere des NKWD. Der Mann war bis vor Kurzem persönlicher Leibwächter eines leitenden NKWD-Generals gewesen. Der Politoffizier versprach, er würde seine ehemaligen Kollegen fragen und versuchen, ein Gespräch zu organisieren, um das zu klären, was er taktvoll einen »schrecklichen Irrtum« nannte.

Zwei Tage später kam Issaak früh nach Hause, wies Lenina an, ihr bestes Sommerkleid anzuziehen, und führte sie an der Hand zur Tramhaltestelle. Sie fuhren schweigend ins Hauptquartier des NKWD am Lubjankaplatz. Die Lubjanka selbst war ein riesiges bürgerliches Gebäude, das einst eine vorrevolutionäre Versicherungsgesellschaft beherbergt hatte. Nach einer Erweiterung 1937 waren die Keller zu einem Gefängnis und Verhörzentrum beträchtlicher Größe umgebaut worden, das durch die nächtlichen Opfer der Säuberung aus allen Nähten platzte. Issaak und seine Nichte gingen zum Haupteingang, zeigten dem diensthabenden Wachtmeister Issaaks Pass und wurden in ein Wartezimmer im oberen Stock geschickt. Ein Mann in einer dunkelgrünen NKWD-Uniform, Reithosen und Lederstiefeln sprach kurz mit Issaak – offenbar war er der Freund, der das Treffen arrangiert hatte.

Dann brachte man sie endlich in ein Büro. Lenina glaubte zunächst, es sei leer. Sie sah einen gewaltigen Schreibtisch aus Holz mit einer hellen Lampe darauf. Die schweren Vorhänge vor den hohen Fenstern waren halb zugezogen, trotz der herrlichen Sommersonne draußen. Der Boden war mit einem dicken Teppich bedeckt. Dann entdeckte sie hinter dem Schreibtisch einen kahl werdenden kleinen Kopf mit einer Brille. Der General, fand Lenina, sah aus wie ein Zwerg.

Der Zwerg blickte zu Issaak und dem kleinen Mädchen auf und fragte sie nach ihrem Begehr. Issaak erklärte zögernd, sein Bruder, ein guter und loyaler Kommunist, sei verhaftet worden, wohl aufgrund eines Irrtums, eines Versehens, oder vielleicht aus dem Übereifer seiner Leute heraus, die Feinde des

Staates auszumerzen. Der General nahm eine dünne Akte zur Hand und blätterte sie flüchtig durch, während Issaak sprach. Dann sagte er ein einziges Wort: »*rasberemsja*« – »wir klären das«. Damit war das Treffen beendet. Issaak brachte Lenina erschüttert nach Hause und setzte sie am folgenden Tag in einen Zug zurück nach Tschernigow. Ein paar Tage später veräußerte Marta so viele Küchenutensilien, wie sie nur konnte, und kaufte für sich und ihre Kinder Zugfahrkarten auf die Krim, wo sie bei ihrer älteren Schwester Fjodossija unterkommen wollte. Doch ehe sie losfuhren, hinterließ sie pflichtbewusst ihre neue Adresse beim Tschernigower NKWD, damit ihr Mann sich keine Sorgen machte, wenn er in eine leere Wohnung zurückkehrte, sobald der Irrtum aufgeklärt war.

Der Winter kam, und sie hatten immer noch keine Nachricht. Marta und die Kinder wohnten in der Küche von Fjodossijas kleinem Holzhaus in einem Vorort von Simferopol. Es war ein tiefer Fall nach dem Leben als Mitglieder der verwöhnten Parteielite in Tschernigow. Marta fand eine Stelle als Krankenschwester im Kinderkrankenhaus für ansteckende Krankheiten und brachte für die Kinder oft übrig gebliebenes Essen aus dem Krankenhaus nach Hause.

Das Klima auf der Krim ist milder als im europäischen Teil Russlands, doch die Winter bringen einen kalten Meereswind aus der Bucht von Sewastopol. Fjodossijas zugiges Haus wurde über einen kleinen Kanonenofen beheizt, der *burschuika* genannt wurde – ein »bürgerlicher« Ofen, der schnell heiß wurde, bis zum Morgen aber immer kalt war. Die Kinder durften ihn tagsüber nicht anfeuern, wenn Marta im Krankenhaus war, und so saßen sie in Pullovern am Fenster und sahen zu, wie der Regen auf den kleinen Obstgarten fiel, der das Haus umgab.

Das Leben ist anderswo, dachte Lenina, in diesen gemächlichen Monaten. Sie vermisste die Betriebsamkeit von Tschernigow, ihre Nachbarn und Schulfreunde und den endlosen Strom Funktionäre und Freunde, die bis spätabends in ihrer Küche saßen. Doch am meisten vermisste sie ihren Vater, der ihre Zuflucht und ihr bester Freund gewesen war. Sie glaubte fest daran, dass er noch lebte und wohlauf sei und sie genauso vermisste wie sie ihn.

Ljudmila war immer schon ein ruhiges Kind gewesen, doch nun zog sie sich ganz in sich zurück. Sie spielte mit ihren Puppen auf dem Fußboden in einer Ecke von Fjodossijas Küche, neben der Truhe, auf der Lenina schlief, und hielt sich von ihrer schimpfenden Mutter und Tante fern. Marta kam immer spät nach Hause, erschöpft und mit ungekämmtem Haar. Seit der Verhaftung ihres Mannes gab sie nichts mehr auf ihr Aussehen.

Anfang Dezember erkrankte Ljudmila an den Masern. Sie hatte sich wohl über das Essen angesteckt oder vielleicht über die Krankenhauskleidung ihrer Mutter. Als das Fieber stieg, blieb Marta zu Hause bei ihrer Tochter. Sie schickte Lenina zur Apotheke, um Senfpflaster gegen Ljudmilas Husten und Tropfen für ihre geschwollenen Augen zu holen.

In der dritten oder vierten Fiebernacht klopfte es kräftig an der Tür. Fjodossija machte auf. Mehrere Männer in dunklen Uniformen mit Pistolen im Gürtel drängten sich ins Haus. Sie verlangten die »Bürgerin Bibikowa« zu sehen. Marta rappelte sich mit Ljudmila im Arm auf, als sie die Küchentür öffneten.

»Steh auf!«, befahl einer der Männer Lenina und hob den Truhendeckel hoch, auf dem sie geschlafen hatte. Sie und ihre Decken fielen zu Boden. Marta protestierte schreiend und packte den Offizier am Arm. Er stieß sie zurück, und sie stolperte mit ihrer dreijährigen Tochter im Arm in die offene Truhe. Lenina erinnert sich an das Geschrei – alle schrien, und ihre Mutter kämpfte sich mühsam aus der Truhe, eine groteske Farce inmitten dieses Albtraums. Die Männer vom NKWD zerrten Marta hoch, rissen ihr die Arme auf den Rücken und schafften sie, immer noch im Nachthemd, aus dem Haus in den Garten. Auf der Straße schoben sie sie in einen der beiden wartenden Polizeiautos – »Schwarze Raben« genannt. Ein weiterer Offizier folgte mit den beiden Kindern, Ljudmila unter dem Arm und Lenina an der Hand. Als sie zur Straße kamen, riss sich Lenina los und versuchte, zu ihrer Mutter zu rennen; der Mann fing sie ein und brachte sie zusammen mit ihrer Schwester in das zweite Auto. Als sie wegfuhren, hielt Lenina ihre fiebrige kleine Schwester umklammert, die hysterisch weinte. Am Ende der Straße fuhren die beiden Autos in verschiedene Richtungen. Die Mädchen sollten ihre Mutter erst elf Jahre später wiedersehen.

Mein Sohn Nikita ist, als ich diese Zeilen schreibe, genauso alt, wie Ljudmila bei Martas Verhaftung war – zwei Monate vor dem vierten Geburtstag. Er hat ein rundes Gesicht, einen dichten dunklen Haarschopf und die strahlend blauen Augen seiner Großmutter Ljudmila. Als wir Lenina vor ein paar Wochen besuchten, umarmte sie ihn so fest, dass er weinte; sie sagte, er sähe Ljudmila so ähnlich, dass sie es kaum ertragen konnte. »Ich wurde Mutter, als ich zwölf war, als sie Mutter wegbrachten«, sagte sie. »Ljudmila war mein erstes Kind. Er ist eine kleine Ljudmila.«

Manchmal, wenn ich Nikita beim Spielen zusehe, empfinde ich – wie wohl die meisten Eltern – eine unbestimmte, irrationale Angst. Wenn er im Blumenbeet nach Schnecken wühlt oder Blumenzwiebeln ausgräbt, tief in Gedanken versunken, fürchte ich, mein Kind könnte sterben oder mir irgendwie weggenommen werden. Dann sind da die Momente, meistens spätabends, wenn ich betrunken und weit weg von zu Hause mit einem Auftrag in Bagdad oder in sonst einem der gottvergessenen Löcher sitze, in denen ich so viel Zeit verbracht habe, seit ich Moskau verlassen habe, in denen ich mir vorstelle, was mit ihm geschehen würde, sollte ich sterben. Ich frage mich, ob er es schaffen wird, was ihm von mir in Erinnerung bleiben wird, ob er es verstehen, ob er weinen wird. Der Gedanke daran, ihn zu verlieren, ist so schrecklich, dass mir schwindelig wird. Ich denke oft an Marta und jene Nacht und versuche mir vorzustellen, wie ich mich fühlen würde, wenn Fremde mir Nikita aus den Armen rissen. Ich kann es nicht.

Die Männer vom NKWD brachten Lenina und Ljudmila in das Gefängnis für minderjährige Straftäter in Simferopol, wo sie bleiben sollten, bis der Staat über ihr Schicksal entschied. Nach der grausamen Logik der Säuberung mussten die Familienmitglieder eines »Volksfeindes« zwangsläufig mit seiner Ketzerei kontaminiert sein, als sei sie eine Krankheit. Ein altes russisches Sprichwort sagt: »Der Apfel fällt nicht weit vom Stamm.« Deshalb mussten die beiden Kinder, zwölf und drei Jahre alt, für die Sünden ihres Vaters büßen. Wie er wurden sie von der Partei dazu bestimmt, zum Abschaum der Geschichte zu werden.

Das Gefängnis war schlecht beleuchtet und stank nach Urin, Karbolseife und Teersalbe. Lenina erinnert sich an die Gesichter der Männer, die ihre Daten aufnahmen, an den stechenden Geruch der überfüllten Zelle, in der sie sich auf dem strohbedeckten Boden einen Schlafplatz suchen sollten, und an das Bellen der Wachhunde auf dem Flur. Sie hielt ihre jammernde kleine Schwester fest im Arm und weinte sich in den Schlaf.

Auch Mila erinnert sich an die Nacht, als ihre Mutter verhaftet wurde. Es ist ihre erste klare Erinnerung. Sie steht im Nachthemd da, eine Puppe im Arm, ein Soldat schubst sie, und alle schreien. An die kurzen drei Jahre und zehn Monate normalen Familienlebens kann sie sich nicht erinnern. Nichts ist ihr geblieben außer der schattenhaften Erinnerung daran, auf den Schultern ihres Vaters getragen zu werden. Vom Augenblick der Verhaftung an wurde Lenina die Ersatzmutter ihrer kleinen Schwester. Zwei verängstigte Kinder allein in einer Welt, die plötzlich dunkel und unverständlich geworden war.

Gefängnis

Wir, die Kinder von Russlands schrecklichen Jahren,
Haben nicht die Kraft zu vergessen.
Georgi Iwanow

An einem warmen, nebligen Morgen im Sommer 1995 stand
ich mit meinem Notizbuch in der Tasche in der Nowoslobod-
skajastraße vor dem Tor des Butyrka-Gefängnisses. Der Eingang befand sich eingezwängt zwischen einem Friseursalon und
einem Laden; ich dachte erst, ich sei an die falsche Adresse geraten. Doch hinter dem düsteren Durchgang zwischen den tris-
ten sowjetischen Gebäuden, die die Straße säumten, lag eine
seltsame, verschlossene Welt. Die Butyrka ist eine gewaltige
Festung – im wahrsten Sinne eine Festung, mit Türmen, Zinnen und einem Schwarm Krähen auf den Dächern, erbaut von
Katharina der Großen für die zahlreichen Kriminellen ihrer
Wahlheimat, unter ihnen der rebellische Bauer Jemeljan Pugatschow.

Draußen auf der Straße kündigte sich bereits ein weiterer
staubiger Tag des heißen Moskauer Sommers an. Doch als wir
durch einen kleinen Torbogen geführt wurden, wich die Juni-
hitze plötzlich einem säuerlich-klammen Dunst, der sich auf
meine Haut und Kleider legte wie fremder Schweiß. Selbst im
Verwaltungstrakt war der metallische Geruch nach Sauerkraut,
billigem Waschmittel und feuchten Kleidern vorherrschend.

Die Zelle, die ich besichtigte, war etwa 18 mal 4,5 Meter groß. Eine Woge Männergestank, ranziger Schweiß gemischt mit Urin, schwappte mir entgegen, als der Wärter die Tür öffnete. Zuerst dachte ich, die Gefangenen drängten sich zur Tür, um zu sehen, wer da gekommen war. Doch als ich in den Raum blickte, sah ich, dass die Insassen sich von der Tür bis zu dem verrammelten Fenster drängten, das ich am Ende der Zelle gerade so erkennen konnte. Es war wie in einem überfüllten U-Bahn-Wagen. Zwei Reihen Holzregale mit Bettzeug und Körpern zogen sich an den Wänden entlang. Reihenweise Füße mit schiefen Zehen ragten hervor. Im Freiraum in der Mitte stand ein Pulk Menschen, nackt bis auf die Unterwäsche, die sich gegen die Lagerstätten lehnten oder auf den Enden der Betten hockten. Manche spielten Karten, die meisten der zurückgelehnten Männer schliefen, die übrigen standen einfach da, bewegungsunfähig. Nasse Wäsche hing an Wäscheleinen, die provisorisch unter der Decke gespannt waren. In der Ecke stand eine winzige, überlaufende Toilette neben einem einzelnen Wasserhahn. Die Hitze und die Luftfeuchtigkeit waren so drückend, dass einem das Atmen schwerfiel, und der überwältigende Geruch nach zusammengedrängten Menschen ließ Übelkeit in mir aufsteigen.

Ich schob mich durch die Zelle, der Wärter beobachtete mich von der Tür aus. Später erklärte er mir, es sei ein ungeschriebenes Gesetz, dass die Wärter nie die Zellen betraten, es sei denn, jemand liefe Amok oder es gäbe eine Messerstecherei.

In der Zelle waren 142 Männer. Sie hatten leere, tief liegende Augen. Ihre Beine und Körper waren übersät mit Flohbissen und offenen Wunden. Die Hälfte von ihnen hatte einen trockenen, tuberkulösen Husten und spuckte ausgiebig auf den schmierigen Boden. Es gab kein Tageslicht, das Fenster war verrammelt bis auf zwei winzige Öffnungen, durch die frische Luft hereinkam.

Vier schwache Glühbirnen, die 16 Stunden am Tag brannten, erleuchteten den Raum.

Ich versuchte kurz, mit ein paar von ihnen zu reden, aber es war so unangenehm, mit einem Fremden in so unnatürlicher Nähe zu sprechen, Brust an Brust, dass mir nichts zu sagen einfiel. Weder damals noch später konnte ich die Gefangenen als Menschen sehen. Sie waren in eine andere Wirklichkeit übergegangen; sie waren zu etwas geworden, was weniger war als menschlich, zu etwas, was einer Herde Tiere näherkam. Selbst wenn sie herauskämen, stellte ich mir vor, würde es für immer ein Teil von ihnen bleiben. Ich dagegen war, selbst als ich mich zwischen sie schob, nur draußen und blickte hinein. Ich konnte mich mit ihnen kein bisschen mehr identifizieren als mit den räudigen Tieren in Moskaus traurigem altem Zoo. Niemals zuvor oder seither als Journalist in Russland spürte ich deutlicher, dass ich nur Besucher war.

Sie hatten die Gesichter von Männern, deren ganzes Leben in die wenigen Meter des stinkenden Raumes, den sie bewohnten, implodiert war. Sie starrten mich aus einer Entfernung von eineinhalb Zentimetern an, als ich mich an ihnen vorbeischob, aber als ich in ihre Augen sah, wusste ich, dass sie mich aus einer Entfernung ansahen, die ich niemals überwinden könnte.

Es gibt ein Foto von Ljudmila und Lenina, das irgendwann Anfang 1938 gemacht wurde. Lenina trägt ein Tuch, das ihren rasierten Kopf bedeckt, Ljudmila hält eine handgemachte Stoffpuppe mit Zöpfen, einem weißen Baumwollkleid und einem Hut im Arm. Lenina ist wunderschön, mit großen Augen, breiter Stirn und einem feinen Mund. Ljudmila, deren Kopf ebenfalls rasiert wurde und die eine gestrickte Weste über einem kragenlosen weißen Hemd trägt, sieht aus wie ein rundgesichtiger kleiner Junge, wie sie sich an ihre Schwester schmiegt. Leninas halbes Lächeln ist wehmütig und verstörend erwachsen. Beide Schwestern sehen gequält und ernst aus. Ihre Augen sind keine Kinderaugen. Das Foto steht auf meinem Schreibtisch. Obwohl es mir so vertraut ist, kann ich das Bild nicht ansehen, ohne dass es mich zutiefst berührt.

Im Morgengrauen ihres ersten Tages im Gefängnis fragten die Zellengenossen Lenina und Ljudmila aus, warum sie im Gefängnis seien. Es waren alles junge Mädchen, die meisten Diebinnen und Prostituierte. Als sie hörten, die Neuankömmlinge seien keine Kriminellen, sondern nur »Politische«, wie die Kinder von Volksfeinden genannt wurden, kniffen sie Lenina gemein und lachten sie aus, als sie schluchzte. Zwei Wärter, der eine mit einem bellenden Schäferhund, öffneten die Zellentür und befahlen Ruhe. Die Mädchen wurden in den Speisesaal getrieben, wo sie vor einem kleinen Fenster für einen Teller Suppe anstanden. Eines der älteren Mädchen schlug von unten gegen Leninas Schüssel, als sie vom Fenster kam, und die Suppe ergoss sich auf den Boden – ein Initiationsritus für die neuen Kinder. Lenina ging hungrig zurück in die Zelle. Ein paar Stunden später erschien ein Gefängnisarzt, diagnostizierte Masern bei Ljudmila und schickte sie sofort ins Gefängniskrankenhaus. Lenina blieb allein mit ihren Peinigerinnen zurück.

Nach ein paar Tagen durfte Lenina ihre Schwester während der täglichen Sportstunde besuchen. Sie hob jedes Stückchen Fleisch und jeden Zuckerwürfel auf, den sie retten konnte, nachdem die älteren Mädchen sich über ihr Essen hergemacht hatten, versteckte sie in ihrer Unterhose und gab sie Ljudmila, damit sie wieder zu Kräften kam. Manchmal kam ihre Tante Fjodossija mit kleinen Essenspaketen vorbei, die Lenina an einer Schnur

Ljudmila und Lenina Bibikowa, vier und zwölf Jahre alt, im Waisenhaus Werchnedneprowsk, vermutlich Anfang 1938. Beiden war vorbeugend gegen Läuse der Kopf rasiert worden; die Puppe gehörte zur Ausstattung des Fotografen.

durch das straßenseitige vergitterte Krankenhausfenster hereinholte. Mila erinnert sich noch an die Schnur und an die kleinen Pakete mit Essen. Sie erinnert sich auch, wie sie ausgeschimpft wurde, weil sie ins Bett gemacht hatte, und dass ihre Schwester Lenina die ganze Zeit weinte.

Ende Dezember, drei Wochen nach ihrer Verhaftung, wachte Lenina mitten in der Nacht auf. Die Zelle war voller Rauch. Die Zellentür ging auf, und ein panischer Wärter schickte die Kinder in den Hof. Ein paar der älteren Kinder hatten das Gebäude in Brand gesteckt, um von einem Fluchtversuch abzulenken. Die Wärter ließen die Hunde los, die nach den Kindern schnappten, als sie in den Hof gedrängt wurden. Die Kinder zitterten in der

Kälte, als die Feuerwehr kam. Ljudmila war auch hinausgebracht worden und lag neben anderen aus dem Krankenhaus evakuierten Kindern auf einer Trage.

Das Gefängnis brannte die ganze Nacht. Bei Morgengrauen war es völlig ausgebrannt und nicht mehr zu benutzen. Die Kinder waren im Hof halb erfroren, immer noch bewacht. Ein Konvoi offener Lastwagen kam und brachte die Kinder in Gruppen von je zwanzig weg. Lenina und Ljudmila waren auf einem der letzten, der sich auf den Weg zu einem der ferneren Waisenhäuser der Region machte. Der Lastwagen fuhr fast den ganzen Tag nach Norden, durch Sturm und Schneeregen, auf der Ladefläche die hungrigen und durchgefrorenen Kinder. Endlich wurden sie in einem »Verteilungszentrum« für elternlose Kinder in Dnjepropetrowsk abgeladen. Lenina und Ljudmila waren blau vor Kälte und zitterten so unkontrolliert, dass sie nicht sprechen konnten. Sie wurden in eine große Halle getrieben, die schon voller Kinder von spanischen Republikanern waren, die in die Sowjetunion evakuiert worden waren, um sie vor dem Bürgerkrieg zu retten. Die spanischen Kinder, fern von zu Hause, weinten und warteten völlig verängstigt darauf, auf die örtlichen Waisenhäuser verteilt zu werden.

Ein abgespannter Funktionär erstellte eine Liste mit Namen und Alter der neu angekommenen Kinder. Er wies Ljudmila an, mit den anderen kleinen Kindern zu gehen. Lenina sollte beiseitetreten und warten, bis sie an der Reihe sei. Sie fiel auf die Knie, umklammerte die schweinsledernen Stiefel des Wächters und flehte ihn an, sie nicht von ihrer Schwester zu trennen. Ein Mann in Zivil beobachtete, an den Türrahmen gelehnt, die Szene; als Lenina mir 65 Jahre später die Geschichte in der Küche ihrer Moskauer Wohnung erzählte, stand sie schwerfällig auf und lehnte sich mit verschränkten Arme an den Rahmen der Küchentür, um es mir zu demonstrieren. Der Mann trat vor, legte die Hand sanft auf die Schulter des Wächters und sagte: »Ich nehme sie.« Er beugte sich herunter und half Lenina auf die Füße.

Der Mann war Jakow Abramowitsch Mitschnik, Leiter eines riesigen neuen Kinderheims in Werchnedneprowsk, das erbaut wurde, um 1600 Straßenkinder, Kriminelle und Waisenkinder zu rehabilitieren und zu neuen sowjetischen Männern und Frauen zu erziehen Am selben Abend wurden Ljudmila, die kleinsten Kinder und die zwölfjährige Lenina mit dem Bus in sein Waisenhaus gebracht. Nach ihrer Ankunft wurden die Kinder geduscht und entlaust, dann wurden ihnen die Köpfe rasiert. Sie wurden entsprechend ihrem Alter in Schlafsäle aufgeteilt. Lenina bekam eine Liege neben dem Bett ihrer Schwester im Schlafsaal des Krankenhauses, der am anderen Ende des Flures lag. Die Schwestern und Aufseherinnen beschlagnahmten die Schuhe und Puppen der spanischen Kinder für ihre eigenen Kinder. Lenina träumt heute noch davon, wie die spanischen Kinder ihren geliebten Spielsachen hinterherweinten, den letzten physischen Erinnerungen an zu Hause. Die ganze Nacht riefen sie »Mamá«.

Als der Schrecken über ihre Gefangennahme nachließ, erwies sich Werchnedneprowsk als relativ glücklicher Ort. Es gab genug zu essen, und die Erzieherinnen waren freundlich. In den ersten Tagen im Waisenhaus versuchte Ljudmila, ihr hohes Fieber zu kühlen, indem sie ihre Beine im feuchten Sand des Sandkastens vergrub. Ihre Masern waren nach wenigen Wochen ausgeheilt, doch dann stellte sich heraus, dass sie sich mit Knochentuberkulose infiziert hatte, die sich aufgrund ihres geschwächten Immunsystems rapide ausbreitete.

Lenina besuchte ihre kleine Schwester jeden Tag nach der Schule auf der Station für Infektionskrankheiten des örtlichen Krankenhauses. Ljudmila stand immer auf einem Stuhl, lehnte sich aus dem Fenster, winkte und plapperte. Eines Tages, als Lenina sie besuchen kam, war Ljudmila still und hatte rote Augen. Ihr kleiner spanischer Freund Juan, »Juantschik«, der das Bett neben ihr gehabt hatte, war in der Nacht weggebracht worden, und niemand sagte ihr, wo er hin war. Die Krankenschwester erzählte Lenina, dass Juan an Tuberkulose gestorben sei. Eins nach dem anderen starb jedes der 18 Kinder, die auf der Station gewesen waren, als Ljudmila eingeliefert wurde. Meine Mutter war das einzige Kind, das überleben sollte.

Lenina konnte ihren Verwandten in Moskau nicht schreiben, weil sie sich nicht an die Adresse erinnern konnte; doch selbst wenn, so hätten sie es wohl nicht gewagt, die Kinder eines Volksfeinds zu retten. Sie schrieb an ihre Tante Fjodossija in Simferopol, doch die kam sie auch nicht abholen. Sie schickte aber Nachrichten von ihrer Schwester Marta. Marta sei an einen Ort namens Kasachstan verbracht worden, erklärte Fjodossija ihrer jungen Nichte, in ein Gefangenenlager namens KarLag. Ihre Adresse war eine Postfachnummer. Lenina ging jeden Tag zu Fuß fast fünf Kilometer vom Waisenhaus zur örtlichen Schule. In ihrer Freizeit schrubbte sie für ihre Lehrer die Böden und bekam dafür Zwiebeln, kleine Stücke geräucherten Schweinespeck, Zucker und Äpfel. Den Zucker und die Äpfel brachte sie Ljudmila, die Zwiebeln hob sie auf. Als sie zehn Zwiebeln gesammelt hatte, packte sie diese in ein kleines Päckchen und adressierte es sorgfältig an die Postfachnummer in Kasachstan. Sie erledigte noch weitere Arbeiten, um Briefmarken kaufen zu können, und schickte dann das Päckchen ab. Monate später erhielt sie einen Brief von Marta. Sie dankte ihrer Tochter für das Päckchen, nannte sie aber

eine »Närrin«, weil sie die Zwiebeln nicht einzeln in Papier eingewickelt hatte. So seien sie gefroren und verdorben angekommen,
monierte Marta. Sie fragte aber nach Ljudmila und wünschte
ihren Töchtern alles Gute. Sie versprach, bald zurückzukommen
und sie abzuholen. Lenina sollte erst nach dem Krieg wieder von
ihr hören.

Meine Mutter kann sich nicht erinnern, als Kind Spielsachen
gehabt zu haben, abgesehen von einem Teddybären, den sie
aus Tschernigow mitgebracht und im Kindergefängnis verloren
hatte. Die Puppe auf dem Foto, das in Werchnedneprowsk aufgenommen wurde, ist eine Requisite des Fotografen. Lenina erinnert sich, wie Ljudmila weinte, als man ihr sagte, sie dürfe die
Puppe nicht behalten, nachdem das Foto gemacht worden war.

Ljudmila zeichnete und malte begeistert, hatte aber kein Talent, wie sie es ausdrückte. Trotz ihrer Krankheit lernte sie früh
lesen und verbrachte bald die langen, einsamen Tage im Krankenhaus damit, Bücher aus der Bibliothek des Waisenhauses
zu lesen. Bücher und die wunderbaren Welten darin ersetzten
ihr die Freunde. In den langen Monaten erzwungenen Nichtstuns im Krankenhaus, die ihre Kindheit durchzogen, lernte sie,
in einer Fantasiewelt zu leben, die sie in ihrem lebhaften Geist
erstehen ließ. Die geheimnisvollen, düsteren Wälder in Puschkins Geschichten, die Reisen auf dem fliegenden Teppich über
die schlafenden Häuser Bagdads in *1001 Nacht*, die fantastischen
Ungeheuer, denen Sindbad begegnet, und die Hexen und stolzen Reiter des alten Russland, illustriert von Iwan Bilibin – dorthin flüchtete sie sich in ihrer kindlichen Fantasie. Die harte,
sterile, lieblose Welt um sie herum wurde erträglicher in dem
Wissen, dass es irgendwo, weit weg, eine bessere Welt gab, in
die sie irgendwann reisen würde. Selbst als sie schon erwachsen

und ihre verkrüppelten Beine endlich geheilt waren, sollte diese mächtige Vision eines anderen zauberischen Lebens – und das Gefühl, dass dieses Leben durch Geduld und reine Willenskraft erlangt werden könnte – sie niemals verlassen.

Im Waisenhaus hatte Lenina einen Traum. Sie trug ihre weiße Bluse und das rote Halstuch der Jungen Pioniere. Ein paar Kinder riefen ihr zu: »Dein Vater! Sie bringen deinen Vater raus!« Sie rannte hinaus und sah ihren Vater von hinten, geführt von drei Männern mit Gewehren. Sie brachten ihn ans steile Ufer des Dnjepr, ganz nahe am Waisenhaus. Er stand lange am Ufer, und Lenina sah zu, eingefroren in der Bewegungsunfähigkeit des Traums. Dann schossen die drei Männer mit ihren Gewehren auf ihren Vater, lautlos. Er fiel den Steilhang zum Fluss hinunter. Es war das einzige Mal, dass Lenina je von ihrem Vater träumte.

Ende 1938 hatte sich Ljudmila so weit erholt, dass sie in den Kindergarten gehen konnte, aber sie musste immer wieder ins Krankenhaus, wo in primitiven Operationen erneut Gewebe weggeschnitten wurde. Die Knochen ihres rechten Beines waren von der Tuberkulose zerfressen, und sie humpelte stark. Trotzdem war sie ein fröhliches, intelligentes Kind und liebte ihre Schwester abgöttisch. Das Waisenhaus war die einzige Welt, die sie kannte, und in gewisser Weise war sie glücklich dort.

Für Lenina war es schwerer. Ihr einstiges Leben verfolgte sie. Die Lehrer sagten ihr, ihre Eltern seien »Volksfeinde« und würden bestraft werden. Sie sollte versuchen, sie zu vergessen. Onkel Stalin, dessen Porträt im Klassenzimmer hing, würde sich nun um sie kümmern. Lenina sang zusammen mit den anderen Kindern »Danke, Genosse Stalin, für unsere glückliche Kindheit«. Doch sie zweifelte nie daran, dass sie ihren geliebten Vater eines Tages wiedersehen würde. Wenn die Lehrer über die »strahlende

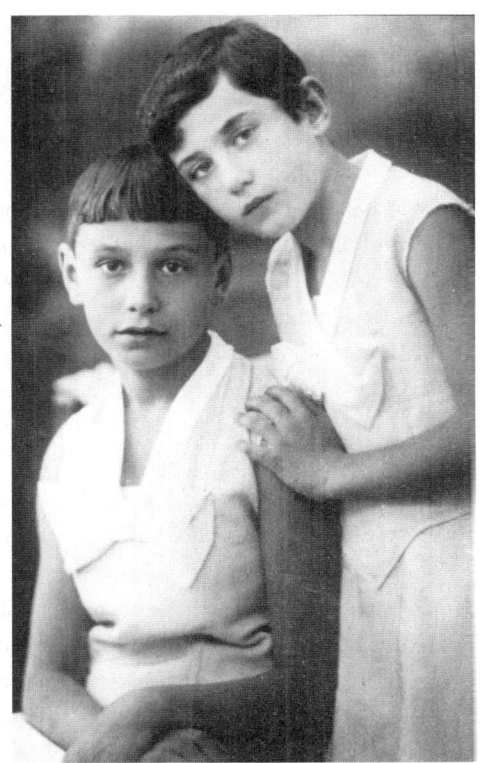

»Danke, Genosse Stalin, für unsere glückliche Kindheit.« Lenina (rechts) und eine Freundin, 1938 in Werchnedneprowsk.

Zukunft« sprachen, stellte Lenina sich vor, wie sie wieder mit ihrem Vater vereint sein würde.

Die Steppe der östlichen Ukraine ist flach und eintönig, der Himmel so groß wie die ganze Welt. Im Sommer ging Lenina oft mit den anderen Kindern zum Dnjepr hinunter, badete in dem breiten, träge dahinfließenden Fluss und rutschte auf dem matschigen Ufer, wenn sie ins Wasser kletterte. Der strenge Rhythmus des Waisenhauses ließ Lenina wenig Raum zum Nachdenken. Und unter den Hunderten Kindern, denen es ergangen war

»Vergiss nie die guten Menschen.«
Jakow Mitschnik, Leiter des Wai-
senhauses in Werchnedneprowsk,
mit Leninas ältester Tochter Nadja,
1950. Mitschnik bewahrte Lenina
und Ljudmila im November 1937 bei
ihrer Ankunft in Dnepropetrowsk
davor, getrennt zu werden; 1941, als
die Deutschen vorrückten, rettete er
die verbliebenen Kinder des Wai-
senhauses, darunter auch Ljudmila,
indem er sie in einem Kahn auf dem
Dnjepr aussetzte.

wie ihnen, hatten es die Bibikow-Schwestern besser als die meisten. Sie hatten wenigstens einander.

Doch dann wurde der Frieden, den die Mädchen in Werchnedneprowsk gefunden hatte, jäh zerstört.

Im Sommer 1941 war Lenina sechzehn und Ljudmila sieben.
Ljudmila freute sich auf ihr erstes Schuljahr, und Lenina war bereits ein erfahrenes Mitglied der Jungen Pioniere und trug stolz
die schicke gestärkte Uniform. Morgens fand meistens ein Ap-
pell statt, zu der die verschiedenen Schulklassen in exakten Reihen aufgestellt wurden. Zwei der größeren Kinder fungierten als
Ehrenwächter, wenn die sowjetische Fahne zu den Klängen einer
knisternden Aufnahme der sowjetischen Hymne gehisst wurde.
Lenina und die älteren Kinder saßen manchmal ehrfürchtig vor
einem großen Bakelitradio und lauschten den immer besser wer-

denden Reden und Predigten im Kinderprogramm des sowjetischen Staatsradios. Später hörten die Erwachsenen heimlich die Abendnachrichten über den Krieg, den Deutschland gegen Frankreich und Großbritannien angezettelt hatte. Doch der Konflikt schien weit weg, der Todeskampf der dekadenten kapitalistischen Welt, die sich selbst vernichtete. Die Sowjetunion und Deutschland hatten zwei Jahre zuvor einen Nichtangriffspakt geschlossen. Der Krieg betraf andere Menschen, weit weg von den Ebenen des Dnjepr.

Es war ein glühend heißer Sommer. Der Steppenwind trug riesige Staubwolken von den trockenen Feldern heran und bedeckte die Gebäude des Waisenhauses und die Bäume auf dem Spielplatz mit einer feinen braunen Schicht. Während die deutsche Wehrmacht sich an der sowjetisch-polnischen Grenze sammelte, ging für die Kinder das Leben in jenen brütenden Tagen weiter wie gehabt.

Dann, am 22. Juni 1941, befahl Hitler den Überraschungsangriff mit dem Decknamen »Unternehmen Barbarossa«, der schnell den sowjetischen Widerstand vernichtete. Die Schwestern erfuhren nicht, dass ihr Onkel Issaak, der zum Piloten gewordene Ingenieur, in den ersten Kriegstagen über Weißrussland abgeschossen wurde. Er flog eine Polikarpow und wurde von den zahlreichen überlegen bewaffneten Messerschmitts ausmanövriert, die den Himmel vor der vorrückenden Wehrmacht frei machten. Seine Familie erfuhr nie, wo, und ob überhaupt, er begraben wurde.

Lenina und Ljudmila erfuhren erst später von dem Überfall. Ihre Lehrer, die es selbst aus dem Radio hatten, verkündeten feierlich, die Rote Armee schlüge die Angreifer heldenhaft zurück. Das war nicht wahr. Innerhalb von zehn Tagen war

Minsk gefallen. Bis zum 27. Juni waren zwei deutsche Armeen über 300 Kilometer weit auf sowjetisches Territorium vorgedrungen, ein Drittel der Strecke nach Moskau. Am 21. August hatte die Wehrmacht die Bahnverbindung Moskau–Leningrad unterbrochen. Deutsche Panzerdivisionen rückten rasch über die Weizenfelder der Ukraine gegen Stalingrad und die Ölfelder des Kaukasus vor.

Kiew fiel am 26. September. Tage später trug der Wind den Klang ferner Geschütze von Westen nach Werchnedneprowsk. Lenina war in der Schule, als Lastwagen kamen, um die älteren Kinder des Waisenhauses für das Ausheben von Schützengräben zu mobilisieren. Sie wurden angewiesen, ihre Bücher zurückzulassen und so schnell wie möglich aufzusteigen. Lenina dachte, sie wären bald zurück, vielleicht sogar rechtzeitig zum Abendessen. Ihre Schwester, die noch mit den Kleinen in der Schule war, sah sie nicht fortfahren.

Lenina kehrte nie nach Werchnedneprowsk zurück. Sie wurde mit den anderen Kindern in die Vororte der Stadt gebracht, wo sie tagelang schwarze Erde auf die Bleche mit den vier Griffen schaufelten, die die Russen anstelle von Schubkarren verwenden. Nach wenigen Tagen mussten sie vor dem Vormarsch der Deutschen nach Osten zurückweichen. Sie schliefen, wann immer sie konnten, auf Säcken auf den Böden der hastig evakuierten Fabriken oder auf der weichen, frisch ausgehobenen Erde. Sie schaufelten bei Tag und liefen in der Nacht, jeden Tag weiter vor der deutschen Offensive zurückweichend. Es gab keinen Weg zurück ins Waisenhaus und keine Nachricht von Ljudmila oder den anderen Kindern, die sie zurückgelassen hatten.

Ljudmila erinnert sich kaum an das, was als Nächstes geschah. Ihre Erinnerung an die Zeit scheint so undeutlich zu sein, wie Leninas klar ist. Lenina hörte die Geschichte erst nach dem

Krieg, von einer ihrer Mitschülerinnen, die an jenem Tag, als die älteren Kinder zum Schaufeln abgeholt wurden, im Waisenhaus zurückgeblieben war, und dann noch einmal von Jakow Mitschnik, dem Leiter des Kinderheims, der ein Freund und Wohltäter werden sollte.

Als sich die Front in den ersten Oktobertagen Werchnedneprowsk näherte, saßen die im Waisenhaus und im Krankenhaus verbliebenen Kinder fest. Alle verfügbaren Transportmittel waren mobilisiert worden, und als die Bomber näher kamen, beschlossen die letzten Mitarbeiter des Waisenhauses, die Kinder auf dem einzigen noch offenen Weg zu evakuieren – über den großen Steppenfluss, der am Waisenhaus vorbeifloss. Der Leiter beschlagnahmte auf einer Kolchose zwei große Kähne, die normalerweise von Pferden am Ufer gezogen wurden. Er lud die verbliebenen 40 Kinder an Bord. Als die Dämmerung einsetzte und das Trommelfeuer der Artillerie den Himmel erleuchtete, schoben die sechs Mitarbeiter mit langen Stöcken die Kähne voller Kinder auf den Fluss hinaus, bis die Strömung sie erfasste und in die Dunkelheit davontrug.

6

Krieg

Stirb, aber weiche nicht.
Josef Stalin

Die Kähne trieben die ganze Nacht auf dem träge dahinfließenden Dnjepr. Als der Morgen anbrach, liefen sie in der Nähe eines Dorfes am Ostufer des Flusses auf Grund. Die Bauern dort hatten noch Pferde und Wagen, und der Leiter des Waisenhauses sorgte dafür, dass die Kinder damit zum nächsten Bahnhof in Saporoschje gebracht wurden. Dort, inmitten des Tumults einer Stadt, die darauf wartete, von den Deutschen überrannt zu werden, übergab Mitschnik seine Kinder in die Obhut der örtlichen Behörden. Er sah sie nicht wieder – außer ein paar wenigen, die den Krieg überlebten und, so wie Lenina, ihn als Erwachsene aus Neugier und Dankbarkeit besuchten. In Saporoschje schlossen sich die Kinder dem gewaltigen chaotischen Menschenstrom an, der auf der Flucht vor dem Vormarsch der Deutschen war.

Ljudmilas eigene Erinnerungen an ihre Evakuierung im Chaos des Rückzugs der Roten Armee im Herbst und Winter 1941 sind eine unzusammenhängende Reihe einzelner Bilder. Sie erinnert sich, wie sie an einem hohen Fenster steht, über eine flache Landschaft blickt und beobachtet, wie in der Ferne, begleitet von grellweißen Blitzen, Bomben fallen. Durch die Bodendielen spürt sie die Erschütterungen. Sie erinnert sich, wie sie mit den

anderen Waisenkindern an einem verregneten Herbsttag aufgereiht an einer matschigen Straße steht und einem endlosen Strom
Soldaten auf dem Weg zur Front Becher mit Wasser reicht. Sie
erinnert sich an Nächte im Wald, wie sie zitternd unter dünnen
Decken der gruseligen Stille des Waldes lauschte.

Sie waren immer unterwegs. Manche Nächte waren erfüllt von
Suchscheinwerfern und Explosionen. Lenina erinnert sich, wie
sie und andere Kinder eines Tages auf dem schweren Karren
eines Bauern saßen. Die Kinder hielten Zweige über sich, um
sich vor den über ihren brummenden Flugzeugen zu verstecken.
Das Pferd vor dem Karren war groß und schwerfällig, sein Geschirr ebenfalls mit Zweigen bedeckt. Aus irgendeinem Grund
hat sich dieses Bild mehr als alle anderen in meinem Kopf fest-
gesetzt – meine Mutter zwischen den anderen Kindern auf der
Ladefläche des Karrens, hoffnungsvoll einen Zweig wie einen Talisman gegen die deutschen Flugzeuge umklammernd, ein ver-
krüppeltes kleines Kind, allein und verängstigt, auf dem Weg
nach Osten in die weite Leere der Wolgasteppe.

Die Kinder wurden in Etappen evakuiert, tiefer und tiefer
hinein in das Hinterland Russlands. Wenn sie kein Transportmittel fanden, saßen sie manchmal tage- oder auch wochenlang fest
und warteten darauf, dass sich jemand um sie kümmerte, sie in
Sicherheit brachte. Irgendwo westlich von Stalingrad strandeten
sie, angespült mit dem Strom aus Menschen und Maschinen, der
unaufhörlich die Steppe füllte. Ljudmila verbrachte die härtes-
ten Wintermonate in einem eingeschneiten Dorf, kaute trockene
Maiskolben, die sie aus den Scheunen klaute, und prügelte sich
mit den Kindern des Ortes um Essen. Im Frühjahr 1942 entsann
sich jemand der kleinen Gruppe und brachte sie auf eine Kolchose näher an der Wolga. Mila erinnert sich, wie sie in den stil-

len, kalten Wäldern Beeren suchte und den Bauersfrauen für ein Stück Brot half, die Böden zu schrubben.

Dann geschah ein kleines Wunder. Als die deutsche 6. Armee auf Stalingrad vorrückte, gelang es jemandem, den Kindern einen Platz auf einem amerikanischen Studebaker-Lastwagen zu organisieren, ein unglaublicher Luxus. Der Laster brachte sie in die Stadt und erreichte die Wolga nur wenige Tage vor den Deutschen. Es muss kurz nach dem 23. August 1942 gewesen sein, dem Tag, an dem Pioniere der Roten Armee die Brücken sprengten, denn Ljudmila erinnert sich, die Wolga zusammen mit den anderen Waisenkindern auf einem Stahlkahn, vollgepackt mit Flüchtlingen, überquert zu haben. Sie sah die Träger der gesprengten Brücken, die in verrücktem Winkel in den Fluss hingen. In den Fenstern aller Schulen und öffentlichen Gebäude der Stadt standen verwundete Soldaten mit Verbänden. Dieses Bild brannte sich in Ljudmilas Gedächtnis ein: »Sie standen da, alle mit Verbänden, so viele, in jedem Fenster.«

Auf der anderen Seite des Flusses saßen Ljudmila und die anderen Kinder wieder einmal fest. In den Bemühungen, die Stadt vor der Ankunft der Deutschen zu befestigen, und in den chaotischen ersten Wochen der Schlacht wurde jedes verfügbare Transportmittel gebraucht, um Männer und Nachschub in die heimgesuchte Stadt hinein- und Verwundete herauszubringen.

Die Waisen wurden in Dörfern am Fluss untergebracht. Ljudmila erinnert sich an lange Flüchtlingsströme, die zu Fuß durch ihr Dorf kamen. Die Flüchtlinge schliefen auf den Feldern, wenn sie nicht weiterkonnten, und in Scheunen und Bauernhütten, die so voll waren, dass die Tür nicht mehr zuging. Ihr Schnarchen klang als gruseliges Brummen durch die Nacht, so als erzitterte die Erde. Nachts wurden Luftangriffe geflogen, und Mila erinnert sich, wie sie im hohen Gras der Steppe Schutz suchte, wenn die Bomben langsam vom Himmel fielen.

Tag und Nacht rollten Pferdewagen durch das Dorf, beladen mit schrecklich verwundeten Soldaten, blutüberströmt und verstümmelt. Nachts glühte der Fluss rot im Widerschein der brennenden Stadt, und wenn der Wind von Westen kam, trug er die Hitze und den Rauch der großen Schlacht mit sich. Sie sah Leichen und Leichenteile im Wasser vorbeitreiben.

Mila dachte nur noch ans Essen. Die Kinder verwahrlosten, sorgten für sich selbst, bettelten den Strom der Flüchtlinge um Reste an und jagten im Rudel nach Weizen- und Gerstenhalmen. Mila und die anderen Kinder sammelten trockenes Laub, zerbröselten es und mischten die Brösel mit dem Tabak aus den Zigarettenstummeln, die sie am Straßenrand fanden. Sie verkauften die Mischung als *machorka*, Bauerntabak, an die Truppen, die jeden Tag vorbeizogen, und tauschten sie gegen Zuckerwürfel oder Brotstücke. Viele der Soldaten hatte flache, mongolische Gesichter. Sie waren den weiten Weg aus Sibirien gekommen, tagelang zu Fuß vom nächstgelegenen Bahnhof marschiert und hatten am Straßenrand geschlafen, ehe sie sich in unaufhaltsamen Wellen in die Stadt bewegten.

Ein halbes Jahrhundert später sah ich selbst die russische Armee in Aktion. Ich stand an der russischen Front am nördlichen Rand von Grosny, Tschetschenien, als ein mächtiger Feuersturm der Artillerie vor uns wütete und die Rebellenstadt um uns in Flammen aufging. Das Zentrum der Stadt verschwand hinter dichten Schwaden bitter schmeckenden Rauchs. Um uns herum standen zerklüftete Ruinen, erst durchlöchert von Schüssen und dann immer wieder ausgebombt. Suchoi-Jagdbomber kreischten im Minutentakt direkt über uns hinweg und warfen Bomben ab, die mit schrecklicher Anmut auf ihr Ziel zuschwebten, ehe sie mit einem Knall explodierten, der mächtig genug erschien, die ganze Stadt zu zerstören. Die Bombardierung war so überwältigend, dass sie körperlich präsent war; sie donnerte unter meinen Füßen, als knallte jemand tief in der Erde riesige Türen zu.

Ich verbrachte viele Tage mit russischen Soldaten in Schützengräben im sandigen Boden und schlief Seite an Seite mit schnarchenden Rekruten in Biwaks, die sie in den zerstörten Häusern aufschlugen. Ihre Gesichter waren schwarz vor Ruß und Dreck, sie fluchten und spuckten und lachten grölend über den kleinsten Witz. Eines Abends, als wir gerade Corned Beef aus Dosen aßen, warf mir beim Licht einer zischenden Petroleumlampe ein junger Unteroffizier quer durch den Raum eine Handgranate in den Schoß. Der Sicherungsstift war herausgezogen und der Schalthebel fehlte – einen Augenblick lang starrte ich das kleine Stahlei verständnislos an, ehe alle in schallendes Gelächter ausbrachen. Es war lediglich eine Attrappe.

Sie waren nur Kinder im Rausch der Gefahr und des Krieges. Aber wenn wir auf Patrouille gingen, knirschend über Glasscherben und aufgetürmte Ziegelsteine, dann wurden sie still und angespannt, wie alle Infanteristen in der Schlacht. Ihre Taktik sah so aus: Sie rückten vor, bis sie unter Beschuss gerieten, lokalisierten den Schützen und riefen die Artillerie. Dann krochen sie so schnell wie möglich wieder in ihren Stützpunkt zurück, betend, dass die russischen Schützen nicht betrunken waren oder zu kurz zielten. Diese Taktik hatte sich seit den Straßenkämpfen in Stalingrad kaum verändert. Wenn wir uns zur Nacht einrichteten, kickten die jungen Soldaten ihre hohen schweinsledernen Stiefel von sich und wickelten die Fußlappen ab, die russische Soldaten anstelle von Socken tragen. Dann formten sie ihre Fellmützen zu improvisierten Kopfkissen. Draußen geriet eine andere Einheit unter Beschuss, und wir spürten die Resonanz zahlreicher Raketenwerfer durch den Betonboden. Die ganze Szene, bis hin zu den Kerzenstummeln und den hölzernen Streichholzschachteln, die die Jungs in den Taschen trugen und mit denen sie ihre *papirossy* mit Pappmundstück anzündeten, hätte sich auch im Krieg ihrer Großväter abspielen können.

Heute ist die Steppe um Stalingrad herum leer und still. So weit das Auge reicht, erstrecken sich die Felder der Kolchosen, in ungleichmäßigen Furchen gepflügt, dazwischen halb verfallene Hütten und lange Scheunen aus Beton. Das andere Ufer des gewaltigen Flusses verliert sich im Nebel, und das langsam fließende graue Wasser schwappt träge gegen die Ufer. Die riesigen Felder und schwankenden Bäume scheinen über die seltsamen Krämpfe zu grübeln, die vor einem halben Jahrhundert so viele Menschen hierherbrachten, um ihr Blut auf dem sandigen Boden zu vergießen.

Ich besuchte Wolgograd, wie Stalingrad heute heißt, im Winter 1999. Eine schwere, seelentötende Leere lag über der Stadt wie schmutziger Schnee, so bedrückend wie der Winterhimmel, der tief über der Landschaft hing. Sie erinnerte mich an andere Provinznester, ein Ort, an dem das bittere Konzentrat der Wirklichkeit den Geist verkümmern lässt wie eine Gurke im Einweckglas.

Auf dem Mamajew, einem niedrigen, teilweise künstlichen Hügel nördlich vom Stadtzentrum, Schauplatz einiger der erbittertsten Schlachten, befindet sich eine Gedenkstätte. Die »Mutter-Heimat-ruft«-Statue ist 52 Meter hoch und stellt eine Frau dar, die ein gewaltiges Schwert schwingt und zur Rache aufruft oder zum Sieg. Sie ist eine junge Frau mit kräftigen Armen und Schenkeln, und sie blickt über die Schulter zurück und ruft ihre

Kinder auf, ihr zu folgen. Sie ist Russland als Rachegöttin, Russland als verzehrende Naturgewalt, die ihren Kindern unmögliche Opfer abverlangt.

Als der Winter 1942 anbrach und der deutsche Vormarsch in den Ruinen von Stalingrad zum Erliegen kam, fingen die Behörden die verlorenen Kinder ein, luden sie auf Lastwagen und schickten sie nordwärts nach Kuibyschew (heute Samara) am Oberlauf der Wolga. Mila wurde ebenfalls eingefangen. Sie erinnert sich an an einen kalten, überfüllten Zug, der noch weiter nach Norden fuhr. Er brachte sie und mehrere Tausend andere verlorene Kinder in ein riesiges Lager für Waisenkinder in Solikamsk bei Perm am Fuße des Ural.

Solikamsk war voll mit Menschen, die durch den Krieg ihr Zuhause verloren hatten. Die ganze Stadt schien überschwemmt mit Waisenkindern, die der Stift eines Bürokraten hierhergebracht hatte. Es herrschten, was Ljudmila »Wolfsgesetze« nannte – die Kinder bekämpften einander, um zu überleben. Die älteren Kinder zwangen die jüngeren, zehn Gramm schwere Fleischstückchen aus ihrer Mittagssuppe in ihren langen Unterhosen zu verstecken und sie ihnen auf dem Weg aus der Küche auszuhändigen. Wenn sie sich weigerten, wurden sie »ins Dunkle gesteckt« – die Großen warfen eine Decke über sie und verprügelten sie. Das Mittagessen wurde in drei Schichten ausgegeben. Die jüngsten Kinder waren zuerst dran, bewacht von den Erziehern, die aufpassten, dass sie ihr Fleisch auch wirklich aßen und es nicht für die Älteren versteckten. Ljudmila und die anderen sammelten Steppengras, mischten es mit Salz und aßen es. Es versorgte ihre Körper mit Vitaminen und beugte Rachitis vor. Milas Bauch war vom Hunger aufgedunsen und ihre Beine dünn wie Stöcke.

Manchmal erfuhren die Kinder auch Güte. In der Dorfschule wies die Lehrerin die Kinder an, ihre mageren 50 Gramm Brot zu Mittag nicht selbst zu essen, sondern den Waisenkindern zu geben – obwohl die Dorfkinder selbst halb verhungert waren und von bitterem schwarzem Rettich und winzigen Kartoffeln lebten, dem einzigen Gemüse, das die Dorfbewohner in der kurzen Vegetationsperiode im Ural anbauen konnten.

Als der Sommer 1943 kam, wurden die Kinder von Solikamsk zu Hunderten in die Wildnis der Taiga geschickt, in die Sümpfe und Wälder rund um die Stadt, um Beeren für verwundete Soldaten zu sammeln. Jedes Kind musste einen halben Eimer voll abliefern. Mila hatte panische Angst davor, in die tiefen, morastigen Wasserlöcher zu fallen, die unter dem dicken Moos der Taiga verborgen lagen. Auf einer der Expeditionen mussten die Kinder 25 Kilometer tief in die Wälder laufen, um noch Gebiete zu finden, die die Dorfbewohner nicht abgesammelt hatten. Auf dem Heimweg führte Mila, die erst neun Jahre alt war, eine große Gruppe Kinder an. Sie humpelte ihnen voran, trotz ihres verkrüppelten Beines, und sang Lieder der Jungen Pioniere. Als sie mit ihren Beeren wieder im Waisenhaus waren, hatte Mila blutunterlaufene Augen als Folge der körperlichen Überanstrengung. Die Wolfsgesetze von Solikamsk hatten sie eines gelehrt – die körperlich Unterlegenen können nur überleben, wenn sie es irgendwie schaffen, die anderen durch reine Charakterstärke zu führen.

Dnjepropetrowsk war nach einer Woche gefallen. Lenina und die älteren Waisenhauskinder waren wie ihre Schwester und Millionen andere Flüchtlinge zu Fuß, auf Karren und auf Lastwagen auf dem Weg nach Osten. Immer, wenn ihr Arbeitskommando anhielt, hoben sie frische Schützengräben aus und errichteten Panzersperren.

Anfang September 1942 war Lenina in der Gegend um Stawropol, direkt vor der vordersten Linie des deutschen Vormarschs.
Hitler hatte befohlen, den Marsch auf den Kaukasus und die Ölfelder von Baku zu stoppen und alle verfügbaren Kräfte für die
Schlacht um Stalingrad zu mobilisieren, fast 500 Kilometer weiter nördlich. Lenina wurde mit einem Dutzend anderer älterer
Kinder in einem Dorf und der benachbarten Kolchose zurückgelassen.

Lenina war auf der Kolchose keine große Hilfe, weil ihre
Hände vom Graben wundgescheuert waren und sich nun ent-
zündet hatten und schmerzten. Einer der Arbeiter auf dem Hof
zeigte ihr, wie man ein Pferd mit einem Wagen voller Feld-
früchte von den Feldern zu den Scheunen führt. Dies sollte in
der Erntezeit ihre Aufgabe sein. Eine der Frauen im Dorf, eine
Armenierin, bot Lenina zusätzliche Lebensmittel an, wenn sie
ihr half, die Holzböden in ihrem Haus mit einem Stück Karbolseife und einem Messer zu reinigen und andere anfallende
Arbeiten im Haus zu erledigen. Als Lenina mir die Geschichte
erzählte, krampfte sie ihre Finger auf dem Tisch auf die Länge
des kurzen, stumpfen Messers zusammen, das ihr die Frau zum
Abschaben der Böden gegeben hatte, und zeigte, wie sie ihre ver-
bundenen Hände im heißen Seifenwasser spülte.

Während Lenina schrubbte und die Frau für ihre Familie
kochte, kamen sie ins Gespräch. Die Frau erzählte Lenina, sie sei
aus Moskau evakuiert worden. Lenina wiederum erzählte ihre
Geschichte und dass sie Angehörige in Moskau hätte. Die Hausfrau machte Lenina ein Angebot. Wenn Lenina zusammen mit
ihrer jüngeren Tochter nach Moskau fahren und dort Trocken-
früchte auf dem Markt verkaufen würde, so würde sie ihr die
Zugfahrkarte kaufen, die wegen des Krieges nur an Menschen
verkauft wurden, die mit einem Wohnsitz in Moskau gemel-

det waren und einen entsprechenden Stempel im Pass hatten. Lenina, die nun, da sie von Ljudmila getrennt worden war, unbedingt ihre Familie finden wollte, sagte zu. Eine Woche später fanden sie und die Tochter der Frau, beladen mit acht Koffern, die mit Stoffstreifen paarweise zusammengebunden und vollgestopft mit getrockneten Aprikosen waren, einen Platz in einem Zug nach Moskau. Mit Umweg über den Fernen Osten des Wolgabeckens, um den Kämpfen auszuweichen, machten sie sich auf die Reise in die Hauptstadt.

Am Kursker Bahnhof wurde das Mädchen von ihren armenischen Cousinen abgeholt, die Lenina die Koffer abnahmen. Sie winkten zum Abschied und verschwanden in der Metro. Lenina ging die zehn Kilometer bis zur Krasnaja-Presnja-Straße und fand dort aus dem Gedächtnis heraus die Wohnung ihrer Großmutter. Sie war leer. Doch einige Nachbarn, die sich von ihrem letzten Besuch vor vier Jahren noch an Lenina erinnerten, erzählten ihr, dass ihre Großmutter und ihre Cousinen evakuiert worden waren. Sie kramten die Telefonnummer von Leninas Onkel Jakow hervor und riefen ihn vom öffentlichen Telefon auf der Straße aus an. Eine Stunde später kam er in einem Dienstwagen der Luftwaffe und brachte Lenina in seine Wohnung am Taganskajaplatz.

Jakow war der ältere Bruder von Boris. Er hatte Boris' intensiven Blick, sein Charisma und seine Liebe zu den Frauen. Im Alter setzte er Fett an und bekam Hängebacken, doch das offizielle Foto, das 1969 anlässlich seiner Pensionierung aufgenommen wurde, zeigt einen stolzen Mann, die Brust seiner Generalleutnantsuniform dekoriert mit Orden. Er sieht aus wie ein stolzer Diener des Vaterlands.

Wie Boris war Jakow ein exzellenter Schüler gewesen. Die Revolution und alles, wofür sie stand, hatten ihn inspiriert, und er

*Boris' Bruder Jakow Bibikow in
den Siebzigerjahren in der Uniform
eines Generalleutnants der
Luftstreitkräfte.*

war ein überzeugter Bolschewik geworden. Doch während sein
Bruder in der Partei Karriere machte, ging Jakow zu den jungen
sowjetischen Luftstreitkräften. Als Boris 1937 verhaftet wurde,
war Jakow Generalmajor und diente unter Marschall Wassili
Bljucher, einem alten Bürgerkriegshelden, Kommandant im Militärbezirk Ferner Osten mit Hauptquartier in Chabarowsk in
der Nähe der russischen Pazifikküste. Im Oktober 1938 hatte die
Säuberung auch das Militär erreicht. Bljucher, ein einstiger Waf-
fengefährte Trotzkis, hatte ein gutes Gespür dafür, woher der
politische Wind wehte. Er rief seine drei Stellvertreter zu sich
und befahl ihnen ohne weitere Erklärung, sofort nach Moskau
zu gehen. Jakow ging direkt nach Hause und wies seine hochschwangere Frau Warwara an, ohne zu packen den nächsten Zug
nach Westen zu nehmen.

Bljucher wurde wenige Tage später verhaftet und starb durch
die Hände der Vernehmungsbeamten des NKWD in der Lub-

janka. Warwara brachte ihr Kind im Zug zur Welt. Durch die Abreise nach Moskau gelang es der Familie, in den bürokratischen Wirren der Säuberungen unterzutauchen. Es war die seltsame Logik Stalins, dass Millionen unschuldiger Familienmitglieder von Volksfeinden verhaftet wurden, während manche der höchsten Parteikader die Verhaftung ihrer nächsten Angehörigen überlebten. Die Frau von Stalins Außenminister Wjatscheslaw Molotow wurde ins Lager deportiert, und die Frau von Alexandr Poskrjobyschew, des Diktators Privatsekretär, wurde erschossen. »Wir finden eine neue Frau für dich«, beruhigte Stalin nonchalant seinen Sekretär.

So überlebte Jakow und hatte es bis 1942 zum Generalleutnant gebracht. Er wohnte in einer großen Wohnung in einem schönen Haus für höhere Offiziere. Warwara und ihr kleines Kind standen der Neuangekommenen feindselig gegenüber. Ihre Reaktion war vielleicht nur vernünftig. Die Tochter eines in Ungnade gefallenen und exekutierten Parteimitglieds zu beherbergen brachte sie in furchtbare Gefahr. Trotzdem bestand Jakow darauf, dass seine Nichte blieb, und Warwara war letztlich froh um die Hilfe im Haushalt. Lenina wurde so etwas wie eine unbezahlte Dienstmagd, doch wenigstens ging es ihr gut, und sie war bei ihrer Familie. Jakow erzählte Lenina, dass ihr Onkel Issaak gefallen war. Er erzählte ihr auch, dass er weder von Boris noch von Marta etwas gehört habe, und warnte sie streng, sie dürfe mit niemandem darüber reden, was mit ihnen geschehen war. Als Bruder eines Verräters hatten nur Glück und der Krieg Jakow vor einem ähnlichen Schicksal bewahrt.

Lenina erzählte ihrer Familie, wie sie im Chaos des Rückzugs ihre Schwester Ljudmila verloren hatte. Warwara sagte in gehässigem Ton zu ihr, sie solle sich keinen falschen Hoffnungen hingeben, ihre Schwester je wiederzufinden.

Jakow besorgte Lenina eine Stelle als Funkerin auf dem Flugfeld Chodinskoje in den nördlichen Vororten von Moskau. Dort flogen Testpiloten die neuen Yak-Jagdbomber, die im Flugzeugmotorenwerk Dynamo, in dem Issaak einst gearbeitet hatte, in Zusammenarbeit mit dem Konstruktionsbüro Lawotschkin, in dem Jakow für die militärischen Aufträge zuständig war, vom Band liefen.

Lenina machte ihre Sache gut, und die Piloten mochten sie. Während der Testflüge sangen sie mit ihr über Funk im Duett. Bis zu ihrem Lebensende wusste sie ihr Rufzeichen – 223305 – auswendig und war empört, wenn jemand ihr unterstellte, sie habe es vergessen. »Eher vergesse ich meinen eigenen Namen als mein Rufzeichen«, sagte sie scherzhaft. Abends schrieb Lenina mithilfe ihres Onkels Informationsgesuche über Ljudmila und brachte sie eigenhändig ins Volkskommissariat für Aufklärung, das für die Waisenkinder der Sowjetunion zuständig war. Doch sie erhielt keine Nachrichten.

Lenina verbrachte die folgenden zwei Jahre bei Jakows Familie. Wie die Jahre in Werchnedneprowsk war es eine friedliche Zeit. Im Kriegsgeschehen hatte sich das Blatt gewendet, seit Hitlers 6. Armee in Stalingrad eingekesselt und aufgerieben worden war. Die Rote Armee rückte nach Westen vor.

Im Sommer 1944, als die Front nach Polen vorstieß und die Alliierten in der Normandie landeten, teilte Jakow Lenina mit, er habe eine Aufgabe für sie. Ein Kollege von ihm, ebenfalls ein General, hatte einen Sohn, zu dem er jede Verbindung verloren hatte, als das Kind mit Tausenden anderen aus dem belagerten Leningrad evakuiert worden war. Nun hatte er erfahren, dass der Junge in einem Lager für aus ihrer Heimat vertriebene Kinder im Ural sei. Lenina sollte mit den notwendigen Papieren in das Lager fliegen und den Jungen zurück nach Moskau bringen.

Eine Woche später flog Lenina mit der russischen Mannschaft eines amerikanischen Douglas-Transportflugzeugs nach Molotow, dem heutigen Perm. Sie trug ihre Luftwaffenuniform und hatte ihre Pilotenmütze keck nach hinten geschoben. Sie saß zum ersten Mal in einem Flugzeug.

In Perm hatte der Direktor des örtlichen Flugzeugwerks, ein persönlicher Freund von Jakow, eine alte zweisitzige Polikarpow organisiert, die sie in das Kinderlager bringen sollte, um den Sohn des Generals abzuholen. Das Lager hieß Solikamsk.

Die ramponierte kleine Polikarpow landete hüpfend auf einem provisorischen Flugfeld am Stadtrand, und Lenina und der junge Pilot gingen zusammen über die matschigen Straßen zum Hauptwaisenhaus, einem kunstvoll verzierten vorrevolutionären Gebäude aus roten Ziegelsteinen, das von einer niedrigen Mauer umgeben war. Auf dem Schulhof rannten Hunderte zerlumpter Kinder herum. Als Lenina durch das Tor trat und auf die Eingangstür des Gebäudes zuging, bemerkte sie ein hinkendes Kind, das auf sie zugerannt kam.

»*Tak ze moja sestra Lina!*«, rief das Kind auf Ukrainisch. »Das ist meine Schwester Lina!«

Ljudmila war zahnlos und ihr Bauch vom Hunger aufgetrieben. Als Lenina auf die Knie fiel, um ihre Schwester zu umarmen, fing Ljudmila an zu weinen und bat um Essen.

»*Jisti chotsche! Jisti chotsche!*« – »Ich will Essen!«

Lenina konnte nichts sagen. Der Pilot sah sie erstaunt an, er verstand nicht, was da geschah. Die schluchzenden Schwestern waren untrennbar, und so brachte er sie zusammen in das Büro der Direktorin.

Die Direktorin brach in Tränen aus, als Lenina ihr erklärte, sie habe ihre Schwester gefunden. Sie entließ den vierjährigen Jungen, um dessentwillen Lenina gekommen war, doch sie muss-

ten qualvolle Stunden warten, in denen der Pilot seinen Chef in
Perm anrief, damit dieser in Moskau um Genehmigung ersuchte,
Ljudmila nach Moskau mitzunehmen. Irgendjemand erreichte
Jakow telefonisch – im kriegsgeschüttelten Russland keine ge-
ringe Leistung –, und der ließ seine Beziehungen spielen. Die Genehmigung wurde erteilt. Lenina flog mit zwei kotzenden Kindern auf dem Schoß auf dem Lafettensitz des Flugzeugs zurück
nach Perm.

Sie blieben über Nacht bei einem Kollegen des Direktors des
Flugzeugwerks, der in einem Zimmer in einer Gemeinschaftswohnung wohnte. Lenina fiel auf, dass die Kinder in der Nacht
immer wieder aufstanden und zur Toilette liefen. Am Morgen
wurde sie von empörtem Geschrei in der Gemeinschaftsküche
geweckt. Die Kinder hatten alles gegessen, was sie in den Kü-
chenschränken der Nachbarn finden konnten, darunter auch
einen riesigen Topf Hühnchen und Reis. Als sie sich auf den Weg
zum Flughafen machten, um mit einem Transportflugzeug nach
Moskau zu fliegen, bekamen Ljudmila und der Junge massiven
Durchfall. Ihre unterernährten Körper vertrugen so reichhalti-
ges Essen nicht.

Zurück in Moskau, war in Jakows Wohnung kein Platz für
das kranke Kind, aber er sorgte dafür, dass Ljudmila in ein Zentrum für heimatlose Kinder von Parteimitgliedern im Danilowski-Kloster gebracht wurde. Das Essen dort kam aus Hilfsliefe-
rungen aus den USA und war ein unvorstellbarer Luxus. Es gab
Tomatensuppe in Dosen von Campbell's, Corned Beef, Thun-
fisch und Kondensmilch. Am beeindruckendsten waren die riesigen Dosen mit Kakaopulver von Hershey's, die Mila so wunderschön fand, dass sie heute noch manchmal an sie denkt. In
den Dosen war ein Siegel aus Goldfolie, und sie sah ehrfürchtig zu, wenn die Köche des Krankenhauses sie aufrissen. In der

dunkelbraunen Schokolade steckte ein Portionslöffel aus Bakelit. Ljudmila war zutiefst erstaunt angesichts einer so perfekten Verpackung – und die Vorstellung eines Löffels zum Wegwerfen war ihr einfach unverständlich. Eine solche Kakaopulverdose konnte nur aus der Zauberwelt ihrer Träume kommen.

7

Mila

Wir wurden geboren, damit ein Märchen wahr wird,
Wir überwinden Raum und Zeit,
Stalin gab uns Stahlflügel statt Armen
Und statt Herzen eine feurige Maschine.
»Der Fliegermarsch«, beliebtes Lied aus den Dreißigerjahren

Mila nahm schnell zu, doch ihr Körper war immer noch von der Tuberkulose entstellt. Sie verbrachte sechs Monate im Danilowski-Kloster und verschlang dort bunte amerikanische Comichefte. Sie war zehn Jahre alt. Und sie hatte überlebt.

Im Frühjahr 1945 wurde sie in ein Spezialheim für kranke Kinder in Malachowka verlegt, nur eine kurze Fahrt mit der *elektritschka*, dem Vorortzug, von Moskau entfernt. Hier begann ihre wirkliche Genesung. Ihr Bauch war immer noch aufgedunsen vom Hunger – »Er stand weiter vor als ihre Nase«, erinnert sich Lenina –, und ihr linkes Bein war verkümmert. Doch sie war stets fröhlich, sang im Hof Lieder und spielte mit den anderen Kindern Himmel und Hölle. Mila meldete sich freiwillig zur Essensüberwachung, bei der die Kinder in den Küchen standen und aufpassten, dass die Köche, wenn sie die großen Dosen mit amerikanischem Corned Beef öffneten, auch wirklich jedes Gramm in die Suppe gaben. Trotz des wunderbaren amerikanischen Essens verlor sie nie die psychischen Narben des Hungers. »Hunger in der Kindheit begleitet dich dein Leben lang«, sagte sie mir. »Du wirst nie wieder richtig satt.«

Alles in allem konnten sich Lenina und Ljudmila in einer Generation, die die Hungersnöte, die Säuberungen und den Krieg überlebt hatte, glücklich schätzen. Sie hatten ihr Leben, und sie hatten einander. Um sie herum waren so viele, die viel mehr verloren hatten. Vielleicht wurden deshalb die Schwestern nicht zerrissen von dieser Erfahrungen, die so traumatisch sind, dass wir uns kaum vorstellen können, wie man überhaupt überleben konnte. Mila lebte, als die spanischen Kinder um sie herum starben; Lenina fand ihre Schwester durch reinen Zufall, was Tausenden anderen Kindern nie gelang. Das allein war schon genug um dankbar zu sein.

Auch hatten Lenina und Ljudmila zweifellos überlebt, weil sie von Natur aus anpassungsfähig waren und für den Moment leben konnten. Ohne die große Welt zu sehen, lebten sie ihr Leben im Hier und Jetzt, vielleicht die mächtigste Waffe gegen die Verzweiflung. Und für Mila zumindest war da die große schützende Unkenntnis der Vergangenheit, die sie verloren hatte, vergraben unter unscharfen Halberinnerungen an die Kindheit – wodurch die Wirklichkeit des Gefängnisses und des Waisenhauses einfach eine Tatsache wurde, etwas, was man ertragen musste, aber nicht betrauern oder verstehen konnte. Sie hatte Narben davongetragen, physisch und psychisch, doch sie war nicht gebrochen. Der Kakao von Hershey's und das Corned Beef heilten ihren Körper, und ihr Geist war intakt und bereit, es mit der Welt aufzunehmen.

Bald nach Ljudmilas Rückkehr aus Solikamsk besuchte ein junger Panzerhauptmann namens Alexandr Wassin die Wohnung der Bibikows am Taganskajaplatz. Er war der Neffe von Jakows Frau Warwara. Lenina begrüßte schüchtern ihren entfernten Cousin. Alexandr – Sascha – war gesund und gut aussehend, mit einem gewinnenden Lächeln und einem lauten Lachen. Er sah hervorragend aus in seiner olivgrünen Uniform, seinen Reithosen und weichen Offiziersstiefeln, den Epauletten und dem blonden Bürstenhaarschnitt.

Lenina und Sascha waren sich 1937 schon einmal flüchtig begegnet, als Lenina zum ersten Mal in Moskau war, gleich nach der Verhaftung ihres Vaters. Sascha scherzte, wie hübsch seine kleine Cousine geworden sei. Er bot ihr an, sie zur Metro zu bringen, als sie zur Arbeit aufbrach. Halb im Scherz flirtete er mit ihr, kitzelte sie auf der Rolltreppe zur Metro und sagte, er wolle sie heiraten. Ein paar Tage später trafen sie sich im Krasnopresnenski-Park in der Nähe des Zoos wieder, zu ihrem ersten Rendezvous. Er ging mit ihr in ein Café im Park. Lenina war noch nie zuvor in irgendeinem Restaurant gewesen. 36 Jahre später, als Sascha an einem Herzinfarkt gestorben war, organisierten seine Kollegen den Leichenschmaus zufällig in genau diesem Café.

Nachdem er ihr zwei Wochen lang den Hof gemacht hatte, musste Sascha zurück zu seiner Einheit. Er hielt um Leninas Hand an, ehe er aufbrach, und sie sagte Ja.

Drei Tage, nachdem Sascha Moskau verlassen hatte, saß er in einem Wagen auf dem Weg zur Frontlinie westlich von Smolensk. Der Wagen fuhr über eine Panzerabwehrmine, Saschas Bein wurde zerfetzt und musste mit einer Holzsäge unterhalb des Knies amputiert werden. Er wurde zur Genesung in eines der riesigen Militärkrankenhäuser in Iwanowo geflogen. Von dort aus schrieb er Lenina einen merkwürdigen Brief. Er teilte seiner Verlobten mit, er sei in ein Feuer geraten und nun verbrannt und entstellt, und sie solle sich jemand anderen zum Heiraten suchen. Als sie den Brief gelesen hatte, lief Lenina zu ihrem Onkel. Jakow ließ seine Beziehungen spielen und organisierte

Lenina einen Platz in einem amerikanischen Transportflugzeug nach Iwanowo. Er wies die Crew an, sich darauf einzustellen, einen Verwundeten nach Moskau zurückzufliegen. Lenina fand das Krankenhaus und dort im Innenhof Sascha in Unterwäsche und auf Krücken, nicht verbrannt, aber mit nur einem Bein. Lenina brachte ihn nach Moskau zurück, und drei Monate später heirateten sie. Sie war 19, er 26. Merkwürdigerweise kann sich Lenina heute, nach fast vier Jahrzehnten Ehe, nicht erinnern, welches Bein er verloren hatte.

Ich erinnere mich an Saschas überwältigend maskuline Präsenz, seine kräftigen Kiefer und seine Entschlossenheit, sein explosives Lachen und seine Art, die keinen Unsinn duldete. Er war in vieler Hinsicht der perfekte sowjetische Mann, schroff und fröhlich, immer das Gute sehend, selbst wenn er − wie alle Sowjetbürger ständig − mit Inkompetenz und Hässlichkeit konfrontiert wurde.

In vieler Hinsicht war er, glaube ich, das Gegenteil seiner jungen Schwägerin Ljudmila. Sie war ehrgeizig und kompromisslos, versuchte immer, die Welt um sich herum zu formen. Er war mit einfachen Freuden zufrieden: der Respekt seiner Freunde und Kollegen, seine kleine Wohnung, seine Datscha, die er eigenhändig aus geschnorrten Brettern und Ziegelsteinen gebaut hatte. Er kannte auch die Macht seines guten Aussehens. Es war, als fühlte Sascha, dass seine Männlichkeit eine Gabe sei und er die Pflicht habe, sie mit einer ganzen Generation Frauen zu teilen, für die Männer knapp waren. Aber er gab Lenina, die furchtbar eifersüchtig war, nie Grund, Untreue zu vermuten. »Vielleicht war er untreu«, sagte sie immer anerkennend über ihn, »aber dann sorgte er dafür, dass ich niemals etwas davon erfuhr.«

*Kapitän Alexandr Wassin, 1942.
Kurz nachdem er um Leninas Hand
angehalten hatte, fuhr sein Wagen in
der Nähe von Smolensk über eine
Mine, und sein Bein musste mit
einer Holzsäge amputiert werden.*

In den letzten Monaten des »Großen Vaterländischen Krieges«
war Moskau völlig ausgeblutet. Ganz im Westen kämpfte die
Rote Armee sich durch Ostpreußen, um noch vor den Westalliierten in Berlin zu sein. Doch zu Hause kämpften die Frauen
und Kinder in den Ruinen eines von den Kriegsanstrengungen
zerstörten Landes einen sehr viel banaleren Krieg gegen Hunger
und Kälte. Sie sorgten sich um ihre Männer an der Front, und die
Angst vor furchtbaren Nachrichten wurde noch heftiger angesichts der Gewissheit des nahen Sieges.

Die Straßen waren voller Männer in Uniform, die Abende
dunkel, weil das Licht, wie alles andere auch, rationiert war. Das
Leben war wie in der Schwebe, alle warteten auf das Ende des
Krieges, konzentrierten sich aufs Überleben und wagten nicht,
an die Zukunft zu denken. Das tägliche Dasein drehte sich um
die kleinen Lebensmittelkarten und die Gerüchte. Warwara und
ihre Tochter standen stundenlang an Straßenecken Schlange in
der Hoffnung auf angekündigte Lebensmittellieferungen; Lenina schnorrte in den Entbindungskliniken Milch für ihre immer

hungrige kleine Schwester Ljudmila. Abends saßen Lenina und Sascha vor ihrem großen Radio und hörten zu, wie der Sprecher reihenweise sowjetische Siege an Orten mit deutsch klingenden Namen verkündete, und empfanden gerechte Freude.

Lenina freute sich ganz egoistisch, dass ihr Sascha lebte, anders als die Liebsten so vieler ihrer Freundinnen auf dem Flugfeld Chodinskoje. Das junge Paar bekam eine Wohnung im Keller eines vorrevolutionären Gebäudes in der Gerzenstraße. Sie war winzig, und die kleinen Fenster lagen hoch oben in der Wand, doch es war Leninas erstes Zuhause seit ihrer Kindheit, und sie war entschlossen, es ihrer neuen kleinen Familie gemütlich zu machen.

Die Küche wurde Leninas Königreich, und Essen war die Währung ihrer Liebe. Sie fing auf dem kleinen Herd in der Gerzenstraße an, selbst zu kochen, und ein ganzes Leben später saß ich in der Küche meiner Tante am Frunsenskajaufer, und sie machte mir dieselben Gerichte, die sie für Sascha zu kochen gelernt hatte – Sauerkrautsuppe, Erbsensuppe, Rinderkoteletts und Bratkartoffeln. Wenn ich aß, wartete sie gespannt auf ein Zeichen meiner Wertschätzung. Für Lenina wie auch für meine Mutter gehörten Essen und Glück immer eng zusammen.

Im Januar 1945, kurz vor ihrem elften Geburtstag, wurde Ljudmila für so weit genesen erklärt, dass sie aus dem Kinderheim in Malachowka entlassen werden konnte. Aber in Leninas Einzimmerwohnung in der Gerzenstraße war kein Platz für sie. Lenina war bereits mit ihrem ersten Kind schwanger, und Saschas Schwester Tamara schlief auf einem Klappbett in der Küche. Lenina rief ihre Tante Warwara an, doch sie weigerte sich, Ljudmila aufzunehmen. »Noch so ein Schnorrer am Telefon«, sagte sie zu ihrem Mann, als er fragte, wer angerufen habe. Also half Sascha

Lenina (links) und eine Freundin, Moskau, Ende der Vierzigerjahre.

bei der Suche nach einem Platz für Ljudmila in einem Waisenhaus in Saltykowka, 40 Kilometer außerhalb von Moskau. Ljudmila nahm einen einzigen Pappkoffer mit Kleidern des amerikanischen Roten Kreuzes, ein paar Kinderbüchern und einer Puppe mit.

Saltykowka ist ein hübscher, verschlafener Ort. Meine Mutter ich waren 1988 an einem staubigen Sommernachmittag zusammen dort. Wir nahmen am Kursker Bahnhof die *elektritschka*, wie meine Mutter so oft als Kind. Der Bahnsteig in Saltykowka ist nicht mehr als ein Betonstreifen, und als der Zug ratternd durch die enge Schneise im Birkenwald davongefahren war, hörten wir nur noch die Vögel und das ferne Heulen eines Motors.

»Hier hat sich gar nichts verändert«, verkündete meine Mutter, als wir Arm in Arm die unasphaltierte Dorfstraße entlanggingen, die einzige Straße im Ort. Die Holzhäuser waren baufällig, in Grün oder mattem Gelb gestrichen, und am Ende der Straße stand das große Tor des Waisenhauses. Schiefe Gartenzäune, die wie betrunken aussahen, umgaben winzige Gärten, und die Häuser waren halb versteckt hinter gigantischen Sonnenblumen und verwilderten Jasminsträuchern.

Die alten Gebäude des Waisenhauses, in dem meine Mutter den größten Teil ihrer Kindheit verbracht hatte, standen direkt am Waldrand. Die heutige Generation Waisenkinder war im Sommerlager; das Anwesen lag verlassen da. Es verströmte die Melancholie aller Einrichtungen für Kinder, wenn die Kinder weg sind, eine Atmosphäre reglementierter Fröhlichkeit, gemischt mit der Schmerzlichkeit kindlicher Einsamkeit.

Doch Mila war in Saltykowka glücklich, glücklicher als irgendwo sonst, soweit sie sich erinnern konnte. Sie ging zum ersten Mal normal zur Schule und war begeistert. In den Jahren erzwungener Untätigkeit in Krankenhausbetten hatte sie gelernt, Bücher zu lieben, und Lenina brachte ihr Romane aus Jakows Bibliothek, die sie regelrecht verschlang. Die Lehrerinnen waren streng und voller Hingabe an ihren Beruf, Pädagoginnen der alten Schule, die ihren Schülern korrekte russische Grammatik und Puschkins Werke eintrichterten. Sonntags kamen Soldaten und brachten die Kinder auf großen Armeelastern in ein nahe gelegenes Kino.

Mila erinnert sich daran, wie sie stundenlang auf dem Schoß einer älteren Bauersfrau saß, die den Badehausofen heizte und den Kindern die Läuse aus den Haaren kämmte. Eine der Lehrerinnen, Marija Nikolajewna Charlamowa, übte in ihrer Freizeit stundenlang mit meiner Mutter russische Literatur und Geschichte.

Als meine Mutter und ich an Marija Nikolajewnas Tür klopften, erkannte sie meine Mutter sofort und brach in Tränen aus.

»Milotschka! Bist du es wirklich?«, wiederholte sie immer wieder, als sie sich in den Armen lagen.

Marija Nikolajewna machte umständlich Tee für uns und setzte uns hausgemachte Marmelade vor. Als wir dann am Küchentisch saßen, ging sie stapelweise alte Papiere durch, bis sie einen kleinen Umschlag mit Zeitungsausschnitten über Ljudmila fand, die sie aufbewahrt hatte: die Nachricht ihrer Aufnahme an der Moskauer Universität und ein Artikel über ihren Abschluss mit einem »Roten Diplom« – entsprechend einem »summa cum laude«.

»Ich war so stolz auf dich!«, flüsterte Marija Nikolajewna und sah mit der Genugtuung einer alten Mutter über den wackeligen Tisch hinweg ihre Vorzeigeschülerin an. »Ich war auf euch alle stolz.«

Mila musste Saltykowka immer wieder für Monate verlassen und im Botkin-Krankenhaus im Zentrum von Moskau schmerzhafte Operationen an Bein und Hüfte über sich ergehen lassen. Die Tuberkulose in ihrer Kindheit hatte ihr linkes Bein 16 Zentimeter kürzer werden lassen als das rechte. Als sie 15 war, mussten die Chirurgen im Botkin den Knochen brechen und Gewichte an Ljudmilas Bein hängen, damit es länger wurde.

Als sie aus der bedrückenden Stille der Krankenhausstationen wieder in das Lärmen von Saltykowka zurück durfte, stürzte sich Mila voller Inbrunst in Spiele und Gruppenaktivitäten. Sie war immer eine Anführerin, eine »Aktivistin« der Jungen Pioniere, also eine Anführerin der kommunistischen Version der Pfadfinder, mit einem besonderen Abzeichen auf der weißen Bluse, das ihren Status zeigte. »Statt Armen haben wir Stahlflügel, statt Herzen eine feurige Maschine«, verkündete ein damals beliebtes Lied, und Mila gab sich trotz ihrer Behinderung alle Mühe, dem Ideal zu entsprechen.

Mila war außerdem offenherzig und nachdenklich. Beides waren gefährliche Eigenschaften, selbst in der Schule. Eines Tages kurz nach Kriegsende trug die Lehrerin während einer der obligatorischen Lesungen des Leitartikels der *Pionerskaja Prawda* (der Kinderausgabe der großen Parteizeitung) die neuen antiamerikanische Phrasen vor. Mila meldete sich in der vorgeschriebenen Weise der Pioniere – die Finger gerade zur Decke zeigend, Ellbogen auf dem Tisch.

»Aber die Amerikaner haben uns doch im Krieg viel geholfen, oder?«, fragte sie.

Die Lehrerin war entsetzt und schickte Mila sofort zum Direktor, der hastig eine Sitzung der *druschina* einberief, ein angeblich informelles Kindergericht, die Jugendvariante einer Parteikonferenz. Milas Klassenkameraden versammelten sich pflichtbewusst und erklärten, sie müsse im Politikunterricht besser aufpassen. Sie erteilten ihr einen förmlichen Verweis. Es sollte nicht das einzige Mal bleiben, dass sie mit einem heuchlerischen Gericht konfrontiert wurde.

In ihrem verkrüppelten kleinen Körper wohnte schon damals ein unbezähmbarer Wille. Später schrieb sie ihrem zukünftigen Ehemann, meinem Vater, von ihrer Weigerung, Kompromisse einzugehen und die Wirklichkeit des sowjetischen Lebens zu akzeptieren. »Ich will, dass mir das Leben die Stärke meiner Prinzipien beweist«, schrieb sie. »Ich will es, ich will es, ich will es.« In einer Welt, in der die meisten ihrer Zeitgenossen sich damit zufriedengaben, irgendwie über die Runden zu kommen, glaubte Mila, ihr Wille könne die Welt erobern. Der Dichter Jewgeni Jewtuschenko nannte den Antihelden seiner und Milas Generation »Genosse Kompromiss Kompromissowitsch«, in einer sardonischen Hommage an die Männer und Frauen, die sich mit Millionen kleiner Kompromisse durch die Heuchelei und die

Enttäuschungen des sowjetischen Lebens lavierten. Mila zählte nicht zu ihnen.

Trotz ihres verkrüppelten Beines wurde Mila Klassenmeisterin im Seilspringen. In Saltiykowka organisierte sie in den Klassen Untersuchungen auf Läusebefall und Wanderungen, Liederabende und Himmel-und-Hölle-Spiele. Wenn sie ihre Schwester in der Gerzenstraße besuchte, malte sie zusammen mit den Nachbarskindern Kreidekästchen auf den Asphalt und nahm an den Himmel-und-Hölle-Meisterschaften der Straße teil. Ljudmila ging fast immer als Siegerin hervor, selbst als sie einmal mit einem eingegipsten gebrochenen Arm antrat.

Die Nachricht vom Sieg kam volltönend am 9. Mai 1945 im Radio. Lenina hörte die Bekanntgabe im Dynamo-Werk. Sie erinnert sich an die unendliche Erleichterung, die sie empfand, und eine überwältigende Müdigkeit. Ein paar Tage später marschierte ein Strom deutscher Gefangener über den Gartenring, und Lenina ging ans Ende der Gerzenstraße, um sich den Feind aus nächster Nähe anzusehen. Die Menge sah schweigend zu. Lenina fiel der starke Ledergeruch der Stiefel und Gurtbänder der deutschen Gefangenen auf. Sie marschierten geordnet und ausdruckslos. Den Gefangenen folgten demonstrativ Lastwagen, die die Straße absprühten, um die Straßen von der Verseuchung durch die faschistische Präsenz zu reinigen. Nicht einmal einer von zehn dieser Gefangenen sollte je in seine Heimat zurückkehren.

Jakow zog mit seiner Familie in eine größere, schickere Wohnung. Er hatte auf einer Reise nach Deutschland, die eigentlich zum Ziel hatte, deutsche Raketentechniklabore abzubauen und sie komplett ins Lawotschkin-Konstruktionsbüro in Moskau zu transportieren, einen Mercedes erbeutet. Der Mercedes

Eines der wenigen Fotos von Ljud-
mila im Waisenhaus von Salty-
kowka bei Moskau, zwischen Opera-
tionen an ihrem verkrüppelten Bein
im Moskauer Botkin-Krankenhaus,
1949.

war ein riesiges glänzendes, schwarzes Ungetüm, Kennzeichen eines schwindelerregenden Status. Jakow fuhr damit in Moskau junge Mädchen spazieren, ein Zeitvertreib, der Warwara, als sie schließlich davon erfuhr, vor Eifersucht explodieren ließ. Jakows neue Position als Leiter des neuen Raketenprogramms der Sowjetunion eröffnete seiner Familie eine Welt der Privilegien, die mit ihren armen Verwandten zu teilen sie es nicht eilig hatten. Für Lenina und Ljudmila dauerte das graue Einerlei der entbehrungsreichen Kriegszeiten auch nach dem Krieg noch jahrelang an. Doch es wurden jede Menge fröhlicher Paraden mit protzigen Losungen und Transparenten veranstaltet, und alle waren erfüllt von Stolz und dem Gefühl, etwas erreicht zu haben. Wenn Lenina mit Sascha – die Brust voller Orden – und ihrer neugeborenen Tochter Nadja spazieren ging, spürte sie, dass sie endlich den Trümmern ihrer Kindheit entkommen war.

Boris Bibikow sollte laut seinem offiziellen Urteil – »zehn Jahre Gefängnis ohne Recht auf Korrespondenz« – im Juni 1947 aus dem Gefängnis entlassen werden. Obwohl es höchst unwahrscheinlich war, dass er die Lager und den Krieg überlebt hatte, gab Lenina die Hoffnung auf seine Rückkehr nicht auf.

Selbst nach allem, was sie durchgemacht hatte, bewahrten sich die Bibikows einen naiven Glauben an die grundsätzliche Rechtschaffenheit des sowjetischen Systems. Wie Zigmillionen anderer Angehöriger der Opfer der Säuberungen glaubten sie, dass ihrem Angehörigen ein Unrecht widerfahren war, das eine Ausnahme darstellte. Boris' Mutter Sofija schrieb Briefe an das Innenministerium und erkundigte sich darin nach Neuigkeiten von ihrem Sohn, im unerschütterlichen Glauben, das Recht würde früher oder später siegen. Jahrelang erhielt sie keine Antwort, gab die Hoffnung aber nicht auf. Doch Boris' Entlassungsdatum kam und ging ohne irgendeine Nachricht.

Im Winter 1948 war Lenina mit ihrem zweiten Kind schwanger und verbrachte ein paar Monate bei Saschas Mutter Praskowja in einem Dorf 30 Kilometer von Kaluga in Zentralrussland, wo es jede Menge frische Milch gab und die Dorffrauen sich um die kleine Nadja kümmern konnten, während Lenina auf das neue Baby wartete. Sascha studierte in Moskau Jura; immer am Samstagabend nahm er mit einem ramponierten Fahrrad, das er selbst repariert hatte, den Zug nach Kaluga, radelte (mit einem Bein) ins Dorf, verbrachte den Sonntag mit seiner Familie und radelte abends wieder zurück, um den Zug nach Moskau zu erwischen.

Eines Tages brachte Sascha einen Brief mit dem Poststempel »KarLag« mit. Er steckte in keinem Umschlag, sondern war zu einem Dreieck gefaltet und zusammengesteckt, wie es damals üblich war. Er war von Marta. Sie schrieb, sie sei im letzten Frühjahr aus dem Gefängnis entlassen worden und lebe in der Nähe des Lagers in »administrativem Gewahrsam«. Sie habe einen neugeborenen Sohn namens Wiktor. Der Vater des Kindes sei ein

Priester, teilte sie mit, dem sie im Lager das Leben gerettet hatte. Doch er sei entlassen worden und zu seiner eigenen Familie im Altai in Sibirien zurückgekehrt.

Jetzt, schrieb Marta, warte sie auf die Erlaubnis, Kasachstan bald zu verlassen, doch sie fragte sich, wo sie hingehen sollte, da sie keinen Pass habe. Sie hob es zwar nicht ausdrücklich hervor, doch Lenina wusste, was ihre Mutter meinte – ihre Reisedokumente kennzeichneten sie als politische Gefangene, und sie durfte nicht näher als 101 Kilometer an einer größeren Stadt leben. In Leninas Wohnung in Moskau war wenig Platz, doch Saschas Mutter Praskowja bestand darauf, dass Lenina alles daransetzte, Marta nach Moskau zu holen. Lenina schrieb ihrer Mutter, sie solle die 101 Kilometer nicht beachten und so bald wie möglich zu ihnen in die Hauptstadt kommen. Sascha schickte den Brief bereits am folgenden Tag in Moskau ab.

Die Lokomotive fuhr rußend und dampfend in den Kursker Bahnhof ein. Da Schienenfahrzeuge knapp waren, bestand der Zug aus Viehwaggons anstatt Personenwagen. Marta hatte keine Fahrkarte für den normalen Zug ab Semipalatinsk kaufen dürfen, weil sie keine Papiere besaß, und so geriet sie auf einen außerplanmäßigen Zug voller menschlichem Treibgut ohne Pass wie sie selbst. Bei der Abfahrt hatte sie ihrer Tochter ein kurzes Telegramm geschickt und ihre Ankunft angekündigt. Der Zug spuckte Ströme schmuddeliger Reisender aus, die meisten ehemalige Häftlinge, erschöpft und stinkend nach der fünftägigen Reise.

Lenina erinnerte sich an ihre Mutter als die modische Ehefrau eines Parteikaders. Als sie nun den Bahnsteig entlanggestolpert kam, sah Marta aus wie eine Bettlerin. Sie war dreckig und verlaust und trug eine gefütterte schwarze Häftlingsjacke. Außer einem schmutzigen Bündel Kleidung hatte sie kein Gepäck. Sie war allein.

Marta lächelte kaum, als ihre Tochter, hochschwanger mit ihrem zweiten Kind, auf sie zu watschelte. Sie umarmten sich und weinten. Lenina fragte ihre Mutter, was mit ihrem Neugeborenen geschehen sei. »Tja, es ist gestorben«, sagte Marta wegwerfend und schob sich in die Menge, die zum Ausgang strömte. Sie fuhren schweigend mit der Metro zur Barrikadnajastraße, wo Lenina mit ihrer Mutter erst einmal in ein öffentliches Badehaus am Zoo ging, um sie zu waschen und zu entlausen.

Zu Hause an jenem Abend in der Kellerwohnung in der Gerzenstraße, mit Lenina, Sascha und ihrer Tochter Nadja, schien Marta in eine Art Betäubungszustand zu verfallen. Sie beschwerte sich, ihr Bett sei zu weich und ihre Enkelin weine zu laut. Am Ende des Abends war Lenina in Tränen aufgelöst. Sascha tröstete sie, während seine Schwiegermutter schlaflos in der Küche auf und ab ging.

Am nächsten Tag fuhr Lenina mit der *elektritschka* nach Saltykowka, um Ljudmila zu holen. Als die beiden Mädchen in der Gerzenstraße ankamen, wartete Marta schon ungeduldig an der Wohnungstür. Die Wohnung lag am Ende eines langen Flures, und das Erste, was Marta von ihrer jüngeren Tochter sah, war eine verkrüppelte Silhouette am Ende des Flures. Marta rief Ljudmilas Namen und heulte auf, als das kleine Mädchen hinkend auf sie zu zugerannt kam. Ljudmila vergaß dieses schreckliche Heulen ihr Leben lang nicht mehr – das Heulen einer Frau, die ihre Tochter zuletzt als pummeliges, glückliches Kleinkind gesehen und dann für elf Jahre verloren hatte, nur um sie dann als humpelnde, ausgezehrte 14-Jährige wiederzufinden.

Marta hielt sie lange weinend im Arm. Wenn Mila heute an die Begegnung denkt, sucht sie nach irgendeiner Spur ihrer Gefühle damals und schüttelt den Kopf. Sie fühlte nichts. »Ich habe sie wahrscheinlich umarmt. Ich habe wahrscheinlich ›Mutter‹ gesagt. Aber ich weiß es nicht mehr.«

Für Mila war das Wort »Mutter« nur ein abstrakter Begriff. In der Welt der Waisen, in der sie ihre Kindheit verbrachte, hatte er keinen Platz. Sie hatte keinerlei Erinnerung an ihre Eltern, außerdem einen Bild aus der Nacht, als ihre Mutter verhaftet wurde, und den Schatten einer Erinnerung an ihren Vater. Sie hatte ihrer Mutter brav einen Brief nach KarLag geschrieben, als Lenina ihr erzählt hatte, dass sie am Leben und wohlauf sei. Aber die Versicherungen ihrer Zuneigung in dem Brief waren in Wahrheit lediglich erfunden. Wie eine wirkliche Mutter war und was man ihr gegenüber empfand, wusste Mila nur aus Büchern.

Als sie am späten Nachmittag nach Saltykowka zurückfuhr fühlte Ljudmila vor allem überschwängliche Dankbarkeit für das reichliche Mahl, das Marta ihnen gekocht hatte. Jahre später schrieb sie ihrem Verlobten, dass sie zuerst geweint hatte, als sie hörte, dass ihre Mutter lebte, dann aber die Tränen rigoros als Zeichen der Schwäche unterdrückt hatte.

Marta wurde für Ljudmila nie eine echte Mutter. Das Band, das im Dezember 1937 durchtrennt worden war, ließ sich nie wieder zusammenknüpfen. Mila kam oft in Leninas Wohnung, merkte aber schnell, dass sie Martas brütende Art und ihre Wutausbrüche nicht ertragen konnte. Innerhalb weniger Monate nach Martas Rückkehr nach Moskau hatten sie einen pflichtbewussten Rhythmus etabliert. An den Wochenenden fuhren Marta und Lenina meist hinaus nach Saltykowka. Lenina holte ihre Schwester für einen Spaziergang aus dem Waisenhaus ab; Marta, die offiziell immer noch eine Unperson war, wartete am Dorfteich auf ihre Töchter. Sie gingen spazieren und unterhielten sich, und

Marta gab den Mädchen Süßigkeiten und Gebäck, das sie gekauft oder gemacht hatte und das Mila dann mit den anderen
Kindern teilte.

Ljudmila liebte ihre Mutter, »wie ein Hund den Menschen
liebt, der ihn füttert«, erzählte sie mir eines heißen Sommer-
abends in meiner Wohnung in Istanbul. »Ich verstand ›Partei‹, ›Stalin‹, ›Volk‹. Aber ich wusste nie, was das Wort ›Mutter‹
bedeutet.«

Obwohl ihre Mutter lebte, blieb Mila im Herzen ein Waisen-
kind. Doch lange, ehe Ljudmila selbst Mutter wurde, war sie besessen von der Idee der Mutterschaft und was sie selbst für eine
Mutter sein würde. Sie schrieb meinem künftigen Vater oft von
ihren gemeinsamen ungeborenen Kindern und ihrer furchtbaren
Angst, ihre Kinder so zu verlieren, wie Marta ihre verloren hatte.

»Die ganze Nacht träumte ich, ich trüge einen kleinen Jungen
in meinen Armen, unseren Sohn«, schrieb Mila meinem Vater
1964. »Er war sehr sanft und zärtlich. Aber die Straße war unweg-
sam und lang, sie führte hinauf und hinunter und in unterirdische
Labyrinthe. Es war sehr schwer, ihn zu tragen, aber ich konnte
ein so wunderbares Wesen, in dem alles von Dir war, selbst seine
Stimme, seine Nase, sein Haar, seine Finger, nicht zurücklassen.
Aus irgendeinem Grund waren wir plötzlich am alten Gebäude
der Staatlichen Universität Moskau an der Mochowajastraße. Ein
alter Mann wählte die besten Kinder in einer Menschenmenge
aus, und mein Junge war auch darunter. Alle waren glücklich,
dass ihre Kinder ausgewählt wurden, doch ich weinte bitterlich,
weil ich nicht glaubte, dass sie ihn mir wiedergeben würden.«

Mila war erfüllt vom Bedürfnis, ihre Kinder zu beschützen,
noch ehe wir geboren wurden. Doch ihre Mutter Marta schien
manchmal von irrationalem Hass auf ihre eigenen Kinder verzehrt zu werden. Es gab Augenblicke, wenn sie verärgert war

über etwas, was Mila gesagt oder getan hatte, da fuhr sie sie an und schimpfte sie einen »Waisenhauskrüppel«. Hysterisch nannte sie ihre ältere Tochter »Judenbrut« und fluchte in der dreckigsten Gefängnissprache, über die sie verfügte. Dann wieder verfiel sie in hysterische Ausbrüche von Selbstmitleid und Zuneigung und umklammerte tränenüberströmt ihre Kinder.

Marta war in den Lagern wahnsinnig geworden, so viel wird aus ihrem Verhalten nach ihrer Rückkehr aus Kasachstan klar. Doch die allgemeine Angst vor der Psychiatrie und das Unwissen waren damals so groß, dass niemand daran dachte, sie könnte eine Behandlung brauchen. Also ertrug die Familie schweigend ihren Selbsthass und ihren Wahn. »Für uns waren Psychiater schlimmer als der NKWD«, sagt Lenina. Marta hatte immer schon einen bösartigen Zug gehabt. Das Lagerleben hatte ihren Zorn auf die Welt zu einer unkontrollierbaren Kraft gemacht. Sie, die von ihrem Vater abgelehnt worden war und ihre Schwester verlassen hatte, lehnte nun ihrerseits ihre eigenen Töchter ab. Es war, als glaubte sie, sie könne, indem sie Hass austeilte und Liebe und Hoffnung in den Menschen um sich herum auslöschte, sich irgendwie an der Welt rächen, die sie so grausam behandelt hatte. Sie schien, von einer inneren Perversität getrieben, eine Welt aus Hass um sich herum zu erschaffen.

Doch zugleich war sie zu überraschender Großzügigkeit fähig, als kämpfe sich ihr altes, besseres Selbst durch all die Bitterkeit. 1971, als ich zur Welt kam, schickte Marta Mila ein Glückwunschschreiben und teilte ihr mit, sie habe ein Bankkonto für mich eröffnet und verdiene nun Geld damit, Mittagessen für den Priester ihrer Gemeinde zu kochen. Das Geld zahlte sie auf mein Konto ein. Als sie uns 1976 besuchen kam, brachte sie das Sparbuch mit und zeigte es Ljudmila. Es war eine Art Friedensangebot, eine Wiedergutmachung für die lieblose Kindheit ihrer

Tochter. Als Marta dann starb, konnte Lenina das Sparbuch nicht finden. Sie hatte Martas ukrainische Verwandte im Verdacht, es gestohlen zu haben. Aber ich stelle mir vor, wie Marta Tag für Tag am Herd stand, Koteletts briet und Suppe kochte und an das Kind in London dachte, das sie nur ein paar Wochen lang gesehen hatte, und wie sie dann zum Postamt ging und ihre Kopeken für ihren Enkel einzahlte.

Ljudmila blieben die schlimmsten Dämonen ihrer Mutter erspart, weil sie sich nur an den Wochenenden sahen. Lenina erging es weniger gut. Sie verdiente sich ein paar Rubel dazu, indem sie ihre reichlich fließende Muttermilch in einem Krankenhaus für ausgesetzte Kinder auf der anderen Seite der Gerzenstraße spendete. Dort besorgte sie Marta eine Anstellung als Köchin, sodass sie den größten Teil des Tages nicht zu Hause war. Doch abends saß sie in der Küche und murrte bösartig. Sie fragte Lenina sarkastisch, warum sie »einen Krüppel anstatt eines Generals« geheiratet hätte, und versuchte Sascha und Lenina zu überreden, einander zu verlassen. Sie flirtete offen mit Sascha und provozierte so wüste Streitereien mit ihrer Tochter. Mehrmals griff Marta Lenina mit dem Messer an, und einmal brach Lenina ihrer Mutter den Finger, als sie sie nach einem hysterischen Kampf, bei dem die Hälfte von Leninas wertvollem Geschirr zu Bruch ging, festzuhalten versuchte. Nachts weinte Marta und verfluchte Boris als »verräterischen Narren«, weil er solches Elend über sie gebracht hatte. Sie sagte, sie wollte ihn nie wiedersehen und hoffte, er sei tot.

»Wir haben das alles ertragen«, erinnert sich Lenina. »Aber wie viel Blut sie trank! Sie lebte von unserem Leiden.«

Es dauerte Monate, ehe Marta erzählte, wie sie das vergangene Jahrzehnt verbracht hatte, und selbst dann spuckte sie die Geschichten förmlich aus, begleitet von zynischen Kommentaren. Marta war innerhalb weniger Wochen nach ihrer Verhaftung verurteilt worden. Sie scheint im Verhör so etwas wie einen Nervenzusammenbruch erlitten zu haben und gestand alles, was ihr gesagt wurde, darunter auch die Schuld ihres Ehemanns. Sie wurde zu zehn Jahren Zwangsarbeit verurteilt wegen »Mittäterschaft an antisowjetischen Aktivitäten«. Marta und mehrere Hundert andere weibliche Gefangene wurden auf Viehtransporter verladen und zu einem abgelegenen Bahnhof in Kasachstan verbracht. Von dort aus marschierten sie durch die Steppe bis nach Semipalatinsk, einem primitiven Zeltlager, und mussten aus rohem Holz und Stacheldraht ihr eigenes Gefängnis bauen.

Ein Freund der Familie meiner Frau, Sohn eines Gulag-Häftlings, erzählte mir einmal, wie sein Vater in den Lagern überlebt hatte. »Vergiss dein einstiges Leben, als sei es nur ein Traum gewesen«, hatte der alte Mann gesagt. »Gib alle Hoffnung auf, je zurückzukehren, leere deinen Geist von Zorn und Bedauern, und geh in der Gegenwart auf, genieß die Freuden des Lagerlebens, einen heißen Ofen, Seife in der *banja*, die schwache Dämmerung im sibirischen Winter und das Schweigen der Wälder, einen Preiselbeerbusch in der Taiga, eine Aufmerksamkeit eines Zellengenossen.« Aber es erforderte eine starke Persönlichkeit, vielleicht sogar übermenschliche Kräfte, tatsächlich so zu leben, und die meisten Männer und Frauen gingen an dieser Probe zugrunde.

Marta sprach fast nie über ihr Leben im Lager. Sie erzählte Lenina nur eine einzige Geschichte, und die war so grausam und grotesk, dass sie wenig Verlangen verspürte, weitere zu hören. Einst im Herbst, noch vor dem Krieg, kalbten die Kühe des Lagers. Immer, wenn ein Kalb geboren war, musste Marta die dampfende Plazenta und die Eihaut mit einem Eimer einsammeln, draußen in eine Tonne werfen und sie mit Karbolsäure bedecken, damit die Ratten sie nicht fraßen. Marta ging wieder hinein, um bei einer weiteren Geburt zu helfen, und als sie wieder herauskam, fand sie zwei Männer, kaum mehr als Skelette, die sich in heftigen Schmerzen neben der Mülltonne wanden. Sie waren neu angekommene Häftlinge aus einem anderen Lager, ehemalige Priester, mehr tot als lebendig. Sie waren zum Kuhstall gekrochen und hatten die rohen Plazenten gegessen. Marta zerrte einen der Männer in den Stall und gab ihm frische Milch zu trinken, um die Karbolsäure zu neutralisieren. Er überlebte. Der andere starb, wo er lag. Später, als sie beide entlassen wurden, lebte Marta mit dem Mann zusammen, den sie gerettet hatte; er war der Vater des Kindes, das starb, ehe Marta nach Moskau zurückkehrte.

Nachdem die letzte Kuh in jener Nacht gekalbt hatte, musste Marta dabei helfen, die Leichen der Häftlinge einzusammeln, die bei der Ankunft gestorben waren. Sie und ein paar andere Frauen luden sie auf einen Karren, den Marta dann allein in die Steppe zum abgelegenen Friedhof des Lagers brachte. Marta erzählte Lenina, dass die Steppenschakale das tote Fleisch auf dem Wagen witterten und sie jagten. Um sich zu retten, habe sie eine der Leichen den wilden Hunden vorgeworfen.

Martas Haftstrafe endete Anfang 1948, aber sie durfte noch nicht nach Hause zurückkehren. Zunächst wurde sie in »administrativen Gewahrsam« entlassen, was bedeutete, dass sie in einem Dorf ehemaliger Häftlinge in der Nähe des Lagers bleiben musste. Sie und der Priester, dessen Namen sie Lenina niemals verriet, bauten sich ein neues Leben in einer Holzhütte in den Vororten von KarLag auf. Sie hatten einen winzigen Gemüsegarten und erledigten Hilfsarbeiten für die Angestellten des Lagers.

Sie sprach fast nie von ihrem »Lagerehemann« oder von ihrem Sohn Wiktor, der Marta zufolge direkt vor ihrer Rückkehr nach Moskau gestorben war. Doch Lenina hatte den Verdacht, dass Marta das Kind weggab, als der Priester sie verließ, um zu seiner Familie zurückzukehren. Vermutlich hatte sie das Kind den ortsansässigen Ärzten oder in ein Waisenhaus gegeben. Lenina fand nie Beweise für diese Annahme; sie vermutete es einfach, weil sie es mit dem Herzen sah, wie sie sagte. 2007 in Moskau begegnete sie einem Staatsanwalt namens Wiktor Schtscherbakow; doch nach eingehender Überprüfung fand meine Tante heraus, dass der Mann nicht ihr lange verlorener Halbbruder war, sondern ein Fremder, der zufällig den Nachnamen ihrer Mutter trug.

Nach einigen Tagen Überlegung beschloss Lenina im Alter von 82 Jahren, Wiktor, den 1948 verlorenen Jungen, nicht weiter zu suchen. »Was, wenn ich ihn finde, und er ist einfach ein Penner?«, fragte sie. »Er hat nicht Boris' Blut in den Adern, das uns alle so großartig gemacht hat. Er hat Martas Blut, und davon brauchen wir wirklich nicht mehr.«

Anstelle eines normalen Passes erhielt Marta einen Zettel, der ihre Entlassung bestätigte, und einen Sonderpass, der es ihr lebenslang verbot, in oder nahe einer großen Stadt zu leben. In den Vierzigerjahren gab es in der Sowjetunion unzählige solcher Menschen, deren freies Wohnrecht eingeschränkt war – der verhängnisvolle Stempel in ihrem Pass verdammte sie zu einem Leben als Unperson.

Doch Marta hatte das Glück, dass ihr Schwiegersohn Sascha bereits als Rechtsreferendar im Justizministerium arbeitete. Er rettete sie durch ein Hintertürchen der Bürokratie. Martas Familienname tauchte in den Unterlagen des Gefängnisses als Schtscherbakowa auf, in der weiblichen Version ihres Nachnamens. Auf ihrer Geburtsurkunde stand jedoch »Schtscherbak«, die neutrale ukrainische Schreibweise. Sascha überzeugte die örtliche Polizei, einen Pass auf den Namen Marta Schtscherbak auszustellen, eine unschuldige Person ohne Vorstrafen und ohne eine offizielle »Einschränkung« ihrer Existenz. Auf dem Papier war sie fortan eine aufrechte sowjetische Bürgerin. Doch in ihrem Inneren, so erschien es den Menschen um sie herum, war ihre Seele zerrissen worden.

Die meisten Kinder in Ljudmilas Waisenhaus beendeten die Schule mit 14 Jahren. Nach einer einjährigen technischen Ausbildung in der Nähstube in Saltykowka wurden sie als Näherinnen in die Textilfabriken von Iwanowo geschickt, 200 Kilometer nördlich von Moskau, oder in die giftigen Chemiefabriken in Zentralasien. Ljudmilas Lehrer reichten ein Gesuch bei den örtlichen Behörden ein, sie für weitere drei Jahre an eine andere örtliche Schule zu schicken, um sich für die Universität zu qualifizieren. Dem Gesuch wurde stattgegeben, doch Ljudmila musste sich ihren Lebensunterhalt im Waisenhaus damit verdienen, dass sie die jüngeren Kinder unterrichtete und eine Theatergruppe organisierte. Hier wandte sie zum ersten Mal ihre empathische pädagogische Art an, die sie heute noch einsetzt, wenn sie Anweisungen Silbe für Silbe vorsingt und so erschrockene englische Studenten in die Geheimnisse des russischen Verbs einweiht. In den Stunden duldet sie keinen Unsinn und keine Fehler, doch dann ergeht sie sich noch Jahre später in unerwarteten Gefühlsausbrüchen angesichts der Erfolge ihrer Schüler.

Wäre Stalin nicht am 5. März 1953 an einer Hirnblutung gestorben, das Leben meiner Mutter wäre ganz anders verlaufen. Die Nachricht vom Tod des Diktators wurde den Kindern in Saltykowka von der Schulleiterin überbracht, die fast hysterisch war vor Trauer, und alle Kinder brachen in Tränen aus. Für viele der Waisenkinder kam der onkelhafte große Führer mit dem Schnurrbart dem am nächsten, was sie von echten Vätern wussten. In Moskau war Lenina inmitten der zwei Millionen Menschen, die Stalins Beerdigung beiwohnten. Auch sie vergoss echte Tränen um Stalin, ohne je auf den Gedanken zu kommen, der freundliche, lächelnde Mann sei verantwortlich dafür gewesen, dass man ihr die Eltern weggenommen hatte.

Als Stalin nicht mehr da war, wurde Ljudmilas Welt auf den Kopf gestellt. Sie machte ihren Abschluss in Saltykowka als Klassenbeste, mit einer fast perfekten Note (sie weiß heute noch, welcher Fehler sie die volle Punktzahl gekostet hatte: aus Versehen setzte sie ein Komma in dem Satz »Nilpferde, und Elefanten«). Unter Stalin wäre ein Platz an einer renommierten Universität für das Kind eines Volksfeinds undenkbar gewesen. Mila wäre wahrscheinlich an eine der pädagogischen Schulen in der Provinz gegangen und ihr Leben lang Lehrerin geblieben.

Doch nun wagte Lenina zu hoffen, dass der Makel im Lebenslauf ihrer Schwester übersehen werden könnte. Sie arbeitete inzwischen als Korrektorin von Doktorarbeiten am Institut für Rechtswissenschaften, eine Stelle, die Sascha ihr besorgt hatte. Ein Bekannter von Lenina kannte den Rektor der Historischen Fakultät der Staatlichen Universität Moskau und arrangierte ein Treffen, bei dem er sich für Ljudmilas Aufnahme an der Universität einsetzen wollte. Sie hatte Glück. Der Rektor war entweder einfach gutherzig, oder er hatte selbst geheime Narben aus seinem Leben unter Stalin. Als Lenina erklärte, was ihr und ihrer Schwester seit der Verhaftung ihrer Eltern widerfahren war, brach der Mann in Tränen aus. Im September 1953 wurde Ljudmila zum Geschichtsstudium an der renommiertesten Universität der Sowjetunion zugelassen. Sie befand sich in einem riesigen neu erbauten stalinistischen Wolkenkratzer auf den Leninbergen – einem Palast sozialistischen Lernens, mit ganz Moskau zu Füßen. Als sie die Nachricht erhielt, sagt sie, »sind mir Flügel gewachsen«.

Stalins Tod brachte auch die Hoffnung, ihr Vater könnte aus dem Gulag entlassen werden. 1954 brach der MWD, die neueste Inkarnation des NKWD, sein 17-jähriges Schweigen über das Schicksal von Boris Bibikow. Auf eine erneute Anfrage seiner Mutter hin kam die knappe Antwort, Bibikow, B.L., sei 1944 in einem Gefangenenlager an Krebs gestorben. Im folgenden Jahr schrieb Sofija ein persönliches Ansuchen an Stalins Nachfolger, den neuen Generalsekretär der Partei Nikita Chruschtschow, man möge zumindest seinen Namen bereinigen. Der Brief wurde ordnungsgemäß in die Akte ihres verstorbenen Sohnes abgeheftet.

»Hochverehrter Nikita Sergejewitsch«, schrieb sie, »ich wende mich als alte Frau an Sie, als Mutter dreier Söhne, dreier Kommunisten. Nur einer ist mir geblieben [Jakow], der in den Reihen unserer glorreichen sowjetischen Armee dient. Einer [Issaak] starb an der Front im Großen Vaterländischen Krieg, als er unser Vaterland verteidigte. Der andere, Bibikow, Boris Lwowitsch, wurde 1937 als Volksfeind verhaftet und zu zehn Jahren verurteilt. Die Haft hätte 1947 enden sollen.

Nikita Sergejewitsch, mein Sohn... Ich spüre, ich bin mir sicher, dass Boris unschuldig war, dass ein Irrtum vorgelegen haben muss. Ist es nach 18 Jahren nicht möglich, die Angelegenheit zu klären und ihn zu rehabilitieren? Ich kann immer noch nicht die Wahrheit finden, wissen, was tatsächlich geschehen ist. Ich bin kein Mitglied der Partei, ich bin 80 Jahre alt, aber ich habe meine Kinder dazu erzogen, ihr Vaterland zu lieben und ihm treu zu dienen. Sie haben all ihr Wissen, ihre Gesundheit, ihr Leben für die Freude des Kommunismus gegeben, für den

Frieden auf Erden, damit ihr großes Vaterland blühe … Lieber
Nikita Sergejewitsch, ich bitte Sie, nehmen Sie sich der Sache als
Kommunist an, und wenn mein Sohn unschuldig ist, so rehabi-
litieren Sie ihn. Hochachtungsvoll, Ihre Bibikowa.«

Boris Bibikows Fall wurde 1955 wiedereröffnet, während einer
der ersten Wellen der sogenannten Rehabilitierungsuntersuchun-
gen, als die Opfer der Säuberungen auf Anweisung Chruschtschows juristisch überprüft wurden. Im darauffolgenden Jahr
sollte er dann Stalin in einer »Geheimrede« auf dem 20. Parteitag
der KPdSU verurteilen. Die Aufgabe, Bibikows Fall und Tausende
wie den seinen neu aufzurollen, war ein kolossales bürokratisches
Unterfangen. Detaillierte eidesstattliche Aussagen wurden von
Dutzenden Zeugen aufgenommen, die Boris Bibikow gekannt
hatten. Die Akten aller, die mit dem Fall zu tun gehabt hatten,
wurden eingehend durchgesehen. Ironischerweise war der Teil
der Akte über die Rehabilitierungsuntersuchung dreimal so lang
wie die übrigen 79 Dokumente, die notwendig waren, um ihn zu
verhaften, zu verurteilen und zu töten.

Alle, die zu Boris' angeblichen konterrevolutionären Aktivitäten befragt wurden, erklärten ihn zu einem aufrichtigen und
hingebungsvollen Kommunisten.

»Ich kann ihn nur positiv beschreiben; er gab alles für die Par-
tei und das Leben der Fabrik, und er hatte eine unglaubliche
Autorität unter den Arbeitern«, erzählte Iwan Kawizki, Boris'
Stellvertreter im ChTS, den Ermittlern. »Ich weiß nichts von
antisowjetischen Aktivitäten – im Gegenteil, er war ein treuer
Kommunist.«

»Ich habe nie von politischen Abweichungen seinerseits gehört. Die Leute sagen, er wurde als Volksfeind verhaftet, aber
keiner wusste, warum«, sagte Lew Wesselow, ein Buchhalter der
Fabrik.

»Ich weiß noch, dass meine Genossen in der Verwaltung sehr überrascht waren, als er verhaftet wurde«, sagte die Stenotypistin Olga Irschawskaja.

Am 22. Februar 1956 verfertigte eine geschlossene Sitzung des Obersten Gerichtshofs der UdSSR einen ausführlichen geheimen Bericht, der die Entscheidung des Militärkollegiums vom 13. Oktober 1937 offiziell aufhob. Boris' Familie erhielt eine kurze Mitteilung über seine Rehabilitierung, zusammen mit einem Totenschein. Die Zeile »Todesursache« war freigelassen.

Die Universität war der Himmel für Ljudmila. Sie zog in ein Studentenwohnheim in der Stromynkastraße in Sokolniki im Norden Moskaus, wo sie zunächst in einem Schlafsaal mit 15 oder 16 Mädchen untergebracht wurde. Bald schon bekam sie in ein eigenes Zimmer im Hauptgebäude der Universität, auf dem weitläufigen Campus auf den Leninbergen. Sie hatte ihre ganze Kindheit in sowjetischen Einrichtungen verbracht, und das enge Zusammenleben in der Universität war kein schlechter Ersatz für eine Familie. Sie fand sofort Freunde unter den Intelligentesten ihrer Generation. Einer von ihnen war Juri Afanasjew, ein untersetzter, offenherziger Kommilitone am Institut für Geschichte, der einer der führenden Denker der Perestroika werden sollte. Ein anderer Zeitgenosse war ein Bauernsohn aus Stawropol mit starkem Dialekt, dem jegliche kosmopolitische Ironie über das sowjetische Leben abging, die Mila und ihre Freunde so schnell entwickelten. Er machte Leninas Freundin Nadja Michailowa beharrlich den Hof, die ihn unerträglich provinziell fand und immer wieder abwies. Sein Name war Michail Sergejewitsch Gorbatschow. »Wie kann die Nachkommin eines wohlhabenden Moskauer Kaufmanns einen Lastwagenfahrer aus Stawropol heiraten?«, scherzte Nadja gerne.

Ljudmila lernte Französisch, Grundkenntnisse in Latein und Deutsch – und die Kunst, nach außen konform zu sein und hart zu arbeiten. Ihre Aufsätze in gestochener Handschrift zeugen von vorbildlicher Sorgfalt und Fleiß. Sie war ein Geschöpf des sowjetischen Systems, das sie großgezogen hatte, mit seinem Schwerpunkt auf herzlicher gemeinschaftlicher Aktivität und dem völligen Fehlen körperlicher und geistiger Privatheit. Das Studentenleben in den Fünfzigerjahren war erfüllt von halb freiwilligen nachmittäglichen Molière-Lesungen, Wanderungen in der Natur und Theatergruppen. Doch trotz der Zwänge der Ideologie und des kommunalen Lebens fühlte Mila die beglückende Freiheit, endlich die fremde und grenzenlose Welt der Literatur erkunden zu können. Sie las Dumas und Hugo, Zola und Dostojewski, die sentimentalen Ergüsse von Alexander Grin und die realistische Prosa von Iwan Bunin. In den Büchern, der Musik und im Theater fand sie endlich ihr ganz privates Fenster zu einer Welt, die groß genug war für ihre ungeheure Energie.

Ljudmila war beliebt. Ihre Leidenschaft – oder eine ihrer vielen Leidenschaften – war das Ballett. Lenina hatte sie einmal ins Bolschoi-Theater mitgenommen, nachdem Sascha darauf bestanden hatte, dass seine kleine Schwägerin einen »Start ins Leben« bekommen sollte, und von da an gingen sie, so oft sie konnten.

Ljudmilas Liebe zu diesem »Großen Theater« aus dem 19. Jahrhundert am Theaterplatz keimte in ihrer Studentenzeit auf. Sie und ihre Freunde gingen mehrmals in der Woche ins Bolschoi und applaudierten am Ende jeden Aktes begeistert von den billigen Plätzen aus. Nach der Aufführung hielten sie draußen in der Kälte vor Tür 17 Wache, um die Tänzer zu begrüßen, wenn sie mit riesigen Blumensträußen herauskamen. Waleri Golowister, ein dünner und empfindsamer junger Mann und Bruder von Ljudmilas bester Freundin Galja, war ihr engster Freund. Sie waren beide glühende Ballettliebhaber. Er schien sich nicht für Mädchen zu interessieren, trotz seines guten Aussehens, aber es waren unschuldige Zeiten, und niemand, zumindest nicht Ljudmila und ihre nicht gerade weltgewandten Freundinnen, erahnten auch nur im Traum seine Homosexualität, die er sorgfältig verbarg.

Ljudmila und ihren Freundinnen genügte das reine Zusehen nicht – sie mussten sich in die Aufführung stürzen, die Schauspieler und Tänzer lieben und über dem Libretto weinen. Sie standen Schlange um Karten für die Comédie-Française, die erste ausländische Truppe, die seit der Vorkriegszeit wieder in Moskau spielte, und gingen in fast jede der 40 Aufführungen des Repertoires, das von Molières *Tartuffe* bis zu Corneilles *Le Cid* reichte. Sie jauchzten »Vive la France!« von der Galerie herunter und warfen Abend für Abend Blumen auf die Bühne. Am letzten Abend der Spielzeit waren sie in der jubelnden Menge draußen vor dem Theater, die den Schauspielern vom Theaterplatz bis zum Hotel National folgte. In der Menge waren KGB-Leute, die Ljudmila gehässig mit ihren schweren Stiefeln von hinten traten, um die unziemliche Verehrung der Mädchen für die Ausländer zu dämpfen.

Als Gérard Philipe, der größte französische Schauspieler seiner Generation, im darauffolgenden Jahr zu einem Filmfestival nach Moskau kam, fiel Ljudmilas Bande regelrecht über ihn her. Er plauderte höflich mit seinen russischen Fans und versprach wiederzukommen. Nachdem Philipe zurück nach Frankreich gefahren war, sammelten Mila und ihre Freunde Spenden für ein Geschenk für ihren Helden. Eines der Mädchen fuhr mit dem Zug nach Palech, einem für seine Lackminiaturen berühmten Dorf, und gab ein Porträt von Philipe als Julien Sorel in dem Film *Le Rouge et le noir* in Auftrag. Als die französischen Kommunis-

»Mir sind Flügel gewachsen.« Ljudmila (ganz rechts) wartet mit ihren Moskauer Theaterfreunden am Flughafen Wnukowo auf die Ankunft des französischen Schauspielers Gérard Philipe aus Peking im Herbst 1957. Er schrieb eine Widmung in ihr Exemplar von Stendhals Le Rouge et le Noir: »Pour Lyudmila, en souvenir du soleil de Moscou«.

ten Elsa Triolet und Louis Aragon ein paar Monate später Moskau besuchten, marschierten Ljudmila und vier ihrer Freunde ins Hotel Moskwa – eine kühne Aktion, da im Hotel Ausländer wohnten und es vor KGB-Leuten nur so wimmelte – und riefen Triolet von der Lobby aus an. Sie erklärten, sie hätten ein Geschenk für Gérard Philipe, das sie für ihn mit nach Paris nehmen sollte. Verblüfft, aber auch beeindruckt, kam Triolet herunter und nahm das Geschenk entgegen. Bei ihrer Rückkehr nach Paris übergab sie es wie versprochen Philipe. Noch fünf Jahre zuvor wäre so etwas Wahnsinn, undenkbarer Wahnsinn gewesen. Doch die Tauwetterperiode unter Chruschtschow hatte die Regeln geändert, und Ljudmila und ihre Freunde testeten die Grenzen der neuen Welt, so weit sie es wagten.

In *L'Humanité*, der französischsprachigen kommunistischen Tageszeitung, die als einzige französische Zeitung in der Sowjet-

Der Urenkel von Karl Marx, Charles Languet, besucht das Institut für Marxismus-Leninismus; Ljudmila (Mitte) dolmetscht.

union erhältlich war, las ein Freund von Ljudmila, dass Gérard Philipe auf einer Kulturreise in Peking sei. Für einen Streich – einen gefährlichen Streich – gingen die Mädchen zum Zentralen Telegrafenamt in der Gorkistraße und meldeten ein Ferngespräch nach China an. Sie hatten keine Ahnung, in welchem Hotel er wohnte. Die Telefonistin, eine junge Frau, der die Kühnheit gefiel, wies ihre chinesische Kollegin an, sie mit dem größten Hotel der Stadt zu verbinden. Eine halbe Stunde später sprach Ljudmilas Freundin Olga mit Gérard Philipe, der ihr sagte, er würde auf dem Rückflug nach Paris in Moskau zwischenlanden.

Am Flughafen Wnukowo versuchte die Polizei, sie aufzuhalten, doch die 20 Mädchen stürmten über die Rollbahn und versammelten sich am Fuß der Gangway. Philipe war inzwischen unheilbar an einer Hepatitis erkrankt, die er sich in Südamerika zugezogen hatte. Er war aschfahl und sah viel älter aus als seine 37 Jahre. Er erkannte Ljudmila wieder und begrüßte sie herzlich. Sie bat ihn, ihre Ausgabe von Stendhals *Le Rouge et le noir* zu signieren.

»Pour Lyudmila, en souvenir du soleil de Moscou«*, schrieb Philipe. Das Buch steht immer noch auf dem Regal im Schlafzimmer meiner Mutter.

Mila machte ihren Abschluss an der Staatlichen Universität Moskau mit einem Roten Diplom. Sie war eine der Besten ihres Jahrgangs. Als sie die Universität verließ, wählte Ljudmila die riskante Option, einen von der Universität zu vergebenden Posten abzulehnen und sich stattdessen selbst eine Stelle zu suchen. Sie mietete bei einem älteren Ehepaar in der Nähe der Metrostation Lermontowskaja ein Zimmer und schlief dort auf einem Feldbett. Ihr Vermieter war ein Luftfahrtingenieur, und Ljudmila unterrichtete gegen Kost und Logis seinen Sohn. Der Ingenieur hatte keine offizielle Arbeit und erledigte nur Gelegenheitsjobs für seine Nachbarn. Ljudmila vermutete, er sei in Ungnade gefallen und untergetaucht. Die Familie schlug sich irgendwie am Rande der sowjetischen Gesellschaft durch, in der ein Mann ohne Anstellung eine Unperson ohne Geld war, ohne Anspruch auf eine Schulausbildung für seine Kinder, Zugang zu Arbeitskantinen oder Ferien. Die Familie lebte von Karotten und Knochensuppe; Ljudmila brachte Würstchen mit, wann immer sie welche erstand und Zeit hatte, Schlange zu stehen.

Jekaterina Iwanowna Markitan, die Frau eines ehemaligen Parteikollegen von Boris Bibikow aus den Tagen des Charkower

---

* »Für Ljudmila, in Erinnerung an die Sonne von Moskau.«

Ljudmila (rechts) mit ihrer Freundin Galina Golowister 1962 in Ljudmilas Zimmer in der Starokonjuschenny-Pereulok. Das Foto machte der ostdeutsche Ehemann einer befreundeten Balletttänzerin.

Traktorenwerks, kam zu einem Einkaufsbummel aus Südrussland nach Moskau und wohnte bei Lenina. Sie erzählte Ljudmila, eine alte Freundin sei nun Leiterin des Instituts für Marxismus-Leninismus, das dem Studium und der Bewahrung des Erbes der Gründerväter des Kommunismus gewidmet war. Ihr Name war Jewgenija Stepanowa, und als Mila sie kontaktierte, bot sie ihr sofort eine Stelle als Nachwuchsforscherin an. Ljudmila hatte keine große Begeisterung für den Marxismus oder den Leninismus, doch die Arbeit war intellektuell und ihr Arbeitsplatz in Moskau, und so ergriff sie die Chance. Ihre Aufgabe war es, dabei zu helfen, die gesammelten Werke von Karl Marx und seinem Freund und Gönner Friedrich Engels zusammenzuführen und zu redigieren. Sie fand die umfangreichen Ergüsse der beiden Männer nervtötend. Doch das Institut hatte eine hervor-

*Ljudmila in den Ferien
in Nordrussland, 1965.*

ragende Bibliothek, ihre Stelle gab ihr ausgiebig Gelegenheit, ihr
Französisch zu üben, und sie fand ihre Kollegen intelligent und
lebhaft. Häufig kamen ausländische Kommunisten und akademische Fachleute der fast schon theologischen Wissenschaft der
kommunistischen Lehre zu Besuch. Ljudmila fungierte dann
als Dolmetscherin und Begleiterin. Außerdem gab es eine hervorragend ausgestattete Mitarbeiterkantine im Erdgeschoss des
kleinen neoklassizistischen Palastes, in dem das Institut untergebracht war. Der Palast hatte ursprünglich der Fürstin Dolgoruki
gehört und war dann Sitz der Adelsversammlung, ehe er einer
egalitäreren Nutzung zugeführt wurde.

1995 stolperte ich zufällig über das ehemalige Institut für
Marxismus und Leninismus. Mit dem Niedergang des Instituts
und des Marxismus und Leninismus überhaupt war auch der

alte Palast verkommen. Eine Gruppe Nachfahren des russischen Adels hatten es irgendwie geschafft, das Gebäude zurückzubekommen, doch sie hatten nicht die Mittel, es zu restaurieren. So zerfiel es nun inmitten seines überwucherten Gartens, einsam und unbedeutend.

Die neu gegründete Adelsversammlung gab einen Spendenball in der nicht mehr genutzten Turnhalle in einem der Flügel. Ich ging im alten Smoking meines Vaters, den er getragen hatte, als er 1959 als junger Diplomat Nikita Chruschtschow getroffen hatte. Die verbliebenen Vertreter der russischen Adelshäuser – diejenigen, die noch nicht emigriert waren und die Revolution, den Bürgerkrieg und die Säuberungen überlebt hatten – waren in großer Zahl erschienen und tanzten ungeschickt zu den Klängen der von einer russischen Militärkapelle gespielten Mazurkas und Wiener Walzer. Doch die Organisatoren suchten nach einer Vergangenheit, an die sich niemand mehr erinnerte, und versuchten, Traditionen wiederzubeleben, die nur in ihrer Fantasie weiterlebten. Fürst Golizyn, in grauen Plastikschuhen, plauderte mit Graf Lopuchin in einem abgetragenen Polyesteranzug, während ihre aufgetakelten Frauen mit venezianischen Plastikfächern wedelten.

Der Palast war einmal prachtvoll gewesen, doch Jahrzehnte aggressiver sowjetischer Philisterei hatten ihn zu einem seelenlosen Gewirr billiger Spanplattentrennwände und mit welligem Linoleum ausgelegter Flure reduziert. Die hohen Fenster zum Hof waren vor langer Zeit zugestrichen worden. Alles, was man stehlen konnte, war gestohlen worden, auch die Türgriffe und Lichtschalter.

Ich versuchte, mir meine Mutter vorzustellen, jung und voller Enthusiasmus, wie sie auf dem Weg zu ihrem ersten Vorstellungsgespräch mit der Institutsleiterin diese Korridore hinunterhumpelt. Oder meine Mutter, wie sie sich trotzig und wortreich den Boshaftigkeiten ihrer Kollegen auf der Parteisitzung stellt, auf der sie wegen ihrer Romanze mit einem Ausländer getadelt wird. Aber sie war nicht da; ich spürte keine Geister in diesem Palast, der von der Tschingbummusik der Kapelle widerhallte.

Im Frühjahr 1960 hatte Ljudmila eine Festanstellung am Institut für Marxismus-Leninismus, doch die Mühlen der Wohnungs-bürokratie mahlten langsam. Sie hatte Anspruch auf eine eigene Wohnung oder, als unverheiratete Frau, eher auf ein Zimmer in einer *kommunalka*. Im März bekam ihre Kollegin Klawa Konnowa mit ihren zwei Kindern und ihrem alternden Vater endlich eine eigene Wohnung zugewiesen; sie zogen aus einem winzigen Sieben-Quadratmeter-Zimmer in einer *kommunalka* am Starokonjuschenny-Pereulok in der Nähe des alten Arbat aus. Ljudmila bewarb sich um das Zimmer und zog schließlich ein. Es war winzig, aber es war ihr Zuhause. Sie war 26 Jahre alt und hatte zum ersten Mal in ihrem Leben einen Raum, der ganz und gar ihr gehörte.

8

Mervyn

Im Auge Traum…
Und alles andre mit sich selbst verhängt
und ausgelöscht als ob wirs nicht verständen
und tief aus seiner eignen Tiefe trüb.
Du schnell vergehendes Daguerreotyp
in meinen langsamer vergehenden Händen.
Rainer Maria Rilke

Das Arbeitszimmer meines Vaters hat mich immer schon fasziniert. Es liegt im ersten Stock des schmalen viktorianischen
Hauses in Pimlico, in dem ich aufgewachsen bin. Es roch immer
nach französischen Zigaretten und Darjeelingtee und war erfüllt von Bach-Kantaten und Händel-Opern. Heute erscheint
mir der Raum klein, doch in meinem Kopf ist er immer rie-
sig, gesehen aus der Perspektive eines Siebenjährigen, der sich
um den ehrwürdigen Sessel des Vaters herumtreibt und zu den
hohen Bücherwänden aufblickt. Das Kavallerieschwert über
dem Kaminsims und die Dampflokomotivensammlung zeugten
von einer überwältigenden Männlichkeit. Die Schubladen voller
Teleskope, Kompasse, Familienfotos und Kinkerlitzchen waren
ein verbotener Schatz. Noch als Jugendlicher, als mein Vater
und ich uns fremder wurden, war ich fasziniert von seiner Vergangenheit, über die er nie sprach und deren Zugangsschlüssel
untrennbar mit dem Rätsel seines Arbeitszimmers verbunden
schien.

Einmal, da war ich ungefähr 16, fand ich einen Stapel Fotos von meinem Vater, als ich verbotenerweise in seinen Schreibtischschubladen wühlte. Die Bilder zeigten nicht den Vater, den ich kannte, sondern einen überraschend cool aussehenden jungen Mann in einem knappen Sechzigerjahreanzug und mit einer Sonnenbrille à la Malcolm X. Auf einem Foto spaziert er auf einer sonnenbeschienenen Meerespromenade. Andere Fotos zeigen ihn im schweren Mantel auf einem riesigen zugefrorenen See, zwischen Wassermelonenständen auf einem pittoresken Marktplatz in Zentralasien, entspannt und selbstbewusst in einem Restaurant am Meer, umgeben von hübschen Mädchen. Auf der Rückseite jedes Fotos stand in seiner ordentlichen Schrift, wann und wo es aufgenommen worden war.

Später an jenem Tag fragte ich meinen Vater, vielleicht weil ich ihn mit dem Geständnis meiner dreisten Invasion in seinen heiligen Schreibtisch provozieren wollte, was er 1961 in Buchara und am Baikalsee gemacht habe. Er sah weg, lächelte dünn – wie so oft – und setzte sich in seinen Sessel.

»Ach«, sagte er unverbindlich und goss sich durch ein Sieb Tee ein. »Baikal? Da hat mich der KGB hingebracht.«

Mein Vater wurde im Juli 1932 in einem winzigen Reihenhaus in der Lamb Street in Swansea geboren. Er wuchs in einer Welt der Kohleöfen, unbeheizten Schlafzimmer, unbenutzten Wohnzimmer voller schwerer Möbel, streitbarer Frauen und saufender Männer auf. Ich war als Kind ein paarmal in der Straße, immer an windigen Tagen, wenn ein grauer Himmel Nieselregen ausspuckte und die Straßen leer waren. Swansea ist für mich immer erfüllt von schmutziggelbem Licht, irgendwie giftig und schwer. Der Meereswind trägt aus der Bucht von Swansea den Geruch von Salz und Öl heran. Die Straßen sind einfarbig, so wie auch das menschliche Fleisch: überall schwere, konturlose, talgfarbene Gesichter.

Südwales wirkt heute wie eine vom Meer angespülte Stadt, hässlich und ihrer selbst nicht sicher, schmutzig und aufgeblasen nach etlichen Generationen Schinderei und Rauch. Doch als mein Vater Kind war, war das anders. Swansea war einer der wichtigsten Kohlehäfen Englands und die gigantischen Schiffe, die dort anlegten, die Pulsadern des größten Weltreichs der Erde. Mein Vater wuchs in den letzten bedeutenden Jahren einer großen viktorianischen Hafenstadt auf. Rülpsende Dampfmaschinen bewegten die Förderkörbe, und im Hafenbecken lagen noch ein paar schöne alte Schoner zwischen den großen Linienschiffen und Frachtern vor Anker.

Ich denke, dass ich verschiedentlich im Leben zumindest Echos dieser verschwundenen Welt der Kindheit meines Vaters erlebt habe: als ich an einem nebligen Abend 1993 durch eine elende Bergwerksstadt in der Slowakei fuhr, wo die feuchte Luft nach Kohle und gebratenen Zwiebeln roch; zwischen endlosen rostigen Kränen und Frachtern im Hafen von Leningrad, wo vom Finnischen Meerbusen beißend kalter Wind hereinfegt und den Geruch von rostendem Stahl und das Klappern von Metall auf Metall mit sich bringt.

Und dann war da noch die Woche in Tscheljabinsk, einer Industriestadt im südlichen Ural, die ich in Begleitung von Bergleuten verbrachte, muskulösen Männern mit Schnurrbärten und schmierigen Gesichtern, die mit grimmiger Entschlossenheit tranken und wenig sagten. Ihre Frauen sahen erschöpft aus, kämpften mit verschmiertem Lippenstift und herausgewachsener Dauerwelle darum, den Schein zu wahren. Solche Bilder bevölkern mein Bild von Südwales während der Weltwirtschaftskrise. Ein Ort, stelle ich mir vor, an dem jeder nur eine winzige und kostbare Portion Glück bekam, die er mit einem Leben voller Schinderei bezahlte.

Mervyns engste Familie war arm, aber ehrbar. Verzweifelt hielt sie am kleinbürgerlichen Leben fest und wahrte mit allen Mitteln den Schein. Irgendwann um 1904 herum ging mein Urgroßvater Alfred mit seiner Familie zum Fotografen und ließ ein förmliches Familienfoto anfertigen, das genau die Umstände der Familie widerspiegelt. Auf der Daguerreotypie ist Alfred vom Scheitel bis zur Sohle der edwardianische Familienvater, in seinem strengen schwarzen Anzug und mit goldener Uhrkette. Sein Sohn William und seine Tochter Ethel sind mustergültig, er in einem übergroßen Matrosenkragen, sie in einem hochgeschlossenen schwarzen Kleid und schwarzen Strümpfen. Aber seine Frau Lillian sieht blass und ungesund aus, und die schweren Stühle und die Schusterpalmen, die die steife Gruppe als Requisiten einrahmen, sind nobler als alles, was sie je zu Hause hatten. Das riesige Foto, teuer handkoloriert und gerahmt, thronte über Mervyns bescheidenem jungem Leben in dem winzigen Haus, in dem er mit seiner Mutter und Großmutter im Stadtteil Hafod in Swansea lebte. Es war wie eine Mahnung an den unaufhaltsamen Niedergang der Familie.

Der Vater meines Vaters, William Alfred Matthews, arbeitete am Hafen. Er war dafür zuständig, die Ladung eines Frachters so zu vertäuen, dass sie sich bei Seegang nicht verschieben konnte. Die sogenannte Trimmung erforderte, wenn auch auf bescheidene Weise, eine gewisse Fertigkeit. Es war eine schmutzige Arbeit, aber zumindest nicht auf der untersten Stufe der sozialen Leiter. Auf der standen die Hilfsarbeiter, die mit nacktem Oberkörper und bis zu den Knien im Kohlenstaub Kohle schaufelten.

William Matthews scheint nicht den geringsten Ehrgeiz gehabt zu haben. Alles, was ihn im Leben zu interessieren schien, war, im Working Men's Club mit seinen Kameraden aus den Schützengräben seinen Lohn zu versaufen. Er war im Ersten Weltkrieg fünfmal verwundet worden. Doch wie viele seiner Generation stand er nach dem Krieg mit leeren Händen da. Geblieben waren ihm der Suff, ein paar Orden und der Respekt seiner Kameraden im Comrades' Sick Club, einer Art Krankenversicherungsgesellschaft. Zum Dank für seine Dienste als Sekretär der Gesellschaft erhielt er 1932 eine billige Kaminuhr, die heute noch im Arbeitszimmer meines Vaters tickt. Deutsches Senfgas an der Somme hatte seine Lunge angegriffen, doch das hinderte ihn nicht daran, schachtelweise Player's Navy Cut zu rauchen.

Mein Großvater war ein attraktiver Mann und sehr auf sein Äußeres bedacht. Er trug immer einen gut sitzenden Dreiteiler und die schwere goldene Uhrkette, die sein Vater ihm vermacht hatte, verziert mit einem Sovereign in einer pompösen goldenen Halterung. Als er 1964 starb, befanden sich unter den wenigen Dingen, die er seinem Sohn hinterließ, seine Taschenkalender, in denen er die Tage angestrichen hatte, an denen er seine Mätressen im Swansea Park traf.

Er vernachlässigte seinen Sohn Mervyn und ertrug das Leben mit seiner Frau Lillian nicht. Er interessierte sich kaum für die Schulausbildung seines Sohnes und las in seinem Leben kein einziges Buch. Die Kulturlosigkeit seines Vaters war Mervyn zutiefst zuwider; vielleicht war das auch einer der Gründe, warum er so wissbegierig und auf Bücher versessen war. Ab und an behauptete William willkürlich seine väterliche Autorität gegenüber einem Sohn, der, wie er gewiss merkte, klüger war als er selbst, indem er sich weigerte, Mervyn seine wertvollen Werkzeuge zu leihen, und ihn wegen seiner körperlichen Schwäche verspottete.

Die Demütigungen durch seinen Vater verfolgten Mervyn sein Leben lang. In den Briefen, die er seiner russischen Verlobten schicken sollte, sprach Mervyn immer wieder von der Grausamkeit und Selbstsucht seines Vaters. Die Vernachlässigung in der Kindheit, die sie beide erlebt hatten, wurde ein starkes Band zwischen Mervyn und Mila.

»Deine freudlose, gedemütigte Kindheit, die Gemeinheiten, das Fehlen von jeglicher Wärme und Zuneigung, Freundlichkeit, Respekt, all Deine Demütigungen, Krankheiten, Tränen, ich verstehe sie alle so gut, dass es wehtut«, schrieb Mila Mervyn 1965. »Wie ich Deinen Vater hasse, weil er Dir seinen Hobel nicht geben wollte, als Du Dir etwas aus Holz bauen wolltest. Was für eine furchtbare Grausamkeit, was für eine Respektlosigkeit einem Menschen gegenüber – ich habe das Gleiche tausend Mal erlitten! Ich will Dir so gerne diese für immer verlorenen Minuten zurückgeben und Dir eine ganze Werkstatt kaufen, Dir alles geben, was Du wolltest, Dein Leben reich und glücklich machen.«

Mervyn war als Junge ziemlich einsam, glaube ich. Er wanderte gern stundenlang allein durch die Rangierbahnhöfe der großen Hafenanlagen und die Maschinenhäuser der Kohlengruben, die rund um die schmuddelige Stadt lagen, und bewunderte die Dampfmaschinen. Sonntags kletterte er auf die riesigen Abraumhalden der Kohlengruben und blickte auf die Schiffe im Kanal und die Irische See dahinter. So wie man es kleinen Jungen zuschreibt, die später einer ungewöhnlichen Bestimmung folgen, träumte er davon, in ferne Länder zu reisen.

Er verbrachte einen großen Teil seiner Kindheit mit seiner Mutter Lillian und seiner verkrüppelten Großmutter. Das Familienleben war immer wieder beherrscht von lautstarken Streitereien der Eltern, die entweder damit endeten, dass sein Vater verschwand oder seine Mutter mit dem kleinen Mervyn zu ihrer

Mutter lief. Mervyns Mutter war eine emotionale, zur Hysterie neigende Frau. Auf ihrem Sohn ruhten all ihre Hoffnungen, sie lebte nur für ihn – und Mervyn verwandte viel Energie darauf, so weit wie möglich der intensiven, kontrollierenden Liebe seiner Mutter zu entgehen. In späteren Jahren beschwerte sich Mervyn häufig bei Mila, dass seine Mutter, die gern maßlos übertrieb, ihn beschuldigte, er bringe seine alte Mutter mit seiner Gedankenlosigkeit noch um.

Lillians emotionale Unbeständigkeit ist kaum verwunderlich. Ihr Leben war für immer gezeichnet, als sie mit 19 Jahren von einem verheirateten Mann schwanger wurde, einem ortsansässigen Rechtsanwalt, der das Kind nicht anerkannte. In der starren methodistischen Welt von Südwales war ein uneheliches Kind ein Makel fürs Leben. Als William Matthews sie heiratete, war sie eine gefallene Frau, eine Tatsache, die ihre Beziehung für immer beeinflussen sollte. Mein Vater wuchs in dem Glauben auf, sein Halbbruder Jack sei sein Onkel. Erst als Teenager erfuhr er die Wahrheit.

Der Zweite Weltkrieg war ein aufregendes Zwischenspiel in Mervyns Kindheit. Seine Kriegsgeschichten erfüllten meine eigene Kindheit – das Dröhnen der Bomber in mondlosen Nächten, der Anblick der zerbombten Hafenanlagen und Eisenbahnschienen. Bei Ausbruch des Krieges wurde Mervyn zusammen mit seinen Schulkameraden hastig auf die Blumenwiesen von Gwendraeth auf der Halbinsel Gower evakuiert, in der Hand einen kleinen Pappkoffer, auf den sorgfältig sein Name und seine Adresse geschrieben waren. Doch die meisten Kinder wurden schon bald zurückgeholt, da ihre Mütter entschieden, die Gefahr sei überbewertet worden.

Sie irrten sich. Mervyn war 1941, während der schwersten Bombenangriffe, in Swansea. Er erinnert sich an das Dröhnen der Bomben, die auf die Stadt fielen, und an die Aufregung, wenn sie mit Kerzen und einer alten Messinglampe in den Luftschutzbunker im Garten hasteten.

Kurz vor den schlimmsten Luftangriffen verbrachte Mervyns Mutter eine Nacht mit ihm bei seinen Großeltern. Es gab keinen besonderen Anlass dafür, sie wollte einfach unbedingt aus dem Haus kommen. Als Mervyn und seine Mutter am nächsten Tag Hand in Hand den Hügel zur Lamb Street hochgingen, mussten sie entdecken, dass ihr Haus nach einem Volltreffer durch eine deutsche Bombe völlig zerstört war. Die halbe Straße war nur noch ein rauchender Haufen Ziegelsteine, und viele ihrer Nachbarn waren in ihren Luftschutzbunkern lebendig begraben worden. Mervyn war entsetzt und, wie wohl jeder kleine Junge an seiner Stelle es wäre, zutiefst beeindruckt.

Jeder Vater denkt, glaube ich, wieder an seine eigene Kindheit, wenn er mit seinem Sohn spielt. Und jeder kleine Junge teilt die Leidenschaften seines Vaters, bis die Pubertät die Sehnsucht wach werden lässt, sich loszureißen und eigene Wege zu gehen. Die Landschaft meiner eigenen Kindheit in London ist voller Erinnerungen an die Jugend meines Vaters. Mehr noch als meine Schulkameraden, glaube ich, hatte ich eine richtige Dreißigerjahrekindheit. Eines der ersten Bücher, die ich gelesen habe, war meines Vaters *Schneewittchen und die sieben Zwerge* in der zum Disney-Film von 1937 erschienenen Ausgabe, illustriert mit dreidimensionalen Bildern, die man durch eine Pappbrille mit einer roten und einer grünen Plastikfolie betrachtete. Später verschlang ich seine Jahrbücher des Boy's Own Paper und dicke Abenteuerbücher voller Doppeldecker und bedrohlicher Fuzzi Wuzzis[*].

[*] »Fuzzi Wuzzi« ist eine von den englischen Besatzern zur Zeit des Mahdi-Aufstands (1881–1899) geprägte Bezeichnung für die Hadendoa, die bis in die Sieb-

Am Morgen meines achten Weihnachtsfestes entdeckte ich einen mit Sackleinen bezogenen großen Koffer in meinem Zimmer. Darin war eine herrliche Spur-o-Hornby-Modelleisenbahn mit einer fantastischen grünen Lokomotive namens Caerphilly Castle. Mein Vater hatte sie Weihnachten 1939 von meinem Großvater bekommen, eines der wenigen Geschenke, die sein Vater ihm je gemacht hatte. In einem anderen Jahr gab mir mein Vater seinen Meccano-Baukasten, in einer speziellen Holzkiste mit Schubladen und Unterteilungen für die Bolzen und Tragbalken, dazu ein wunderbar illustriertes Handbuch mit Jungen in kurzen Hosen und Kniestrümpfen. Ich saß stundenlang allein auf dem Fußboden meines Dachbodenzimmers und baute aufwändige Portalkräne, Panzerzüge und Hängebrücken, über die die Caerphilly Castle fahren konnte.

Manchmal erweckte mein Vater seine Dampfmaschinen fauchend zum Leben, angetrieben von einem mit einem Spiritusbrenner befeuerten Kessel. Ich liebte den Geruch von heißem Maschinenöl und Dampf. An den Wochenenden fuhren wir oft ins East End und sahen uns die Thames Barges in den St. Katharine's Docks an, oder wir wühlten bei Ebbe im Themseschlamm nach Bruchstücken von Tonpfeifen und alten Flaschen. Als ich ein bisschen größer war, machten wir lange Spaziergänge durch Pimlico. Wir ließen die sauberen weißen Thomas-Cubitt-Fassaden der Hauptstraßen links liegen und bogen in die Turpentine Lane ein, eine Abkürzung, die uns hinunter zur träge dahinfließenden Themse gegenüber der Battersea Power Station führte. Von allen Straßen, die ich in London gesehen habe, ähnelt die Turpentine Lane mit ihren rußgeschwärzten Ziegelwänden und winzigen Hinterhöfen am ehesten einem Seitensträßchen in Südwales.

---

zigerjahre auch im deutschen Sprachraum für einen kriegerischen Volksstamm im Gebiet Sudans stand.

Wir bauten zusammen Modellsegelschiffe, nicht aus Bausätzen, sondern wir schnitzten sie aus großen Holzklötzen, die wir aus Containern holten. Die Spieren, Segel und Flaschenzüge fertigten wir mit einem kleinen Schraubstock, einem Stanley-Messer und einer alten Zange. Besonders stolz war mein Vater, als er mir einen wunderschönen Hobel gab, mit dem ich mir einen großen und wunderschönen Themselastkahn fertigte.

Die Kindheit meines Vaters änderte sich schlagartig, als er mit 15 vom Fahrrad fiel und sich das Becken brach. Durch den Bruch stellte sich heraus, dass Mervyn an einer seltenen Form von Knochenschwund litt. Um das Becken und seine brüchige rechte Hüfte zu heilen, verschrieb der Arzt eine Streckverbandbehandlung. Mervyn wurde regelmäßig in ein Spezialbett geschnallt und seine Beine in Gipsverbände gelegt, an die Gewichte gehängt wurden. Er konnte sich stundenlang nicht bewegen und sah nichts als die Krankenhausdecke.

Insgesamt lag Mervyn über ein Jahr im Krankenhaus, die meiste Zeit davon im Streckverband. Wie seine zukünftige Frau Ljudmila, die genau zur selben Zeit mit einem verkrüppelten rechten Bein im Krankenhaus war, blieb Mervyn nichts anderes übrig, als Bücher zu verschlingen und nachzudenken. Die intensive Langeweile dieser erzwungenen Unbeweglichkeit in einem für die Entwicklung so prägenden Alter scheint in beiden eine lebenslange Ruhelosigkeit gesät zu haben. Die Sucht meines Vaters nach Reisen und verrückten Abenteuern, seine Verachtung für jegliche Autorität und seine Risikofreude, haben ihren Ursprung in jener Zeit, glaube ich – wie auch ein gewisses Talent zum Selbstmitleid und Unglücklichsein.

»Meine Kindheit erscheint mir wie ein Spiegel Deiner Kindheit, meine Universitäten waren wie Deine Universitäten, meine

Gedanken Deine Gedanken, Deine Zweifel und Ängste das Abbild meiner Zweifel und Ängste«, schrieb ihm Mila 1964. »Ein körperlicher Defekt und geistige Überlegenheit über Deine Altersgenossen (weißt Du noch, wie Du im Sport glänzen wolltest und dann stattdessen Klassenbester wurdest?) – alles in unserem Leben war ähnlich, identisch, selbst unsere Krankheiten.«

Schon bald nach seiner Zeit im Krankenhaus begann Mervyn, sich für Russisch zu interessieren. Für ein Arbeiterkind aus den südwalisischen Tälern, das nie weiter als bis nach Bristol gekommen war, war dieses Interesse, gelinde ausgedrückt, exzentrisch. Wenn ich ihn heute nach der Entscheidung frage, die sein Leben bestimmen sollte, fällt ihm kein anderer Grund ein als der, dass Russisch »das Exotischste war, was mir einfiel«. Russisch war die Sprache eines Universums, das absolut nichts mit seinem Leben im Hafod Uchtryd zu tun hatte.

Es fällt heute nicht leicht, den Kalten Krieg beiseitezulassen und sich vorzustellen, was Russland 1948 für einen empfindsamen Schuljungen bedeutet hat. In den USA hatte das Komitee für unamerikanische Umtriebe gerade begonnen, die kommunistische Infiltration Hollywoods zu untersuchen, und eine wahre Hexenjagd eingeleitet. Doch in Großbritannien waren die Meinungen vielschichtiger, vor allem in einer Arbeiterstadt wie Swansea, wo Gewerk und Sozialismus Hand in Hand gingen. Nur wenige Kilometer von Swansea, in den Kohlebergwerken von Rhondda, war Harry Pollitt, Generalsekretär der Kommunistischen Partei Großbritanniens, eben fast ins Parlament gewählt worden. In William Matthews' Comrade's Sick Club gab es jede Menge Kommunisten, die noch nicht mitbekommen hatten, dass Onkel Joe Stalin, der noch vor wenigen Jahren ein Verbündeter gewesen war, nun auf der anderen Seite stand.

Doch wie der gerade abgewählte Premierminister Winston Churchill in einer Rede in Fulton, Missouri, formulierte, hatte sich ein »eiserner Vorhang« quer über Europa gesenkt. Die Sowjetunion entwickelte sich unter den Augen ihrer einstigen Verbündeten rasend schnell zu einem dunklen, bedrohlichen Ort. Und als der Atomwissenschaftler Igor Kurtschatow am 29. August 1949 in Semipalatinsk – dem gottverlassenen Teil der kasachischen Steppe, in dem Marta Bibikowa 1938 ins Lager kam – Russlands erste Atombombe zündete, wurde die Sowjetunion ein sehr realer und unmittelbarer Feind. Die Kultur und das Land, das den jungen Mervyn so faszinierte, waren in jeder Hinsicht fremdartig.

In meiner Kindheit waren Russland und der Kommunismus Synonyme für eine allgegenwärtige Bedrohung. Die Einzige, die dagegen protestierte, war unsere schwerfällige ältere Nachbarin Vicky. Sie war der erste Mensch außerhalb meiner Familie, den ich je Gutes über Russland sagen hörte. Sie wohnte um die Ecke in einer Sozialwohnung, hatte einen Damenbart und wusch sich nicht sehr oft (obwohl mir auffiel, dass ihr bitterer Geruch ganz anders war als der Geruch nach Hormonen und Essen, den russische alte Damen verströmten). Vicky brachte mich manchmal zur Schule, und auf dem Weg erzählte sie mir spannende Geschichten von »Milchflaschenbomben« – Brandbomben in der Form altmodischer Milchflaschen mit breitem Hals –, die im Krieg auf London fielen. Sie erzählte mir auch, wie ihr Vater in einem Konvoi der Alliierten amerikanische Lebensmittel nach Murmansk gebracht hatte und von einem U-Boot torpediert worden war. Er war Heizer gewesen, und ich erfuhr fasziniert, wie er erst vom kochenden Wasser der berstenden Heizkessel verbrüht wurde und dann im eiskalten Meer fast erfror. Ich war überzeugt, beides würde sich aufheben und warmes Badewasser ergeben.

»Die Roten«, erklärte Vicky mit schriller Stimme und schwerem Cockney-Akzent, »die warn gut zu meinem Daddy. Da sag mir keiner was gegen die.«

Meine Schulkameraden sahen das anders. Die Erkenntnis, dass die Russen Feinde waren, Rote, Kommunisten, kam einigen meiner Freunde und breitete sich mittels jener seltsamen Osmose aus, mit der sich Kindheitsgrausamkeiten vervielfachen. Als ich etwa sieben war, beschuldigte mich jemand in der Schule, ein »Roter« zu sein, und wollte wissen, wann wir unsere Panzer aus Afghanistan abziehen würden. Als ich protestierte, ich sei kein Roter, wurde ich als Lügner beschimpft und, schlimmer noch, als hinterhältiger Lügner, weil ich so vehement leugnete. Wie eine Meute Bluthunde witterten die Jungs meine Verzweiflung und spürten, dass etwas nicht stimmte. Hatte ich wirklich etwas zu verbergen? Wenn ich so aufgebracht war, musste ich ja ein Roter sein, und das musste sehr schlimm sein. Eine Schlägerei folgte, und ich rannte mit einem blauen Auge nach Hause. Von da an weigerte ich mich fast drei Jahre lang, zu Hause Russisch zu sprechen.

1950 bestand Mervyn die A-Levels in Russisch und bekam einen Studienplatz in der neu gegründeten russischen Fakultät der Universität Manchester. Er war überglücklich, endlich aus Hafod Uchtryd und von seiner Mutter wegzukommen. Inmitten der dichten Nebel und stumpfen Vokale von Manchester widmete er sich dem Studium des Russischen und brachte es zu beeindruckender Meisterschaft. Als er seine Abschlussprüfungen machte, hatte er sich durch alle 1200 Seiten von *Krieg und Frieden* im Original gekämpft, ein spektakulärer masochis-

Der junge Universitätsdozent Mervyn 1957, kurz nach Erhalt seines Nachwuchsforschungsstipendiums am St Antony's College.

tischer Akt, den er oft hinsichtlich meiner eigenen, weniger erfolggekrönten Anstrengungen, des geschriebenen Russisch Herr zu werden, erwähnte.

Mein Vater schloss das Studium in Manchester mit einer Bestnote ab, und seine Studienleiter empfahlen ihm ein Aufbaustudium in Oxford. Das St Catherine's, das neueste College der Universität, sei genau der richtige Ort für einen klugen jungen Kerl aus Südwales, der intellektuell brillierte, aber noch keinen gesellschaftlichen Schliff hatte, so dachten sie berechtigterweise. Das St Catherine's war eine dynamische Institution, hatte aber noch nicht den heutigen modernistischen Campus bezogen, den Mervyn, der in Fragen der Architektur ebenso konservativ ist wie in so vielen anderen Dingen, verabscheut. Als er zum ersten Seminar erschien, fragte sein neuer Tutor höflich, ob Englisch die Muttersprache des jungen Walisers sei.

Trotz solcher Schwierigkeiten blühte Mervyn auf, arbeitete hart und mied seine bierseligen Kommilitonen am College. Nach

zwei Jahren am Catz bot man ihm ein Nachwuchsforschungs-
stipendium am St Anthony's an, einem weitaus angeseheneren
College, an dem die besten Sowjetunionexperten Großbritanniens lehrten. Es war ein wesentlicher Schritt auf seinem Weg
zum ordentlichen Professor. Faktisch stand Mervyn nur dank
harter Arbeit kurz davor, es in der schnell wachsenden Branche
der Sowjetologie zum gemachten Mann zu bringen, als einer der
vielen klugen jungen Männer, die damals auf die seltsamen Ma-
chenschaften des im Osten aufsteigenden roten Weltreichs spe-
kulierten.

Doch es genügte ihm nicht, aus der Ferne auf dieses seltsame
Land zu blicken. 1957 bot sich ihm unerwartet die Gelegenheit,
Russland zu besuchen, was in den vergangenen 20 Jahren unvorstellbar gewesen war und nur akkreditierten Diplomaten und
einigen wenigen Journalisten gestattet wurde. In Moskau fanden
die Weltfestspiele der Jugend und Studenten statt, mit jungen
Gästen aus der großen Gemeinschaft der sozialistischen Staaten
(der sich das von Battista kontrollierte Kuba erst noch anschlie-
ßen würde) und überraschenderweise auch aus den »progressi-
ven Elementen« der degenerierten kapitalistischen Länder. Mervyn meldete sich an. Zu seiner großen Überraschung wurde ihm
die seltenste aller offiziellen Gnaden gewährt: ein sowjetisches
Visum.

Die Festspiele waren sorgfältig geplant und streng kontrolliert,
doch Mervyn und die 600 Studenten aus dem Westen, die daran
teilnahmen, tauchten wie im Rausch in diese Welt ein, die sie
so lange studiert hatten. Mervyn war so aufgeregt, dass er kaum
schlief. Allerdings musste er feststellen, dass er die gemeinschaft-
lichen Gesänge und fahnenschwenkenden Paraden durch Stadien
voller jubelnder junger Kommunisten instinktiv verabscheute.
Die Moskauer waren nicht minder berauscht. Die jungen West-

An der Isis in Oxford, 1958.

ler wirkten auf sie so exotisch wie mythische Wesen, zumal in den vergangenen 20 Jahren jeglicher Kontakt zu Ausländern hinlänglich Grund für einen Aufenthalt im Gulag geliefert hatte. Einige der anwesenden afrikanischen Genossen nutzten die Gelegenheit zur Verbrüderung in einer Weise aus, die die Behörden so nicht vorhergesehen hatten, und zeugten eine ganze Generation Mischlinge, die fortan die »Kinder der Festspiele« genannt wurden.

Mervyn lernte zwei kühne junge Männer kennen, die die freiheitliche Stimmung des Festivals ausnutzten, um mit Ausländern zu reden. Einer war ein teuflisch gut aussehender junger jüdischer Theaterstudent namens Waleri Schein, der kecke Mützen und gestreifte Hemden trug. Der andere war sein stillerer Cousin Waleri Golowister, ein großer Ballettliebhaber und einige Jahre jünger als Schein. Die drei jungen Männer gingen den Gogolewskiboulevard hinunter, vertieft in ein ernstes Gespräch über ihr Leben. Als Mervyns allzu kurze Woche in Moskau um war, tauschten sie Adressen aus. Allen Beteiligten schien es sehr unwahrscheinlich, dass sich das Wunder der Festspiele je wiederholen würde oder dass Mervyn je wiederkommen dürfte. Und die Vorstellung, die beiden Waleris könnten je die Chance haben, England zu besuchen, erschien vollkommen abwegig, ja lächerlich. In gewisser Weise hatten sie recht: Moskau stand erst 1980 anlässlich der Olympischen Spiele wieder großen Scharen Ausländern offen.

Doch im darauffolgenden Jahr, 1958, erfuhr Mervyn von einem Stellenangebot in Moskau. Die Stelle war zwar in der britischen Botschaft, und er würde das hermetisch abgeschlossene Leben eines Diplomaten führen müssen, abgeschirmt vom wirklichen russischen Leben, das er während der Festspiele kennengelernt hatte. Doch der bescheidene Posten in der Forschungsabteilung würde ihn zumindest wieder nach Russland bringen.

Mervyn bewarb sich auf die Stelle, organisierte ein Jahr Auszeit vom St Anthony's, und bald schon lag eine schriftliche Zusage auf dem Briefpapier des Außenministeriums in seinem Postfach im College. Um sich gegen den harten Moskauer Winter zu wappnen, kaufte er sich im Co-op von Oxford einen schweren dunkelblauen Mantel, den ich heute noch trage. Und irgendwann im Spätsommer nahm Mervyn eine Dose schwarzer Leinölfarbe und machte sich daran, seinen schicken neuen Überseekoffer ordentlich mit den Worten »W.H.M. Matthews, St Antony's College, Oxford, АНГЛИЯ« zu beschriften, das letzte Wort in fetten kyrillischen Buchstaben, die keinen Zweifel über den Bestimmungsort des Koffers aufkommen ließen.

Menschen, die ihre Heimat verlassen und hinaus in die Welt ziehen, treiben so lange herum, bis sie den Platz finden, der zu ihnen passt. Nach meiner ersten Woche in Moskau im April 1995 wusste ich, dass ich meinen Platz in der wilden, schmutzigen

Rauheit der Stadt gefunden hatte. Ich dachte: Wenn dies nicht die wahre Welt ist, dann gibt es keine wahre Welt.

Das Russland, das ich kannte, hatte sich mit dem Chaos des Jahrhunderts infiziert. Die Inkubationszeit war lang, doch plötzlich, ohne jede Vorwarnung, brach das ganze marode Gebilde unter dem Gewicht seiner eigenen Heuchelei und Dysfunktionalität zusammen. Für die Russen war der Schock der Implosion dieses Systems, das für jedes ihrer körperlichen, geistigen und intellektuellen Bedürfnisse gesorgt hatte, tiefgreifender als alles, was ihnen das sowjetische System je zugemutet hatte – tiefgreifender selbst als die Säuberungen, selbst als der Zweite Weltkrieg. Jene Schrecken waren wenigstens leicht zu begreifen. Doch nun traf sie etwas, das vollkommen unerklärlich war – kein Feind, sondern ein Vakuum. Nichts blieb ihnen als ihr Russentum, das starke Gefühl, russisch zu sein, das sie zusammentrieb wie umherstreifende Soldaten in einem Schneesturm.

Die Menschen reagierten ganz unterschiedlich. Blinzelnd wie Überlebende eines Erdbebens fanden manche ihren neuen Gott in Geld, Sex, Drogen, nationalistischen Fantasien, Mystizismus, charismatischen religiösen Sekten. Andere entdeckten den strengen alten, orthodoxen, allrussischen Gott wieder. Manche, wie besessen von einem ziellosen Rausch, raubten aus den Ruinen Plunder und Fetzen und suchten so ihr Glück. Andere wiederum, die bald schon die neuen Herren des Landes werden sollten, ignorierten die Fetzen und stürzten sich auf die Schätze.

Und doch, trotz aller im Inneren lauernden Gefahren, lebten die meisten Russen ihr Leben nach außen hin auf gut Glück, auf spirituellen Kredit einfach weiter. In anderen Ländern haben Traumata solchen Ausmaßes die Gesellschaft zerrissen und in jahrzehntelange Gewissersprüfungen versetzt. In Russland aber hatte das Zusammenwirken von Fatalismus und Apathie die

Folge, dass das Land mit kaum mehr als einem kollektiven resignierten Achselzucken reagierte und sich weiter dem mühseligen Geschäft des Überlebens widmete.

Als ich nach Moskau kam, war ich verzweifelt. Nach meinem Abschluss in Oxford hatte ich mich zwei Jahre lang glücklos in Prag und Budapest in den Gefilden der Expat-Generation herumgetrieben, tagsüber starken Kaffee trinkend und abends Bier von amerikanischen Mädchen schnorrend. Ich versuchte halbherzig zu schreiben, was mich irgendwann als freier Reporter ins besetzte Sarajevo brachte, in einer geliehenen Splitterschutzweste und mit einem Rucksack voller leerer Notizbücher. Ich fand den Kick, den ich gesucht hatte, auf den Schützenpanzerwagen der UNO, vorbei an zerstörten Gebäuden und den herrlichen, mein Jungenherz höher schlagen lassenden Trümmern meines ersten Krieges. Ich lief unbeleuchtete Straßen voller Menschen entlang, die an einem Sommerabend spazieren gingen wie die Verdammten auf einem Stich von Gustave Doré. Ich las unter Granatfeuer *Die Brüder Karamasow* und stellte mir vor, mit den dunkelsten Mächten der Welt in Verbindung zu stehen. Doch dann sah ich, wie ein Kind von einem Heckenschützen erschossen wurde, als es über die Straße rannte. Die Gewalt der Kugel riss den Jungen von den Füßen und warf ihn leblos zu Boden wie ein aus einem Korb geworfenes Wäschestück. Plötzlich wurde mir angesichts meines eigenen Voyeurismus übel. Als ich nach Budapest zurückkehrte, ertrug ich die Torheiten der Boheme in den Kaffeehäusern nicht mehr und machte mich auf die Suche nach Trostloserem, Härterem.

Wenige Monate später fand ich mich auf dem regennassen Gehsteig vor einem McDonald's im Zentrum von Belgrad wieder und zählte Kleingeld für einen Hamburger mit Pommes. Ich beschattete erfolglos einen Mann namens Željko Ražnatović alias Arkan, einen der berüchtigtsten Kriegsherren im Bosnienkrieg, der nach seiner Laufbahn als Plünderer das Leben eines Seifenopernstars führte, angefüllt mit schrankenlosem Kitsch, Fußballfanatismus und Mafiagewalt, das meiner Ansicht nach genug Stoff für eine Reportage bot. Ich folgte ihm zu den Spielen des FK Roter Stern Belgrad, nach Hause und in sein Büro, ich besuchte sein ehemaliges Maskottchen, ein Tigerjunges, das inzwischen ausgewachsen war und verdrießlich in einem Käfig im Belgrader Zoo lag. Vielleicht war das alles gutes Material, aber irgendwann hatte ich kein Geld mehr, und nichts deutete darauf hin, dass Arkan mit mir reden würde.

Vom Belgrader Presseklub aus rief ich meine Mutter in London an. Ich hatte entdeckt, dass man von dort aus kostenlos international telefonieren konnte. Sie erzählte mir, dass eine englischsprachige Zeitung in Moskau, bei der ich mich auf ihr Drängen hin einmal während einer meiner arbeitslosen Phasen des Nichtstuns in London beworben hatte, mir eine Stelle als Journalist anbot. Es war Zeit, mir einen Job zu besorgen. Zeit, nach Russland zu gehen.

Ich war schon mehrmals in Moskau gewesen: als kleiner Junge mit meiner Mutter und dann später als Jugendlicher mit meinem Vater, als er Mitte der Achtzigerjahre wieder in die Sowjetunion einreisen durfte. Es gefiel mir nie besonders. Ich hasste es, dass man in der Zweizimmerwohnung meiner Tante Lenina keinerlei Privatsphäre hatte, und die Flut selbstgerechter Ratschläge und Zurechtweisungen, zu denen sich alte russische Frauen Jüngeren gegenüber berechtigt fühlen, ärgerte mich immer. Ich fand die Gastfreundschaft überwältigend und die Überschwänglichkeit aller, denen ich begegnete, peinlich. Ältere Freundinnen meiner Großmutter wurden eingespannt, mich durch Museen und in Theater zu schleppen, und ihre halbwüchsigen Enkel erhielten den Auftrag, mit mir in die baufälligen sowjetischen Vergnügungsparks zu gehen und den Straßenmusikern am Arbat zuzuhören. Ich war schüchtern und rückständig, und die offene Bewunderung meiner jungen Gefährten für alles Westliche war mir unangenehm – umso mehr, als ich Popmusik und Discos hasste, während es für sie das Höchste zu sein schien. Mehr als alles aber fand ich Moskau schrecklich beengend, nicht zuletzt, weil ich wegen meiner westlichen Kleidung überall schamlos angestarrt wurde – jedenfalls kam es mir als verklemmter 16-Jähriger so vor.

Als ich im Sommer 1990 mit der Schule fertig war, durfte ich endlich allein nach Moskau. Über ehemalige Schüler meiner Mutter, die in der britischen Botschaft arbeiteten, bekam ich dort einen Ferienjob als Übersetzer. Wie mein Vater 40 Jahre zuvor, fand ich mich in einem Büro im einstigen Stallgebäude hinter dem alten Charitonenko-Palast wieder, wo ich stapelweise Visaanträge beförderte und gelegentlich als Vizekonsul posierte, wenn ein wütender Antragsteller verlangte, mit einem echten, lebenden Engländer zu sprechen. Ich war 18 Jahre alt. Die Söhne des Geschäftsträgers brachten mir auf dem makellosen Rasen vor ihrer Residenz ganz in der Nähe des alten Arbat Krocket bei und mieteten eine offizielle schwarze Wolga-Limousine, mit der sie mich in der Wohnung meiner Tante abholten und morgens zur Arbeit fuhren.

Moskau hatte sich seit meinem letzten Besuch unglaublich verändert; überall war fast mit Händen greifbar der Auflösungsprozess zu spüren, in dem sich diese einst so unerschütterlich scheinende alte Ordnung befand. Die Verkehrspolizei verfügte offenbar über keinerlei Mittel, Autofahrer an illegalen 180-Grad-Wendemanövern zu hindern; alle ignorierten schlichtweg das offizielle Verbot, Privatautos als Taxi zu verwenden. Der Wechselkurs auf dem Schwarzmarkt war zehnmal höher als der offizielle und machte mich über Nacht reich. Es gab zwar nicht viel zu kaufen, aber für umgerechnet gerade mal 20 Pfund kaufte ich alle klassischen Schallplatten, die der Plattenladen Melodija am Neuen Arbat anzubieten hatte, und schleppte paketeweise Kunstbücher nach Hause, die ich für Pfennige im Laden der Tretjakow-Galerie erstanden hatte. Der neu eröffnete McDonald's am Puschkinplatz – der erste in der Sowjetunion – hatte der Botschaft Gutscheine für kostenlose Big Macs geschickt, und so forderten ein paar britische Kollegen und ich eines Mittags den Rolls-Royce des Botschafters an und fuhren hinüber, um uns Mittagessen zu holen. Die Schlange, in der die Russen geduldig um ihre erste Kostprobe des Westens anstanden, zog sich die ganze Straße entlang. Wir stiegen aus dem Rolls-Royce und marschierten geradewegs in den Laden hinein, mit unseren Gutscheinen und unserem Ausländertum wedelnd als selbst erklärende Zeichen der Privilegiertheit. Heute bin ich nicht stolz darauf, doch Moskau gab mir zum ersten Mal in meinem Leben das Gefühl, reich, cool und unsäglich überlegen zu sein.

Alles an Moskau wirkte noch heruntergekommen und schäbig: die Kleidung und Schuhe der Leute, die Autos und die Elektrogeräte und die Busfahrkarten und die Busse. Doch jeder, der jung und intelligent war, hegte eine ganz neue Hoffnung für die Zukunft. Freunde nahmen mich mit zu einem Geschichtsvortrag von Juri Afanasjew, dem einstigen Klassenkameraden meiner Mutter, der zwei Stunden lang in einem riesigen, brechend vollen Saal über den Stalinismus redete. Die Tatsache, dass er ein Tabuthema so offen ansprach, wirkte berauschend. Das Publikum schrieb nach dem Vortrag Fragen auf Zettel, die nach anerkannter sowjetischer Manier in einem ununterbrochenen

Strom an den Redner weitergereicht wurden. Die Versammlung löste sich erst auf, als jemand mahnte, der letzte Bus würde bald fahren. Der Hunger nach Wahrheit, den ich bei diesen Menschen spürte, beeindruckte mich tief – und ihre Überzeugung, dass diese Wahrheit sie irgendwie frei machen würde. Ich fand meine neuen sowjetischen Freunde sentimental und naiv, doch ihr Ernst war unverkennbar und ihre Überzeugung, dass sie, wie Solschenizyn gemahnt hatte, nicht länger mit den Lügen leben dürften.

Fünf Jahre später durchschritt ich ein weiteres Mal den Spiegel nach Russland, indem ich erneut das unendlich bedrückende Halbdunkel des Flughafens Scheremetjewo passierte – diesmal nicht als Besucher, sondern um ein neues Leben zu beginnen. Der alte Geruch nach sowjetischem Putzmittel und muffiger Heizung war noch da, so wie ich ihn von den Reisen meiner Kindheit kannte. Doch ansonsten hatte sich viel verändert. Anstelle der hallenden leeren Gänge und strengen Grenzbeamten fand ich bei meiner Ankunft eine Meute wuselnder Taxifahrer vor. Grelle Plakatwände warben für Importbier und Zigaretten von More. Dicke Schwarzhändlerinnen schoben sich an mir vorbei, bepackt mit riesigen Taschen voller Mäntel und Stiefel, die sie in Dubai und Istanbul gekauft hatten. Wiktor, ein Fahrer der *Moscow Times*, holte mich aus dem Gedränge, verfrachtete mich in seinen altersschwachen Lada und fuhr durch den dichten Verkehr auf dem Leningradsky Prospekt.

Der verhangene Himmel hatte die Farbe von Rauch, und das schwache Spätwinterlicht tauchte die Stadt in mattes Grau. Zu beiden Seiten der Straße reihten sich Wohnblocks bis zu einem Horizont aus hoch aufragenden Schloten und Dunst. Breite Busse schoben sich mit klappernden Motorhauben und rußenden Aus-

nen Vater die Distanz größer. Für eine Generation, die das Reisen nicht gewohnt war, hätte Russland auch auf einem anderen Planeten liegen können. Doch Mervyn hätte nicht glücklicher sein können. Er hatte sich endlich von zu Hause gelöst und war auf dem Weg an einen Ort, der zu ihm passte.

Die Zeit und die Stadt waren für einen jungen Mann, der Russland liebte und – Fluch oder Segen – stark zum Eigensinn neigte, voller Fallgruben. Der Kalte Krieg ging seinem Höhepunkt entgegen. Sowjetische Panzer hatten gerade erst den Aufstand in Ungarn niedergewalzt, und im Westen zweifelten nur wenige daran, dass der Sozialismus nach der Weltherrschaft strebte. Es war eine Zeit, in der die Welt sauber nach moralischen Absoluten aufgeteilt war, in der gegnerische Mannschaften Pullover in verschiedenen Farben trugen und die nuklearen Handicaps im Programm aufgelistet wurden.

Heute ist es schwer, sich vorzustellen, wie spannend und geheimnisvoll es gewesen sein muss, in der verschlossenen Hauptstadt einer feindseligen Parallelwelt zu leben. Das Moskau, das mein Vater kannte, und das Russland, in dem ich lebte, trennte nicht nur ein halbes Leben, sondern vor allem ein Erdrutsch der Geschichte. Die Generation meines Vaters definierte ein ideologischer Graben, der sich durch die ganze Welt zog, und aus Gründen, die ich erst zu verstehen begann, als ich selbst 30 Jahre später nach Russland zog, setzte er alles daran, auf der anderen Seite dieses Grabens zu leben. Für die Kalten Krieger der Botschaft, mit denen er arbeitete, und wohl auch für Mervyn selbst war Moskau das Herz aller Finsternis in der Welt.

Es gibt ein Foto von meinem Vater, das ich zum ersten Mal sah, als er mir Ende 1999 auf der Treppe unseres Londoner Hau-

Mervyn

»Abenteuer können etwas Wunderbares sein.« Mervyn in der
Diplomatenwohnung an der Sadowo-Samotechnaja in Moskau, 1958.

ses kommentarlos ein Exemplar seiner Memoiren gab, ehe er
sich mit einem verlegenen Lächeln zurück in sein Arbeitszimmer ging. Das Foto zeigt einen überraschend attraktiven jungen
Mann mit leicht schiefem Schlips und Kragen, irgendwann im
Frühherbst 1958 auf dem Balkon der Diplomatenwohnung in der
Sadowo-Samotechnaja-Straße, die damals wie heute von den Be-
wohnern »Sad-Sam« genannt wurde. Verträumt und etwas verlegen blickt er über die Schulter des Fotografen, irgendwo über
den Gartenring hinweg, der damals noch nicht im Verkehr er-
stickte. Er wirkt wie ein ernsthafter Kerl, der gefallen will und
ein bisschen unsicher ist. Das Foto wurde kurz nach seiner Ankunft in Moskau gemacht. Er war 27 Jahre alt, hatte eine vielversprechende akademische Laufbahn vor sich und war überglücklich, in der Sowjetunion zu sein. Das große Abenteuer seines
Lebens nahm gerade seinen Anfang.

Mervyn führte ein angenehmes Leben – oder, nach sowjetischem Standard, ein Leben in wahrem Luxus. Er teilte sich eine Vierzimmerwohnung mit Robert Longmire, einem weiteren jungen Angestellten der Botschaft. Netzstecker und Elektrogeräte waren aus England importiert, und auf dem Telefon stand »Gespräche auf dieser Leitung sind NICHT SICHER«. Sie hatten eine nachlässige Putzfrau namens Lena und eine sibirische Katze namens Schura und besorgten sich in dem kleinen Laden der Botschaft Annehmlichkeiten wie Whisky und Vollkornkekse. Der Smoking, den Mervyn sich gekauft hatte, als er nach Oxford ging, kam auf den diplomatischen Cocktailpartys, die er unsäglich ermüdend fand, ständig zum Einsatz.

Körperlich war mein Vater zwar in Moskau, doch er musste schon bald feststellen, dass er und die übrigen Ausländer gezwungen waren, strikt getrennt von den sie umgebenden Russen zu leben.

Sein Akzent und seine ausländische Kleidung sorgten für Beunruhigung und Verwunderung in Läden und Straßenbahnen. Mit seinen Freunden von den Weltfestspielen Kontakt aufzunehmen war unvorstellbar gefährlich – nicht für Mervyn, aber für sie. Jede seiner Bewegungen wurde von Scharen KGB-Beamter in Zivil überwacht – von den jungen Diplomaten scherzhaft »goons« genannt, angeheuerte Schläger, nach den Bösewichten in zeitgenössischen amerikanischen Gangsterfilmen –, die ihm auf seinen nächtlichen Wanderungen auf dem Boulevardring folgten. Mervyn erfand Spiele, mit denen er seine Aufpasser foppte. Am liebsten rannte er auf einer belebten Straße plötzlich los und sah sich dann um, um zu sehen, wer ebenfalls losrannte. In der Metro trat Mervyn aus einer Laune heraus einmal an einen KGB-Wächter heran, den er wiedererkannte, und sagte: »Wie viele Sommer, wie viele Winter?«, die übliche Begrüßung für jemanden, den man lange nicht gesehen hat. Der KGB war für Mervyn nichts weiter als eine etwas bedrohliche Requisite in seiner Abenteuerwelt.

Glücklicherweise tauchte bald jemand auf, der Mervyns geistige Gesundheit rettete, in der kleinen Gestalt von Wadim Popow. Popow war ein Nachwuchsbeamter aus dem Volkskommissariat für Bildungswesen und wurde der erste wirklich russische Freund meines Vaters. Sie lernten sich kennen, als Mervyn das Volkskommissariat aufsuchte, um mit seiner offizieller Aufgabe zu beginnen, die darin bestand, einen Bericht über das sowjetische Universitätssystem zu verfassen. Wadim war ein wenig älter als Mervyn, kräftig und untersetzt, mit einem quadratischen, slawischen Gesicht. Er war ein Trinker und hielt sich für einen Frauenhelden. Manchmal war er unwirsch oder sogar grob. Doch Mervyn freundete sich schnell mit dem rauen Charme seines neuen Genossen an.

Wadim ernannte sich selbst zu Mervyns Führer durch das, was sich mein Vater liebevoll als das »wahre« Russland vorstellte – ein Russland der verrauchten Restaurants, angeregten Gespräche und nach Körper riechenden Umarmungen. Über Monate hin und in langsamen Schritten holte Wadim Mervyn aus seiner Schüchternheit und führte ihn ein in eine glamouröse Welt voller koketter Frauen und sentimentaler, wodkaseliger Vertraulichkeiten.

Mervyn meldete zwar pflichtgemäß sein erstes offizielles Treffen mit Wadim, bei dem sie die sowjetische Bildungspolitik diskutierten, nicht jedoch, wie es die Vorschriften der Botschaft erforderten, die vielen darauf folgenden betrunkenen Abendessen. Er wagte es nicht. Hätte irgendein Idiot in der Botschaft es herausgefunden, dann hätte man Mervyn wohl jeglichen Kontakt zu seinem einzigen russischen Kumpel untersagt, seinem einzigen Fenster zu einem Moskau, durch das seine Kollegen niemals sehen würden.

Tagsüber schuftete Mervyn unter den hohen Decken und in der bürgerlichen Prunk der Botschaft, die ihren Sitz im Charitonenko-Palast hatte, einem hässlichen Miniaturprachtbau direkt gegenüber dem Kreml auf der anderen Seite der Moskwa. Nachts plauderte er stundenlang über heißer Ovomaltine mit seinem Mitbewohner oder verschaffte seinen KGB-Schlägern mit nächtlichen Wanderungen auf dem Zwetnoiboulevard und der Petrowkastraße Bewegung. An den gesegneten Abenden, wenn Wadim ihn ausführte, stahl er sich aus der Sad-Sam weg hinein in eine verbotene und faszinierende Nacht mit schlechtem Essen, schrecklicher Musik und wahrhaftigen, lebensechten Russen auf den lärmenden Zigeunerrestaurantbooten auf der Moskwa. Er war glücklich wie nie zuvor.

Der Winter bricht mit brachialer Gewalt über Moskau herein, vernichtet Farbe und Licht, treibt alles Leben aus der Stadt. Er schließt sich über der Stadt wie ein Paar muffiger Flügel, hüllt Moskau in einen Kokon und schneidet es von der Außenwelt ab. Die Stadt sieht immer mehr aus wie eine Traumlandschaft in Schwarz-Weiß, verwirrend und fast unmerklich beunruhigend. Auf den Straßen eilen Menschen mit eingezogenen Köpfen durch Seen aus schmutziggelbem Licht und verschwinden in Hauseingängen oder der Metro. Alles wird einfarbig, die Menschen in schwarzem Leder oder Pelz, die Stadt in schwarze Schatten eingehüllt. In den Unterführungen und Läden, den einzigen Orten, an denen man Menschen in hellem Licht sieht, sind die Gesichter bleich und angespannt, und alles ist durchdrungen von dem Geruch nach feuchter Wolle, der an einen nassen Hund denken lässt. Der Himmel ist schmutziggrau, tief und bedrückend.

Im Winter in Moskau habe ich immer das Gefühl, dass die Welt sich zusammenzieht, wie im Belagerungszustand hinter doppeltverglasten Fenstern zusammenschrumpft, Schutz sucht im Mief der staatlichen Dampfheizung, und dass wir dieser überwältigenden Naturgewalt ausgeliefert sind, verletzlich und unfähig, etwas anderes zu tun, als uns in unser Schicksal zu fügen.

Als im Dezember 1958 der erste heftige Frost kam, wurden Mervyns Abendessen mit Wadim regelmäßiger. Ehe sie sich trennten, verabredeten sie sich immer schon für das nächste Mal; aus unausgesprochenen, aber naheliegenden Gründen zogen es beide vor, sich nicht anzurufen.

Eines Abends machte sich Mervyn im Trolleybus auf den Weg zum Maneschnajaplatz. Wadim wollte mit ihm ins Aragwi, ihr georgisches Lieblingsrestaurant, oder vielleicht zum Hotel National. Doch zu seiner Überraschung und Beunruhigung traf er Wadim an der Bushaltestelle neben einer schnurrenden offiziellen SiL-Limousine. Wadim begrüßte ihn herzlich und erklärte leichthin, das Auto gehöre seinem Onkel, der es ihm für den Abend geliehen habe, damit sie zu seiner Datscha fahren könnten, wo das Abendessen bereits auf sie warte. Wadim hielt erwartungsvoll die Tür auf. Mervyn zögerte angesichts der möglichen Konsequenzen einer solchen Missachtung des von der Sowjetregierung für Ausländer verhängten Verbots, unangemeldet die Stadt zu verlassen. Doch dann kletterte er in den SiL und fuhr mit Wadim zur Datscha, weit außerhalb der Stadt und tief in der winterlichen Landschaft, hinein in eine neue, seltsame und gefährliche Phase seines Lebens.

Das Abendessen war hervorragend. Mervyn und Wadim aßen Kaviar, Hering, geräuchterten Stör und dampfende Kartoffeln, serviert von einem alten Koch und begleitet von Wodka in rauen Mengen. Später saßen sie am offenen Kamin, diskutierten über Frauen und versuchten betrunken Billard zu spielen. Das Besteck war aus schwerem viktorianischem Silber und die Sessel am Kamin dick gepolstert und aus vorrevolutionärer Zeit. Ein Freund von Wadim war auch da, ein dicker jovialer Gynäkologe, der Witze über seine Forschungsarbeit riss, die darin bestand, die Gebärmutter weiblicher Kaninchen aufzublasen. Wadim schwelgte in Erinnerungen an seine letzten Eroberungen. Über Politik wurde nicht gesprochen. Mervyn entspannte sich, vom Wodka benebelt, den er noch nie gut vertragen hatte. Als er schwärmte, wie schön das Haus sei, mit seinen riesigen dunklen Ölgemälden und der geschwungenen Treppe, murmelte Wadim beiläufig, sein Onkel sei eben ein *bolschaja schischka*, ein »großer Tannenzapfen«, salopp für ein hohes Tier.

Um ein Uhr morgens kam der Koch herein und teilte mit, die Limousine warte. Sie fuhren schweigend nach Moskau zurück, satt, betrunken und glücklich. Wieder auf vertrautem Terrain, als das riesige Auto am Majakowskiplatz auf den Gartenring bog, drang ein vernünftiger Gedanke durch den Wodkanebel. Mervyn wies den Fahrer an, ein paar Hundert Meter vor der Sad-Sam zu halten. Er stieg unter einem Schwall Danksagungen und Adieus aus und ging den Rest des Weges zu Fuß. Ein junger britischer Diplomat, der in den frühen Morgenstunden aus einer offiziellen sowjetischen Limousine vor einem Ausländerwohnhaus steigt – das könnte zu Missverständnissen führen, sollte einer seiner Kakao schlürfenden Kollegen es zufällig bemerken. Dies würde das kleine Geheimnis meines Vaters bleiben, sein geheimes Leben mit seinen russischen Freunden, das ihm niemand in der Botschaft wegnehmen konnte.

Meine erste Wohnung in Moskau war eine schäbige kleine Bude direkt um die Ecke der Sam-Sad; von meinem Fenster aus konnte ich dieselbe Kreuzung sehen, eingehüllt in graue Abgaswolken. Abends ging ich den Zwetnoiboulevard entlang, allein. Keine Schlägertypen folgten mir.

Meine Arbeitsstelle in Moskau war in der Uliza Prawdi, was so viel bedeutet wie »Straße der Wahrheit«. Jeden Morgen hielt ich ein vorbeifahrendes Auto an, verhandelte kurz mit dem Fahrer über den Fahrpreis von zwei Dollar und wurde zur Arbeit gefahren. An manchen Tagen stoppte ein polierter schwarzer Audi der Regierung mit getönten Scheiben, manchmal ein Krankenwagen und einmal sogar ein Armeelaster voller Soldaten. Wie auch immer, jedenfalls rollte oder holperte ich an der Sadowo-Samotechnaja vorbei, in nördlicher Richtung den Leningradsky Prospekt entlang. Das alte *Prawda*-Gebäude, in dem die *Moscow Times* ein halbes Stockwerk angemietet hatte, ist ein schmuddeliger konstruktivistischer Klotz, der sich inmitten von mit verfallenden Lagerhäusern gesäumten Seitenstraßen duckt. In 15 Minuten war ich dort und lief die Treppe hinauf zu dem höhlenartigen Redaktionsraum.

Die Zeitung wurde von aufgeweckten jungen Expats geführt, überwiegend Amerikanern. Sie gehörte einem kleinen Holländer, einem einstigen Maoisten, der auch die russische Ausgabe der *Cosmopolitan* und des *Playboy* verlegte. Die meisten meiner neuen Kollegen waren gut ausgebildete russische Hochschulabsolventen, alle intelligent, freundlich und enthusiastisch. Meine Einführung bei der Zeitung war kurz. Während meine ernsteren Kollegen sich an Kreml-Intrigen und dem Zustand der Wirtschaft abmühten, wurde ich mit der unbestimmten Anweisung losgeschickt, skurrile Geschichten im menschlichen Dschungel der Großstadt zu sammeln. Für einen 24-Jährigen mit exakt zwei

Jahren eher bescheidener journalistischer Erfahrung war dies ein kleines, aber bemerkenswertes berufliches Wunder. Ganz unerwartet stellte ich fest, dass ich die lärmenden, chaotischen, ungeheuerlichen, entsetzlichen Schattenseiten Moskaus mehr oder weniger für mich allein hatte.

Mitte der Neunzigerjahre war Moskau vulgär, korrupt und brutal. Es war manisch, obszön, laut und vom Mammon besessen. Aber vor allem fand ich fast alles unglaublich lustig. Alles, von der Marotte der neuen Russen, den »UV-Schutz«-Aufkleber auf der Sonnenbrille zu lassen, bis hin zu ihrer Angewohnheit, einander Ölgesellschaften zu klauen, Dynamit unter Autos zu legen und Schießereien auf öffentlichen Plätzen zu inszenieren, fand ich komisch. Hatte man erst einmal genug vom alles durchdringenden Zynismus des Landes in sich aufgenommen, dann war sogar eine Tragödie auf finstere Weise amüsant. Soldaten sprengten sich in die Luft, weil sie wegen der Leiterplatten aus Gold die Sprengköpfe von Boden-Luft-Raketen aufklopften. Krankenwagenfahrer verbrachten ihre Arbeitstage damit, schwarz als Taxifahrer zu arbeiten. Polizisten fungierten als Zuhälter und lieferten die Mädchen im Streifenwagen an ihre Kunden.

Der russische Präsident hüpfte auf einer Bühne in Berlin herum und dirigierte betrunken ein Orchester. Russische Kosmonauten reparierten ihr Raumschiff mit einem Schraubenschlüssel und Klebeband, wenn sie nicht gerade Werbespots für israelische Milch und Brezeln filmten und Wodka in Dosen tranken, auf denen »Material zur psychischen Unterstützung« stand. Mädchen, die nach 15 Minuten alkoholisiertem Gespräch in einem Nachtklub mit einem nach Hause gingen, waren tödlich beleidigt, wenn man zum zweiten Date keine Blumen mitbrachte. Gogol hat die verkommene Verrücktheit Russlands am besten eingefangen – das albtraumartige Gefühl der Entwurzelung, die wahnsinnigen, intriganten kleinen Menschen, die klein-karierten Eitelkeiten, die gemeine Trunkenheit, die geifernde Speichelleckerei, die diebischen, inkompetenten, rüpelhaften Bauern.

Wie sicherlich meinem Vater vor mir kam mir Russland nicht nur wie ein anderes Land, sondern wie eine andere Wirklichkeit vor. Die äußere Erscheinung der Stadt war sehr vertraut – die weißen Gesichter, die westlichen Ladenfronten, die neoklassi-zistische Architektur. Doch die europäische Kruste verschärfte lediglich das Gefühl der Andersartigkeit. Die Verzerrung des Vertrauten war nicht beruhigend, sondern erst recht verstörend. Moskau fühlte sich so surreal an wie ein kolonialer Außenposten, an dem ein ferner Herrscher verbissen versucht hatte, imperiale Architektur und europäische Mode einzuführen. Unter all die-sen Allüren war das Herz der Stadt ungestüm und asiatisch.

Einer meiner ersten Aufträge bestand darin, über Moskaus erste Annual Tattoo Convention zu berichten. Der Fachkongress wurde im verwirrten Moskau ganz konservativ als *kulturny festi-val* betitelt. Im Grunde aber war es ein Stammestreffen der Al-ternativen der Hauptstadt, eine ausgelassene, heidnische Orgie der Nonkonformität. Ein Schwall aus Körperausdünstungen schwappte mir aus dem dunklen Eingang zum Club Hermitage entgegen, angetrieben von dröhnendem Punkrock. Drinnen in den beiden Haupträumen stand der widerliche Rauch billiger sowjetischer Zigaretten, in dem bei schummerigem Licht halb nackte, überwiegend männliche Körper wogten. Moskaus Punks, Skinheads, Biker und ein paar kulturell verwirrte Hippies waber-ten in einer gewaltigen stinkenden Masse, die sich zu freneti-schem Pogo steigerte, vor der Bühne, auf der vier Punks, denen der Irokesenschnitt am verschwitzten Kopf klebte, schlechte Coverversionen der Sex Pistols hämmerten.

Ein andermal fand ich mich abends im Dolls wieder, einer angesagten protzigen Stripbar, in der jugendliche Akrobaten nackt auf den Tischen tanzten. Paul Tatum, ein prominenter amerikanischer Geschäftsmann, war auch da. Er saß allein mit seinem Drink auf einem der Barhocker am Bühnenrand. Tatum war so etwas wie eine lokale Berühmtheit, weil er seit geraumer Zeit mit einer Gruppe Tschetschenen über das Geschäftszentrum des Hotels Radisson-Slawjanskaja verhandelte. Ich grüßte ihn, als wir hereinkamen, doch er wirkte abwesend und sein üblicher Optimismus aufgesetzt. Wir plauderten eine Weile über die »Freedom Bonds«, die er ausgegeben und an seine Freunde verkauft hatte, um die nötigen Finanzmittel für seinen Rechtsstreit mit den Tschetschenen aufzubringen.

Zu uns gesellte sich noch Joseph Glozer, der Besitzer des Klubs, der sich halb im Scherz und mit schwerem brooklynrussischen Akzent beklagte, wie schwer es sei, in dieser Stadt auf ehrliche Weise seinen Lebensunterhalt zu verdienen. Tatum schien lieber Mädels anzusehen, und so wünschte ich ihm viel Glück und gesellte mich wieder zu meinen Freunden.

Einen Monat später war Tatum tot. Jemand hatte ihm mit einer Kalaschnikow elf Kugeln in Nacken und Rücken gejagt, als er vor dem Radisson in eine Fußgängerunterführung ging. Tatum hatte an jenem Abend nicht wie sonst seine kugelsichere Weste getragen, doch das hätte ihm ohnehin nichts genützt, weil der Mörder von oben auf ihn geschossen hatte, mitten durch sein Schlüsselbein und seine obere Wirbelsäule. Seine beiden Leibwächter blieben unverletzt. Ein für Moskau klassischer Anschlag. Der Schütze ließ seine Kalaschnikow fallen und verschwand in aller Ruhe. Ein paar Stunden später gab die Polizei die Standardaussage heraus, sie vermuteten, »der Mord stehe in Zusammenhang mit den professionellen Aktivitäten des Opfers«.

Bald war ich die einzige lebende Person, die sich noch an unser flüchtiges Zusammentreffen an jenem Abend im Dolls erinnerte. Joseph Glozer erwischte es ebenfalls, nur wenige Monate nach Tatum. Er kam gerade aus dem Dolls, als er eine einzige Kugel seitlich in den Kopf bekam, abgefeuert von der anderen Straßenseite. Der Schütze war sich seiner Sache so sicher, dass er nicht noch einmal schoss.

Nicht lange danach interviewte ich für einen Artikel über Moskaus Bestattungsunternehmen einen Leichenbestatter, der sich darauf spezialisiert hatte, die Leichen von Mafiaopfern für die Aufbahrung im Sarg zusammenzuflicken. Der Mann trug unter seinem fleckigen Laborkittel ein Hawaiihemd und sprach mit derselben Hingabe, mit der ein Ballettliebhaber über seine liebsten Aufführungen spricht. Der Mord an Glozer, sagte er voll tiefer Bewunderung, sei einer der besten, saubersten Morde gewesen, die er je gesehen habe. Der fröhliche Leichenbestatter war ein wahrer Held seiner Zeit. Sein Zynismus war leichtfüßig, und er nahm die Schrecklichkeiten, mit denen er täglich konfrontiert wurde, mit so viel Humor, dass sie ihn nicht berühren konnten. Meine Kollegen bei der *Moscow Times* und ich, so wurde mir klar, waren ebenfalls Leichenbestatter, trugen Laborkittel über unseren Hawaiihemden und trugen eine gespielte Kennerschaft zur Schau, wenn es um Moskaus schaurige Bösartigkeit ging.

Der Frühling kam über Nacht Ende April, wenige Wochen nach meiner Ankunft. Noch am Abend zuvor hatte winterliche Kälte in der Nachtluft gelauert, obwohl die letzten hartnäckigen Reste schmutzigen Schnees bereits in der vorangegangenen Woche endlich geschmolzen waren. Die Rasenflächen waren kahl und struppig, und die Erde roch bitter und tot. Doch als ich am nächsten Morgen aufwachte, war der Himmel strahlend blau, die vorsichtigen Knospen, die schon seit Tagen hervorkamen, waren plötzlich alle aufgeplatzt, und der Boulevard roch unverkennbar nach Leben. Bis zum Abend hatte sich der Frühling fest in der ganzen Stadt niedergelassen.

Wie Schmetterlinge ihren Kokon warfen die Mädchen die Wintermäntel ab und schwärmten in Miniröcken und hoch-hackigen Schuhen auf die Straßen. Sonntags spazierte ich gerne auf den Kieswegen des Zwetnoiboulevards zum Gartenring. An der Sad-Sam wandte ich mich zum Majakowskiplatz und ging zum American Bar and Grill. Dort war meist eine Schar Angestellte der *Moscow Times* versammelt und tauschte in einer Wolke aus Zigarettenrauch halb versteckt hinter raschelndem Zeitungspapier und den Resten von Eggs Benedict den neuesten Tratsch aus. Nun hatte ich es endlich, sagte ich mir, das Leben eines Auslandskorrespondenten: der Glamour, die Mädchen, das Saufen, die lässigen Kollegen, die Kameradschaft unter jungen Männern fern der Heimat in einer seltsamen und wunderbaren Stadt. In Wahrheit aber war mir deutlich bewusst, selbst damals schon, dass ich die aufregendsten und abenteuerlichsten Tage meines Lebens erlebte. In Gegenwart meiner Kollegen jedoch verbarg ich meine Freude natürlich sorgfältig unter einer gepfleg-ten Schicht lebensüberdrüssiger Leichtfertigkeit.

9

Wodka mit dem KGB

Nicht das Eis macht Angst, sondern das, was darunter ist.
Alexei Sunzow zu Mervyn, 1961

Langweilige Berichte über das höhere Bildungssystem der Sowjetunion in der Botschaft zu verfassen verlor schnell seinen Reiz. Die neue Welt, die Wadim ihm eröffnet hatte, war das Russland, das Mervyn eigentlich erleben wollte, das aufregende, romantische Land, von dem er geträumt hatte, wenn er sich nach der Schule fleißig Russisch beibrachte und sich durch *Krieg und Frieden* kämpfte. Russland mit seiner Wärme und Weite, seiner Unberechenbarkeit und Begeisterung ging ihm ins Blut. Und damit auch Leichtfertigkeit und mit der Leichtfertigkeit eine Art Befreiung.

Ein Freund aus Oxford bat Mervyn in einem Brief um einen kleinen Gefallen. Er arbeitete an einer Gedichtsammlung von Boris Pasternak, dem Autor von *Doktor Schiwago*, und benötigte einige der Frühwerke des Autors, die nur in der Lenin-Bibliothek in Moskau verfügbar waren. Er bat Mervyn, die Gedichte zu kopieren und nach Oxford zu schicken. Dabei gab es aber ein kleines Problem. Wenige Monate zuvor, im Oktober 1958, war Pasternak für seinen Roman *Doktor Schiwago* der Nobelpreis für Literatur verliehen worden, doch auf Druck des Schriftstellerverbands, der ebenso wie die Partei den Roman als eine verderbliche Verherrlichung des vorrevolutionären Russland betrachtete, war er gezwungen, den Preis abzulehnen. Tatsächlich hatte lediglich sein internationaler Ruhm Pasternak vor dem Gulag bewahrt. Unveröffentlichtes Material des Schriftstellers aus der Sowjetunion zu schmuggeln war gefährlich, wahrscheinlich illegal und ganz bestimmt karrieregefährdend. Mervyn sagte sofort zu.

Mein Vater verbrachte die folgenden beiden Wochen im Professorenlesesaal der Lenin-Bibliothek, wo jeder mit einem Leseausweis Zugang zu den Manuskripten von Pasternak hatte, und fotografierte sie unter dem missbilligenden Zischen der anderen Gelehrten und den scharfen Zurechtweisungen der Bibliotheksaufsicht mit einem kleinen Fotoapparat ab. In zwei aufeinanderfolgenden Wochen schmuggelte er zwei Päckchen mit den ausgedruckten Fotos in die Diplomatenpost der Botschaft, damit sie nicht vom sowjetischen Zoll beschlagnahmt würden.

Eine Woche später erhielt Mervyn feierlich eine Vorladung des Botschaftsdirektors. Zweifellos stand eine handfeste Standpauke an. Hilary King war höflich und herablassend, als er meinen Vater in seinem prachtvollen Büro im Erdgeschoss der Botschaft empfing. Doch King war vom Außenministerium in London, wo der Inhalt der Diplomatenpost untersucht wurde, über Mervyns inoffizielle Päckchen informiert worden. Die Botschaft sei sehr empfindlich, was Beschwerden von sowjetischer Seite betreffe, begann King mit beißender Höflichkeit. Es drohten größte Schwierigkeiten, sollten die Sowjets je von Mervyns heimlichen Fotos der Werke eines verbotenen Schriftstellers erfahren.

Ich kann mir den Gesichtsausdruck meines Vaters gut vorstellen, als er schäumend die Botschaft verließ. Ich habe ihn oft gesehen, eine unterdrückte Aggression, die sich schließlich irgendwann in Zornesausbrüchen Luft macht, nachdem sie einige Stunden oder Minuten unter einer Fassade eisiger Freundlichkeit gebrodelt hat. Mervyn hatte sich klugerweise bei King entschuldigt. Doch der Zorn war da aufgestaut in seinem Inneren, auf das Außenministerium, das sich so bereitwillig den kleinkarierten verwaltungstechnischen Vorgaben der Sowjets fügte. Er wurde für eine Tat zurechtgewiesen, die jedem außerhalb der Zwergenwelt der diplomatischen Bürokratie als überaus richtig erschienen wäre, und das wurmte ihn mächtig. Mervyn ging innerlich kochend über den dicken Teppich des Flures entlang zu seinem winzigen Büro im ehemaligen Stallgebäude im hinteren Teil der Botschaft.

Kurze Zeit später wurde in der unendlich subtilen Weise, mit der die Botschaft ihr Missfallen zum Ausdruck bringt, ein niederer Funker in Mervyns Wohnung einquartiert. Robert Longmire bekam eine eigene Wohnung. Dann wurde Mervyn der Zuschuss für die Putzfrau gestrichen.

Es war höchste Zeit zu springen. Eine Anzeige in einer Luftpostausgabe der *Times* kam wie ein Rettungsanker. Darin wurde das erste Graduiertenaustauschprogramm zwischen der Sowjetunion und Großbritannien angekündigt. Das war die Gelegenheit, auf die Mervyn gewartet hatte. Nun würde er endlich das kalte Lächeln in der Botschaft gegen miefige Korridore in Studentenwohnheimen und – vielleicht – Freiheit von den allgegenwärtigen KGB-Schlägerypen tauschen können. Aber es gab ein Problem. Mervyn war ein akkreditierter Diplomat – auch wenn sein Name ganz unten auf der Moskauer Diplomatenliste von 1958 stand –, und es war höchst unwahrscheinlich, dass das sowjetische Außenministerium seinem plötzlichen Wechsel zum Status eines bescheidenen Akademikers glauben würde. Mervyns erster Schritt bestand darin, sich selbst von der zugangsbeschränkten Liste für vertrauliche Dokumente zu streichen und seine

Unbedenklichkeitsbescheinigung loszuwerden. Die Botschaft schien ihn nur zu gern um beides zu erleichtern. Die Unterlagen, mit denen Mervyn sich für das Austauschprogramm bewarb, wurden von der Botschaft genehmigt und ordnungsgemäß an das Außenministerium abgeschickt. Und ordnungsgemäß, nach eingehender Überlegung, abgelehnt.

Bei Schaschlik und Wodka schüttete Mervyn in einem aserbaidschanischen Restaurant Wadim sein Herz aus. Der Russe nickte mitfühlend und schenkte bedächtig Wodka nach, während Mervyn von der Unnachgiebigkeit des Ministeriums berichtete.

»Zieh keine voreiligen Schlüsse, Mervyn«, beruhigte Wadim seinen Freund. »Ich werde sehen, ob mein Onkel helfen kann.«

Mervyn fühlte sich sofort viel besser. Wadim mit seinen mysteriösen einflussreichen Freunden mit ihren SiLs und Datschas würde sicherlich in der Lage sein, das Ministerium zu überzeugen, seine kollektive Meinung zu ändern. Wadim sagte nichts darüber, was von Mervyn als Gegenleistung erwartet werden würde. Sie stießen auf Mervyns Zukunft als sowjetischer Student und Freund des sowjetischen Volkes an.

»So, Sie gehen also an die Staatliche Universität Moskau.« Der Botschafter, Sir Patrick Reilly, war freundlich, trotz der Störungen in Mervyns kurzer Botschaftslaufbahn, als sein Nochangestellter sich verabschieden kam. »Höchst ungewöhnlich. Ich frage mich, warum Ihnen das Ministerium die Genehmigung dazu gewährt hat.«

Langes Schweigen folgte. Es war weder der richtige Zeitpunkt noch der richtige Ort, die Geschichte von Wadim und seinem Onkel, ihren Abenden in der Stadt mit seinen neuen Freunden und dem unerklärlichen Geisteswandel des Ministeriums zu er-

*Mervyn auf einem Tagesausflug nach Kuskowo bei Moskau,
Frühjahr 1959.*

zählen. Mervyn sagte nichts. Als der Botschafter keine Antwort
erhielt, reichte er Mervyn die Hand. »Nun, dann viel Glück.«

Um die verbleibenden Urlaubstage zu nutzen, die ihm von der
Botschaft noch zustanden, unternahm Mervyn eine Reise ins
sowjetische Zentralasien. Eine Frau in der Botschaft, deren Aufgabe es war, vertrauliche Dokumente in einem Eisentopf zu ver-
brennen, gab ihm den Tipp, von Samarkand und Taschkent aus
lohne sich ein Abstecher nach Buchara. Mervyn sprach aufgeregt mit Wadim über seine Reisepläne, doch der zeigte sich unbeeindruckt von der Begeisterung seines englischen Freundes
für historische Stätten. Mervyn flog mit einer Reihe kleiner,
aber robuster Aeroflot-Flugzeuge nach Osten. Buchara sollte die
letzte Station der Reise sein.

Die Wüstenstadt erwies sich als kalt und abweisend. Eine
lange Reihe Lehmhäuser duckte sich entlang der Straße zum

205

Flughafen, die in Richtung Zentrum neuen, doch bereits heruntergekommen aussehenden sowjetischen Betonblocks wichen. Der Taxifahrer, ein Jude aus Buchara, plauderte die ganze Strecke über das brandneue Intourist-Hotel. Als sie ankamen, beschwerte er sich über Mervyns schweren Koffer und erhöhte den ohnehin schon exorbitanten Fahrpreis. Das Hotel war tatsächlich neu, aber als er sich durch die Türen schob, bemerkte Mervyn, dass es drinnen kälter war als draußen. Die Rezeptionistin hatte ihren Tisch näher an die Tür geschoben, um sich warm zu halten. Mervyn fragte, ob die Heizung bald angeschaltet würde. »Das Hotel ist ganz neu«, sagte die Rezeptionistin, beleidigt durch die Zimperlichkeit des Ausländers. »Und die Aufzüge funktionieren nicht. Sie müssen die Treppe nehmen.« Sie gab ihm ein Zimmer im obersten Stockwerk.

Als er seinen Koffer die Treppe hinaufzerrte, bemerkte Mervyn ein vertrautes Paar Beine, das die Treppe herunterkam. Wadim war offensichtlich ganz zufällig geschäftlich in Buchara. Und es kam noch besser: Er hatte an dem Tag sogar frei und konnte Mervyn in einem offiziellen Wagen eine Rundfahrt durch Buchara bieten. Am Abend richtete außerdem ein russischer Freund Wadims eine kleine Willkommensparty in seinem Haus in einem Vorort aus. Wadim verkündete stolz, es würden dort auch Mädchen sein.

Nach einem langen Tag voller Besichtigungen, die für Mervyns Geschmack viel zu oberflächlich ausgefallen waren, machten sie sich über unasphaltierte Straßen auf den Weg in die Vororte der Stadt. Das Haus von Wadims Freund lag in einem alten russischen Viertel mit traditionellen Holzhäusern, die sich deutlich von den aus Ziegelstein erbauten usbekischen Wohnhöfen unterschieden. Wolodja, ihr Gastgeber, begrüßte sie herzlich und versorgte sie ausgiebig mit Wodka. Sie aßen Truthahn, den größ-

Schmales Revers, gestrickte Kra-
watte, Gauloises aus dem Laden
der Botschaft: Mervyn unterwegs
in Moskau, 1959.

ten, den Mervyn je in Russland gesehen hatte, und tanzten zur
Musik von alten amerikanischen Schallplatten. Wie sich herausstellte, wohnte Nina, eines der drei Mädchen auf der kleinen
Party, im selben Hotel wie Mervyn und Wadim. Sie gingen zusammen im Mondschein nach Hause und verabschiedeten sich
im Foyer.

»Kommst du nachher auf mein Zimmer?«, flüsterte Mervyn,
als Wadim sich der Treppe zuwandte. Nina drückte seine Hand.

Mervyn, ein bisschen beschwipst, machte sich auf den Weg
den Flur entlang zu seinem Zimmer. Das Licht brannte, jemand
war darin. Wer es auch war, er hatte ihn die Treppe heraufkom-
men hören und öffnete nun die Tür. Das Licht fiel von hinten auf
ihn, und Mervyn konnte sein Gesicht nicht erkennen und verlangte zu wissen, was er wolle. »Haben die Leitungen repariert«,
sagte der Mann gelassen. »Aber wir sind fertig.«

Als die Männer weg waren, ließ Mervyn sich schwer auf das
Bett fallen. Selbst hier, mitten in Zentralasien, war ihm der KGB
auf den Fersen. Mervyn bemerkte zwei leere Gläser auf dem

Tisch. Geheimpolizisten genehmigten sich offenbar gern einen bei der Arbeit.

Mervyn zog sich schnell aus und legte sich vor Kälte zitternd ins Bett. Es klopfte leise an der Tür. Mervyn dachte, es sei Wadim, stand auf und öffnete. Es war Nina. Sie schob ihn verspielt ins Zimmer zurück. Er schob sie wieder hinaus. Ein Vergewaltigungsskandal war das Letzte, was er jetzt brauchen konnte; er stellte sich vor, wie Ninas ungeschickte Umarmung zu einem Ringergriff wurde und draußen vor der Tür schon Hilfe bereitstand, wenn sie schrie. Er kletterte allein in sein eisiges Bett.

Die Staatliche Universität Moskau ist das größte von Stalins gigantischen Hochhäusern, die Moskaus Skyline wie ein Ring wachsamer Geier beherrschen. Mit 36 Stockwerken war es damals außerdem das höchste Gebäude Europas. Auf der weitläufigen Terrasse vor dem Gebäude stehen riesige Statuen muskulöser männlicher und weiblicher Studenten, die selbstsicher von ihren klobigen steinernen Büchern und Ingenieursgeräten in eine strahlende Zukunft blicken. Oxfords planlose Kolleghöfe aus Sandstein waren fern.

Die Universität quartierte Mervyn im »Hotelflügel« ein, der sich allerdings von den übrigen 5000 Zimmern der Universität nur dadurch unterschied, dass Gästen im Gegensatz zu gewöhnlichen Studenten und Dozenten der Luxus einer Putzfrau gewährt wurde. Das Zimmer war klein und mit einem Schlafsofa, einem Schreibtisch und einem Einbauschrank ausgestattet. Das überdimensionale Fenster, dessen Größe durch die monumentale Fassade vorgegeben war, stand in keinem Verhältnis zur Größe des Zimmers.

Trotzdem war Mervyn überglücklich, dort zu sein. Die Universität war die Antithese zu seinem abgeschirmten Leben als

»Ein wunderbarer Zufall.«
Wadim Popow, Mervyns erster
KGB-»Freund«, isst 1959 auf dem
Markt in Buchara, Usbekistan,
einen Kebab.

Diplomat – diesseitig und durch und durch sowjetisch. Vor allem aber war Mervyn deutlich freier als in seiner Zeit bei der Botschaft. Natürlich standen Funkwagen des KGB draußen vor der Tür, immer bereit, Ausländern, die das Gebäude verließen, zu folgen. Doch die Überwachung erfolgte gnädigerweise nur sporadisch, und seine Mitstudenten waren zwar immer noch vorsichtig, aber doch sehr viel freier, sich mit Mervyn einzulassen als alle Russen, abgesehen von Wadim, es vorher gewesen waren.

Mervyn hatte während seiner Zeit bei der Botschaft aus Prinzip in Stolowajas – billigen öffentlichen Kantinen – gegessen wann immer es ihm möglich war. Nun, an der Universität, aß er jeden Tag in der Kantine bröckelige Fleischbällchen, dünne Suppe und wässrigen Kartoffelbrei. Ihm blieb nichts anderes übrig, als sich in Trolleybusse zu quetschen, vollgestopft mit dem dick gepolsterten *narod*, dem Volk, und dem Geruch nach Schweiß und Essiggurken. Er liebte es.

Georges Nivat, ein junger Franzose, der mit Mervyn studierte und den er vom St Anthony's und den Weltfestspielen kannte, teilte seine Leidenschaft dafür, in das sowjetische Leben einzutauchen. Georges wohnte in der Universität auf einem Stockwerk mit einigen vietnamesischen Graduierten. Der Geruch ihrer Küche, pfefferige Hühnerfüße und Kohlsuppen mit Knoblauch, waberte zu Georges' Verzweiflung ständig durch die Flure. »Sie zerstören mein Leben!«, beschwerte er sich mit gallischer Verve, wenn er in Mervyns Zimmer Trost, Tee und Kekse suchte, und gestikulierte fatalistisch. »Die zerstören mein Leben!«

Georges hatte die Faszination für russische Literatur nach Moskau geführt. Bald nach seiner Ankunft an der Universität besuchte er regelmäßig einen der großen literarischen Salons Moskaus, die Wohnung von Olga Wsewolodowna Iwinskaja in der Potapowski-Pereulok. Iwinskaja war seit 1946 Sekretärin und Mitarbeitern von Boris Pasternak. Außerdem war sie die Geliebte des heimgesuchten Dichters und die Inspiration für Lara, die Heldin von *Doktor Schiwago*. Sie hatte einen hohen Preis bezahlt für ihre Verbindung zu Pasternak. 1949 weigerte sie sich, ihren Liebhaber als britischen Spion zu denunzieren, und wurde zu fünf Jahren Arbeitslager verurteilt. Sie war damals schwanger von Pasternak, erlitt aber in der Haft eine Fehlgeburt. Nach Stalins Tod 1953 kehrte sie in die Potapowski-Pereulok zurück, und sie setzten ihre Liebesbeziehung fort. Doch ihr Leben lang litt Iwinskaja unter Pasternaks Weigerung, seine Frau und seine Kinder zu verlassen. Die beiden Familien führten ein seltsames Zusammenleben: Der Dichter aß mit Olga zu Mittag und verbrachte den Nachmittag mit ihr, ehe er sich höflich vor den Gästen seiner Geliebten verbeugte und zum Abendessen heim zu seiner Frau ging.

Irina Iwinskaja war Olgas Tochter aus erster Ehe mit einem Wissenschaftler, der lieber Selbstmord beging, als sich im Zuge der Säuberungen 1938 verhaften zu lassen. Doch trotz der Tragödie, die auf dem Leben ihrer Mutter lastete, war Irina charmant und fröhlich, liebte die Literatur und das Ballett. Und Georges verliebte sich bis über beide Ohren in sie. Schon nach wenigen Monaten machte er ihr einen Heiratsantrag. Pasternak brachte auf einer überfüllten Teeparty in seiner Datscha in Peredelkino einen Trinkspruch auf das junge Paar aus. Mervyn war eingeladen, hinzugehen und den Schriftsteller kennenzulernen, doch er war zu schüchtern, wie er sagt. »Ich hätte Pasternak nichts zu sagen gehabt«, erzählte er mir.

Ich habe oft über diese seltsame Weigerung nachgedacht, die so gar nicht zur damaligen Risikofreude meines Vaters passen will. Vielleicht lag es daran, dass er sich nur mit seinen Freunden und gesellschaftlich Gleichgestellten wohlfühlte und offizielle Funktionen nicht ertragen konnte – eine Abneigung, die sich bis heute nicht gelegt hat. Er blieb immer sehr für sich, eingesponnen in eine schützende Welt, die er um sich herum wob, um die Außenwelt fernzuhalten. Sein Arbeitszimmer in London, die nüchternen Akademikerwohnungen, in denen er wohnte, wenn er irgendwo als Gastprofessor lehrte – immer baute er sich kleine Männernester, in denen er sich in seine Papierstapel, seine Teekannen und seinen Bach flüchten konnte. Zu gesellschaftlichen Anlässen trug er meist ausgefranste Hemden, die er für zwei Pfund in einem Wohltätigkeitsladen erstanden hatte, und ausgebeulte Tweedjacketts. So saß er mit einem gezwungenen Lächeln in einer Ecke und wartete darauf, endlich gehen zu dürfen. In einem Anfall von Schüchternheit verließ er sogar mein Hochzeitsessen vorzeitig. Ich verabschiedete mich von ihm auf den Stufen des alten Hotel Splendid auf der Insel Buyukada bei Istanbul. Da stand er in seinem antiquierten Smoking und einem beigefarbenen Regenmantel und dankte mir herzlich für die schöne Party. Aus dem Speisesaal drang die Musik einer lärmenden Zigeunerkapelle. »Ich mag solche großen Veranstaltungen nicht so«, erklärte er und machte sich im abendlichen Nieselregen allein auf den Weg zu unserem Haus.

Schon bald nach Georges' Verlobungsparty lud Wadim Mervyn zum Abendessen im Restaurant Praga ein. Er wollte sein gerade erworbenes Diplom in Orientalistik feiern. Die anderen Gäste waren überwiegend ältere Akademiker, Wadims Betreuer und Abteilungsleiter. Doch Mervyn gegenüber saß ein elegant gekleideter Mann, etwa fünf Jahre älter als er, mit einer auffälligen grauen Strähne im zurückgekämmten Haar. Wadim flüsterte Mervyn zu, der Mann heiße Alexei und er sei ein »Forschungsassistent« seines mysteriösen Onkels. Doch er stellte sie einander nicht vor, und sie sprachen nicht miteinander. Alexei brachte einen langen, geistreichen Trinkspruch aus. Mervyn machte Konversation mit seinen ernst dreinblickenden Tischnachbarn und trank zu viel.

Einige Tage später rief Wadim an und richtete ihm von Alexei aus, er wolle Mervyn und Wadim zu einem Abend im Bolschoi-Ballett einladen. Mervyn war überrascht und geschmeichelt. Sie hatten sich beim Abendessen zwar nicht unterhalten, doch Alexei war wahrscheinlich daran interessiert, einen Ausländer kennenzulernen, überlegte Mervyn. Er nahm die Einladung an.

Alexei war souverän und selbstsicher, ein wahres Mitglied der Moskauer Nomenklatura oder offiziellen Elite der Nachkriegszeit. Er trug ausländische Kleidung und war gereist; seine Frau, Inna Wadimowna, war groß und schlank und hatte, wie Mervyn auffiel, als er sie im Bolschoi-Theater kennenlernte, ein teures Goldarmband mit eingearbeiteter Uhr um. Alexei bemerkte stolz, seine Frau sei »eine typische sowjetische Frau«. Mervyn dachte an seine Putzfrau, Anna Pawlowna, und wie sie mit ihrem

Einkaufsnetz voller Eier aus der Universitätskantine zur Bushaltestelle keuchte. Sie schien Mervyn eine typischere sowjetische Frau zu sein.

Der Abend war ein Erfolg. Alexei liebte das Ballett, und er und Mervyn unterhielten sich in der Pause freundschaftlich, während der kulturlosere Wadim am Büfett herumhing und den Mädchen nachsah. Alexei rief Mervyn von da an regelmäßig an und lud ihn zum Essen ein im Aragwi, im Baku, im Hotel Metropol, im Hotel National – den feinsten Restaurants, die Moskau zu bieten hatte. Alexei hatte Geld und eine rätselhafte Beziehung zu den Oberkellnern der Stadt, was bedeutete, dass er kurzfristig buchen konnte, stets mit einem unterwürfigen Lächeln begrüßt wurde und einen guten Tisch oder ein Separee zugewiesen bekam.

Alexei war im Gespräch dreister als Wadim, unverhohlener politisch und weniger kumpelhaft. Er sprach nie über Frauen und trank nur mäßig. Alexei bekundete Interesse an Mervyns Kindheit, an seinem Hintergrund, doch seinen trivialen Antworten entnahm Mervyn, dass er jenseits der marxistisch-leninistischen Plattitüden keine Vorstellung von Armut oder Klasse hatte. Eine Ironie: Alexei, der sowjetische Held der internationalen Arbeiterklasse, entstammte selbst einer privilegierten Elite, und Mervyn, ein naiver, aber ehrlicher britischer Patriot und zutiefst antikommunistisch, war nach marxistischen Begriffen ein geborener Revolutionär.

Bei einem ihrer immer häufigeren Abendessen kamen Mervyn und Alexei auf das Thema der strengen Visavergabe, sprachen über Spione und Überwachung. Sie saßen im Hotel National, den größten Teil des Jahrhunderts eine bei den Reichen und Schönen der Hauptstadt höchst beliebte Bar. Alexei erklärte, dass die Sowjetunion sich gut vor ausländischen Spionen schützen müsse. Mervyn wollte vielleicht einfach beweisen, dass er keiner von »denen« war, und den impliziten Verdacht neutralisieren, und so erzählte er Alexei scherzend, in der Botschaft sei es eine ständige Quelle der Belustigung, dass unter der Großen Steinernen Brücke, ganz in der Nähe der Botschaft, eine Hütte stand, in der die KGB-Leute Domino spielten und darauf warteten, abberufen zu werden.

Alexei hörte interessiert zu. Er war plötzlich ernst und fragte nach, wo denn genau die Hütte sei. Nach dem Essen bestand er darauf, unter die Brücke zu fahren und nachzusehen. Vielleicht spürte er, wie unangenehm das Mervyn war, und so machte Alexei eine abfällige Bemerkung über die Arbeit des MI5 und des MI6, als wollte er andeuten, wenn Mervyn auf der Gehaltsliste stünde, wüsste er schon davon. Mervyn ließ sich auf keine Diskussion ein.

Als Mervyn ein paar Tage später an der Brücke vorbeifuhr, waren die Hütte und die KGB-Leute verschwunden.

Wadim organisierte noch einen weiteren Abend in der Datscha seines Onkels. Wie beim letzten Mal fuhren sie in einer SiL hin, doch diesmal brachte Wadim einen befreundeten Skilehrer und drei dicke, aber lebhafte Mädchen mit. Sie liefen nachts unter den Kiefern Ski, und der unbeholfene Mervyn fiel unter dem Kichern der Mädchen immer wieder in die Schneewehen. Vor dem Kamin wärmten sie sich mit Wodka auf und zogen sich dann mit ihrem jeweiligen Mädchen nach oben zurück. Mervyns Partnerin war dick und, wie er annahm, eher etwas älter. Doch sie schien mehr als bereit zu sein, das Bett mit ihm zu teilen, und es wäre unhöflich gewesen abzulehnen.

Mervyn und Alexei saßen im Separee im Aragwi und sprachen dem Zinandali kräftig zu. Vor ihnen auf dem Tisch stan-

den die Reste eines reichlichen Mahles aus Lammspießen, Lobio
dem traditionellen georgischen Bohnengericht, und *chatschapuri*
überbackenem Käsebrot. Alexei war ausnahmsweise einmal in
Weinlaune und schlug den onkelhaften Ton an, den er manchmal Mervyn gegenüber verwendete. Er habe beschlossen, sich
aktiver für Mervyns Karriere zu interessieren, verkündete er.
Ob Mervyn gerne reisen würde? Und wenn ja, wohin? Mervyn,
hocherfreut, erwiderte ohne nachzudenken: »Mongolei.« »Unmöglich«, sagte Alexei. »Wie wäre es mit irgendwo in der Sowjetunion?« Mervyn schlug Sibirien vor. Alexei war begeistert. De-
große Bratsker Staudamm vielleicht? Der Baikalsee? Mervyn war
Feuer und Flamme und sagte sofort zu. Darauf brachten sie einen
Trinkspruch aus.

Wann wurde Mervyn klar, dass er zu tief hineingeriet? Er war
vielleicht naiv, aber so naiv kann er nicht gewesen sein. Alexeis
Verbindung zum KGB wurde immer offensichtlicher – die verächtlichen Bemerkungen über den britischen Geheimdienst, das
rätselhafte Verschwinden der Domino spielenden KGB-Männer
unter der Brücke, die suggestiven Fragen zu Mervyns politischer
Einstellung. Es muss mehr als offensichtlich gewesen sein, dass
Mervyn angeworben wurde.

Ich denke, in Wahrheit haben sie einander nie wirklich verstanden. Alexeis Dogma hinderte ihn daran, den tief verwurzel-
ten Patriotismus von Mervyns Klasse und Generation zu erkennen, in der es als ungehörig galt, das Kino zu verlassen, ehe *God
Save the King* zu Ende war. Und Mervyns Eitelkeit ließ ihn nie
ernsthaft hinterfragen, warum Alexei ausgerechnet ihn, einen
unbekannten Forschungsstudenten, so beharrlich umwarb und
dabei so viel Geld und Zeit investierte. Mervyn muss einfach
gewusst haben, dass er mit dem KGB flirtete. Er wusste jedoch

nicht, wie gefährlich dieses Spiel werden konnte. Selbst als er der Reise nach Sibirien zustimmte, muss er den starken Verdacht gehabt haben, dass er früher oder später die Rechnung würde bezahlen müssen. Doch die Abenteuerlust – seine lang begrabene Abenteuerlust – siegte. Was auch geschah, es würde aufregend sein. Und war er nicht genau deshalb nach Russland gekommen?

Wenn man im Winter über Sibirien fliegt, beschleicht einen das gruselige Gefühl, über den Rand der Welt hinausgeflogen zu sein. Die Traumlandschaft aus schneebedeckten Wäldern scheint sich dunkel und ununterbrochen nicht nur bis zum Horizont, sondern darüberhinaus unendlich immer weiter zu erstrecken. Als ich 1995 auf dem Weg in die Mongolei – die mein Vater nie sehen sollte – den Baikalsee besuchte, flog ich in einem winzigen sowjetischen Flugzeug, einer altehrwürdigen An-24, die ihre lange Karriere wohl zu Zeiten meines Vaters begonnen hatte. Die Maschine schlingerte, und das Dröhnen der Propeller übertönte jedes Gespräch, als wir in die Nacht flogen. Hinter uns im Westen erstarb das Licht.

Solschenizyn nannte das Netzwerk der Gefangenenlager, das sich über die Sowjetunion zog, den Archipel Gulag. Doch in Wahrheit ist ganz Russland ein Archipel, eine Reihe isolierter Inseln aus Wärme und Licht, die einem feindseligen Meer der Leere entrissen wurden. Irgendwo in dieser unermesslichen Weite Russlands liegt ein Schlüssel zum Verständnis Russlands: die Unbestimmtheit und der Fatalismus, in einem Land geboren zu sein, das zu durchqueren einst ein halbes Jahr dauerte; eine chronische Resignation gegenüber den Launen der Behörden, die der historischen Unmöglichkeit entspringt, mit den Außenposten eines so unregierbar riesigen Reiches zu kommunizieren. Als ich über den berühmten *ukas* las, den Erlass Peters des Gro-

ßen, mit dem er seinen Untertanen wütend befahl, allen vorangegangenen *ukasy* zu gehorchen, stellte ich mir den Zaren als wahnsinnigen Funker vor, der beleidigte Botschaften in den Raum
schickt und als Antwort nur schwache kosmische Echos erhält.

Telefonleitungen, Satellitenfernsehen und Aeroflot scheinen Russland näher zusammengebracht zu haben, doch in mancher Hinsicht vertieft die elektronische Kommunikation nur
das Gefühl der unüberwindlichen Entfernung. Russland bleibt
das größte Land der Welt; selbst nach dem Verlust von 17 Prozent seines Territoriums nach dem Zusammenbruch der Sowjetunion erstreckt es sich noch immer über elf Zeitzonen. Ein
ehemaliger Kameramann des Staatsfernsehens erzählte mir einmal, das Fernsehsignal von *Wremja*, der sowjetischen Nacht-
ausgabe der Nachrichten, müsse mehrfach an der Stratosphäre
reflektiert werden, um die 70 Prozent Erdkrümmung zwischen
Moskau und Tschukotka am fernöstlichen Rand des Landes aus-
zugleichen. Mitte der Neunzigerjahre konnte man problemlos
direkt mit Kamtschatka oder Magadan am Pazifik telefonieren,
doch die Zeitverschiebung war fast so groß wie nach New York.
Der letzte Abschnitt der Autobahn, die das europäische Russland mit Fernost verbindet, wurde erst 2002 fertiggestellt – vorher verliefen Hunderte Kilometer improvisierter Straße über das
Eis des zugefrorenen Amur und waren nur im Winter passierbar.

Kein Wunder also, wenn die meisten Menschen, die in diesen
großen, leeren Weiten geboren werden, mit einem instinktiven
Gefühl der Hilflosigkeit angesichts der unmöglichen physischen
Realitäten aufwachsen, die ihr Leben definieren. Physische Grenzen scheinen die Zwänge der menschlichen Existenz erträglicher
zu machen. »Der Zar ist weg und der liebe Gott hoch oben«,
lautet ein altes russisches Sprichwort, und es kann kein Zufall
sein, dass eine der zentralen Lehren der russisch-orthodoxen Kir-

che die *smirenije* ist, die Unterwerfung unter die Last, die Gott den Gläubigen auferlegt hat. Entfernung und Klima scheinen sich feindselig verschworen zu haben, den Geist verdorren zu lassen und den Ehrgeiz aller zu erniedrigen. Nur die Stärksten können widerstehen. Anton Tschechow hat diese Langeweile in seinem Drama *Drei Schwestern* eingefangen, einer Studie über drei junge Frauen, die von der provinziellen Isolation erdrückt werden und deren jugendliche Hoffnung und Geist langsam, aber unerbittlich durch Russlands unendliche Trägheit ausgelöscht werden. Selbst das Leben in Moskau, wo die intellektuelle Elite vor der Isolation und mittelalterlichen Dunkelheit des Dorfes geschützt ist, scheint auf mächtige, aber nicht greifbare Weise durch die Größe des sie umgebenden Landes definiert zu werden, so wie das Leben an Bord eines Schiffes durchdrungen ist vom Wissen um die tiefe, kalte See rundum.

Alexei und Mervyn flogen im April 1960 nach Sibirien, gegen Ende von Mervyns erstem Semester an der Staatlichen Universität Moskau. Sie reisten in einer Reihe winziger An-24-Flugzeuge über die weiße Weite Russlands. Ihre erste Station war Nowosibirsk, eine neue graue Industriestadt, die sich um eine niedrige zaristische Grenzstadt herum ausbreitete. Im Zentrum standen zusammenfallende Blockhütten und eingesunkene Kaufmannshäuser, in den Außenbezirken reihten sich gleichförmige Wohnblocks an breiten Boulevards. Mervyn fand die Stadt deprimierend und seelenlos, entgegen Alexeis offensichtlich ehrlicher Begeisterung.

Sie reisten weiter nach Bratsk, das damals kaum mehr als eine Barackenstadt war. Jenseits von Bratsk befanden sich ein großer zugefrorener Fluss und ein halb aufgetauter See. Ein großer sozialistischer See, wie Alexei erklärte, erschaffen durch den Willen des Volkes und die Arbeitskraft von einer Million Arbeiter. Den See schloss die gigantische Staumauer aus Beton und Stahl ab, die die Natur zum Wohle des Arbeiterparadieses zähmte.

Sie bezogen ein improvisiertes Intourist-Hotel, eine schäbige Konstruktion inmitten der matschigen Straßen, erbaut für Würdenträger, die in die Stadt gebracht wurden, um das Wunder des Wasserkraftwerks zu bestaunen. Am nächsten Morgen besichtigten sie die Staumauer. Die Frühlingsfluten rauschten durch die Turbinen, und der Beton erstreckte sich in elegantem Bogen in die Ferne. Mervyn stimmte Alexei zu, es sei fantastisch, wirklich fantastisch. Alexei nickte beifällig. Der junge Mervyn entwickelte sich prächtig. »Nehmen die aufregenden Überraschungen im Wunderland Russland kein Ende?«, schrieb mein Vater später in seinen Memoiren – ob das ironisch gemeint oder ein Echo seiner jugendlichen Begeisterung war, kann ich nicht beurteilen.

Die letzte Etappe auf Alexeis großer Sibirienreise, die eigentlich als touristische Expedition geplant gewesen war, sich aber auf unerklärliche Weise zu einer Art offizieller Rundreise durch die Wunder des Sozialismus entwickelt hatte, waren Irkutsk und der Baikalsee. Wälder, wieder endlose Wälder, und ein Horizont so weit, dass er in eine Traumlandschaft zu gehören schien. Der Baikalsee, der größte See der Erde, war blendend weiß, eine gewaltige Eisfläche über kaltem, schwarzem, 1637 Meter tiefem Wasser.

»Im Baikalsee gibt es über 300 Fischarten«, schwärmte der dicke Kolchosdirektor, der auf rätselhafte Weise Wind davon bekommen hatte, dass Alexei mit einem distinguierten ausländischen Besucher angereist war. Die drei Männer standen schweigend auf dem ächzenden Eis des Sees, im kalten Wind zitternd. Alexei, dessen sonstige Gemütsruhe unter einer Nacht in einer

»Das, was darunter ist, macht Angst.« Mervyn mit dem Direktor einer Kolchose auf dem Frühjahrseis des Baikalsees während seiner Spritztour mit dem KGB im März 1960.

primitiven Bauernhütte gelitten hatte, starrte gereizt ans Ufer. Mervyn blickte zweifelnd auf das dünne Frühlingseis unter seinen Füßen, das beim Gehen spürbar nachgab.

»Nicht das Eis macht Angst, sondern das, was darunter ist«, bemerkte Alexei angesichts von Mervyns Unbehagen.

»Gehen wir noch ein bisschen weiter hinaus«, schlug der Direktor vor.

Alexei unterbreitete Mervyn sein Angebot schließlich kurz vor ihrem Rückflug nach Moskau während des Mittagessens am Flughafen von Irkutsk, bei Pelmeni, sibirischer Fischsuppe und Wodka. Mervyn hatte die Frage schon halb erwartet, doch als sie dann kam, war es trotzdem ein Schock. Ob Mervyn bereit sei, »für den internationalen Frieden« zu arbeiten?

Alexei, über den Tisch gebeugt und mit größtem Ernst im Blick, war so überzeugend, wie er nur sein konnte. Sein Loblied auf die Tugenden der gerechten sowjetischen Gesellschaft war vertraut: Mervyn stamme aus einer armen Familie, er habe die Gerechtigkeit des sowjetischen Lebens aus erster Hand erfahren können. Nun sei die Zeit gekommen, Mervyn die Gelegenheit zu bieten, etwas gegen die Ungerechtigkeiten in der Welt zu tun. Obwohl Alexei es nicht ausdrücklich sagte, war beiden klar, dass er damit meinte, für den KGB zu arbeiten.

Mervyn widerlegte Alexeis Theorien zum Klassenkampf und lehnte ab. Er könne sein Land nicht verraten, sagte er. Das Mittagessen endete mit Anschuldigungen und in gereizter Stimmung. Zum ersten Mal, seit Mervyn ihn kannte, zersplitterte Alexeis eisiger Charme, und er beschimpfte Mervyn, er sei verwöhnt, heuchlerisch und undankbar. Mervyn ließ die Tirade schweigend und peinlich berührt über sich ergehen.

Zurück in Moskau, nach einem langen, angespannten Flug, kam das Flugzeug holpernd auf dem regennassen Asphalt des Flughafens Wnukowo zum Stehen. Als sie Seite an Seite auf ihr Gepäck warteten, entschuldigte sich Alexei: »Vergessen wir's. Ich hab mich geirrt. Es war der falsche Zeitpunkt. Ich würde dich gern wiedersehen in Moskau. Lass uns Freunde bleiben und die Sache vergessen.« Sie trennten sich verlegen. Mervyn war eher peinlich berührt als erschrocken über diesen nicht ganz unerwarteten Ausgang.

Nina aus Buchara rief Mervyn in seinem Studentenwohnheim an. Sie sei beruflich in der Stadt, sagte sie, und würde Mervyn gern sehen. Sie sei gerade auf dem Weg zum GUM, dem staatlichen Kaufhaus am Roten Platz, um sich eine Bluse zu kaufen, aber danach sei sie frei. Sie verabredeten sich für den Abend.

Als Mervyn auflegte, stutzte er. Wo hatte Nina seine Nummer her? Er nahm sich vor, sie bei Gelegenheit zu fragen, tat es dann aber nie.

Mervyn spielte Spiele. Er hatte nicht die leiseste Ahnung, wie skrupellos die Organisation war, mit der er es zu tun hatte. Für Mervyn war der KGB personifiziert in dem weltgewandten Alexei mit seinen Schmeicheleien und den schweigenden Schlägertypen, die ihm in seinen Botschaftszeiten in respektvollem Abstand durch Moskau gefolgt waren.

Georges Nivat hatte da keinerlei Illusionen. Sein Glück mit Irina endete schlagartig, nachdem Pasternak am 31. Mai 1960 in seiner Datscha an einem Herzinfarkt gestorben war. Mit Pasternak und seinem internationalen Ruf verloren Olga Iwinskaja und ihre Tochter ihren berühmten Beschützer. Der KGB wartete schon seit Jahren darauf, ihrer habhaft zu werden; sie waren bekannt dafür, Beziehungen zu Westlern zu pflegen und Geschenke von ihnen anzunehmen. Um das Maß vollzumachen, waren sie außerdem die Erben der internationalen Rechte an Pasternaks schädlichem antisowjetischem Buch. Nun wollte man sich Olga und ihre ausländerliebende Tochter vornehmen.

Bald nach Pasternaks Tod wurden Mervyn und Georges zusammen mit allen Studenten ihres Semesters in der Universitätsklinik routinemäßig gegen Pocken geimpft. Mervyns Impfung verlief ohne Zwischenfall, doch Georges bekam schon bald einen rätselhaften Ausschlag, der so schlimm wurde, dass er an seinem geplanten Hochzeitstag im Krankenhaus lag. Ein zweiter Termin im Juli wurde festgelegt, doch in den frühmorgens wurde eine Krankenschwester an seinem Bett postiert und so Irinas Plan durchkreuzt, Georges aus dem Krankenhaus zu schmuggeln. Dann erkrankte Irina selbst an der schrecklichen Hautkrankheit.

Zunächst vermuteten weder Georges noch Irina – und nicht einmal ihre Mutter, eine Veteranin der Folterzellen des NKWD –, dass sie vom KGB infiziert worden waren, um die Hochzeit zu verhindern. Doch es wurde immer offensichtlicher, dass dies die wahrscheinlichste Erklärung für ihre rätselhaften heftigen Ausschläge war. Georges war zutiefst schockiert von dem Gedanken; ebenso seine Schwiegermutter in spe, trotz allem, was sie bereits erlebt hatte. Georges' Studentenvisum lief Ende Juli aus und wurde trotz seines verzweifelten Flehens nicht verlängert. Irina war zu krank, um sich von Georges zu verabschieden, als er nach Paris abreiste. Mervyn brachte zusammen mit Irinas Mutter den schluchzenden Georges zum Flughafen. Die alte Dame wirkte kleiner als sonst, nur noch ein Schatten ihres lebhaften alten Selbst, als sie Georges verabschiedeten. Er und Irina wurden schnell wieder gesund, doch sie sollten sich erst ein halbes Leben später wiedersehen.

Mervyn beschloss, mit Wadim einen kurzen Urlaub zu machen. Sie flogen nach Gagra am Schwarzen Meer, dorthin, wo Boris Bibikow 25 Jahre zuvor verhaftet worden war. Mervyn war froh, der drückenden Hitze Moskaus und der Verzweiflung über Georges' und Irinas anscheinend unheilbare Krankheit und ihre erzwungene Trennung zu entkommen. Im Süden war die Luft warm und voller Düfte, unberührt von der eintönigen Trostlosigkeit des sowjetischen Lebens. Die Einheimischen waren gastfreundlich und redselig; sie brauchten sich nicht mit einer Schutzschicht aus Unhöflichkeit gegen eine feindselige Welt zu panzern.

Mervyn entspannte sich. Die ganze Geschichte mit dem KGB würde vorübergehen, hoffte er, und Alexei hatte die Sache offenbar fallen lassen. Er hatte sich gehütet, je etwas Wadim gegenüber zu erwähnen, und glaubte immer noch ernsthaft, dieser habe nichts mit dem Anwerbungsversuch zu tun gehabt. Sie lagen am Strand von Gagra, Mervyns blasse Haut verbrannte unter der südlichen Sonne, und sie bummelten die Promenaden entlang. Mervyn fragte eine nette rundgesichtige Studentin, ob sie mit auf sein Zimmer käme, und sie folgte ohne Einwände.

Doch schon wenige Tage nach ihrer Ankunft wurde Mervyn ans Telefon gerufen. Alexei war dran und verkündete, er sei in Gagra. Er bestellte Mervyn zur Dämmerung an den Champagnerkiosk am Teich eines nahe gelegenen Parkes. Ihr Treffen inmitten der unregelmäßigen Schatten und quakenden Frösche war kurz, aber dramatisch. Alexei war elegant und gelassen wie immer und begrüßte Mervyn höflich. Ob Mervyn an diesem Abend noch frei sei? Gut. Ein weiteres Treffen sei für neun Uhr in einem Zimmer des Hotels vereinbart worden. Alexei drehte sich um und ging mit gleichmäßigen Schritten knirschend auf dem Kiesweg davon.

Mervyn erwartete kein vergnügliches Treffen, und das wurde es auch nicht. Alexei stellte Mervyn seinem »Chef« vor, Alexandr Fjodorowitsch Sokolow. Er war ein älterer, untersetzter Mann in einem schlechten sowjetischen Anzug und billigen Sandalen. Sokolow war ganz klar ein NKWD-Schläger der alten Schule, voller Verachtung für seinen jungen, geckenhaften Kollegen und den verwöhnten Ausländer.

Alexei leitete das Verfahren mit großer Feierlichkeit ein. Er sprach von Mervyns »Laufbahn« und seinen »Absichten«, darüber, wie die Sowjetunion die »einzige freie und gerechte Gesellschaft der Welt« sei. Sokolow, aus Mervyns KGB-Akte zitierend, merkte grimmig an, sein Vater sei ja so arm gewesen, dass er niemals Wein trank. Und es sei doch sicher höchste Zeit für Mervyn, zum Schlag auszuholen gegen das System, das seinen Vater

*»Matthews, dieser undankbare
Junge.« Alexei Sunzow, Mervyns
KGB-Führungsoffizier, der ihm die
Wunder des Sozialismus zeigte, ihn
aber nicht dazu bringen konnte, sein
Land zu verraten. Seine Witwe,
Inna Wadimowna, gab Mervyn
1997 dieses Foto.*

so unterdrückt hatte. Offenbar, dachte Mervyn, waren die vielen Fässer Bier und Kisten Whisky, die sein Vater gesoffen hatte vom KGB nicht vermerkt worden.

Nach zwei Stunden begannen die Drohungen. »Wir wissen« sagte Alexei ernst, »dass du dich unmoralischer Akte schuldig gemacht hast.«

»Wenn der Komsomol das herausfindet«, knurrte Sokolow »gibt das einen großen Skandal in den Zeitungen, und du wirst in Schande der Universität und des Landes verwiesen.« Das wiederum, so wusste Mervyn, war Unsinn. Es waren einfach zu wenige »unmoralische Akte« gewesen – ein einziger Bordellbesuch in Moskau mit Wadim, Nina aus Buchara, das Mädchen in der Datscha von Wadims Onkel, ein Mädchen in einem seltsamen runden Gebäude in der Nähe des Außenhandelsministeriums, die Studentin in Gagra. Alles in allem eine sehr bescheidene Liste jedenfalls im Vergleich zu Waleri Schein oder Wadim selbst.

»Es ist an der Zeit, endlich Ja oder Nein zu sagen.« Alexei und Alexandr Fjodorowitsch sahen Mervyn erwartungsvoll an.

»Dann lautet die Antwort Nein«, sagte mein Vater. »Nichts kann mich dazu bringen, gegen mein eigenes Land zu arbeiten.«

An jenem Abend saß Mervyn auf seinem Bett und überdachte die möglichen Konsequenzen seiner Weigerung. Er erkannte, dass er die beiden nicht länger hinhalten konnte. Den angedrohten Skandal fürchtete er nicht, doch der KGB konnte seine Freunde belangen. Es kursierten finstere Geschichten über Scheinbelastungen, Unfälle, Verhaftungen wegen Rabaukentums, Aufkündigung von Aufenthaltsbewilligungen. Er entschloss sich, seine Sachen zu packen, das nächste Flugzeug zurück nach Moskau zu nehmen und die Sowjetunion, wahrscheinlich für immer, zu verlassen.

Doch so einfach war es nicht. Tage nach Mervyns Rückkehr nach Moskau kam ein versöhnlicher Anruf von Alexei. Auf höchster Ebene war entschieden worden, versicherte er meinem Vater, dass keine weiteren Schritte unternommen werden würden. Alexei bestand sogar auf einem weiteren kleinen Abendessen. Er habe eine Neuigkeit für Mervyn.

»Diese Frau, die du mal erwähnt hast, Olga Wsewolodowna Iwinskaja«, sagte Alexei beiläufig bei ihrem gemütlichen Essen, das ihr letztes gemeinsames sein sollte. »Sie ist gerade verhaftet worden. Wegen Devisenschmuggels und anderem. Sie war moralisch korrupt.«

Alexei aß weiter, und Mervyn starrte auf seinen Teller. Der Appetit war ihm vergangen.

»Eine schlechte Familie, habe ich dir doch gesagt«, fuhr Alexei fort. »An deiner Stelle würde ich mich auf 15 Kilometer von denen fernhalten.«

Mervyn sah zu, wie Alexei mehr Wein trank. Alexeis Gesicht war ausdruckslos. Zwei Wochen nach der Verhaftung ihrer Mutter wurde Irina aus ihrem Krankenhausbett geholt und zum Verhör in die Lubjanka gebracht. Kurz darauf folgte Irina, die Ballettliebhaberin und Ästhetin, ihrer Mutter in die unvorstellbar brutale Welt der Arbeitslager. Mervyn hörte nichts mehr von ihnen. Dies ist kein Spiel, dämmerte es ihm endlich. Dies ist absolut kein Spiel. Er traf eilig Vorbereitungen für seine Rückkehr nach Oxford.

10

Liebe

Abenteuer können etwas Wunderbares sein.
Mervyn Matthews zu Wadim Popow, Frühjahr 1964

Vor allem, wenn sie vorbei sind.
Wadim Popow

Das Moskau, das mein Vater kannte, war ein fest verwurzelter Ort, dessen Gewissheiten und Regeln so unabänderlich waren wie die Preise in den staatlichen Läden und die gedrungene stalinistische Stadtlandschaft. Die meisten Sowjets seiner Generation verbrachten ihr gesamtes Leben in ein und derselben Wohnung, arbeiteten im selben Beruf, kauften Wodka zum immer gleichen Preis von 2 Rubeln und 87 Kopeken und warteten zehn Jahre darauf, sich ein Auto kaufen zu können. Die Zeit wurde von Urlaub zu Urlaub gemessen, von Theatersaison zu Theatersaison, von der Veröffentlichung eines Bandes einer Dickens-Sammlung zur nächsten.

40 Jahre später, als ich nach Moskau kam, holte die Stadt die versäumte Zeit nach. Sie war besessen von ihrer eigenen zielstrebigen Modernität; sie schien sich über Nacht zu verwandeln, jede Nacht. Plötzlich sah man junge Männer mit Cäsarfrisur und Pullovern von DKNY, wo vorher noch rote Blazer und Bürstenhaarschnitt angesagt waren. An der Stelle von alten Lebensmittelläden machten Internetcafés auf, in denen auch trendige Klamotten verkauft wurden. Glänzende neue Einkaufspassagen

in Chrom und Marmor schossen wie Pilze aus dem Boden, komplett mit Glasaufzügen und Geldautomaten, aus denen man Dollars ziehen konnte. Nach einer Weile gewöhnte ich mich so an das Tempo der Veränderung, dass es mir normal erschien – eine restaurierte Kirche hier, eine neue Firmenzentrale da, wie Pilze nach dem Regen. Im Vergleich dazu wirkte London wunderlich statisch. Das übrige Russland mochte sich stillschweigend auflösen, doch Moskau fraß sich fett an den Resten des ausgeplünderten Reiches.

Immer, wenn ich auf der Suche nach entsetzlichen Geschichten für meine Artikel durch die Eingeweide Moskaus streifte, verwandte ich viel Energie darauf, auf Partys zu gehen. Mein Vater hatte sich damit amüsiert, lärmende Zigeunerrestaurants zu besuchen. Eine Generation später hatten plötzliches Geld und die neue Freiheit die Moskauer Partyszene in etwas sehr Reiches und Seltsames verwandelt. Im Club 13 in einem baufälligen Palast hinter der Lubjanka wurde man auf der Treppe von Zwergen in Miniweihnachtsmannkostümen mit neunschwänzigen Katzen ausgepeitscht. Vor dem Titanic, einem beliebten Treff reicher Verbrecher, standen ganze Flotten schwarzer Mercedes-Limousinen, und drinnen warteten scharenweise Mädchen an bullaugenförmigen Tischen darauf, von specknackigen Verehrern angemacht zu werden. Im Chance schwammen nackte Männer in riesigen Aquarien, nur durch eine Glasscheibe von den Gästen getrennt. Und im Kasino Fire Bird habe ich mal in Gesellschaft von Chuck Norris, dem alternden Filmstar, und seinem Gast Wladimir Schrinjowski, dem ultranationalistischen Politiker, getrunken.

Manchmal wagte ich mich in eine Bar namens Hungry Duck. Zur »Ladies' Night« durften von sechs bis neun Uhr nur Frauen hinein und einige wenige Freunde des Besitzers, die hinter der

Bar arbeiteten. Jede Frau bekam kostenlos so viel Alkohol, wie sie nur wollte, und so war die Bar jedes Mal zum Platzen voll mit etwa 600 verschwitzten Teenagern, die schneller soffen, als wir einschenken konnten. Der Geruch nach slawischen Phero-monen stand im Raum, und der Anblick kreischender Frauen, die die kreisrunde Bar von allen Seiten belagerten, war so furcht-einflößend, als müssten wir Rorke's Drift gegen die vorrücken-den Zulus verteidigen. Männliche Stripper stolzierten auf der Bar herum, holten sich Mädchen aus dem Publikum und zogen sie über den Zapfhähnen aus. Doug Steele, der kanadische Besitzer, dessen Gesicht im Licht der Kasse ein mephistophelisches Grün annahm, beugte sich auf seine muskulösen Arme gestützt vor und beobachtete das Durcheinander mit stiller Befriedigung, wie Colonel Kurtz in seiner Station. Wenn um neun dann die Männer hereindurften, rutschten betrunkene Mädchen mit entblößtem Busen von der biernassen Bar und knallten auf den Boden, wo Si-cherheitsleute sie aufsammelten und in einer Reihe im Foyer ab-legten. Sehr bald brachen heftige Kämpfe aus; bösartig wurden Augen ausgestochen, Flaschen zerschlagen, Biergläser geschmis-sen und Knochen gebrochen. Die bewusstlosen Verlierer gesell-ten sich am Ende zu den Betrunkenen unten im Foyer.

Einmal ging ich auf eine Party von Bogdan Titomir, Russlands berühmtestem Rapper, in seinem Apartment mit Disco, wo die Fensterscheiben zur Musik aus der PA-Anlage klirrten und Paare sich zum Knutschen in seinen draußen geparkten Hummer schli-chen. Als ich Jana zum ersten Mal sah, schlängelte sie sich durch den Rauch, von hinten erleuchtet vom pulsierenden Licht des Stroboskops, vorbei an den Blondinen auf Bogdans stahlblauem Sofa, den verschlungenen Körpern hinter den halb zugezogenen Vorhängen eines Erkers, auf einen Tisch voller Kokain zu. Sie trug einen winzigen Minirock, bedruckt mit Fornasetti-Augenpaaren, die zu dem seltsamen Glanz passten, die ihre Augen im ultravioletten Licht über dem Tisch annahmen. Geschickt zog sie eine Linie, dick wie ein Galgenstrick. Dann warf sie ihr blondes Haar zurück und sah mir direkt in die Augen. Und zwinkerte mir zu.

»*Polesno i wkusno*«, sagte sie lächelnd – »gesund und lecker«, ein Slogan aus einer Fernsehwerbung für Cornflakes – und hielt mir einen zusammengerollten Geldschein entgegen.

Später fand ich sie auf Bogdans Türschwelle sitzend wieder, mit weit auseinandergestellten Beinen, die Hände lässig über den Knien und rauchend. Ich setzte mich neben sie. Sie warf mir einen Blick zu und sog an der Zigarette in ihrem Mundwinkel. Wir unterhielten uns.

Jana war ein typisches Kind von Moskaus goldener Jugend – reich, klug, privilegiert und völlig verloren. Ihr Vater war ein ehemaliger sowjetischer Diplomat in der Schweiz; ihre Mutter entstammte einer alten Familie Sankt Petersburger Intellektueller. Halb Moskau war in sie verliebt, und je mehr sie sie zurückwies, desto mehr liebten sie sie. Sie hatte ein Gespür für Situationen, das ihr in den 20 Jahren ihres unsteten und unpünktlichen Lebens gute Dienste geleistet hatte. Die Leichtigkeit, mit der sie von einem Milieu ins andere wechselte, von einem Ort, Mann, Date zum anderen, war atemberaubend. Ihre Sprunghaftigkeit und Unbeständigkeit waren unwiderstehlich. Sie war wie eine Naturgewalt, temperamentvoll, kapriziös und oft so selbstsüchtig wie ein kleines Kind. Jana erinnerte mich immer an jemanden, der ständig eine Reihe wilder Karikaturen seiner selbst an der Welt ausprobiert und dabei immer wieder neue Varianten seiner sozialen Rolle annimmt. Und wie so viele einsame Menschen trug sie das brennende Verlangen in sich, geliebt zu werden und fantastisch zu sein, wollte aber nur aus der Ferne geliebt werden. Und das war das Paradoxe an ihr: Je fantastischer sie wurde, desto unmöglicher wurde es ihr, um ihrer selbst willen geliebt zu werden.

Wir trafen uns immer im Tram, einem beliebten Lokal der Neureichen in der Nähe des Puschkinplatzes, mit Stahlrohrstühlen und mattschwarzen Tischen. Nach einem leichten, aber unfassbar teuren Abendessen schleppte sie mich dann auf verschiedene Partys. Eine fand in einem Set der Mos-Filmstudios statt, das für *Die drei Musketiere* aufgebaut worden war, ein Labyrinth aus Balkonen im Stil des 17. Jahrhunderts, Torbögen und Wendeltreppen, alles aus Sperrholz. Mädchen in Federjacken und Hotpants tanzten auf einer Pferdekutsche unter den Blicken durchtrainierter Männer in Boss-Jeans mit zurückgegeltem Haar. Eine andere Party war im Theater der Roten Armee, einem absurden sternförmigen stalinistischen Gebäude, umgeben von neoklassizistischen Säulen. Anstelle eines Balalaikaspektakels zum Tag des Sieges war der Ort in ein Schwarzlicht-Rave-Bacchanal verwandelt worden, bevölkert von langbeinigen Mädchen mit Stahl-BHs und kahl rasierten Männern in grünen Pelzmänteln. Ich sehe Jana vor mir, wie sie mit einer Panoramasonnenbrille, die sie sich von irgendjemandem geliehen hat, manisch am Rand der sich drehenden Bühne tanzt. Sie reißt die Faust hoch, als sie mit würdevollen fünf Stundenkilometern an mir vorbeifährt, und schreit »*Dawai, dawai!*« – ein nicht übersetzbarer Ausdruck des Überschwangs.

So schäbig Moskau auch war, so sehr liebte ich es für die Energie dieses Fegefeuers der Eitelkeiten. Ich war überzeugt, auf etwas Dunkles, Pulsierendes und absolut Faszinierendes gestoßen zu sein. Das Geld, die Sünde, die schönen Menschen – die Stadt war verdammt, apokalyptisch, von der flüchtigen Schönheit einer javanischen Feuerskulptur. Die strahlende Energie der hübschen, verblendeten Partykids, die ich an all diesen Orten traf, hätte dieses verdorbene Land ein Jahrhundert lang erleuchten können, wäre sie anders eingesetzt worden als zur Selbstzerstörung und Verwüstung.

Jana und ich trafen uns etwa ein halbes Jahr lang regelmäßig. Ihre fantastische Präsenz verwandelte mich, wie ich dachte, in einen besseren und kühneren Menschen. Ich konnte es nie fassen, dass ich dieses außergewöhnliche Wesen an meiner Seite hatte. Das kann gar nicht wahr sein, sagte ich mir. Ich war nicht einmal eifersüchtig, wenn sie sich durch die Partys küsste und flirtete. Ich wartete geduldig mit den anderen in der Schlange, bis der Scheinwerfer ihres Charmes auf mich fiel, und das genügte mir. Jedes Mal, wenn sie all die reichen Jungs ignorierte und mit mir nach Hause ging, kam es mir wie ein kleines Wunder vor.

In einigen wenigen seltenen Augenblicken warf sie die schwere Bürde ihrer Rolle ab und wurde kleinlaut und verletzlich, eine jüngere und weniger komplexe Version ihrer selbst. Das ist die Jana, die mir geblieben ist – nicht die fantastische Jana von Bogdans Party, sondern die ungeschminkte Jana in einem russischen Parka von mir und seidenen Cargohosen, wie sie in dicken Stiefeln durch Moskau stapft, in gnädiger Unerkanntheit.

Irgendwann geschah, was ich immer erwartet hatte: Sie schien das Interesse an mir zu verlieren, und ich drängte mich nicht auf. Ich begründete es vor mir selbst damit, dass ich meine sexuelle Energie lieber auf Erdenbewohner konzentrierte als auf himmlische Wesen wie Jana.

Doch als Jana und ich uns nicht mehr sahen, verfiel ich ins Grübeln, in eine stumpfe Antriebslosigkeit. Sie hätte eine perfekte erste Ehefrau abgegeben, scherzte ich meinem besten Freund und Journalistenkollegen Matt Taibbi gegenüber. Meine alte Wohnung erinnerte mich zu sehr an mein Leben vor Jana, zu verhaftet im Jünglingsalter. Also zog ich für ein paar Tage in die Wohnung eines Freundes, der gerade unterwegs war, und saß tagelang rauchend auf seinem scheußlichen alten Sofa. Ich verspürte das Bedürfnis, den Augenblick mit einem masochistischen Akt zu begehen, und so bat ich Matt, mir seine Haarschneidemaschine vorbeizubringen. Im zehnten Stock am Panoramafenster der Wohnung mit Blick auf den Kreml rasierte ich mir den Schuljungenlook vom Kopf. Meine Haare fielen in dichten Büscheln auf die Zeitungen, die ich um den Stuhl herum ausgebreitet hatte.

Der Schmerz meines Entschlusses, Jana kampflos gehen zu lassen – mich für das Später anstelle des Jetzt zu entscheiden –, reichte tiefer, als ich dachte. Ich hatte es nicht geschafft, mich aus der Zwangsjacke der Vernunft zu befreien, als Jana und ihre Welt der extravaganten Tollheit riefen, und dieses Wissen brannte auf meinen Wangen wie eine Schmach. Es schien mich altern zu lassen – umso mehr, als ich wusste, dass die Zeit diese Wunde fast spurlos heilen würde und ich weiterleben würde wie zuvor. Ich war verbittert, weil meine jugendliche Unangepasstheit so brutal als brüchiger Schein entlarvt worden war, und gedemütigt, weil mir schmerzhaft bewusst war, dass ich Jana in Wahrheit verloren hatte, weil ich nicht Manns genug war, sie zu halten. Die Erkenntnis war brutal, und ich lief vor ihr davon, indem ich mit aller Macht wieder zu den schäbigeren Gewohnheiten meines alten Lebens zurückkehrte, den Schmerz durch Sex zu betäuben und die Demütigung durch Prahlerei zu negieren suchte. Eine Zeit lang funktionierte das auch.

Nach einem halben Jahr oder so verblasste die Intensität meiner Gefühle, und ich spürte nur noch einen leichten Stich, wenn ich ihr Foto in der *Ptjutsch* oder sonst einer angesagten Zeitschrift sah, die sich den Eskapaden der Klubkids der Stadt widmete. Ich war ein neuer Freund, der dazu bestimmt war, niemals ein alter zu werden – zu wenig Zeit, so viele Leute und Partys. Doch ich ging davon aus, dass irgendwo unter tausend abgelegten Leuten, Eindrücken, Partys, irgendwo in dem fantastischen Kaleidoskop ihres Schmetterlingshirns, mein Bild gespeichert war.

Jana war zu schön, zu überirdisch perfekt zum Leben, und so überraschte es mich seltsamerweise wenig, als ein gemeinsamer Bekannter eines Abends im Herbst 1996 noch spät anrief und mir erzählte, dass man sie irgendwo in einer abgelegenen Metrostation in Moskaus grauen Vorstädten gefunden hatte – vergewaltigt und ermordet. Niemand – und am wenigsten die Polizei – hatte eine Ahnung, wer sie hätte töten wollen.

Selbst vor ihrem Tod konnte ich sie nie anders sehen als ein Kind ihrer Zeit, pulsierend im tiefen, dem Untergang geweihten Rhythmus eines bestimmten Augenblicks. Ich konnte sie mir nie an einem anderen Ort als Moskau vorstellen oder alt oder gelangweilt oder zynisch oder dick oder verheiratet. Und so erschien es mir irgendwie richtig, dass Russland sie schließlich geschluckt hatte.

Sie war so pervers fröhlich und optimistisch gewesen, während alles um sie herum log und starb. Doch die Wirklichkeit holte sie schließlich von ihrer Wolke, wie Ikarus, und zerrte sie herunter in ihre dunklen Eingeweide. Sie starb verletzt, vergewaltigt und voller Angst in der Nähe einer abgelegenen Metrostation, erwürgt – von einem Fremden, einem Liebhaber? Wer weiß? Wäre sie eine Figur in meinem Roman gewesen, hätte ich sie auch getötet.

Mervyn kehrte im Spätsommer 1963 in die Sowjetunion zurück, drei Jahre nachdem er sie verlassen hatte. Über das St Anthony's war es ihm gelungen, an einem weiteren Graduiertenaustausch mit der Staatlichen Universität Moskau teilzunehmen. Die Tatsache, dass die Behörden ihm die Einreise gestatteten, war Beweis genug, schloss er erleichtert, dass der KGB die Vergangenheit Vergangenheit sein ließ. Zurück in Moskau, ließ Mervyn schnell seine alten Freundschaften wieder aufleben – mit Ausnahme der von Alexei und Wadim allerdings.

Mervyn hatte genug von dem Leben, das er in seinen früheren Inkarnationen geführt hatte. Er war 31 Jahre alt und bereit, sesshaft zu werden. Waleri Golowister erzählte Mervyn von einem wunderbaren Mädchen, das genau zu ihm passen würde. Golowister beobachtete seine Mitmenschen offenbar sehr viel genauer als sein Freund und Cousin Waleri Schein, der Mervyn überreden wollte, mit den unverschämten, modischen und hübschen Mädchen seines schnelllebigen Freundeskreises auszugehen.

Nein, das Mädchen, an das Waleri für Mervyn dachte, war so intellektuell und romantisch wie er, dazu aber kühn und geistreich. Mervyn war interessiert, fand die Vorstellung einer Verabredung mit einer Unbekannten aber entsetzlich. Er fragte, ob er Waleris Freundin Ljudmila nicht vielleicht sehen könnte, ehe sie einander offiziell vorgestellt würden.

Waleri schlug vor, Mervyn solle nach einer Vorstellung vor dem Eingang des Bolschoi-Theaters warten; so könne er einen Blick auf seine künftige neue Freundin erhaschen. Nur jemand aus einer völlig unschuldigen Zeit konnte so ein Arrangement überhaupt in Erwägung ziehen, das eher in ein Stück von Molière passen wollte als zum Beginn einer Romanze in der wirklichen Welt. Trotzdem wartete Mervyn pflichtschuldigst im Schneetreiben eines Oktoberabends vor dem Bolschoi-Theater und erhaschte tatsächlich einen Blick auf eine winzige junge Frau, die leicht hinkte und angeregt mit Waleri plauderte, als sie aus dem Theater kamen.

Golowister richtete in seinem Zimmerchen eine kleine Tee-party aus. Mervyn wurde als Este vorgestellt – ein echter Eng-länder hätte zu viel Unbehagen unter den Gästen hervorgeru-fen. Mila erinnert sich, dass ihr an dem schüchternen »Esten« vor allem sein schöner langer Rücken aufgefallen war. Und Mer-vyn fielen Milas freundliche graublaue Augen auf. In seinem Tagebuch, das er sporadisch und in unbeholfenem Walisisch schrieb – als Vorsichtsmaßnahme gegen den KGB –, vermerkte er am 28. Oktober 1963, er habe ein Mädchen von »großer Cha-rakterstärke, aber höchst charmant und intelligent« kennenge-lernt. Sie verabredeten sich. Sie gingen lange zusammen spazie-ren und redeten stundenlang. Schon bald war mein Vater ein regelmäßiger Gast in dem winzigen Zimmer meiner Mutter in der Starokonjuschenny-Pereulok.

Meine Mutter und ich waren während eines ihrer alljährlichen Besuche in Moskau einmal zusammen in ihrer alten Wohnung, 30 Jahre, nachdem sie weggezogen war. Das Haus steht ein biss-chen von der Straße zurückgesetzt, man geht durch zwei Tor-bögen voller nicht abgeholtem Müll. Es ist ein hässliches Ge-bäude aus der Zeit um die Jahrhundertwende, gedrungen und streng, mit dicken Mauern und vergitterten Fenstern im Erdge-schoss. Im Hausflur roch es nach nasser Pappe und Schimmel, und der Zugang zu der Gemeinschaftswohnung im Erdgeschoss war mit abblätternden Schichten brauner Amtsfarbe bedeckt. Die alten Klingeln existierten noch, eine für jedes Zimmer der *kommunalka*. Ich drückte auf den Knopf, den mein Vater 1963 zum ersten Mal gedrückt hatte, zögernd und mit einem Strauß Nelken in der Hand, und dann wieder 1969, als er Ljudmila mit nach England nahm. Eine junge Frau öffnete die Tür, hörte zu, als wir erklärten, dass meine Mutter einst dort gelebt hatte, und ließ uns mit einem scheuen Lächeln ein. Sie und und ihr Mann und die alte Frau, mit der sie die *kommunalka* teilten, würden bald ausziehen, sagte sie. Das Gebäude sollte entkernt und dann von der Moskauer Stadtverwaltung an einen Investor verkauft werden, der Luxuswohnungen daraus machen wollte.

In der Wohnung war nicht viel zu sehen: ein breiter Flur mit welligem Linoleumboden, sich ablösenden Tapeten und an jeder Tür einem eigenen Schloss. Am Ende des Flurs lag eine schmutzige Küche, deren Decke sich unter dem Gewicht des über Jahre angesammelten alten Fetts ablöste und aus deren Wand abgeklemmte Gasleitungen für stillgelegte Herde ragten.

Das Zimmer meiner Mutter, kaum mehr als ein Abstellraum, diente nun einer schlafenden Zweijährigen als Kinderzimmer. Meine Mutter sah sich um, ohne eine Regung zu zeigen, als suche sie etwas, was an sie erinnerte. Als sie nichts fand, wandte sie sich um, und wir verließen die Wohnung. Sie schien nicht weiter berührt, und so gingen wir einkaufen.

Damals wohnte ich selbst in der Starokonjuschenny-Pereulok. Das konstruktivistische Gebäude war Anfang der Dreißigerjahre erbaut worden, und die langen, schmalen Räume meiner Wohnung hatten seltsam verwinkelte Wände und Fenster. Es lag nur 250 Meter von der alten Wohnung meiner Mutter in der Nähe des Arbat entfernt. Abends lief ich durch die verlassenen Seitenstraßen bis zur Rylejewstraße, wo Waleri Golowister gewohnt hatte und wo sich meine Eltern zum ersten Mal begegnet waren. Ich ging den Gogolewskiboulevard hinunter, auf dem sie Arm in Arm spazieren gegangen waren, zur Metrostation Kropotkinskaja und die Siwzew-Wraschek-Straße hinauf, über die meine Mutter zum Einkaufen ins »Gastronom Nr. 1« gegangen war. Diese Straßen waren für meine Eltern voller Erinnerungen, doch mir sagten sie nichts. Ich hatte ihre Briefe noch nicht gelesen, mich noch nicht für ihr früheres Leben interessiert; ich fühlte damals keine Verbindung zwischen ihrem Moskau und meinem. »Mervyn, stellst Du Dir vor, wie ich durch die Pfützen des nächtlichen Moskau zu unserem Zuhause auf dem Arbat gehe?«, schrieb meine Mutter Ende 1964 an meinen Vater. Er tat es. Und ich tue es jetzt auch.

In ihrem kleinen, dunklen Zimmer mit dem schmalen Fenster schuf sich Mila etwas, was sie nie zuvor gehabt hatte – ein Zuhause. Dann, als Mervyn in ihrem Leben auftauchte, schuf sie sich eine Familie.

»Im Herbst 1963 sah ich Dich zum ersten Mal«, schrieb Mila ein Jahr später. »Ich spürte eine Art inneren Impuls, eine flüchtige, sengende Gewissheit, dass Du genau der Mensch seist, in den ich mich endlich wirklich verlieben würde. Es war, als habe sich ein Stück meines Herzens abgelöst und ein eigenes Leben in dir begonnen. Ich hatte mich nicht getäuscht. Schon nach kurzer Zeit verstand ich Dich und kam Dir so nah, als wäre ich schon Dein Schatten gewesen, als Du Deine ersten Schritte in dieser Welt machtest. Alle Schranken brachen – politisch, geografisch, national, sexuell. Die ganze Welt war für mich in zwei Hälften geteilt – die eine wir (Du und ich), die andere – der Rest.«

Die Einzelheiten der neun Monate, die meine Eltern zusammen in Moskau verbrachten, haben überlebt, weil sie in den sechs Jahren ihrer erzwungenen Trennung in ihren Briefen jedes ihrer Gespräche bis ins kleinste Detail noch einmal erlebten. Fast jede Minute und jeder Tag ihrer wenigen Monate zusammen wurden noch einmal besucht und liebevoll untersucht wie ein Andenken. Jede kleine Kabbelei, jedes Gespräch, jedes Liebesspiel und jeder Spaziergang wurden in Milas Geist aufgeführt, nachgespielt und diskutiert, Wörter und Sätze erinnert und analysiert, produziert als lebender Beweis dafür, dass all das nicht nur ein Traum gewesen war, dass sie eine Zeit lang tatsächlich ein Zuhause, einander gehabt hatten. »Buchstäblich jedes Detail unseres gemeinsamen Lebens geht mir durch den Kopf«, schrieb Mila. »Ich lebe für die Erinnerung an jene Zeit.«

An den Winterabenden, auf dem Weg von der Lenin-Bibliothek zurück zur Universität, schaute Mervyn bei Waleri Golowister vorbei, um zu plaudern oder ein paar neue Schallplatten abzuholen, drückte sich dann in einen Hauseingang, um seine KGB-Verfolger abzuschütteln, und stand vor Milas Tür. Dort machte er es sich auf dem Diwan bequem und las, während sie in der Küche Stör briet, Mervyns Lieblingsfisch. Nach dem Essen gingen sie lange auf den Boulevards und in den Seitenstraßen spazieren und redeten bis spät in die Nacht. Er liebte ihre selbst gemachte Konfitüre, die sie ihm auf ihren vorrevolutionären Tellern von Gardner servierte. Sie hatte sie in einem Antiquitätengeschäft gefunden und nahm sie später auch mit nach London. Milas Zimmer mit dem Diwan, dem kleinen Tisch und dem Kleiderschrank wurde ihr Liebesnest, während die Nachbarn im Zimmer nebenan wilde Partys feierten und Akkordeon spielten.

Ihre Romanze war für sie beide eine Heimkehr – zwei einsame, lebensferne Menschen ohne Liebe fanden aneinander, was ihnen ihr ganzes entwurzeltes Leben lang gefehlt hatte. Mila war 29 Jahre alt und mit den romantischen Fantasien der sowjetischen Filme und Literatur groß geworden. Die meisten ihrer Freunde und ihre Schwester hatten geheiratet, ehe sie 20 waren. Mila hatte zwar Liebschaften gehabt und war trotz ihrer verkrüppelten Hüfte bei den Männern begehrt, doch sie hatte nie jemanden gefunden, der ihren hohen Ansprüchen genügte.

Doch nun, plötzlich, wie durch eine höhere Gewalt, trat dieser Fremde mit dem langen Rücken, dieser verträumte, schüchterne Russophile mit den schmalen Fingern und vorsichtigen Vokalen in ihr Leben, so ernst und unschuldig (trotz seiner sündigen Fehltritte in Gesellschaft von Wadim und Schein), so verloren, so verliebt in Russland, doch ohne ein Zuhause dort. Sie sollte die Verkörperung all dessen werden, was er an Russland liebte, seine Leidenschaft und sein Feuer.

Mervyn passte genau in die Lücke in Milas Leben. Er gab ihrer Existenz einen Sinn, er war es, was ihr gefehlt hatte, um ganz zu sein, um die Schrecken ihrer Kindheit und die Einsamkeit ihres Erwachsenenlebens zu heilen. Sie wurde die intelligente Mutter, die sie nie hatte. Er wurde ihr Sohn, das Kind, das sie nährte, weil sie nie genährt wurde, als könne sie dadurch, dass sie ihn heilte, sich selbst heilen und alles für sie beide richten. Nach einem Leben voller Entbehrungen war Mervyn Milas Erlösung.

»Das Leben kann nicht so grausam und ungerecht sein, wenn es Dich mir gegeben hat«, schrieb Mila ihm später, als sie auf entgegengesetzten Seiten des Eisernen Vorhangs lebten. »Aus irgendeinem Grund bin ich in Dich eingezogen, und nichts wird mich von so einem warmen Plätzchen wieder vertreiben. In der Welt ist so wenig Wärme und Liebe, dass ich nicht einmal einen Krümel davon verlieren darf, den Du gefunden hast.«

Mervyn war Milas erste Liebe, und diese Liebe hatte all die moralische Reinheit und absolute, traumhafte Klarheit der Heranwachsenden. Mila hatte zu wenige echte menschliche Bezugspunkte für ihr Gefühlsleben, dafür aber sehr viele literarische. Die Sprache der Liebe war für sie melodramatisch, naiv und ein bisschen kindisch, doch darunter lag eine sprudelnde Leiden-

schaft, die ganz ihr Eigen war. Es war keine erotische Leidenschaft, sondern eine Leidenschaft, getrieben von der schrecklichen Furcht, verlassen zu werden und diese ihre einzige Chance
zu verlieren, ihr unglückliches Leben zu tilgen und mit einem
Streich alles Leiden zunichtezumachen.

Für Mervyn war es ein bisschen anders. Er sah gut aus, und
die Russinnen mochten ihn, flirteten mit ihm, gingen mit ihm
ins Bett. Doch er hatte nie Scheins Inbrunst oder Hunger nach
Frauen. Frauen machten ihn schüchtern, und er konnte den lässigen Charme seiner russischen Freunde nicht aufbieten, ihre
Prahlerei, ihr verführerisches Selbstvertrauen. Doch dann kam
Mila, die Frau mit dem verkrüppelten Körper und der schönen
Seele, hingebungsvoll, nicht bedrohlich, intellektuell unabhängig, zuerst Verbündete und Freundin und dann Frau, und doch
ausgestattet mit einem offenbar unendlichen Vorrat an Liebe,
die sie über ihn ergoss. »Ich will Dir ein gutes, gesundes Leben
bieten, ein Zuhause, gutes Essen«, schrieb Mila später über ihre
Pläne für eine gemeinsame Zukunft. »Es wird mich so erfüllen, Dir bei Deiner Arbeit zu helfen. Ich bin mir sicher, dass wir
eine richtige Familie werden können, zusammengehalten durch
Liebe und Freundschaft, gegenseitiges Verstehen, Einanderhel-
fen. Alles, was wir haben, haben wir durch unsere eigene Arbeit,
unseren eigenen Verstand. Zusammen können wir alles errei-
chen.«

Das Wichtigste aber war vielleicht, dass Mila Mervyns
schmerzvolle Vergangenheit verstand wie noch nie jemand
zuvor. »Ich sehe Deinen Wunsch, der Armut zu entkommen, aus
der Anonymität in die große Welt zu treten«, schrieb sie. »Ich
sehe, wie Du, allein und ohne Förderer und ohne einen vorge-
zeichneten Weg, Dein Leben meisterst, seine Höhen bezwingst;

ich verstehe Deine Vorlieben, Deine Interessen, Deine Schwächen.«

Es gab einen Moment, an einem matschigen Februarabend, da verließen Mervyn und Mila zusammen die Wohnung in der Starokonjuschenny-Pereulok und gingen zum Gogolewskiboulevard. Mervyn musste nach rechts zur Metrostation Kropotkinskaja abbiegen, Mila nach links, um Freunde zu besuchen. Sie umarmten sich, und als sie im Dämmerlicht davonging, begriff Mervyn plötzlich, dass er diese schiefe Gestalt zutiefst liebte und sich eine Zukunft ohne sie nicht vorstellen konnte.

Er hatte keine Ahnung – wie sollte er auch –, wie erbittert sie in den kommenden Jahren für diese Liebe würden kämpfen müssen und wie tiefgreifend dies sein Leben verändern würde. Seine Liebe zu Mila, wie seine Liebe zu Russland, begann als romantische Schwärmerei. Alles zuvor waren Abenteuer gewesen, folgenlos und aufregend. Was kommen sollte, würde ihm alles abverlangen, was er an Entschlossenheit aufbringen konnte.

Mila lud Mervyn in die Wohnung ihrer Schwester Lenina am Frunsenskajaufer ein, ein sicheres Zeichen der wachsenden Ernsthaftigkeit ihrer Beziehung. Nach all den Jahren in Russland war Leninas Wohnung das erste Zuhause, das Mervyn besuchte. Bei allen seinen Freunden, selbst bei Wadim, war er immer nur in Junggesellenzimmer in der Universität oder *kommunalkas* wie die von Waleri Golowister eingeladen gewesen.

Es war kühn von Mila, ihn einzuladen, und von Lenina, einen Ausländer in ihre Wohnung zu lassen. Mervyns sporadische KGB-Beschatter waren für beide eine Tatsache, und sie ignorierten sie fröhlich – doch sein Besuch konnte sich für Leninas einbeinigen Mann Sascha als gefährlich erweisen, der inzwischen Leiter der Finanzabteilung des Justizministeriums war. Doch

Mervyn kam und wurde mit Schtschi, Fleischbällchen, Kuchen und Tee bewirtet und als Familienmitglied behandelt. Er wurde wieder eingeladen. Obwohl mein Vater ein gefährlicher Ausländer war und sich seltsam förmlich benahm, schlossen ihn Lenina, Sascha und ihre beiden halbwüchsigen Töchter schnell ins Herz.

Der Sommer kam, und Mila lud Mervyn in die Datscha der Wassins nach Wnukowo ein, nur eine Autostunde vom Zentrum Moskaus entfernt, aber schon tief im russischen Hinterland mit seinem unendlichen Himmel, seinen endlosen Feldern, Außenklos und Wasser aus dem Brunnen. Bei strahlendem Sonnenschein half Mervyn Sascha, den Garten umzugraben und Kartoffeln zu setzen und Gurken zu pflanzen. An den Nachmittagen beschickten sie den Samowar mit Zweigen und Birkenrinde, tranken im schwindenden Licht rauchigen Tee und aßen dazu Konfitüre aus Schwarzen Johannisbeeren. Mila und Mervyn machten lange Spaziergänge in den Birkenwäldern, er im kurzärmeligen Hemd, sie in einem langen Baby-Doll-Kleid aus bedruckter Baumwolle, nachgeschneidert aus einer Zeitschrift.

Ich war selbst einmal in der Datscha, mit acht, als meine Mutter mit mir und meiner kleinen Schwester nach Moskau gereist war. Ich fand es unglaublich spannend, in dem kleinen Holzhaus zu leben, in dem die Dielen knarrten, es überall nach Erde und Eingelegtem roch und in den Sonnenstrahlen der Staub tanzte. Die Sommertage im Norden schienen endlos, der Himmel war weit und wolkenlos. Doch so heiß es auch war, die Weizenfelder waren doch immer feucht und voller Frösche und Schnecken. Es gab einen kleinen Teich voller Miniaturbarsche. Einmal fing ich einen und brachte ihn in einem Marmeladenglas nach Haus. Mein kleiner Fisch starb über Nacht, und ich fühlte mich so schuldig, dass ich ihn feierlich in der schweren Erde des Gartens begrub.

Der Garten verwilderte, trotz der Anstrengungen meines Onkels Sascha, ihn zu zähmen. Lenina schimpfte immer, er habe drei Säcke Kartoffeln gesetzt und zwei geerntet. Das hatte vielleicht auch damit zu tun, dass wir Jungs – seltsamerweise kann ich mich an keine Zeit des schüchternen Kennenlernens der Dorfjungs erinnern, wir waren sofort eine Bande – sie heimlich nachmittags, wenn die Erwachsenen schliefen, ausbuddelten, das Kartoffelkraut sorgfältig wieder in die Erde steckten und uns mit unserer Beute in die Wälder verzogen, wo wir die Kartoffeln in der Asche unseres Lagerfeuers brieten.

Spätnachmittags gingen wir manchmal in die Wälder und sammelten Beeren und Pilze. Diese alte Gewohnheit schien Teil der russischen Psyche zu sein; jeder im Dorf sammelte wie besessen. Nach der luftigen Sommerhitze in den Feldern und auf den staubigen Wegen war es im Wald dunkel, still und moderig. Es war ein klassischer russischer Birkenwald, endlos und verwirrend und still. Nachdem mir einmal ein riesiger Tausendfüßler über die Hand gekrabbelt war, fürchtete ich mich immer davor, das Laub am Fuß der Bäume auf der Suche nach Pilzen beiseitezuschieben. Der russische Geist war hier, es roch nach Russland. Jenseits des Weges schien der Wald urweltlich, voller Schatten und Flüstern, ganz anders als die englischen Wälder.

Der alte Samowar aus den Zeiten meines Vaters war noch da, und ich sammelte trockene Kiefernzapfen, um das Feuer zu entfachen, das das Wasser nie so zum Kochen zu bringen schien, wie es sollte. Wenn wir warmen Tee tranken und selbst gemachte Konfitüre dazu aßen, fragte ich Sascha nach dem Krieg und seinem Panzer. Er war ein gutmütiger Mann und beantwortete meine Fragen geduldig. Eine alte Frau im Dorf, die alle Babka

Simka nannten und die meiner Tante im Haus half, schalt mich
für meine schreckliche Unkenntnis der Geschichte des Großen
Vaterländischen Krieges, doch ich ließ mich nicht abbringen.
Später spielten meine Freunde aus dem Dorf und ich Bürger-
krieg, Rote gegen Weiße. Die größte Ehre war es, ein Vickers-
Maschinengewehr aus Holz, das der Großvater eines der Jungen
gemacht hatte, auf einem Bollerwagen durchs Dorf zu ziehen.
Wenn wir es die ausgefahrene Hauptstraße an der Datscha mei-
ner Tante vorbeizerrten, brüllte Sascha manchmal ermutigend:
»Friede dem Land der Sowjets!«

Wieder zurück in Moskau, am Abend des 27. März 1964, aß Mervyn mit Mila in ihrem Zimmer zu Abend. Er war ein überlegter
Mann und hatte beschlossen, eine Weile zu warten, ehe er ihr
einen Antrag machte. Doch als sie in die Küche gingen und die
schmutzigen Teller in die Spüle stellten, platzte er plötzlich
heraus: »Lassen wir uns registrieren!«

»Ach, Merwusja«, sagte Mila, den Kosenamen benutzend,
den sie sich ausgedacht hatte. Sie umarmten sich in der fettigen
Wärme der Küche. Doch sie sagte nicht Ja. Stattdessen sagte sie,
Mervyn solle noch einmal darüber nachdenken, falls er es sich
anders überlegte. Sie küssten sich zum Abschied im Flur, und
Mervyn ging zur Metro.

Am nächsten Tag kam Mervyn wieder vorbei, und nun nahm
Mila an. Sie gingen sofort zu der Villa in der Gribojedowstraße,
in der sich der Zentrale Hochzeitspalast befand, der einzige Ort,
an dem Ausländer heiraten durften. In der säkularen Sowjetunion wurden Paare nicht im Namen Gottes, sondern im Namen
des Staates verheiratet. Über der Zeremonie thronte eine Lenin-
büste, musikalisch untermalt wurde sie von Mendelssohn vom
Band, das eine mürrische alte Frau bediente. Mervyn und Mila

standen in der Mittagspause, als besonders viel los war, vor dem Büro des Direktors Schlange, um sich für einen Hochzeitstermin eintragen zu lassen. Ihnen wurde gesagt, der frühestmögliche Termin sei am 9. Juni, in fast drei Monaten, und sie nahmen ihn. Sie erhielten ein Einladungsformular, das ihren Hochzeitstermin bescheinigte, und bekamen damit ordnungsgemäß Gutscheine für Champagner, die sie in Spezialläden einlösen konnten. Auf der Straße trennten sie sich. Mein Vater nahm den Trolleybus zur Lenin-Bibliothek, und meine Mutter ging zurück zur Arbeit.

Der lange Moskauer Winter neigte sich dem Ende zu. Mervyn saß an Milas kleinem Tisch und machte sich beim Schein der Lampe Notizen aus seinen Büchern. Mila saß auf dem Bett und strickte. Auf dem Heimweg von der Arbeit, wo alle Mädchen neugierig und neidisch auf ihren groß gewachsenen, scheuen Verlobten waren, kaufte sie Mervyn Schallplatten und Bücher. Meistens nahm er nachts die letzte Metro und kehrte in sein Zimmer in der Universität zurück, doch manchmal blieb er auch. Dann quetschten sie sich wie Teenager zusammen in das winzige Bett, und Mervyn schlich sich morgens auf Zehenspitzen hinaus, ehe die Nachbarn aufstanden. Beide hatten sie endlich das Glück gefunden.

Doch ihre Idylle fand ein jähes Ende. Im Mai, nach einem ermüdenden Treffen mit seinem Betreuer an der Staatlichen Universität Moskau, bemerkte Mervyn, dass ein ungewöhnlich großes KGB-Team zu seiner Beschattung bestellt worden war. Er war an jenem Nachmittag mit Igor Wail verabredet, einem Studienfreund, doch wegen der Schlägertypen rief er ihn an und schlug einen anderen Zeitpunkt vor, da er, wie er mit unmissverständlichem Euphemismus erklärte, unter gewissen Umständen nicht so gern vorbeikomme.

Mervyn war nervös, denn Wail hatte ihm einige Wochen zuvor einen roten Pullover abgekauft. Mervyn sollte sich das Geld bei ihm abholen, weil Igor ihn nicht sofort hatte bezahlen können. Mervyn hatte Igor außerdem einen alten braunen Anzug gegeben, den er für ihn im *kommisjonka*, dem Kommissionsladen, abgeben sollte, was nur Sowjetbürgern erlaubt war. Streng genommen waren beide Aktionen illegal, so wie jeglicher private Handel in der Sowjetunion. Igor hatte den Anzug genommen und gesagt, er könne bei einem afrikanischen Kommilitonen einen besseren Preis erzielen. Igor hatte unnatürlich angespannt geklungen, als Mervyn anrief, aber darauf bestanden, dass er trotzdem vorbeikommen solle.

Wail teilte sich mit seiner Mutter ein Zimmer in einer *kommunalka* in der Kropotkinskajastraße. Er begrüßte Mervyn übertrieben herzlich an der Tür. Seine Mutter war nicht da, aber auf dem Diwan saßen zwei Männer mittleren Alters in Anzügen. »Meine beiden Freunde«, platzte Igor heraus, »interessieren sich für den braunen Anzug, den du verkaufen wolltest. Weißt du noch?«

»Ja, wir interessieren uns für alles, was Sie verkaufen wollen«, sagte einer der Männer steif.

Es folgte ein langes Schweigen. Mervyn drehte sich um und wollte gehen. Dies war offensichtlich ein amateurhafter Hinterhalt, und mit wachsender Panik begriff er, wer ihn organisiert haben musste und warum. Igor lächelte verzweifelt weiter. Der Mann, der gesprochen hatte, stand vom Sofa auf und zeigte einen roten Polizeiausweis. Mervyn, sagte er, sei verhaftet wegen des Verbrechens der Wirtschaftsspekulation.

Die Kommissare fuhren Igor und Mervyn schweigend zur nächsten Wache, der 60. Milizwache in der Maly-Mogilzewski-Pereulok, genau hinter dem Smolenskajaplatz. Nach kurzem

Warten wurde Mervyn in das Büro des diensthabenden Ermittlers geführt, einem Hauptmann Mirsujew, der akribisch einen langen Bericht über den Vorfall verfasste, wobei er sich ausführlich über Mervyns Verbrechen als Verführer der sowjetischen Jugend und kapitalistischer Spekulant ausließ. Doch Mervyn weigerte sich zu unterschreiben und verlangte, dass ihn der Milizionär zu einem Telefon führte. Mervyn wusste sehr gut, wer hinter dem ganzen Vorfall steckte, und konnte sich zumindest ein bisschen überlegen fühlen angesichts der Tatsache, dass seine Verfolger von einem anderen Kaliber waren als ein kleiner Milizhauptmann.

»Ich muss den KGB anrufen«, sagte er zu Mirsujew, der ihn sofort zum Telefon an der Rezeption brachte.

Mervyn rief eine Nummer an, die Alexei ihm Jahre zuvor gegeben hatte und die immer noch in seinem Notizbuch stand. Eine unbekannte Frau ging ans Telefon und zeigte sich völlig unbeeindruckt von der Tatsache, dass Mervyn von einer Milizwache aus anrief. Sie notierte sich seine Daten und wies ihn an zu warten.

Eine halbe Stunde später kam Alexei in einem akkuraten Anzug in das Verhörzimmer, elegant wie immer. Sie hatten sich seit fast drei Jahren nicht gesehen. Er musterte Mervyn missbilligend und fragte ihn, was geschehen sei, als wüsste er von nichts. Mervyn beschloss, es sei am besten, Alexeis Spiel mitzuspielen und erzählte ihm in allen Einzelheiten, was passiert war. »Dir ist doch klar, dass das schwerwiegende Vorwürfe sind, Mervyn« sagte Alexei kalt. »Sehr schwerwiegend.«

Es waren nur wenige Formalitäten nötig. Alexei führte Mervyn einfach aus der Milizwache in ein wartendes Auto, eine SiL-Limousine. Alexei hat es weit gebracht, dachte Mervyn, als sie in die Leninberge hinauf und zurück zur Universität fuhren.

Alexei versuchte, Konversation zu machen, und fragte höflich nach Mervyns Mutter. Mervyn antwortete, sie sei krank, doch es würde ihr noch viel schlechter gehen, wenn sie wüsste, in welchen Schwierigkeiten ihr Sohn steckte. »O ja, Mervyn«, sagte Alexei. »Du steckst in Schwierigkeiten.«

Sie hatten sich sonst wenig zu sagen, als sie nebeneinander auf der breiten Rückbank des Autos saßen.

Später, als er nachts allein in seinem Zimmer in der Universität saß und auf die Lichter der Stadt blickte, überlegte Mervyn angestrengt, was er nun tun sollte. Er nahm an, Alexei würde sein Angebot, »für das Volk der Sowjetunion« zu arbeiten, erneuern. Es waren noch sechs Wochen bis zu seinem Hochzeitstermin, und die Sowjets konnten ihn ohne Weiteres ausweisen oder bis zu zwei Jahre lang einsperren, wenn er nicht vorsichtig war. Seine Tage waren gezählt.

Mervyn erzählte Mila am nächsten Tag, dass der KGB eine »Provokation« gegen ihn inszeniert hatte. Mila, die bei Banalitäten so unvernünftig sein konnte, war in Krisensituationen ganz ruhig. Sie schenkte Mervyn eine Tasse Tee ein. »Tja, so ist das Leben in Moskau«, sagte sie und gab ihm auf einer Untertasse selbst gemachte Konfitüre, die er mit einem Löffel essen sollte. Mervyn hoffte darauf, den KGB irgendwie so lange hinzuhalten, bis er Ljudmila heiraten und sie für immer mit nach England nehmen könnte.

Leider hatte der KGB ganz andere Pläne. Es kam zu einer Reihe angespannter Treffen im Hotel Metropol mit seinen alten Gegenspielern Alexei und dessen Chef Alexandr Fjodorowitsch Sokolow. Mervyn versuchte es mit Ausflüchten, erzählte ihnen, wie sehr ihm der internationale Frieden und die Völkerverständigung am Herzen lägen. Die KGB-Männer wurden ungedul-

dig und drängten auf eine klare Antwort. Sokolow war in einer
Zeit aufgewachsen, als man solchen Allüren schlicht mit Gewalt begegnete. Er machte Mervyns Stammeleien missmutig ein
Ende – würde er nun für den KGB arbeiten oder nicht? Er wurde
aggressiv, schlug auf den Tisch, erzürnt über die zunehmend verzweifelten Ausflüchte meines Vaters. Am Schluss des Treffens,
das ihr letztes sein sollte, war deutlich zu spüren, dass dem KGB
schnell die Geduld riss, wenn sie nicht schon am Ende war.

Der tollkühne Widerstand meines Vaters gegen den KGB war
in meinen Augen schon immer ein edelmütiger und von hohen
Grundsätzen geleiteter Akt gewesen. Doch irgendwie finde ich
ihn auch unverständlich. Während ich dies schreibe wird mir
klar: Wenn ich wählen müsste, ob ich von der Frau, die ich liebe,
getrennt werde oder ein Dokument unterschreibe, auf dem steht,
dass ich für den KGB arbeite, würde ich ohne zu zögern meinen
Namen auf die gestrichelte Linie setzen. Wie auch immer meine
privaten Gefühle für den KGB geartet wären, ich würde mein
persönliches Glück über alles andere stellen. Ich weiß nicht, ob
das ein Unterschied zwischen der Generation meines Vaters und
meiner ist oder eine Frage unseres unterschiedlichen Tempera-
ments.

Mein Vater wurde in eine Generation hineingeboren, deren
Väter in Reih und Glied für König und Vaterland ins Maschinen-
gewehrfeuer marschierten. Er wuchs in einer konformistischen
Zeit auf, und obwohl vieles in seinem Leben bemerkenswert in-
dividualistisch verlief, war es für ihn unvorstellbar, sein Land zu
verraten und sich den Schmeicheleien des KGB zu ergeben. Doch
bei seiner Weigerung ging es nicht darum, sich für die Konformität zu entscheiden und gegen die extravagante Narrheit des
Verrats. Sein tief verwurzeltes Ehrgefühl erlaubte es ihm ein-

fach nicht; trotz eines lebenslangen Zynismus der Politik gegenüber zweifelte er nie an seiner Liebe zu seinem Land. Er sollte für seine Prinzipien einen hohen Preis bezahlen.

Ein kurzer Brief kam, auf dünnem offiziellem Papier, in dem mitgeteilt wurde, der Hochzeitstermin meiner Eltern sei gestrichen worden, da ein Strafverfahren gegen Mervyn eröffnet worden sei – was eigentlich nicht stimmte, da ja noch ermittelt wurde. Der KGB hatte außerdem Waleri Golowister zu einer langen Reihe Verhöre vorgeladen, unter der Bedingung strengster Geheimhaltung. Über gemeinsame Freunde ließ er Mervyn trotzdem wissen, dass es ihn getroffen hatte. Mein Vater, der inzwischen große Angst vor dem nächsten Schachzug des KGB hatte, begann zu begreifen, dass auch seine Freunde die Folgen seiner Haltung zu spüren bekamen.

Um die Spirale der Rache vielleicht noch aufzuhalten, beschloss Mervyn, sich an den Labour-Führer Harold Wilson zu wenden, der damals noch Oppositionsführer war. Wilson weilte zu einem Treffen mit den Sowjets in Moskau, weil diese sich sehr für die Chancen der Labour-Partei bei den nächsten Wahlen in England interessierten. Mervyn fuhr am Abend von Wilsons Ankunft mit dem Trolleybus zum Hotel National und nutzte seinen Status als Ausländer, um am Sicherheitspersonal des Hotels vorbei bis zu Wilsons Zimmer zu gelangen. Wilson selbst öffnete Mervyn die Tür, doch als dieser begann, seine missliche Lage zu schildern, und ihn bat, sich persönlich bei Chruschtschow für ihn einzusetzen, witterte Wilson Ärger und lehnte höflich, aber bestimmt ab. Bei einem Besuch bei Wilsons Schattenaußenminister Patrick Gordon Walker zwei Tage später wurde er noch entschiedener abgewiesen. Walker riet meinem Vater albernerweise, sich an die Botschaft zu wenden.

*Am Rande: Mervyn (ganz rechts unten) 1964 in seiner Klasse am
St Antony's College. Seine Abenteuer in Russland sollten sich bald als
fatal für seine Karriere in Oxford erweisen.*

Mervyn und Ljudmila beschlossen, zum geplanten Termin im
Hochzeitspalast in der Gribojedowstraße zu erscheinen, obwohl
er gestrichen worden war. Mila trug ein mit Perlen besticktes
Hochzeitskleid aus Leinen, und Mervyn hatte einen schweren
Trauring aus Rotgold in der Jackentasche.

Mein Vater setzte alles auf eine Karte – was letztlich das Ende
nur noch schneller herbeiführte – und lud ein ganzes Gefolge
Auslandskorrespondenten ein, die über seinen Hochzeitsversuch
berichten sollten. Victor Louis von der *Evening News*, ein mysteriöser Typ russischer Abstammung und Doyen der Auslandspresse in Moskau, war anwesend sowie mindestens ein Dutzend
KGB-Schläger. Die Direktorin des Hochzeitspalastes zog es vor,
dem Gebäude den ganzen Tag fernzubleiben. Ihre sture Stellvertreterin weigerte sich, das Paar zu verheiraten, mit der Be-
gründung, ihr Termin sei auf Anweisung der »Verwaltung« ge-

strichen worden. Louis kämpfte tapfer für ihre Sache und setzte der Stellvertreterin zu, sie solle einen »triftigen rechtlichen Grund« für ihre Weigerung nennen. Doch die Bürokraten verlegten sich auf die bewährte sowjetische Taktik, stundenlang gar nichts zu tun, und so wich die Energie der Bittsteller irgendwann der Verzweiflung. Als es Abend wurde, gingen alle nach Haus.

Der fehlgeschlagene Öffentlichkeitscoup würde unvermeidlich eine Vergeltungsmaßnahme nach sich ziehen, und so tauchte mein Vater in Ljudmilas Wohnung unter. Als die Auslandspresse erfuhr, dass man ihn in seinem Zimmer in der Universität vermisste, berichtete sie, er sei verschwunden. Zwei Tage lang klammerten sich Mila und Mervyn an der Hoffnung fest, ein Wunder würde geschehen, und die furchtbaren Stürme, die vor ihrer dünnen Zimmertür wüteten, würden vorüberziehen. Mila meldete sich zwei Wochen lang bei der Arbeit krank, und die beiden gingen Arm in Arm auf dem Arbat spazieren oder schlossen sich in ihrem kleinen Zimmer ein und redeten. Doch das Gemeinschaftstelefon der *kommunalka* machte ihren verzweifelten Versuch, die Zeit anzuhalten, zunichte. Mervyn wurde dringend in die Botschaft einbestellt.

Ein Diplomat und einer der hauseigenen Spione der Botschaft erwarteten ihn bereits am Eingang und brachten ihn hinunter in die »Blase«, einen angeblich abhörsicheren kleinen Raum, in dem sie ungestört reden konnten. Hier wurde Mervyn darüber informiert, das Außenministerium habe Gründe, anzunehmen, Mila sei eine KGB-Spionin. Beweise für diese Behauptung wurden nicht dargelegt. Es folgte ein Augenblick, an den Mervyn sich später als einen der stolzesten seines Lebens erinnern sollte, stolzer noch als seine Weigerung, für Alexei zu arbeiten: Er stand angewidert auf und verließ den Raum und die Botschaft ohne ein weiteres Wort.

Sein Ekel war echt, seine Tapferkeit jedoch aufgesetzt. Verzweifelt und voller Panik angesichts der drohenden Katastrophe nahm mein Vater den Trolleybus zurück in seine kleine Zufluchtsstätte in der Starokonjuschenny-Pereulok, um dort auf das Unvermeidliche zu warten. Am darauffolgenden Tag, dem 20. Juni, brachten zwei Beamte der britischen Botschaft einen Brief. Die Anwesenheit so vieler Ausländer sorgte für große Aufregung unter Milas tuschelnden Nachbarn.

In dem Brief wurde meinem Vater mitgeteilt, die Botschaft habe ein offizielles Schreiben vom Außenministerium der Sowjetunion erhalten, in dem stand, ein gewisser William Haydn Mervyn Matthews, Doktorand, werde nun in der Sowjetunion als Persona non grata betrachtet und müsse das Land sofort verlassen. Minuten später standen ein uniformierter Milizionär und ein *druschinnik*, ein Helfer in Zivil, vor der Tür. Mervyn habe unangemeldet in der Wohnung gewohnt, erklärte der Milizionär, und müsse mit ihnen gehen. Er hatte keine Wahl.

Sie fuhren zügig durch das Zentrum Moskaus – die Straßen waren damals noch fast verkehrsfrei –, umrundeten den Lubjankaplatz, den Mervyn einen schrecklichen Moment lang für das Ziel der Fahrt hielt, und fuhren die Tschernyschewskistraße entlang zur OWIR, der Abteilung für Visa und Registrierung. Dort wurde Mervyn förmlich mitgeteilt, sein Visum sei abgelaufen, und er müsse das Land sofort verlassen. Ein anwesender Mitarbeiter der britischen Botschaft erklärte sich bereit, ihm für den folgenden Tag, den 21. Juni 1964, einen Platz in dem überfüllten Flugzeug nach London zu besorgen. Mervyn war so angeekelt, dass er sich weigerte, auch nur ein Wort Englisch zu sprechen, und so den Botschaftsmitarbeiter zwang, sich jedes Wort des Gesprächs mit den Beamten mühsam übersetzen zu lassen.

Sie verbrachten ihre letzte Nacht zusammen in Milas Wohnung. Mervyn ging gar nicht erst in die Universität zurück, um seine Sachen zu packen. Er und Mila waren wie betäubt vor Schmerz. Am nächsten Morgen begleitete Mila Mervyn in einem Taxi zum Flughafen Wnukowo, mit grauem Gesicht und wie unter Schock. Sie umarmten sich. Als Mervyn durch die Schranke zur Passkontrolle und aus ihrem Leben ging, wahrscheinlich für immer, wurde Mila von einem Schmerz überwältigt, der nicht weniger bitter war als der, den sie empfunden hatte, als man ihr ihre Eltern nahm.

»Mein Gott, diese Minuten dort am Flughafen waren furchtbar. Ich stand allein in der Ecke und sah tränenüberströmt Dein Flugzeug starten«, schrieb Mila einige Tage später an Mervyn. »Die Taxifahrer versuchten zu helfen und fragten, was los sei; sie sagten, sie würden mich kostenlos mitnehmen, wenn ich kein Geld für die Fahrt hätte. Ich konnte lange nicht weg und trieb mich dort herum, hoffte auf ein Wunder, das Dich zurückbringen würde.«

11

Mila und Merwusja

Meine Liebe ist stärker als ihr Hass.
Mila an Mervyn

Mervyn erwachte bei Vogelgezwitscher. Draußen war ein heller Sommermorgen in einem gepflegten englischen Vorortgarten. Aus der Küche unten hörte er das Klappern des Frühstücksgeschirrs und das Gedudel der BBC im Radio. Hier im Bett stürmten die Ereignisse der letzten Tage wie das Nachspiel eines Albtraums auf ihn ein.

»Er ist ein sturer Narr, und er sollte es besser wissen«, hatte seine Mutter tags zuvor auf ihre unverblümte Art zum *Daily Express* gesagt, und was die Sturheit anging, so hatte sie sicher recht. Doch es war mehr als das. Mervyn hatte sein Leben lang gegen die provinzielle Plackerei gekämpft, für die andere ihn bestimmt hatten. Und nun wurde ihm klar, dass er auch für Mila kämpfen musste.

An jenem Morgen beschloss Mervyn, alles in seiner Macht Stehende daranzusetzen, Mila aus Russland zu holen. Das war kein unbesonnener Entschluss. Pragmatisch, wie er war, gab er sich fünf Jahre. Wäre die Sache dann immer noch aussichtslos, würde er sich mit seinem Scheitern abfinden und weitermachen.

Mervyn installierte in dem kleinen Haus seines Halbbruders Jack in Barnes ein Büro. Von dort aus tätigte er Anrufe und nahm die Fäden seines einstigen Lebens wieder auf. Zuerst rief er im

St Anthony's an. Bill Deakin, der Rektor des Colleges, hatte mit wachsender Besorgnis die Tiraden seines Studenten in Moskau in den Zeitungen verfolgt. Er schlug für den nächsten Abend ein gemeinsames Essen in Scott's Fish Restaurant in Mayfair vor. Deakin war ein imposanter Mann, aristokratisch bis in die Fingerspitzen. Er war im Krieg ein enger Vertrauter Churchills gewesen und zusammen mit Sir Fitzroy Maclean mit dem Fallschirm über Jugoslawien abgesprungen, um Kontakt zu Titos Partisanen herzustellen. Obwohl Mervyn Deakin mochte und respektierte, war dieser genau die Art glatter Repräsentant des Establishments, der Mervyn in die Defensive trieb.

Deakin hatte Mervyn kaum wahrgenommen, ehe er nach Moskau ging, doch nun hatte der schüchterne Waliser die Sünde begangen, den Namen des Colleges auf die Titelseiten zu bringen, und so war es Zeit für ein ernsthaftes Gespräch. Das Essen war teuer und mittelmäßig – mein Vater fand Alexeis Gastfreundschaft in Moskau weit überlegen –, doch Deakin war charmant und kippte jede Menge Whiskys mit Soda. Nachdem er Mervyn die ganze Geschichte entlockt hatte, war es seine Sorge, zunächst sicherzustellen, dass Mervyn in Moskau in keine kriminellen Aktivitäten verwickelt war, die dem Ansehen des Colleges schaden könnten. Beim Kaffee schlug er vor, mein Vater solle mit den Sicherheitsleuten über seine Erfahrungen sprechen. Draußen winkte Deakin ein Taxi heran und überließ es meinem Vater, zur U-Bahn zu laufen. Meinem Vater fiel auf, wie freigebig er Trinkgelder von zehn Shilling gab.

Schon als er das Flugzeug in Moskau bestieg, schmiedete Mervyn einen Plan, der kühn genug war, seinen Handlungsdrang zu befriedigen. Nikita Chruschtschow plante in der folgenden Woche einen Schwedenbesuch mit seiner Frau. Mervyn wollte ihnen bei dieser Gelegenheit einen persönlichen Brief überreichen, in dem er sie anflehte, zwei ganz gewöhnlichen Menschen zu helfen, heiraten zu dürfen.

Irgendwie – entweder aus der Presse oder über seinen Bruder Jack – bekam Mervyns Mutter Wind von seinem Plan. »Bitte, Mervyn, gib mir zuliebe die Idee auf, nach Skandinavien zu reisen und Chruschtschow zu treffen«, schrieb sie ihrem Sohn aus Swansea. »Er hat einen riesigen Leibwächter dabei, und Du könntest erschossen werden.« Mervyn ignorierte ihren Rat, wie noch so oft in den Jahren danach.

Er stieg in ein Flugzeug nach Göteborg, landete aber erst, als die Chruschtschows bereits wieder abflogen. Die schwedische Polizei, die aus den Zeitungen von seinem Besuch wusste, wartete auf Mervyn und war sehr erleichtert, als er zu spät ankam. »Chruschtschow weg«, sagte ein schwedischer Polizist in Zivil zu Mervyn und wies in den fahlen Sonnenuntergang.

Mervyn war beim Chefredakteur der *Göteborgs Handels- och Sjöfartstidning* zum Abendessen eingeladen und gab ein Interview. Nachdem er Chruschtschow in Göteborg verpasst hatte, folgte Mervyn ihm mit dem Zug durch die regnerische schwedische Nacht nach Stockholm. Dort bezog er ein billiges Zimmer im Hotel Hellman, wo er sein Teeset aufbaute: einen Tauchsieder, ein Teesieb und eine Tasse. Es war eine Gewohnheit, die er bis weit in meine Kindheit hinein beibehielt. Ich erinnere mich noch gut an dieses Teeset auf den fleckigen Tischen der billigen Hotelzimmer, in denen wir auf Reisen unterkamen – in der Provence, in Istanbul, Kairo, Florenz, Rom. Er hatte auch einen Teller und Besteck dabei, weil er sich die teuren schwedischen Restaurants nicht leisten konnte. Stattdessen kaufte er ein und aß auf seinem Zimmer.

Am Morgen machte Mervyn sich auf den Weg zu den Redaktionen der beiden großen Stockholmer Tageszeitungen, *Afton-*

bladet und *Stockholms-Tidningen*, wo ihm die Journalisten erklärten, die Sicherheitsvorkehrungen rund um Chruschtschow
herum seien sehr streng, und er solle nicht versuchen, sich dem
großen Mann zu nähern. Sie versprachen, am nächsten Tag große
Leitartikel zu drucken.

An jenem Abend ging Mervyn allein in einen Vergnügungspark auf einer der Inseln und sah den jungen Paaren beim Tanzen zu. Ihm fiel auf, dass sie für jede einzelne Nummer zahlen
mussten. Er stellte sich vor, wie er und Mila gemeinsam durch
die Drehkreuze gingen.

Um drei Uhr morgens weckte ihn ein Klopfen. Vor der Tür
stand Des Zwar, ein Journalist von der *Daily Mail*. Mervyn versuchte, ihn loszuwerden, aber Zwar war hartnäckig. Er habe alle
Hotels der Stadt nach Mervyn abgesucht, sagte er. »Die Redaktion glaubt, das wird eine gute Story, also haben sie mich rübergeschickt.«

Sie saßen auf dem Bett und redeten. Mervyn erzählte Zwar
seine Geschichte, und Zwar erzählte Mervyn von seinen Leidenschaften, dem Golf und schönen Frauen, »in dieser Reihenfolge«.
Zwars Geschichte, ein Meisterstück des Boulevardjournalismus,
das mein Vater als ersten einer langen Reihe Zeitungsausschnitte
aufbewahrt hatte, erschien am nächsten Tag.

»Dr. Mervyn Matthews, ein Forschungsstudent von 31 Jahren,
dem die Erlaubnis verweigert wurde, ein russisches Mädchen zu
heiraten, wartet heute Abend hier in Stockholm darauf, morgen vielleicht den sowjetischen Regierungschef Chruschtschow
zu treffen. Heute wanderte er durch das Zentrum Stockholms,
in der Tasche einen Brief an Chruschtschow. ›Ich gebe nicht auf‹,
sagt er. Wenn Matthews versucht, die Absperrungen der schwer
bewaffneten Polizisten zu durchbrechen, riskiert er, erschossen zu werden. In den Bäumen, entlang den Straßen und sogar

auf Pferden sind Sicherheitsleute postiert, die seit der Entführungsdrohung gegen Chruschtschow nervös sind und Anweisung haben zu schießen, sobald jemand versucht, sich dem russischen Regierungschef zu nähern.«

Mervyn ging das Geld aus, und er hatte es nicht geschafft, sich Chruschtschow zu nähern. Am nächsten Tag flog er mit leeren Händen zurück nach Oxford.

»Ich sitze am Fenster unseres Colleges und denke an Dich«, schrieb Mervyn in seiner wunderschönen geneigten russischen Handschrift an Mila. »Dieser verdammte [Post]streik geht weiter, wohl noch eine ganze Weile. Also habe ich einen Freund gebeten, diesen Brief für mich in Paris aufzugeben. Eine Woche ist vergangen, und ich habe nichts von Dir gehört. Ich warte so sehr auf Deinen Anruf.«

Seine Sprache war in diesen allerersten Briefen sehr vorsichtig, sein Stil förmlich. Es war, als teste er ihre Reaktion, ihre Erwartungen an ihn. »Ich würde selbst anrufen, aber ich will nicht stören… Ich setze immer noch alles daran, eine Lösung für unsere Frage zu finden. Du kannst Dich ganz und gar auf mich verlassen. Ich vergesse meine Mila keine Sekunde lang. Ich habe Deine Fotos, die alten, aber ich habe Angst, sie mir anzuschauen. Sie sind in einem Umschlag. Ich weiß, sobald ich Dein Gesicht sehe, überwältigt mich ein solcher Kummer, dass ich es nicht ertrage. Alles ist so leer ohne Dich, so leer… Es ist heiß und drückend, ein typischer Oxforder Sommer. Das College ist wie immer, aber ich habe mich verändert. Ich will wissen, wie es Dir geht – es ist leichter für mich, wenn ich weiß, dass Du nicht verzweifelst. Wenn ich an unseren Abschied denke, zerreißt es mir das Herz. Aber keine Sorge – dabei belasse ich es nicht. Denk immer daran, dass ich viele Schritte unternehme, damit wir unser gemeinsames Glück erringen. Kümmere Du Dich um Deine kleinen Nerven und Deine Gesundheit. Dein M.«

Einige Tage später kamen Milas erste Briefe aus Moskau in Mervyns Postkasten im St Anthony's an.

»Heute beginnen wir ein neues Leben, ein Leben der Briefe und des Kampfes«, schrieb Ljudmila am 24.Juni. »Es geht mir schlecht ohne Dich, es ist, als habe das Leben angehalten... In den drei Tagen, seit Du gegangen bist, habe ich viel von meiner Kraft, meiner Gesundheit und meinen Nerven verloren. Ich weiß, dass Du mir böse sein wirst, aber ich konnte nichts mit mir anfangen. Ich schlafe schlecht und denke die ganze Zeit, dass Du zurückkehren wirst und ich auf Dich warten sollte. Und so schrecke ich bei jedem Geräusch hoch. Meine Freunde versuchen, mir zu helfen... Jeder hier, der ehrlich und vernünftig ist, findet das [unsere Trennung] dumm, unmenschlich, gemein und schimpflich.«

Milas Freunde kamen sie trösten, brachten Essen mit und schleppten sie hinaus in den Park, um ein bisschen spazieren zu gehen. Doch Mila war »unter Menschen still geworden, dumm, unfähig, etwas zu sagen«. Sie weigerte sich, ihre Bettwäsche zu wechseln, weil sie immer noch »nach Deinem Körper rochen«. Am Samstag nach Mervyns Abreise nahm sie sich vor, die Energie aufzubringen, ins Theater zu gehen. *Cyrano de Bergerac* hatte im Sowremennik Premiere, doch zum ersten Mal in ihrem Leben hielt Mila die Vorstellung nicht durch und ging nach dem ersten Akt. Sie fühlte sich, als renne sie herum »wie ein Hamster im Rad«.

»Ich lebe nur mit meinem Kummer, die Außenwelt existiert nicht mehr für mich«, schrieb sie Mervyn am nächsten Tag. »Es tut mir unendlich leid, dass ich Dich habe gehen lassen. Wir hätten länger warten sollen. Alles ist jetzt tausend Mal schwerer, die Einsamkeit ist unerträglich. Im Institut tue ich allen Frauen leid, aber im Grunde glauben sie, dass Du mich betrogen hast. Sie sagen: ›Wird er es weiter versuchen?‹ Ich sagen ihnen, dass Du es ganz bestimmt versuchen wirst und dass wir einander sehr lieben. Sie laufen alle in die Bibliothek und lesen dort die *New York Times*. Vielen gefällt Dein Foto … Ich gehe immer so schnell wie möglich nach Hause und versuche, niemanden zu sehen. Meine Mutter hat es sehr schlecht aufgenommen [die Abreise]. Sie sagte, sie wusste, dass das geschehen würde! Du bist ein Ausländer.«

Wenn mir eins klargeworden ist beim Schreiben dieses Buches, so ist es, dass mein Vater ein zutiefst ehrenhafter Mann ist. Er hatte versprochen, Mila zu heiraten, und er würde sein Wort halten. Mehr noch, er sollte viel dafür opfern, Martas grässliche Anschuldigung zu widerlegen, er, ein Ausländer, würde Mila ihrem Schicksal überlassen, sie zum zweiten Mal zur Waise machen. »Meine Kindheit und Deine Kindheit und die Gegenwart fließen zusammen zu einem Bild des Schmerzes – ich will das alles so sehr in Stücke schlagen und ein fröhliches neues Leben beginnen«, schrieb eine gequälte Mila. »Es ist so schlimm, so kalt und so verwaist, seit Du weg bist.«

Ljudmila ließ keinen Zweifel daran, wie die Antwort auf die unausgesprochene Frage in Mervyns zaghaften ersten Briefen lautete – ihr ganzes Sein war auf den Kampf ausgerichtet, den sie führen musste, und ihr ganzes Leben wurde aufgezehrt vom Trennungsschmerz.

»Merwusja! Ich glaube an Dich. Wirst Du mich enttäuschen?« schrieb Mila. »Ich gehe mit Dir bis ans Ende. Wie die Antwort auch lauten mag, ich bitte Dich, ich flehe Dich an: Wenn Du nicht bis zum Letzten kämpfen willst, so schreib mir einen Brief und schick ihn mit jemandem mit. So ist es leichter für mich. Keine Ausflüchte – das ist am schlimmsten, schlimmer als der Tod.«

Auf Bill Deakins Vorschlag hin schrieb Mervyn einen detaillierten Bericht über seine Kontakte zum KGB für den MI5. Er traf außerdem häufig David Footman, seinen moralischen Tutor am St Anthony's, einen hochgewachsenen, ernsten Mann, der außerhalb der Semester in einer großen Kellerwohnung in Chelsea wohnte. Footman war wie Deakin weltmännisch und geschliffen, ausgestattet mit einem überragenden Intellekt und unangestrengter gesellschaftlicher Überlegenheit. Er war im Ersten Weltkrieg mit einem Military Cross ausgezeichnet worden und, was mein Vater damals nicht wusste, während des Zweiten Weltkriegs Leiter der Sowjetabteilung des MI6 gewesen.

Ich erinnere mich noch deutlich an Footman. Als ich noch sehr klein war, haben wir ihn oft in seiner Wohnung in Chelsea besucht. Er war sehr dünn und immer makellos gekleidet und sprach auf eine vornehm schleppende Weise, wie ich es bis dahin nur im Fernsehen gehört hatte. Seine Wohnung war voller Bücher und Fotos von Flugzeugen aus dem Ersten Weltkrieg, die er geflogen hatte (und mit denen er, wie ich fasziniert vernahm, auch abgestürzt war oder, wie er es formulierte, Bruch gemacht hatte). Ich weiß noch, wie er mir feierlich die Hand schüttelte, wenn wir gingen, obwohl ich kaum älter als fünf oder sechs war. Ich glaube, vor Footman hatte das noch niemand mit mir gemacht.

Bei dünnem Tee in gesprungenen Tassen hörte sich Footman voller Anteilnahme Mervyns Geschichte an und stopfte dabei sorgfältig seine Pfeife. Junge Leute haben einfach in Schwierigkeiten zu geraten, sagte er meinem Vater; er selbst war schon in so mancher Bredouille gewesen. Footman vertraute ihm an, er habe immer lieber einen Sekretär gehabt, der auch mal »mit jemandem ins Heu ging«, als einen prüden, mit denen kam man besser aus. Als Mervyn geendet hatte, schlug Footman vor, er würde mal mit Battersby aus der Sicherheitsabteilung des Außenministeriums reden – die wären sicher interessiert. Er stopfte seine Pfeife nach und strich sich über die distinguierte Stirn.

»Sie rechnen doch nicht etwa damit, sie rauszuholen, oder? Das würde helfen. Sie müssen in diesen Dingen realistisch sein.«

Doch Mervyn konnte nicht realistisch sein, das war gegen seine Natur. Außerdem hatte er sich, glaube ich, an der Irrationalität und dem Maximalismus Russlands angesteckt. Nicht so sehr an dem oberflächlichen Drang zur Selbstdramatisierung, die zweifellos eine sehr russische Angewohnheit ist, aber an den wahren Höhenflügen des Geistes, der nur dann blüht, wenn die Wirklichkeit nicht mehr zu ertragen ist. Realistisch zu sein bedeutete nach russischem Dafürhalten aufzugeben. Für Mila hätte es bedeutet, mit 15 in einer Tuchfabrik zu arbeiten. Für Mervyn hätte es bedeutet, als Angestellter im örtlichen Co-op anzufangen. Sowohl Mila als auch Mervyn hatten sich immer geweigert, sich mit dem abzufinden, was andere für vernünftig hielten.

Bald nach dem Gespräch mit Footman erhielt mein Vater einen Brief aus Moskau. Er kam über Italien, wo ihn ein italienischer Kommunist und Freund meiner Mutter aufgegeben hatte. Der Brief war Milas Manifest – Herausforderung und verzweifelter Aufschrei zugleich. Er war ganz ausdrücklich nicht realistisch, und das macht ihn so überwältigend – und fast unerträglich – zu lesen, auch jetzt noch, ein ganzes Leben später.

»Du erhältst diesen Brief am Abend vor Deinem Geburtstag«, schrieb Mila. »Ich schicke ihn über Italien. Er ist der Schrei meiner Liebe, und er ist nur für Dich und mich.« Ihre anderen Briefe wurden, davon gingen sie aus, sporadisch vom KGB gelesen; doch dieser sollte, so war Ljudmila fest entschlossen, ganz und gar privat sein.

»Ich habe nie zuvor solche Brief an jemanden geschrieben, und alles, was ich schreibe, ist ehrlich und wahrhaftig. Meine Liebe zu Dir mag in ihrer Intensität krankhaft wirken. In unserer Zeit haben die Menschen gelernt, sich mit wenigem, Halbherzigem, Künstlichem zufriedenzugeben. Sie vergessen Gefühle schnell, trennen sich leicht voneinander und betrügen einander. Sie nehmen ohne Weiteres Ersatzmittel an, auch für die Liebe. Mein Leben lang bin ich gegen den Strom geschwommen, mein ganzes Leben war ein wilder Kampf gegen alle Versuche, mir eine Lebensweise aufzuzwingen, eine Denkweise, die in meinen Augen absolut inakzeptabel ist. Mein Leben war ein Kampf um Bildung, Kultur, Unabhängigkeit und schließlich Liebe.

Von frühester Kindheit an habe ich einen hitzigen Streit mit dem Leben geführt. Das Leben sagte zu mir: Studiere nicht! Liebe nicht wunderbare Dinge! Betrüge! Glaub nicht an die Liebe! Verrate deine Freunde! Denk nicht! Gehorche! Doch ich blieb stur bei meiner Antwort: Nein!, und bahnte mir weiter meinen schwierigen Weg durch die Trümmer. Das Leben war grausam und rachsüchtig. Es verweigerte mir Liebe, Freundlichkeit, Wärme. Doch mein Durst danach wuchs nur. Das Leben versuchte, mich zu überzeugen, das Glück sei unmöglich, doch ich glaubte trotzdem weiter daran, suchte weiter danach und wartete, bereit zu kämpfen, wenn ich es finden sollte, und es dann niemals wieder aufzugeben.

Es heißt, man sollte jemanden für seine guten Eigenschaften lieben – aber ich liebe alles an Dir, das Gute und das Schlechte.

Ich schäme mich Deiner Schwächen nicht, ich trage sie in mir wie etwas Heiliges, unerreichbar für die Augen anderer. Ich höre es nicht, wenn jemand schlecht von Dir spricht. Ich glaube, dass nur ich Dich ganz und gar sehe, und daraus erwächst in mir die Überzeugung, dass Du der Beste bist. Ich liebe Dich wie mein Kind, wie einen Teil meines Körpers; ich spüre oft, dass ich Dich geboren habe. Ich möchte Dich so sehr in meinen Armen wiegen, Dich vor aller Gefahr beschützen, Dich vor Krankheit bewahren.

Glaubst Du mir, mein Junge, dass ich bereit bin, mein Leben für Dich zu geben? Mit dem schwachen Mut einer Frau versuche ich Dir zu helfen, Dich zu weigern, diese Leute zu fürchten, auch wenn sie übermächtig sind. Diese dunklen Tage haben mir wahrhaftig gezeigt, wie sehr ich meinen schüchternen Mervyn liebe, wie sehr ich in Herz und Seele mit ihm zusammengewachsen bin und welch schreckliche Operation an mir ausgeführt wurde – an meinem Herzen. Mein Ziel ist nun, diesen rächenden Adlern, diesen ausgehungerten Raubtieren zu zeigen, dass meine Liebe stärker ist als ihr Hass.«

Wie hätte Mervyn sich weigern können zu kämpfen, nach solch einem herzzerreißenden Brief? Wie könnte jemand, der zum Gegenstand solcher Liebe und Hoffnung und solchem Glauben gemacht wurde, seine Geliebte im Stich lassen? »Liebe mich«, schrieb sie, »sonst sterbe ich.«

»Für mich ist nichts mehr, wie es einmal war«, antwortete er. »Aber Du hast mir eine schwere moralische Bürde auferlegt, und ich bin mir nicht sicher, ob ich stark genug bin, sie zu tragen. Ich spreche nicht von den Widrigkeiten, die unserer Hochzeit entgegenstehen – sei versichert, dass dieser Plan zu 150 Prozent ausgeführt wird. Nein, ich meine das hohe moralische Beispiel, das Du mir gibst, und die Notwendigkeit, mich zu perfektionieren.

Dein Loblied macht mich verlegen. Es suggeriert, ich sei besser als Du. Doch in den meisten Dingen kann ich nur von Dir lernen. Du hast mir einen völlig neuen Blick auf das Leben gegeben, genau in dem Augenblick, als ich dessen so sehr bedurfte.«

Sein Russisch war über all die Jahre, in denen sie sich schrieben, so steif und förmlich wie das ihre feurig und leidenschaftlich. Es war fast, als kämpfte er gegen seine Erziehung an auf der Suche nach Worten, die Gefühle ausdrückten, die zu groß, zu stark waren, um sie in die engen Grenzen höflicher schriftlicher Korrespondenz zu zwängen. Mein Vater unterschrieb den eben zitierten Brief mit einem prächtigen Schnörkel; vielleicht nur eine Kleinigkeit, aber es war eine extravagantere Unterschrift als auf jedem seiner vorangegangenen Briefe.

Mervyn gelang es, einen Anruf bei Lenina zu buchen, und bat sie, Ljudmila auszurichten, sie solle später in der Woche im Zentralen Telegrafenamt in der Gorkistraße sein. Mila war elektrisiert von ihrem ersten Ferngespräch seit der Trennung. »Als ich Deine Stimme hörte, raste mein Blut wie eine Rakete durch meinen Körper«, schrieb sie. »Ich will Deine Stimme küssen.« Ljudmila konnte das Gemeinschaftstelefon auf dem Flur ihrer Wohnung wegen ihrer neugierigen Nachbarn nicht nutzen, und so organisierten sie ein System zweiwöchiger Anrufe. Die Telefonate mussten im Voraus gebucht werden, und sie mussten kurz sein, wegen der Kosten. Doch die wenigen Gesprächsminuten in der engen Telefonzelle des Telegrafenamts wurden Milas Rettungsanker.

»Mein kleiner Mervyn! Ich vermisse Dich so sehr! Ich möchte so sehr Deinen kleinen Kopf küssen, Deinen Nacken, Deine kleine Nase, aber was soll ich nur tun, hm, mein kleiner Junge?«, schrieb sie bald nach dem ersten Telefonat. »Wie sollen wir nur dieses Hindernis überwinden, das uns so vollkommen trennt? Es ist so grausam, so schwer, einen Geliebten zu haben und ihn nicht sehen, ihm nicht nahe sein zu können. Manchmal blüht Hoffnung in mir auf, Glaube – ich will so mutig und stark sein, doch viel öfter fühle ich solche Verzweiflung, solchen Frust, solch furchtbaren Schmerz in meinem Herzen, so bitter, dass mich meine Kraft verlässt und meine Nerven es nicht mehr ertragen und ich ihn in die Welt hinausweinen möchte. Ich kann immer noch nicht glauben, dass es wahr ist, dass Du nicht an meiner Seite bist. Es ist so grausam, so ungerecht! Aber wem sollen wir das beweisen, wer hat Zeit für unseren Schmerz, unser Unrecht? Eine Maschine hat keine Gefühle, sie denkt nicht, sie überrollt die Menschen einfach, dieser böse Moloch der Geschichte.«

Mervyn fing gerade erst an, die Methoden des Molochs der Geschichte kennenzulernen. Trotz allem, was geschehen war, hatte er immer noch die verrückte Vorstellung, er könne sich ihm stellen und gewinnen, trotz der weisen Ratschläge seiner Mentoren und der Verwünschungen seiner Mutter. Mervyn stand vor der Entscheidung, etwas Zartem und Schönem und wahrscheinlich Unmöglichem nachzulaufen – oder sich mit etwas Gewöhnlichem und Banalem abzufinden. Er entschied sich für das Außergewöhnliche. In jener Entscheidung liegt ein Augenblick großen Mutes, der hell genug strahlt, um ein ganzes Leben zu erleuchten.

Auch Lenina zeigte ihren Mut in einem kleinen, aber lebensbejahenden Akt der Tapferkeit. Sie schrieb Mervyn und versicherte ihm, dass sie ihren Kampf, heiraten zu können, unterstützen würde. »Mila ist mein erstes Kind, und ich liebe sie sehr, vor allem jetzt«, schrieb Lenina. »Ich denke an nichts als an eure Sache, wo ich auch bin. Wir alle lieben Dich. Du gehörst zur Familie. Eine andere an meiner Stelle hätte Dich nicht geliebt und Dich als Dieb betrachtet, der am helllichten Tage ein Stück aus meinem Herzen gerissen hat. Doch ich will, dass Mila glücklich ist und geliebt wird, und deshalb liebe ich Dich auch, so schwierig Du auch manchmal bist.« Leninas Tochter Nadja schrieb auch, dass sie hoffe, Mervyn sei rechtzeitig zum Winter und zur Pilzzeit wieder zurück.

Mitte August unternahm Mervyn einen weiteren Versuch, einen sowjetischen Regierungschef anzusprechen und ihm einen Brief über seine Notlage zu überreichen. Er flog nach Bonn und versuchte dort, Chruschtschows Schwiegersohn Alexei Adschubei zu treffen. Da ihn der Medienrummel in Stockholm nicht weitergebracht hatte, beschloss er diesmal, sich Adschubei so unauffällig wie möglich zu nähern. Über einen Freund vom College nahm er Kontakt zu Carola Stern auf, einer westdeutschen Publizistin mit guten Beziehungen, die Mervyn genau über Adschubeis Aufenthaltsorte informierte und ihm eine Einladung zu einem privaten Empfang besorgte, an dem er teilnehmen sollte.

Mervyn in seinem besten Anzug schob sich durch den überfüllten Salon. Adschubei war umringt von deutschen Geschäftsleuten, die alle eifrig diskutierten, wie sie den sowjetischen Markt erschließen könnten. Es waren fast keine Sicherheitsleute da. Mervyn schüttelte Adschubei die Hand und gab ihm einen Brief. Adschubei wirkte ein bisschen peinlich berührt, nickte Mervyn kurz zu und reichte den Brief kommentarlos an einen seiner Berater weiter. Dann wandte er sich wieder den Geschäftsleuten zu. Mein Vater ging sofort und kehrte noch am selben Abend nach London zurück. Es war keine vielversprechende Begegnung gewesen.

»Mein einziger Trost – und ich hoffe, auch der Deine – sind das Verständnis und das Mitleid aller, die von unserer unglücklichen Geschichte wissen«, schrieb er Mila nach seiner Rückkehr, ohne seine gescheiterte Reise zu erwähnen. »Letztlich bin ich sicher, dass das Böse, das geschehen ist, rückgängig gemacht wird. Ich unternehme viele Schritte, um unser gemeinsames Glück zu ermöglichen.«

Auf Bill Deakins Drängen hin rief Mervyn einen Herrn Battersby vom MI5 an. Sie führten ein ergebnisloses Gespräch. Das Einzige, was Battersby offenbarte, war, dass sein Kollege Sewell in Moskau keinerlei Beweise hatte, als er Mervyn sagte, seine Verlobte sei vom KGB beauftragt; es sei nur eine »vorsorgliche Annahme« gewesen. Was den britischen Amtsapparat anging, so war die Angelegenheit damit erledigt.

Einige Wochen später, Anfang September, sandte der MI5 einen Beamten nach Oxford, der Mervyn persönlich befragen sollte. McCaul war ein dicker und sehr bedächtiger Mann mittleren Alters mit dem Auftreten eines Feldwebels. Er fuhr Mervyn zum Abendessen hinaus in das Bear in Woodstock und ging dort mit ihm die Einzelheiten seines früheren Berichts durch, um zu sehen, ob irgendetwas vergessen worden war. McCaul sprach von Alexei und Alexandr Sokolow als »deine Freunde« und »dieses Paar«.

»Uns hat in deinem Bericht die Formulierung ›nutzten eine Aura der Freundschaft zu Rekrutierungszwecken‹ gefallen«, sagte McCaul zu meinem Vater. »Wir haben sie in einem unserer Texte verwendet.« Er ging nicht näher darauf ein, zu welchem Werk der MI5-Literatur Mervyn unwissentlich beigetragen hatte. Einige Tage später schickte McCaul Mervyn zwei Fotos und fragte, ob er die Personen darauf identifizieren könne. Der eine war ein russischer Forschungsstudent, der zwei Jahre zuvor am St Anthony's College gewesen war und nichts mit Mervyns Fall zu tun hatte. Auf dem anderen Foto war ein Mann zu sehen.

den Mervyn noch nie gesehen hatte. Er erinnerte sich an Alexeis sarkastische Kommentare bezüglich der Ineffizienz des MI5 und konnte dem nur zustimmen.

Doch zu Mervyns Überraschung lieferte der MI5 am 2. März 1966 dann schließlich doch noch. Ein Mann traf sich mit ihm am Bahnhof Charing Cross und zeigte ihm ein Foto, das eine elegante Figur mit einem breiten, attraktiven Gesicht und einer deutlich abgesetzten grauen Strähne über der Schläfe zeigte. Es war Alexei. Der Mann vom MI5 sagte Mervyn, sein Nachname sei Sunzow. Mervyn hörte den Namen zum ersten Mal, in Moskau hatte er nie gewagt, Alexei nach seinem Nachnamen zu fragen.

In Moskau war Mervyn für Mila überall, wie der geisterhafte Mantel in Gogols eindringlicher Novelle. Am Theater sah sie einige »langhälsige, langfingerige Landsleute von Dir und wurde so traurig, so verbittert, dass ich beschloss, mir die Aufführung nicht anzusehen«, schrieb sie. »Mein Junge! Wo soll ich nur die Kraft hernehmen, so lange zu warten?«

Milas Leben wurde allmählich durchdrungen und übernommen von Mervyns virtueller Präsenz. Sie bedeckte die Wände ihres kleinen Zimmers mit Fotos ihres Verlobten, und abends ging sie den Gogolewskiboulevard hinunter zur Metrostation Kropotkinskaja und suchte die herausströmende Menschenmenge nach Mervyn ab. »Wenn ich Dich doch nur an der Metro treffen könnte; wir würden zusammen nach Hause gehen, die Sommernachtsluft einatmen. Die Sträßchen des Arbat wären wunderschön, die Menschen freundlich, der Abend sanft. Doch jetzt scheinen mich alle ablehnend anzusehen. Die Bäume sehen alt und gelb aus – mit Dir wären sie jung und voller Leben. Ich blicke neiderfüllt den Frauen nach, auf deren Schulter die Hand eines Mannes liegt.«

Vor den großen Anschlagtafeln neben der Metro, an denen die Zeitungen des Tages ausgehängt werden, blieb sie stehen und las Geschichten über Kämpfe zwischen Mods und Rockern am Strand von Hastings. Dann ging sie nach Hause und schrieb, um dann spät in der Nacht noch einmal hinauszugehen und ihren Brief in den Briefkasten an der Ecke Starokonjuschenny-Pereulok und Arbat zu werfen, damit er noch mit der ersten Post auf den Weg ging. Diese kleinen Rituale, die ihr Leben den Rest ihrer Zeit in Russland bestimmen sollten, bildeten ein tröstliches Muster, eine Routine, die die Ohnmacht ihrer Lage zumindest ein bisschen linderte.

»Morgens, wenn ich aufwache, schreibe ich einen Brief, mein geliebter Junge ... Ich stelle mir vor, wie Du schläfst, aufstehst, badest ... Keine Briefe mehr ... Das Warten ist am schlimmsten. Selbst wenn der Postbote drei am Tag brächte, wäre es nicht genug, und jetzt habe ich eine Lücke ... Keine Nachricht, es ist, als sei mein Leben stehen geblieben.«

Mervyn arbeitete den Rest des Sommers über mit Alexandr Kerenski, dem klugen Anwalt, der in den ereignisreichen Monaten zwischen Juli und Oktober 1917 Chef der Übergangsregierung des russischen Reiches war, ehe er von den Bolschewiki gestürzt wurde. Kerenski war jetzt sehr alt, ein spinnenartiger kleiner Mann mit einem dichten Schopf grauer Haare und dicken Brillengläsern. Mervyn half ihm bei seiner Forschung, die sich der Aufklärung der Ereignisse widmete, bei denen Kerenski selbst eine führende Rolle gespielt hatte. Mervyn erzählte ihm seine Geschichte. Der alte Mann äußerte sich mitfühlend, doch für ihn war Russland ein fernes und feindseliges Land, aus dem er selbst ein halbes Jahrhundert zuvor geflohen war und das er nie wieder sehen würde. Sie sprachen über die Revolution und die skrupellosen Männer, die sie an die Macht gebracht hatte.

»Rasputin? O ja, er war sehr stark, sehr stark!«, murmelte Kerenski. »Lenin! Ich hätte ihn verhaften lassen sollen, als ich es gekonnt hätte.« Mervyn nickte in aufrichtiger Zustimmung.

Mein Vater schrieb nun an wohlwollende Parlamentarier und Würdenträger, die ihm vielleicht bei seinem Kampf helfen könnten. Professor Leonard Schapiro von der London School of Economics gab ihm eine Liste mit Namen und Adressen, und Mervyn begann eine unermüdliche Korrespondenz, die irgendwann einen ganzen Aktenschrank füllen sollte. Er schrieb an Bertrand Russell, den Philosophen, der bei den Sowjets wegen seiner Anti-Atom-Kampagnen gut angeschrieben war; Selwyn Lloyd, den ehemaligen konservativen Außenminister, der mit seinem sowjetischen Pendant Andrei Gromyko »gut zurechtgekommen war«; Sir Isaiah Berlin, den in Riga geborenen Philosophen des All Souls College; George Woodcock, Secretary des Trades Union Congress. Alle drückten höflich ihre Besorgnis aus, boten aber wenig echte Hilfe an.

Inzwischen verbrachte Mervyn den größten Teil seiner Zeit damit, Briefe zu schreiben, Anrufe zu tätigen und Besuche zu machen. Seine akademische Arbeit blieb auf der Strecke. Mervyn besuchte den Privatsekretär des sowjetischen Botschafters Alexandr Soldatow, aber zu seiner Enttäuschung kamen bei dem Treffen nur politische Plattitüden heraus. Mein Vater stellte mit perverser Hartnäckigkeit wieder und wieder Anträge auf ein sowjetisches Visum; mit gleicher Hartnäckigkeit lehnten die Sowjets sie ab.

Mervyn hatte wenig Hoffnung, dass ein Visum tatsächlich durchkommen würde. Mila dagegen glaubte fest daran, eine

Chance zu haben, dass ihrem eigenen Antrag auf ein sowjetisches Ausreisevisum, ein seltenes Privileg, das normalerweise nur denen gewährt wurde, die politisch absolut vertrauenswürdig waren, stattgegeben würde. Als sie am 18. August erfuhr, dass ihr Ausreiseantrag »auf höchster Ebene« abgelehnt worden war, war sie verzweifelt.

»Die letzten beiden Monate habe ich mithilfe meiner Freunde und meiner Familie in der Hoffnung gelebt, dass mein Leiden bald endet, doch gestern musste ich erfahren, dass meine Hoffnung vergeblich war«, schrieb sie auf tränennassem Papier. »Die ganze Nacht bin ich durch die Hitze gewandert, ich konnte nicht schlafen, und heute bin ich noch immer in Tränen aufgelöst, als habe man mir vor meinen Augen ein Stück meines Herzens herausgerissen. Ich bin wieder einmal in schrecklicher Verzweiflung. Ich flehe Dich an, Liebling, lass mich nicht im Stich. Ich bin dem Tode nahe.

Ich sitze zu Hause wie ein Vogel im Käfig, ich habe schlecht geschlafen, geplagt von einer schrecklichen Mischung aus Liebe und Schmerz, aber ich muss weiterleben, ich muss es ertragen, warten. Es kommt mir vor, als müsste sich mein Herz in Stücke reißen und Blut aus meinem Mund strömen, wenn ich noch eine Minute länger warten muss. Mit Dir zusammen kann ich jede Folter ertragen, doch allein ist es unerträglich schwer ... Manche Menschen freuen sich: Sie lieben nichts mehr, als zu sehen, wie Blut aus den Seelen tropft, die sie mit ihren Klauen zerrissen haben. Sie glauben, sie hätten mich vor dem Feuer der Gehenna errettet. Sie halten Dich für eine Inkarnation des Teufels und sich selbst für Heilige. Klopf weiter an die Tore des Himmels, horch, und Du wirst hinter ihnen meine Stimme hören, die Dich ruft. Auch wenn der Torwächter Dich nicht einlässt, lass ihn nicht schlafen.«

Einige Tage später schien sich ihre Stimmung aufgehellt zu haben. Mila entschuldigte sich für ihre verzweifelten Briefe der vergangenen Woche. »Wenn Du nur wüsstest, wie sehr deine Entschlossenheit Sauerstoff für mich ist. Bitte, Merwusja, sag mir niemals, dass Du es aufgegeben hast, mit dem Kopf gegen die Wand zu rennen. Gib nicht auf! Der Sturm auf die Mauern ist nicht immer beim ersten Mal von Erfolg gekrönt. Ich könnte es niemals ertragen zu hören, dass Du die Hoffnung aufgegeben hast, das Vertrauen in Deine eigenen Kräfte verloren hast.«

In Moskau ging der Sommer zu Ende. Mila erntete die Kartoffeln und Gurken, die Mervyn angebaut hatte. Die Beerenzeit war gekommen, und Mila und ihre Nichten verbrachten die Tage mit Blecheimern in den Wäldern und sammelten auf den sumpfigen Lichtungen wilde Erdbeeren, Heidelbeeren und Preiselbeeren. Sascha erntete Obst, und Mila und Lenina kochten in der Küche der Datscha riesige Töpfe voller Konfitüre. Mila stellte ein paar Gläser beiseite, die sie mit Mervyn essen wollte, sobald er zurückkam.

»Bitte erzähl mir jede Einzelheit Deines Lebens, erzähl mir von dem kleinen Curryhaus im Zentrum der Stadt«, schrieb Mila an Mervyn, nach der Zeit auf dem Land ruhiger als die Monate zuvor. »All diese Dinge sind lebenswichtig für mich. In ihnen sehe ich meinen realen, lebendigen kleinen Menschen, meinen geliebten Jungen.« Am Ende des Briefes zeichnete Mila ein paar kleine Skizzen von einem Hemd, das sie nähte. »Hier ist ein lustiges Gedicht für Dich«, schrieb sie einen Tag später. »Merwusja – Glück, Merwusja – Boden, Merwusja – Freude, Für Mila – Süße … Ist Dein Zimmer warm, Deine Decke? Suchen Dich Dämonen der Versuchung heim?«

»Die Postarbeiter verlangen 7,5 Prozent, die Regierung bietet 4,5 Prozent, und bis dieser Streit beigelegt ist, müssen wir leiden«, antwortete Mervyn. »Ich glaube, die Regierung liegt in dieser Frage falsch, aber ich gehe mit diesem Standpunkt nicht hausieren. In den letzten Nächten habe ich schlecht geschlafen, und ich träume oft von Dir. Ich denke oft an die wunderbaren Abendessen, die Du mir gekocht hast. Ich versuche, hier nicht zu viel zu essen. Ich habe mir ein neues Paar Hausschuhe gekauft, ungarische, und habe angefangen, Squash zu spielen. Sei nicht traurig, meine liebe Milotschka, alles wird am Ende gut werden. Ich umarme dich. M.«

Es war nur eine Frage der Zeit, bis Milas skandalöse Liebesbeziehung zu einem Ausländer, der aus der Sowjetunion ausgewiesen worden war, mit ihrer Position am Institut für Marxismus-Leninismus kollidierte. Hinter ihrem Rücken, das wusste sie, wurde viel getratscht. Manche ihrer Kollegen zeigten deutlich Anteilnahme, doch viele andere sahen weg, wenn sie ihr begegneten. Mila blieb so viel wie möglich für sich, um niemanden in Verlegenheit zu bringen. Sie versuchte, sich in ihrer Arbeit zu vergraben, musste aber feststellen, dass »der Schmerz mich blöde gemacht hat, er quält mich so sehr«.

Der vernichtende Schlag kam nach einer eigens einberufenen Sitzung der führenden Parteimitglieder des Instituts, ein verdrießlicher Haufen Fanatiker. »Diese Woche war ein Albtraum, nervenzehrend, voller Tränen«, berichtete Mila. »Auf der Arbeit herrscht großer Wirbel. Vor ein paar Tagen fand eine Parteiversammlung statt. Sie verlangten einen Bericht über ›meinen Fall‹. Sie wollten Blut. Sie brüllten: ›Warum wussten wir nicht früher davon? Warum haben Sie uns nicht alles erzählt?‹ (Das waren die Worte des Parteisekretärs.) ›Wir müssen über die Organe [der Staatssicherheit] mehr in Erfahrung bringen. Und was sagt sie selbst? Sie leugnet es. Sehen Sie doch! Wenn die Regierung eine

Entscheidung getroffen hat, so muss sie richtig sein. Sie muss bestraft werden! Sie hat ihre eigenen Interessen vor die der Gesellschaft gestellt! Er wird sie ganz sicher für antisowjetische Propaganda benutzen und dann verlassen.«

Ein paar Kollegen versuchten tapfer, Mila zu verteidigen, drängten auf Milde und sagten, nur weil sie sich verliebt habe, sei sie noch lange kein Volksfeind. Doch über die meisten schrieb sie: »Die Klugen schwiegen, die Mistkerle schrien, so laut sie konnten.« Dieses Heuchlergericht war der schlimmste Druck, eine perfekte Waffe in der von Konformität besessenen sowjetischen Gesellschaft. Und nicht nur in der sowjetischen: Der Autorität zu trotzen ist eines, doch nur wenige Menschen halten dem Chor der Missbilligung derer stand, die sie kennen und denen sie vertrauen.

Mila gönnte ihnen nicht den Triumph, vor ihnen in Tränen auszubrechen. Doch die Erfahrung erschütterte sie zutiefst. Bei all ihrer Tatkraft war sie trotz allem eine sowjetische Frau, die Tochter eines Kommunisten, ein vom Staat erzogenes Kind. Nie zuvor war sie mit der Aussicht auf unverhohlenen Dissens konfrontiert gewesen. Und sie war sich nur zu bewusst, dass der Makel der Rebellion sie ihr Leben lang verfolgen könnte.

»Ich glaube, auch wenn ich gehe, rufen sie sofort bei meiner neuen Arbeitsstelle an, oder jemand denunziert mich auf altbekannte Weise, und ich werde sofort wieder gekündigt«, schrieb Mila. »Trotzdem muss ich gehen. Die Atmosphäre ist vergiftet, es wird viel getratscht, und es gibt viele kleine Gespräche ›unterweisender Natur‹, die allein schon genügen, dass ich einen Herzinfarkt bekomme.«

Obwohl Mila öffentlich in Ungnade gefallen war, stand der Direktor des Instituts auf ihrer Seite. Er organisierte ihre Versetzung in die Zentralbibliothek der Akademie der Wissenschaften

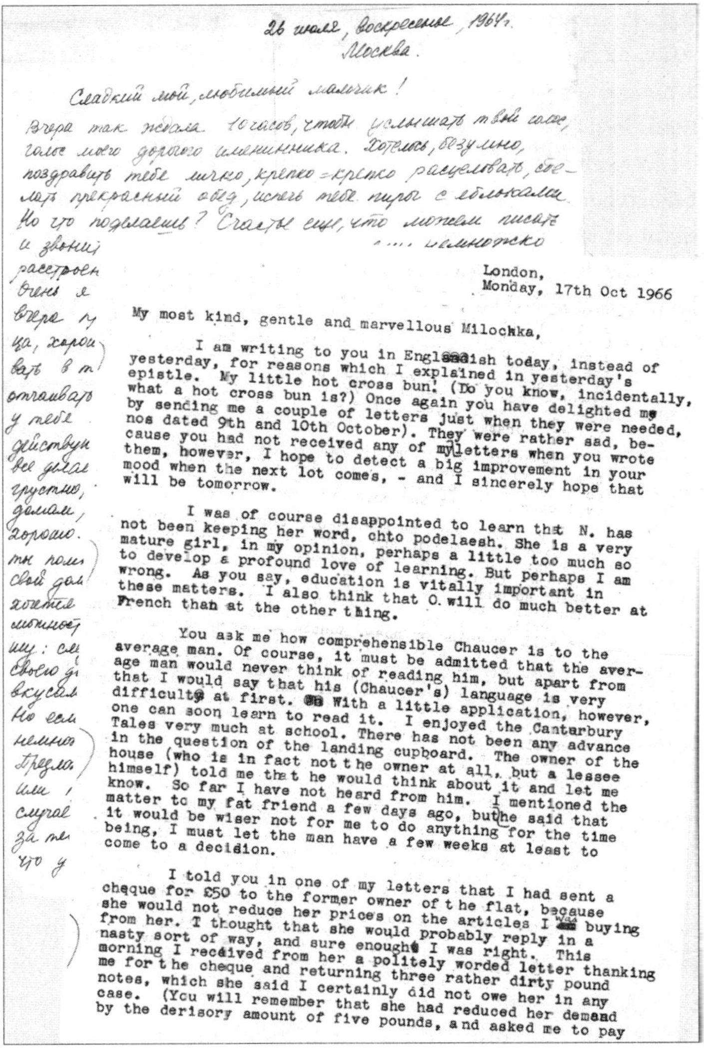

26 июля, воскресенье, 1964 г.
Москва.

Сладкий мой, любимый мальчик!

Вчера так ждала 10 часов, чтоб услышать твой голос, голос моего дорогого именинника. Хотелось, безумно, поздравить тебя лично, крепко-крепко расцеловать, сделать прекрасный обед, испечь тебе пирог с яблоками. Но что поделаешь? Скажи еще, что можем писать и звонить ..... немножко

[left margin, vertical handwriting:]
расстроен
очень я
вчера у
ца, хорош
вать 8 т
отгиваю
у тебя
действун
все дела
грустно,
дорогой.
ты пом
свой дол
зовется
мужчин
ны: см
своего д
вкусом
Но есл
немног
предм
или
смугл
за ме
что у

London,
Monday, 17th Oct 1966

My most kind, gentle and marvellous Milochka,

I am writing to you in English today, instead of yesterday, for reasons which I explained in yesterday's epistle. My little hot cross bun! (Do you know, incidentally, what a hot cross bun is?) Once again you have delighted me by sending me a couple of letters just when they were needed, nos dated 9th and 10th October). They were rather sad, because you had not received any of my letters when you wrote them, however, I hope to detect a big improvement in your mood when the next lot comes, - and I sincerely hope that will be tomorrow.

I was of course disappointed to learn that N. has not been keeping her word, chto podelaesh. She is a very mature girl, in my opinion, perhaps a little too much so to develop a profound love of learning. But perhaps I am wrong. As you say, education is vitally important in these matters. I also think that O. will do much better at French than at the other thing.

You ask me how comprehensible Chaucer is to the average man. Of course, it must be admitted that the average man would never think of reading him, but apart from that I would say that his (Chaucer's) language is very difficult at first. With a little application, however, one can soon learn to read it. I enjoyed the Canterbury Tales very much at school. There has not been any advance in the question of the landing cupboard. The owner of the house (who is in fact not the owner at all, but a lessee himself) told me that he would think about it and let me know. So far I have not heard from him. I mentioned the matter to my fat friend a few days ago, but he said that it would be wiser not for me to do anything for the time being, I must let the man have a few weeks at least to come to a decision.

I told you in one of my letters that I had sent a cheque for £50 to the former owner of the flat, because she would not reduce her prices on the articles I was buying from her. I thought that she would probably reply in a nasty sort of way, and sure enough I was right. This morning I received from her a politely worded letter thanking me for the cheque and returning three rather dirty pound notes, which she said I certainly did not owe her in any case. (You will remember that she had reduced her demand by the derisory amount of five pounds, and asked me to pay

»Diese Briefe habe ich mit dem Blut meines Herzens geschrieben.«
Mila an Mervyn, 1963.

279

in eine vergleichbare Position und zum gleichen Gehalt. Milas
Aufgabe bestand darin, wissenschaftliche Artikel aus französischen akademischen Zeitschriften zu übersetzen. Zu Milas großer Erleichterung waren ihre neuen Kollegen jung und eigenständig denkend. Die Bibliothek war tatsächlich eine Zufluchtsstätte
für Dissidenten. »Ich fühlte mich wie ein Fisch, der ins Wasser
geworfen wird«, erinnerte sich Mila. Der Raum, in dem sie arbeitete, war mit großen surrealen Bleistiftkarikaturen verschiedener
bleichgesichtiger historischer Figuren geschmückt, die irgendein
Witzbold mit Erlaubnis des Direktors direkt auf die Wand gezeichnet hatte. Sie und ihre Kollegen amüsierten sich damit, eine
Reihe witziger Fotos zu schießen – eines zeigt Mila und ihren
Freund Erik Schuk, wie sie als »Arbeiter und Kolchosbäuerin«
posierten, eine klassische Statue der sowjetischen Jugend von
1937. Er hält einen Hammer hoch, sie eine Sichel, und sie stehen
Rücken an Rücken in gestellt heroischer Pose. Ein anderes Foto
zeigt die jungen Bibliothekare in einer Parodie von Rodins Skulp-
tur *Die Bürger von Calais*, in einer Reihe stehend, die Köpfe tragikomisch gesenkt. Die liberale Atmosphäre in der Bibliothek
erlaubte es Mila, mit den älteren Wissenschaftlern hitzige De-
batten darüber zu führen, ob die Sowjetmacht noch zu ihren
Lebzeiten zusammenbrechen würde. Mila argumentierte, das
würde sie; Professor Faigin, ein Spezialist auf dem Gebiet Peters
des Großen, behauptete, sie würde Jahrhunderte überdauern.
»Die russische Sau lag 300 Jahre lang auf einer Seite«, scherzte
der rüstige alte Professor. »Nun hat sie sich auf die andere Seite
gewälzt und wird dort weitere 300 Jahre liegen bleiben.«

Am 19. Oktober 1964 ging Mila mit zwei neuen Freundinnen
die zurückkehrenden Kosmonauten Wladimir Komarow, Konstantin Feoktistow und Boris Jegorow begrüßen. Sie waren ins
All geflogen, als Nikita Chruschtschow noch an der Macht war;

als sie zurück auf die Erde kamen, war er stillschweigend durch einen Coup des Politbüros entfernt und durch Leonid Breschnew ersetzt worden. Für die breite sowjetische Öffentlichkeit vollzog sich der Übergang kaum spürbar, doch für den Fall meiner Eltern verhieß Breschnews härtere Linie nichts Gutes.

Mila und ihre Freundinnen winkten wie wild, als die Kosmonauten im feinen Nieselregen in einem offenen Wagen die Gorkistraße hinunterfuhren. Dann gingen sie in ein überfülltes Café und redeten bis zum Abend.

Trotz ihrer neuen Anstellung und der Unterstützung ihrer Freunde ließ sie der Schmerz der Trennung nicht los. »Ich hoffe so sehr, dass unsere Liebe nicht stirbt, ich will so sehr mit Dir zusammen sein, dass es mir scheint, wenn ich wählen müsste, würde ich lieber sterben, als nie wieder mit Dir zusammen zu sein. Ehrlich!«, schrieb Mila allein in ihrem Zimmer an einem Herbstabend. »Ich vermisse Dich. Ich leide schrecklich. Ich kann nichts und niemanden sehen oder anhören. Ich will die ganze Welt anschreien vor Liebe, vor Verzweiflung angesichts eines so grausamen und ungerechten Schicksals!«

Als ich die Briefe meiner Eltern vor dem Feuer der Datscha las, in der ich mit der Frau wohnte, die nun meine Frau ist, überkam mich ein seltsames Gefühl. Als Xenia auf dem Sofa saß und die schwer zu lesende kursive Handschrift vorlas, während ich mir, auf dem Boden sitzend, Notizen dazu machte, konnte ich das furchtbare Gefühl nicht loswerden, dass beide Eltern tot und für mich verloren waren. Ihre Stimmen waren so fern, die Einzelheiten ihres intimen Lebens und Leidens so berührend, dass es mir vorkam, als wühlte ich in Leben herum, die bereits gelebt und verschwunden waren. Die Kraft der Briefe lag mindestens so sehr in dem, was sie nicht sagten, wie in dem, was sie sag-

*»Es war, als würde man einen Fisch ins Wasser werfen.« In der Bibliothek
der Akademie der Wissenschaften, nachdem Ljudmila am Institut für
Marxismus-Leninismus gekündigt worden war. Ljudmila und ihr Kollege
Erik Schuk in spöttisch-heldenhafter Pose als Arbeiter und Kolchosbäuerin, als Rodins Bürger von Calais; Ljudmila an ihrem Schreibtisch.*

ten. Ich schaffte es nicht, den Bann zu brechen, selbst dann nicht, als ich meine Mutter anrief und ihre vertraute Stimme am Telefon hörte. Wir sprachen über beruhigende Banalitäten, und ich konnte mich nicht überwinden, ihr zu sagen, was ich fühlte – dass ich von Liebe und Bewunderung überwältigt war. Und von Sorge, weil ich wusste, dass meine Eltern zwar irgendwann wieder vereint waren ihre unausgesprochene Überzeugung, dass sie ihre traumatische Kindheit durch außerordentliche Opfer und Anstrengungen im Namen der Liebe ausradieren könnten, sich jedoch nicht bewahrheiten sollte.

»Ich will Dir so sehr mitteilen, was ich fühle, Dir von meiner unendlichen, tiefen, warmen und ewig traurigen Liebe zu Dir erzählen«, schrieb meine Mutter. »Meine Briefe erscheinen mir nüchtern, weil es unmöglich ist, mit Worten auszudrücken, was geschieht – etwas Wunderbares und zugleich Schreckliches. Es ist hell und schön, verursacht aber brennenden Schmerz.«

Der Winter brach über Moskau herein und später, weniger brachial, auch über Oxford. Mervyn schrieb weiter an jeden, von dem er glaubte, er könne helfen. Aber es wurde deutlich, dass es keine schnelle Lösung geben würde. Er und Mila telefonierten weiterhin alle zwei Wochen zehn Minuten miteinander, zu einem horrenden Preis. Sie vereinbarten, sich mit dem Anrufen abzuwechseln – Mila zahlte 1,40 Rubel pro Minute, nachdem sie einen Wust aus Formularen und Bankbelegen ausgefüllt hatte, um im Zentralen Telegrafenamt in der Gorkistraße einen Anruf zu buchen. Jeder Anruf kostete 15,70 Rubel, ein beträchtlicher Anteil ihres Monatslohns von 80 Rubeln. Doch Mila war es jede Kopeke wert. Sie bereitete sich auf ihr telefonisches Rendezvous mit Mervyn im Telegrafenamt jedes Mal so sorgfältig vor, als wäre er selbst dort anstelle seiner fernen Stimme in der knackenden Leitung. Sie achtete darauf, keine Schuhe zu tragen, die er nicht mochte. Sie bat ihre Cousine Nadja, ihr das Haar zu einem Beehive hochzustecken, zog ihren neuen Regenmantel an und nahm ihre neue Handtasche mit. Dieses Bild meiner Mutter ist es, das mich am stärksten überkommt, wenn ich an die Briefe denke: Ihre kleine hinkende Gestalt in bester Kleidung und mit sorgfältig frisiertem Haar geht allein zur Trolleybushaltestelle am Gogolboulevard, stolz darauf, auf dem Weg zu einem Rendezvous mit einem wunderschönen Mann zu sein, der nur ihr gehört.

In der Zeit, die ihm neben seinem Kampf um Mila blieb, hatte Mervyn sein erstes Buch vollendet, eine soziologische Arbeit über die Jugend in der Sowjetunion. Er hatte seit 1958 immer wieder daran gearbeitet, und nun waren die Druckfahnen fertig für die letzten Korrekturen. Die Arbeit, so hoffte Mervyn, würde seiner stagnierenden akademischen Laufbahn neuen Schwung verleihen und der Schlüssel zu dem permanenten Collegestipendium sein, nach dem er sich schon sein ganzes Erwachsenenleben lang sehnte. Doch nun, als die Schlachtlinien für den Zermürbungskrieg aufgestellt waren, hatte er Bedenken. Würde das Buch, so harmlos es auch war, die Sowjets möglicherweise kränken und seine Chancen, Mila herauszuholen, schmälern?

Nach wochenlangen Qualen beschloss er, es nicht zu riskieren. Mervyn rief bei Oxford University Press an und verlangte, das Buch aus der Verlagsvorschau zu nehmen. Der Verlag und das St Anthony's reagierten mit Bestürzung. Es war ein unglaubliches Opfer, und Mervyn wusste wahrscheinlich damals schon, dass er seinen Chancen auf akademischen Erfolg irreparablen Schaden zufügte. »In einer Hinsicht ist es gut«, schrieb er Mila, als er ihr von seinem Entschluss erzählte. »Aber so viel Anstren-

gung, so viel Nervenkraft, alles umsonst…« Als ich mein eigenes
Buch nach fünf Jahren vollende, erscheint mir das Opfer meines
Vaters unvorstellbar groß. Noch Wochen später konnte Mervyn
kaum glauben, was er da getan hatte.

Am 26. April 1965 wurde Gerald Brooke, ein junger Dozent, den
Mervyn kennengelernt hatte, als sie beide Austauschstudenten
an der Staatlichen Universität Moskau waren, vom KGB verhaftet. Er wurde in der Moskauer Wohnung eines Agenten des
Volksarbeitsbundes der russischen Solidaristen (NTS) festge-
nommen, einer kleinen und glücklosen, vom CIA unterstützten
antisowjetischen Organisation. Wie sich später herausstellte, war
der NTS so hoffnungslos kompromittiert, dass ihm fast ebenso
viele sowjetische Informanten wie irregeleitete echte Agitatoren
angehörten. Brooke wurde verhaftet, als er Propagandaflugblät-
ter an zwei unglückselige NTS-Agenten übergeben wollte, die
selbst wenige Tage zuvor verhaftet worden waren. Als Brooke in
ihre Wohnung kam, wartete bereits der KGB.

Der NTS hatte einmal in Oxford versucht, Mervyn anzuwerben. Georgy Miller, ein russischer Einwanderer mittleren Alters,
wollte meinen Vater dazu überreden, einen Stapel Dokumente
an eine Kontaktperson in Moskau zu übergeben. Mein Vater
hatte klugerweise abgelehnt. Offenbar hatte Miller bei Brooke
mehr Erfolg gehabt. Aber es war knapp gewesen. Das, dachte
Mervyn, als er die Nachricht von Brookes Verhaftung las, hätte
genauso gut ich sein können.

Brooke wurde wegen antisowjetischer Agitation vor Gericht
gestellt und zu fünf Jahren Haft verurteilt. Die sowjetische Presse
nutzte den Fall, um eine antiwestliche Kampagne loszutreten.
Mervyns alter Freund Martin Dewhirst, einstiger Studienkollege
in Moskau, war im Zuge von Brookes Prozess ebenfalls der anti-

sowjetischen Propaganda beschuldigt worden, so wie auch Peter Reddaway, ein weiterer Freund Mervyns, der wie er aus der Sowjetunion ausgewiesen worden war. Doch glücklicherweise fand Mervyns Name weder vor Gericht noch in der Presse Erwähnung. Warum nicht, das fand er nie heraus.

Bald kursierten Gerüchte, die sowjetischen Behörden hätten angeboten, Brooke gegen Peter und Helen Kroger auszutauschen, ein amerikanisches Kommunistenehepaar, das für den KGB gearbeitet hatte, zunächst in den Vierzigerjahren in den USA als Kuriere für den Spionagering »Manhattan Project« und dann in weniger wichtigen Rollen in England. Die Krogers waren in England wegen Spionage zu 20 Jahren Haft verurteilt worden, wegen Mitgliedschaft in einem Spionagering in Portland, Englands Basis für Atom-U-Boote. Brooke, ein einfacher Doktorand, spielte keineswegs in derselben Liga wie die Krogers, und Mervyn und andere hatten den Verdacht, er sei nur eine kleine Figur in einem viel größeren Spiel. Die Krogers selbst bestätigten dies 1990 in einem Interview mit der BBC. Brooke sei eigens verhaftet worden, um die Krogers zurückzugewinnen, erklärten sie. Zu verdanken hatten sie dies der intensiven Lobbyarbeit von Konon Molody alias Gordon Lonsdale, ihrem KGB-Offizier in London, der der Verhaftung entkommen war und es nach Hause nach Moskau schaffte, als der Spionagering aufflog, es sich aber zur Aufgabe machte, die Freilassung seiner ehemaligen Agenten sicherzustellen.

Mervyn kam die Idee, dass Mila in einen möglichen Agententausch einbezogen werden könnte. »Es wird bereits von einem Brooke-Kroger-Tausch gesprochen«, schrieb Mervyn an Frederick Cumber, einen Geschäftsmann mit guten Beziehungen zur sowjetischen Botschaft. »Das bedeutet, zwei Ks für ein B. Ich persönlich finde, es gibt eine Reihe hervorragender Argumente, Mila da mit einzubeziehen. Die Russen würden es als vernachlässigbares Zugeständnis betrachten und sind sicherlich sehr darauf aus, die Krogers freizubekommen. Die monatelange Trennung lastet schwer auf uns beiden, und kein Tag vergeht, an dem ich nicht über dieses Problem nachdenke. Wir leben sozusagen durch Briefe. Ich habe inzwischen 430 von Mila erhalten und ihr in etwa dieselbe Anzahl geschickt (ohne die Postkarten mitzuzählen).«

Der Hoffnungsschimmer eines Deals erlosch allerdings schnell, nachdem die britische Regierung verkündet hatte, einen solchen Austausch nicht zu unterstützen: Das Kabinett lehnte es rundweg ab, sowjetischer Erpressung nachzugeben.

In Moskau verbrachte Mila ihre Tage mit Schallplatten zum Englischlernen. Sie wiederholte einfache Geschichten über Nora und Henry und ihren verlorenen Hund, den der Metzger schließlich zurückbrachte, zusammen mit einer Rechnung über die vom Hund gefressenen Würste. Manche Briefe von Mervyn landeten versehentlich im Briefkasten ihrer Nachbarin Jewdokija, und Ljudmila brach das Schloss mit Stricknadeln und einer Schere auf, um sie herauszuholen. In ihrem wachsenden Verfolgungswahn bat sie Mervyn um eine Liste der Briefe, die er schrieb, da sie ihre Nachbarn im Verdacht hatte, sie zu stehlen. »Sie wetzen die Messer«, fürchtete Mila. Sie schlief schlecht, geplagt von Albträumen von der Trennung, vermischt mit lang unterdrückten Erinnerungen an ihre eigene Kindheit.

»Letzte Nacht hatte ich einen furchtbaren Traum. Ich schrie und weinte, und meine Schwester dachte, ich sei krank. Ich kann nicht glauben, dass der Traum nicht wahr war, er war so bildhaft. Jetzt schlafen alle und ich weine immer noch. Meine Schwester sagt, der Traum sei ein sehr schlechtes Omen. Es kommt mir vor, als sei ich für dieses Unglück geboren... solch brennender

Schmerz, solch perverse, raffinierte Folter. All meine Kraft und all meine Gedanken fließen in unsere Liebe. Es gibt keinen Weg zurück für mich.«

Das Außenministerium gab sich keine Mühe, seine Verärgerung über Mervyns Tiraden zu verbergen. In den Augen von Howard Smith, dem Leiter der für Russland zuständigen »Abteilung Nord«, war Mervyn bestenfalls ein lästiger Nichtsnutz. Er beantwortete seine Anrufe mit wachsender Verärgerung, die schon an Grobheit grenzte.

»Wir sind mit dem Fall von Dr. Matthews ... sehr vertraut«, schrieb Michael Stewart, der Außenminister, an Laurie Pavitt, MP, die bezüglich Mervyns Anliegen geschrieben hatte. »Es wurde ihm schon mehrfach schriftlich und in persönlichen Gesprächen mit Beamten und Ministern des Außenministeriums mitgeteilt, warum wir es nicht für richtig halten, seinen Fall für offizielle Stellungnahmen herauszustellen. Angesichts der Vorgeschichte des Falles besteht absolut keine Möglichkeit einer positiven Reaktion auf ein offizielles Eingreifen.«

Ihren Tiefpunkt erreichten Matthews' Beziehungen zum Außenministerium, als Howard Smith zum Abendessen ins St Anthony's kam. Mervyn bat Fred, den Collegeverwalter, Smith nach dem Essen in sein Zimmer zu bitten. Als Smith in der Tür stand, verlor Mervyn die Kontrolle über sich und machte, wie er es später ausdrückte, seiner Meinung von Smith auf derbe Weise Luft.

»Smith kam sichtlich erschüttert in den Gemeinschaftsraum zurück«, erzählte Mervyns Freund Harry Willetts ihm später. »Er erzählte jedem, der sich in Hörweite befand, du hättest in einem Sessel gelümmelt und ihn ›den Scheißer Smith‹ genannt, als er die Tür öffnete. Seine Zigarre war ausgegangen.« Mervyn erinnert sich nur daran, Smith einen »Idioten« genannt zu haben. Aber vielleicht auch beides.

Es war der letzte Nagel zum Sarg von Mervyns Karriere in Oxford. Seine Forschungen waren zum Erliegen gekommen, und sein Buch war zurückgezogen worden, er war auf der Titelseite der *Daily Mail* gewesen, und nun dies. Deakin bat Mervyn auf ein warnendes Glas Sherry zu sich nach Hause. »Ungehobelt und völlig inakzeptabel«, sagte Deakin knapp. »Und er war auch noch zu Gast im College. Wir können so etwas unmöglich hinnehmen. Hast du noch etwas von der Anstellung in Glasgow gehört? Vielleicht solltest du besser in den Norden gehen und etwas Abstand bekommen.«

Oxford, der größte Traum meines Vaters nach Ljudmila, war vorbei. Harry Willetts bestätigte bei einem Bier im »Lamb and Flag« in der St Giles' Street, dass sein Forschungsstipendium aufgekündigt war. Aus Oxford geworfen zu werden war ein Absturz, der Mervyn tiefer zeichnete als alles sonst im Leben; es war ein Schicksalsschlag, der ihm von nun an jeden Erfolg vergiften sollte.

12

Auf verschiedenen Planeten

Ich bin verrückt vor Liebe.
Mila an Mervyn, 14. Dezember 1964

Moskau schien Menschen anzuziehen, die unbändig intelligent und dabei oft auch hungrig und kaputt waren, auf der Flucht vor dem Scheitern oder dabei, der Welt etwas beweisen zu wollen. Wie eine traumatische Liebesbeziehung konnte die Stadt einen Menschen für immer verändern. Und wie eine Liebesbeziehung oder eine Droge war sie zuerst höchst beglückend, forderte dann aber irgendwann die Begeisterung, die sie geschenkt hatte, mit Zins und Zinseszins zurück. »Was? Hast du geglaubt, du bekommst das alles umsonst?«, schnatterte Jonas Bernstein los, mein Kollege bei der *Moscow Times*, wenn ich bei der Arbeit auftauchte und mich über meinen Kater beschwerte oder seltsame blaue Flecken pflegte. Ich schätze, die Antwort lautet: Ja, das glaubten wir alle.

Moskau erreichte den Gipfel seiner selbstgefälligen Hybris im Spätsommer 1997. Juri Luschkow, der Bürgermeister der Stadt, beschloss, das 850. Jubiläum Moskaus zu einer Feier des Reichtums und Erfolgs der Stadt zu machen, und ordnete ein riesiges öffentliches Fest an. An jenem Tag fuhr Luschkow vor fünf Millionen Feiernden in einer motorisierten griechischen Weinschale im Triumph am Zentralen Telegrafenamt vorbei. Luciano Pavarotti sang auf dem Roten Platz, und Jean Michel

Jarre führte ein Son-et-Lumière-Spektakel auf den Leninbergen auf, seine Laser auf die hoch aufragende Masse der Staatlichen Universität Moskau gerichtet. Ich weiß noch, wie ich auf der Suche nach einem Platz zum Pinkeln durch die Müllhaufen hinter einer Reihe Wodkakiosks in der Nähe des Gorki-Parks stolperte und dabei ein Pärchen entdeckte, das inmitten der weggeworfenen Bierflaschen und Chipstüten kopulierte. Es war eine Nacht der Anarchie; unter Jarres Laserstrahlen, die über der Stadt erblühten, ritten Scharen junger Leute auf den Dächern der vollgestopften Trolleybusse und schmissen Feuerwerkskörper in die Menge.

Doch zur selben Zeit hatte Moskau eine schmutzige Schattenseite, von der Menschen wie der Bürgermeister Luschkow wünschten, sie wäre nicht da. Ich verbrachte zwei Tage unter den Bahnsteigen im Kursker Bahnhof, in einem Gewirr schmuddeliger Verschläge, in denen obdachlose Menschen lebten, die so tief gesunken waren, wie man nur sinken kann. Wenn abends die Rushhour abebbte, kamen die heimlichen Bewohner des Bahnhofs vorsichtig aus ihrer unterirdischen Welt hervor und eroberten sich den Bahnhof zurück. Als ich auf die Eisenbahnschienen hinunterkletterte, entdeckte ich Landstreicherfamilien, die in Nestern aus Pappe und Müll unterhalb der Bahnsteige lebten. Ich trank Bier mit einer Bande jugendlicher Taschendiebe, die der Polizei die Hälfte ihrer Beute als Schutzgeld aushändigten. Eine dreizehnjährige Prostituierte, das Gesicht mit weißer Schminke zugekleistert und das schmutzige Haar durch eine glänzende Plastikspange hochgehalten, versuchte mich anzumachen. Ich kaufte ihr eine Dose Gin Tonic, und sie erklärte mir, dass sie aus einem abgelegenen Dorf stamme und vor ihren Alkoholikereltern davongelaufen sei, die sie geschlagen hatten. »Aber jetzt bin ich hier, in der großen Stadt!«, sagte sie fröhlich und blickte sich in ihrer Betonwelt aus Müll und Neonlicht um. »Ich habe immer davon geträumt, hier zu leben.«

In einem Labyrinth unterirdischer Heizungsrohre in den Außenbezirken der Stadt fand ich noch weitere Ausreißer. Die Kids kratzten sich als Taschendiebe und Laufburschen für die ortsansässigen Marktleute ihren Lebensunterhalt zusammen und kauften sich von dem Geld außerdem einen billigen Klebstoff der Marke »Moment« zum Schnüffeln. Sie waren dreckig und ausgezehrt, dabei aber großspurig und immer freundlich, trotz der ständigen Bedrohung durch marodierende Schwule, die sie zu vergewaltigen versuchten, die Polizei, die sie in regelmäßigen Abständen fasste, und amerikanische Missionare, die ihnen Essen gaben und sie zu Jesus beten ließen. Sie waren gerissen und zynisch wie Ratten, aber sie lebten wie eine Familie zusammen und halfen den Kleinsten, die erst acht oder neun waren, ernährten sie und unterwiesen sie in den harten Gepflogenheiten ihrer kleinen Welt. Sie luden mich voller Stolz in ihre Höhle ein und baten mich schüchtern, ihnen Hotdogs zu kaufen, den größten Luxus, den sie sich vorstellen konnten.

Im August jenes Jahres zog ich in eine neue Wohnung in der Petrowkastraße. Meine Vermieterin in der Starokonjuschenny-Pereulok hatte im Rausch des Wirtschaftsbooms meine Miete mit zwei Tagen Vorwarnung um 50 Prozent erhöht. Ich versprach zu zahlen und machte mich mitten in der Nacht auf und davon.

Meine neue Mitbewohnerin war ein reizendes kanadisches Blumenkind namens Patti, das inzwischen Börsenmaklerin geworden war. Patti, wie Tausende Expatriates, die damals Moskau bevölkerten, ritt ganz oben auf der Welle, die Boris Jelzins Wiederwahl im Jahr zuvor gefolgt war. Es waren glänzende Zeiten für all jene, die sich so positioniert hatten, dass sie vom größten Ausverkauf des Jahrhunderts profitieren konnten.

Moskaus reiche junge Ausländer waren die Konquistadoren des Kapitalismus. Sie lebten in den riesigen Wohnungen, in denen einst Stalins Minister residiert hatten, schmissen rauschende Partys in den luxuriösen Datschen, die einst den Mitgliedern des Politbüros gehört hatten, flogen übers Wochenende mal eben schnell nach Ibiza, suchten sich die schönsten unter den Frauen des eroberten Landes aus und ernteten generell die Früchte der 100 Milliarden Dollar, die die NATO im Kalten Krieg für militärische Zwecke ausgegeben und es ihnen überhaupt ermöglicht hatten, da zu sein. Tagsüber handelten sie mit Aktien, kauften Firmen und gingen mit FMCGs – Fast Moving Consumer Goods oder auch Renner genannt – beim russischen Volk hausieren. Das heißt, sie machten ein Vermögen mit dem Verkauf von Tampax, Marlboros und Deo. Nachts fuhren sie in glänzenden schwarzen SUVs in Moskau herum, schnupften Kokain und sammelten eine Entourage berückend schöner Freundinnen um sich.

Ein Bekannter von mir verdiente Millionen an einer netten Beziehung zur russisch-orthodoxen Kirche. Der Kreml erlaubte der Kirche, Alkohol und Zigaretten zollfrei zu importieren. Der Gewinn floss angeblich in den Wiederaufbau der Kirchen. Ein anderer Freund verdiente sich sein Geld als Wirtschaftsprüfer für eine große amerikanische Unternehmensberaterfirma. Der Deal war einfach genug: Egal, wie ruinös oder todgeweiht eine Fabrik war, er empfahl immer, die Hälfte der Arbeitskräfte zu entlassen, und stellte eine kreative Version ihrer Konten auf, um das Unternehmen dann an gierige Investoren aus dem Westen zu verkaufen und den Gewinn aus dem daraus resultierenden Börsengang mit dem Management zu teilen.

Russland übte definitiv eine große Anziehung auf jeden aus, der zu widerwärtiger Verantwortungslosigkeit und Selbstzerstörung neigte. Und wer diese Neigung hatte, den hinderte nichts daran, ihr zu frönen. Es war eine seltsame, gottlose Welt, in der Werte scheintot waren und man erschreckend frei war, die hässlichsten Winkel des eigenen schwarzen Herzens zu erkunden.

Doch trotz der guten Zeiten rächte sich Moskau letztlich an seinen neuen Herren und spielte heimtückisch mit fremden Psychen. Man sah junge Männer, die als fröhliche, wohlgenährte Jungs angekommen waren und innerhalb eines Jahres den harten, schweigsamen Blick hatten, den man sonst mit Zirkusleuten in Verbindung bringt. Selbstsüchtige junge Hedonisten wurden schnell zu selbstsüchtigen psychotischen Monstern – zu viel sexueller Erfolg, Geld, Wodka, Drogen und Zynismus innerhalb zu kurzer Zeit.

Patti allerdings schaffte es, sich ihre Hippiefröhlichkeit zu bewahren. Ein Bild aus der Zeit hat sich mir eingebrannt. Es war im Sommer, sehr früh am Morgen, und ich wachte auf, weil Patti in meinem Zimmer war und in meinem Schreibtisch wühlte, völlig nackt, auf der Suche nach übrig gebliebenen Amphetaminen. Sie musste ganz früh fliegen, eine weitere Geschäftsreise nach Sibirien, um dort Fabriken aufzukaufen. Ich stolperte ins Bad, sah in den Spiegel und blickte Nosferatu in die Augen. Patti, die der chemische Weckruf aufgemöbelt hatte, klapperte fröhlich in ihren Prada-Sandalen den Flur entlang, ihre Ralph-Lauren-Taschen hinter sich her zerrend, und rief einen Abschiedsgruß.

»Patti, mein Schatz, wann kaufst du mir eine Fabrik?«, rief ich aus dem Bad.

»Bald, Süßer, sehr bald, wenn wir alle seeehr, seeehr reich sind! Tschüüüüs!«

Auf verschiedenen Planeten

Als der Herbst 1965 näherrückte, machte Mervyn sich bereit, seine Zimmer im St Anthony's für immer zu verlassen. Er hatte eine Dozentenstelle an der Universität Nottingham angenommen; seiner eigenen Einschätzung nach eine Stelle »am Tabellenende der zweiten Liga« der Universitäten. 14 Monate Bemühungen um Mila hatten zu nichts geführt, und die Einsamkeit fraß sich in ihn hinein. Während seiner letzten Wochen in Oxford fuhr er immer wieder hinaus in die Wytham Woods und ging allein unter den Bäumen spazieren.

»Ich bin heute Abend sehr traurig. Deshalb schreibe ich Dir, das hilft«, schrieb Mervyn. »In Deinen Briefen hat mich getroffen, was Du über Deine einsamen Spaziergänge schreibst. Sprichst Du wirklich mit mir, rufst nach mir? Ich glaubte den ganzen Abend Deine Stimme zu hören, tief und süß und singend, auch wenn ich Dir nicht antworten konnte. Ich denke oft an Dich, und Du bist immer bei mir... Ich habe gedacht, wie schön es wäre, wenn Du hier wärst. Wir könnten zusammen im Garten in der Sonne sitzen oder etwas zusammen unternehmen. Mein Kummer ist fast unerträglich, aber nach einer Weile lässt er nach, und ich kann mich zusammenreißen und arbeiten.«

Mit dem Ende seiner Laufbahn in Oxford kam die Verzweiflung. Konventionelle Methoden führten eindeutig zu nichts, und so fing Mervyn an, über unorthodoxere Wege nachzudenken. In einer letzten großmütigen Geste bot das St Anthony's Mervyn an, ihm eine Reise nach Wien zu einer Konferenz zu bezahlen, obwohl er nicht geforscht und keine Arbeit vorzuweisen hatte. Die einzige Bedingung war, dass Mervyn »keine Dummheiten« machte, wie Theodore Zeldin, einer der Fellows am St Anthony's, ihm einschärfte.

Die Konferenz war eine noble Angelegenheit, mit Banketten und endlosen Reden. Mervyn schlich sich davon und aß allein in einem russischen Restaurant namens »Feuervogel«, das einem riesigen verschwitzten Russen gehörte, der auch an den Tischen bediente und Wodka ausschenkte, den man gar nicht bestellt hatte. Ein bulgarischer Gitarrist sang traurige Lieder und zankte sich mit dem Besitzer.

Mervyn plante tatsächlich ein paar »Dummheiten«. Er wollte an dem Tag, an dem die Konferenz zu Ende war, unbemerkt in die Tschechoslowakei reisen und dort einen vertraulichen Brief abschicken, von dem er hoffte, er würde sein Schicksal wenden. Obwohl damals kein Visum erforderlich war und die Zugfahrt nach Prag nur drei Stunden dauerte, konnte Mervyn in der Nacht vor seiner Abfahrt nicht schlafen, aus Angst, wie Gerald Brooke geschnappt zu werden. Doch die Reise verlief ohne Zwischenfälle; die Grenzbeamten schimpften über seinen Pass, stempelten ihn aber ab.

Mervyn kam am 6. September 1965 in Prag an und bezog ein Zimmer in dem heruntergekommenen Hotel Slovan. Er fand Prag lebendiger als Moskau und entdeckte sogar einen schmuddeligen Nachtklub, in dem er ein einsames Glas Wein trank. In jener Nacht setzte er sich hin und schrieb einen langen, freimütigen Brief an Alexei. Mervyn legte deutlich dar, welche propagandistischen Vorteile es hätte, Mila gehen zu lassen, und bot eine »beträchtliche« Summe für den Fall, dass es dazu kommen sollte. Er zitierte Fälle von Polen und Ostdeutschen, die sich freigekauft hatten, inoffiziell, aber legal. Er würde Russland helfen, und auch wenn er selbst nicht reich sei, so könnte er doch Wohltäter finden. Das Geld könnte in »wohltätige Zwecke« in der Sowjetunion fließen. »Wir sind etwa gleich alt, Alexei, und wir können ernsthaft und ehrlich sprechen. Bitte hilf mir!«, flehte Mervyn.

Anders als Mila schien Mervyn immer noch Illusionen bezüglich der fundamentalen Anständigkeit des KGB, oder zumindest

Alexeis persönlich, zu hegen. Allerdings bot er in seinem Brief nicht seine Kooperation an – aber zu jenem Zeitpunkt wäre ein solches Angebot vermutlich ohnehin nicht angenommen worden. Er gab den Brief am Morgen im zentralen Postamt ganz in der Nähe des Wenzelsplatzes als Einschreiben auf. Er erhielt nie eine Antwort.

Vielleicht fanden meine Eltern etwas in ihrer Trennung, was in Einklang stand mit einer emotionalen Kargheit, die sie beide aus ihrer Kindheit mitgenommen hatten. Aber es kam der Punkt, ziemlich früh in ihrer Briefbeziehung, an dem sie so viel ihres Lebens in die Briefe strömen ließen, dass das Niederschreiben der Erfahrung die Erfahrung selbst überholte. Das Material wurde zu gewaltig, der Prozess, das Erlebte in Geschichte zu verwandeln, begann, sie ihrer Gegenwart zu berauben.

In Moskau hatte sich Mila in den privaten Ritualen ihrer Fernbeziehung eingerichtet. Bevor sie zur Arbeit ging, küsste sie Mervyns Foto. Auf dem Weg nach Hause kaufte sie Schallplatten für Mervyn, damit er und seine Freunde zusammen russische Musik hören könnten. Sie konsultierte ihren Arzt zu Mervyns Unpässlichkeiten. In fast jedem Brief kommt sie auf Mervyns Ernährung zu sprechen, aus der Besessenheit heraus, die sie aus ihrer Kindheit mitgenommen hat.

»Hörst Du auf Deine Mila? Bitte, Mervyn, iss nicht zu viel Pfeffer, Essig und andere Gewürze. Trinkst Du Deine Milch? Ich trinke jeden Abend einen halben Liter. Iss ordentlich, wie ich es Dir beigebracht habe, viele frische Dinge.« Wenn Mervyn einzuwenden versuchte, dass er gern ab und zu ein Curry aß, wollte Mila nichts davon hören. »Ich respektiere Deine Vorlieben, aber ich fürchte, manche davon schaden Deiner Gesundheit – ich meine, was ich Dir in Moskau gesagt habe, nämlich Deine Lei-

denschaft für östliches, kaukasisches und indisches Essen. Es ist
zu scharf für Dich, Du bist ein Mensch aus einem maritimen
Klima. Dieses Essen ist für Menschen mit starken Mägen, aber
Du bist eine zarte Nordpflanze, Du musst vorsichtig essen.«

Mila bat um Kleidung, die Mervyn in London kaufte (und
dabei scherzend in seinen Briefen wegen der Ausgaben murrte)
und über Dinnerman's nach Moskau schickte, den einzigen auto-
risierten Paketversand in die Sowjetunion. Mila kaufte Bücher
und schickte sie in braunem Packpapier und mit grober Schnur
eingewickelt nach London an Mervyn. Bald schon standen Hunderte auf seinen Regalen.

Milas virtuelle Beziehung zu Mervyn wurde zu einer regel-
rechten Obsession. Sie tauchte tief in eine von ihr selbst erschaf-
fene imaginäre Welt ein. »Es ist, als lebte ich völlig in einem kom-
plexen Mechanismus namens Mervyn. Ich sehe um mich herum
all seine Schrauben und Rädchen«, schrieb sie. »Du bist der Sinn,
das Ziel meines Lebens … Bald werde ich eine neue Religion aus-
üben, den Merwusismus, und ich werde dafür sorgen, dass alle
an meinen Gott der Freude und der Wärme glauben.«

In vieler Hinsicht erschien ihr das Leben, das in dem Strom
Briefe stattfand, realer als ihre Begegnungen mit den echten
Menschen um sie herum. »Ich habe keine Gegenwart, nur eine
Vergangenheit und eine Zukunft, wenn ich an sie glauben kann«,
schrieb sie. »Alles um mich ist tot, ich wandere durch die Ruinen
auf nur ein Ziel, auf Dich zu.« Sie lebte für Mervyns Briefe. »Alles
andere erfinde ich nur, um die Zeit auszufüllen.«

Mila beschrieb, wie sie im warmen Nieselregen im Hof in der
Starokonjuschenny-Pereulok saß und laut auflachte, als sie Mervyns neueste Briefe las, während eine alte Oma mit Raubvogel-
gesicht aus einem Kellerfenster spähte. »Es war, als wären mir
Flügel am Rücken gewachsen«, schrieb sie. »Deine ganze Seele,

in der Form von Papier und Tinte, floss wie ein klarer Strom in mich hinein und erfüllte meinen Körper und meine Seele mit Kraft. Das ist die beste Medizin für mich. Deine Briefe werden immer besser, und bald werde ich nicht mehr aus Leid, sondern vor Freude weinen.«

Das Wochenende verbrachte sie in der Datscha. Olga las Tschechow, während Mila strickte; ein spätsommerlicher Hagelsturm rüttelte am eisernen Dach des Hauses. Als der Sturm sich gelegt hatte, ging Mila lange über die Felder spazieren und rief laut nach Mervyn. Die Bürde ihres Leids verlangte ihren Tribut. »Mervyn, der Kummer saugt alles Leben aus ihr ... Sie hat in ihrem Leben schon genug gelitten. Ich mache mir große Sorgen um sie«, schrieb Lenina. »Wohl weil sie nie elterliche Liebe gespürt oder gesehen hat, leidet sie nun doppelt so sehr. Unser Haus ist in Trauer, buchstäblich ... Sie lächelt nicht mehr, lacht nicht mehr, hat immer Tränen in den Augen. Bitte schreib ihr öfter, sie lebt nur für Dich.«

Milas Periode blieb vor lauter Kummer aus, doch ihre Ärztin sagte ihr, sie solle sich deshalb keine Sorgen machen. »Im Krieg hatten die Frauen teilweise jahrelang ihre Tage nicht«, erzählte sie Mila. Trotzdem verschrieb sie ihr tägliche Spritzen »für die Nerven« und eine Magnettherapie – offenbar eine der pseudowissenschaftlichen Quacksalbereien, wie sie die hypochondrischen Sowjets so liebten.

1965 scheint Mila ein paar Monate von der Sorge besessen gewesen zu sein, dass man ihr ihren gut aussehenden Verlobten stehlen könnte. Diese Sorge verfolgte sie bis in ihren Schlaf. Mila träumte, sie sei mit Waleri im Bolschoi-Theater und sähe plötzlich unten im Parkett Mervyn mit einer anderen Frau. Sie rief und brüllte und wurde von dem unkontrollierbaren Verlangen erfasst, sich über den Rang zu ihm hinunterzustürzen.

Der Trennungsschmerz hatte Milas tiefste Ängste entfacht – die Angst vor dem Verlassenwerden vor allem, aber auch kleinere Unsicherheiten bezüglich ihres Aussehens. Mila wurde schmerzhaft bewusst, dass sie keine Schönheit war. »Das ist die schmerzhafteste Frage für mich, und ich spreche nie mit jemandem sonst darüber – aber es tut mir unendlich leid, dass ich Deinen Freunden und Bekannten in dieser Hinsicht nicht gefallen werde«, schrieb Mila. »Ich habe solche Angst davor, ich mache mir solche Sorgen deshalb. Obwohl ich einen Trost habe – mein Leben lang hatte ich immer viele Freunde, auch hübsche, und sie alle liebten mich und fanden mich anziehend. Ich weiß, dass Du schöne Frauen magst, so wie alle Männer. Ich liebe Schönheit auch. Ich hoffe sehr, dass Du darüber hinausblicken wirst und die Dinge siehst, die andere nicht sehen. Wir werden uns gemeinsam schöne Frauen ansehen. Ich bin nicht so unsicher, dass ich nicht die Schönheit anderer Frauen anerkennen kann, wenn sie keine Schlampen oder Närrinnen sind. Mein Leben lang habe ich mich nur selten fotografieren lassen – Du weißt, warum. Aber wenn mal ein schönes Foto darunter ist, schicke ich es Dir. Ich werde verlegen, wenn Du anderen meine Fotos zeigst.«

Auf der Arbeit zeigte Mila Mervyns Briefe herum. Sie hatte einen Mann, was sie wiederum ganz zu einer Frau machte. »Ich will, dass mich jemand liebt – die Leute sollen wissen, dass ich nicht so unglücklich bin.« Doch der Schmerz und vielleicht auch ein unbestimmtes Gefühl der Scham und Schuld darüber, ihren Geliebten verloren zu haben, ließen sie nach der Arbeit so lange herumtrödeln, dass sie nicht mit ansehen musste, wie andere Mädchen von ihren Ehemännern und Freunden abgeholt wurden.

Ende September 1965 las Mervyn eine hoffnungsvolle Geschichte in der *Sun*. Die geheimen Verhandlungen darüber,

Brooke gegen die Krogers auszutauschen, waren weitergekommen, als Mervyn vermutet hatte. Wolfgang Vogel, ein mysteriöser ostdeutscher Anwalt, vertrat die sowjetische Seite. Vogel hatte eine ordentliche Erfolgsbilanz aufzuweisen – er hatte den Agententausch von 1962 organisiert, bei dem der amerikanische U-2-Pilot Francis Gary Powers gegen den altgedienten sowjetischen Spion »Rudolf Abel« ausgetauscht wurde. Abel, der eigentlich William Fischer hieß, war ironischerweise der Führungsoffizier der Krogers gewesen, als sie in den Vierzigerjahren in den USA arbeiteten und für die Moskauer Atomspione im »Manhattan Project« Nachrichten überbrachten. Vogel soll außerdem den »Kauf« Ostdeutscher durch ihre Westverwandten organisiert haben.

»Die britische Regierung hat verbittert alle Vorschläge eines Austauschs, jetzt oder in Zukunft, abgelehnt«, schrieb die *Sun* am 22. September 1965. »Ihres Erachtens nach wird Gerald Brooke der in Moskau wegen Subversion in Haft ist, gegen Lösegeld als Geisel gehalten. Doch diese Reaktion schreckt offenbar Herrn Vogel nicht ab ... Montagabend wurde sein grün- und cremefarbener Opel am Checkpoint Charlie durchgewinkt ohne die sonstige genaue Kontrolle seiner Papiere. Er war auf dem Weg zu einem Treffen mit Christopher Lush im britischen Hauptquartier in Westberlin.«

Vier Tage später fuhr Mervyn im Zug Richtung Osten durch Deutschland. Die Heizung im Waggon war abgeschaltet, und im Morgengrauen passierte er vor Kälte zitternd die Wachtürme und den Stacheldraht um Westberlin. Er stieg wie immer im billigsten Hotel ab, das er finden konnte, der Pension Alcron in der Lietzenburger Straße. Mervyn rief den Anwalt Jürgen Stange an, Vogels Kontaktperson in Westdeutschland, und vereinbarte für den nächsten Tag einen Termin mit ihm. Den Rest des Tages über sah er sich Sehenswürdigkeiten in Ostberlin an. Überall Kriegsruinen, und alles war angespannt und trostlos. Später am Nachmittag ging er in den Zoo und beobachtete die Affen, die ihn düster aus ihren Käfigen heraus anstarrten.

Mervyn erklärte Stange seinen Fall in allen Einzelheiten, und dieser versprach, für den nächsten Abend ein Treffen mit Vogel zu arrangieren. Ihr Treffpunkt war die Bar Baronen, ein kleines und teures, von Geschäftsleuten frequentiertes Lokal, in dem Vogel oft auf ein Getränk einkehrte, bevor er sich auf den Heimweg in den Osten machte. Während er wartete, fielen Mervyn die extravaganten Manschettenknöpfe des hochgewachsenen Barkeepers auf, die wohl, wie er annahm, die Gäste zu mehr Trinkgeld verleiten sollten.

Vogel hatte ein rundes Gesicht, trug eine Brille und war sehr freundlich. Mervyn sprach kaum Deutsch und Vogel kein Englisch; Stange hatte erklärt, dass sich seine Fremdsprachenkenntnisse auf Latein und Griechisch beschränkten. Doch Vogel war guten Mutes und machte eine Menge optimistischer Andeutungen über die sich verbessernden Beziehungen. Er schlug vor, Mila und vielleicht noch eine weitere Person könnten gegen einen der Krogers ausgetauscht werden, was Mervyn für höchst unwahrscheinlich hielt. Doch die enthusiastische Äußerung des deutschen Anwalts ermutigte ihn.

Als Vogel sich zum Gehen erhob, sprang Mervyn auf und bot an, den kleinen Koffer zu tragen, den Vogel mit in die Bar gebracht hatte. Der Koffer war unglaublich schwer, und Mervyn konnte ihn kaum heben. Er stolperte hinter Vogel her, hievte den Koffer in seinen Opel und winkte ihm nach, als er in den Osten davonfuhr. Mervyn fand nie heraus, was in dem Koffer war, und wagte auch nie zu fragen.

Am nächsten Tag traf Mervyn Christopher Lush vom britischen Außenministerium im Hauptquartier der Westalliierten. Er bat ihn, London wegen einer offiziellen Antwort auf die Idee eines Austauschs zu kontaktieren. Lush war abweisend. »Wir wollen kein Kanal für solche Sachen werden«, sagte er meinem Vater. »Wir wollen nicht, dass alle herkommen.«

Vogel kontaktierte Mervyn nie. Er war eine weitere Sackgasse.

Bald nach seiner Rückkehr aus Berlin packte Mervyn in Oxford seine Koffer in seinen zerbeulten Ford und fuhr nach Norden, wo ihn seine neue akademische Bleibe in Log Eaton bei Nottingham erwartete. Zweifellos saß er mit ganz geradem Rücken am Steuer, Milas Ermahnung folgend, er solle »nicht so einen Buckel machen, als würde er Eimer tragen«.

Mervyn fand Long Eaton zutiefst trostlos, eine düstere Industriestadt, die ihn sehr an das Elend seiner Kindheit in Südwales erinnerte. Die Dozenten an der Universität Nottingham waren weit weniger komfortabel untergebracht, als er es von Oxford gewohnt war. Mervyn ging nicht gern in Pubs, und so blieb ihm als einzige Unterhaltung vor Ort, im Waschsalon der herumwirbelnden Wäsche zuzusehen. Nach Moskau und Oxford war Nottingham tatsächlich ein großer Abstieg, doch nun hatte er zumindest Zeit, sich ganz seinem Kampf zu widmen. Trotz eines epileptischen Anfalls im Bahnhofscafé von King's Cross – der erste seines Lebens – beschloss Mervyn, optimistisch zu bleiben.

»Von jenem Tag an achtete ich darauf, unabhängig von Nachrichten aus Russland immer mit einem fröhlichen Lächeln auf den Lippen ins Klassenzimmer zu gehen«, schrieb er Mila. »Ich mache mir nicht die geringsten Sorgen wegen der Zurücknahme meines Buches.« Ein Foto aus jenem Herbst zeigt Mervyn an seinem Schreibtisch in der Universität, vor ihm ein Radio, an dessen blechernen Klang ich mich noch erinnern kann, weil er es bis in die Siebzigerjahre hinein hatte, und hinter ihm stapelweise Bücher auf durchgebogenen Regalen. Das Zimmer ist klein und eng, und er liest konzentriert einen Brief. Er sieht seltsam kindlich und verloren aus inmitten der unordentlichen Stapel seiner Besitztümer, aber recht zufrieden.

Bei einem seiner seltenen Besuche in Swansea lag seine Mutter ihm in den Ohren, er solle doch endlich seine selbstzerstörerische Fixierung auf dieses russische Mädchen aufgeben. »Heute Morgen zeigte meine Tigermutter ihre Klauen – die Katze, um die Metapher zu wechseln, lässt das Mausen nicht«, schrieb Mervyn in seinem Ford auf dem Parkplatz des Sportklubs der Universität Nottingham, wo er täglich schwimmen ging. »Sie sagt, ich sei so selten zu Hause und lasse sie so viel leiden – sie meinte, was kürzlich in Russland passiert sei, habe sie fast umgebracht. ›Und wenn ich daran denke, was mit deiner Laufbahn passiert ist, dann graust es mich‹, sagte sie. ›Sei still‹, erwiderte ich, ›sonst gehe ich sofort – das Auto steht vor der Tür.‹ Da sagte sie nichts mehr.«

Mervyn überdachte weitere Möglichkeiten. Die eine war, dass Mila einen Besuch in einem anderen sozialistischen Land beantragte, ihn dort traf und sie von dort aus irgendwie flüchteten. Das Problem war, dass Mila ein Befürwortungsschreiben ihres Arbeitgebers benötigte, um reisen zu können, selbst in ein befreundetes Land, und niemand in der Bibliothek würde es wagen, ihr eine solche Unterstützung zu geben. Sie könnte auch eine fiktive Hochzeit mit einem afrikanischen Studenten arrangieren, der sie dann mit ins Ausland nehmen könnte – doch diese Idee war nicht nur geschmacklos, sie war auch unnütz, weil man dazu die Erlaubnis des KGB brauchte, und das würde im Falle eines Scheiterns einen Schatten auf ihren Kampf werfen.

Er dachte an Bestechung. Ein neues Auto für einen korrupten Botschaftsmitarbeiter vielleicht? Doch auch das war in einem so politisierten Fall nicht realisierbar. Er prüfte sogar die Möglichkeit der Urkundenfälschung und verbrachte Tage damit, in seinem vollgestempelten Pass zu blättern und alle Details genau zu untersuchen. Er sammelte Drucksätze und experimentierte mit falschen offiziellen sowjetischen Stempeln. Zwei Freundinnen von Mervyn, Damen mittleren Alters und von größter Rechtschaffenheit, erklärten sich bereit, ihm ihre Pässe zu geben. Die eine beantragte einen Pass, obwohl sie nicht vorhatte, ins Ausland zu reisen, und die andere behauptete, ihren verloren zu haben. Doch nach einigen Tagen dämpften die Gefahren der Urkundenfälschung Mervyns Enthusiasmus. Es wäre ohnehin problematisch, eine einfache Fahrkarte aus Moskau für Mila zu bekommen, und Mila riskierte eine jahrelange Gefängnisstrafe, wenn bei der Passkontrolle entdeckt wurde, dass das Ausreisevisum, das Mervyn herstellen wollte, gefälscht war. Er ließ die Idee wieder fallen.

In einem Zeitungsartikel fand er einen Hinweis auf die Geschichte eines Russen, der vor dem Krieg beschlossen hatte, zu Fuß nach China zu gehen, sich (gründlich) in der Richtung geirrt hatte und in Afghanistan gelandet war. Mervyn sah sich Karten der südlichen UdSSR genauer an; vielleicht gab es da ja Gegenden, in denen die Grenze unbewacht war? Im Dezember 1965 las er von einem anderen jungen Russen, Wladimir Kirsanow, der zu Fuß über die russische Grenze nach Finnland gegangen war. Könnte Mila es ihm gleichtun? Mervyn spürte Kirsanow auf und traf sich im März 1966 in Frankfurt am Main mit ihm. Doch nachdem er sich Kirsanows Geschichte ein paar Mi-

nuten lang angehört hatte, wurde Mervyn klar, dass es aussichtslos sei. Kirsanow war jung und fit und ein erfahrener Wanderer
und Kletterer. Mila mit ihrer verkrüppelten Hüfte wäre niemals
in der Lage, durch Sümpfe zu waten und über Stacheldrahtzäune
zu klettern. Auch diese Idee ließ Mervyn fallen.

Zwei Jahre waren vergangen, und die Trennung nagte an
ihnen. Nottingham belastete Mervyn weit mehr, als er ohnehin befürchtet hatte. Im Sommer 1966 meinte er, näher an London sein zu müssen, um seinen Kampf fortsetzen zu können. Er
nahm eine Stelle am Polytechnischen Institut Battersea an, das
gerade erst die Gründungsurkunde als University of Surrey erhalten hatte und damals in einem nicht mehr genutzten Lagerhaus
in Clapham untergebracht war. Er kaufte eine kleine Wohnung in
Pimlico und lehnte andere Stellenangebote ab, weil ihm die Stelle
am Battersea viel Zeit lassen würde, die sowjetische Botschaft,
das Außenministerium und die Presse zu belästigen. Er hatte nie
etwas anderes als Verachtung für die Universität von Surrey, ihre
Studenten und ihre akademischen Standards übrig und kritisierte
die Institution, in der er letztlich den größten Teil seiner Laufbahn verbringen sollte, mit einer Art verbittertem Selbsthass.

Auch Mila glitt in eine krankhafte Depression. Sie nahm ab,
ihre Rippen zeichneten sich auf ihrem Brustkorb ab »wie bei
einer tuberkulösen Oma«, und auf ihrem Kopf zeigten sich graue
Haare. »Ohne Dich hat mein Leben aufgehört, ist versteinert –
dies ist nicht einfach ein erster Eindruck, sondern eine absolut
ernsthafte Schlussfolgerung, irreversibel«, schrieb Mila. »Warum
bauen wir uns nicht einfach am Ende der Welt eine Hütte, fern
von all dem Bösen und dem Hass und der Grausamkeit? Ich
würde mich nie mehr langweilen, wenn Du da wärst. O Gott,
o Gott, o Gott, unser Leiden ist doch sicher nicht umsonst?
Ich sehe, wie kurz und flüchtig das Leben ist und wie dumm,

wie pervers es ist, all diese Tage zu verlieren.« Mila schrieb mit eigenen Worten Konstantin Simonows berühmtes Kriegsgedicht *Wart auf mich*, das so eindrücklich das Schicksal von Millionen sowjetischer Frauen einfing, die dazu verdammt waren, jahrelang ohne Nachricht von ihren Liebsten warten zu müssen: »Wart auf mich, aber warte sehr. Warte, wenn dein Herz bedrückt, Regen trüb und schwer... Warte, wenn die andren längst des Wartens müd, warte...«

Während eines zufälligen Gesprächs mit einem Freund in London erfuhr Mervyn, eine Tagesreise ins sowjetische Baltikum sei eventuell auch ohne Visum möglich. Weitere Nachforschungen im finnischen Reisebüro am Haymarket ergaben, dass eine Reiseagentur in Helsinki namens Kaleva Tagesausflüge nach Tallinn in Estland und nach Leningrad organisierte, für die kein Visum erforderlich war. Sie seien eigentlich für Finnen gedacht, sagte ihm das Mädchen im Reisebüro, aber sie glaubte nicht, dass es ein Problem wäre, wenn ein Engländer eine Fahrkarte kaufte. Estland war Teil der Sowjetunion, und Mila könnte ohne Schwierigkeiten dorthin reisen.

Mervyn fand in der British Library eine Karte von Reval (dem heutigen Tallinn) von 1892 und einen deutschen Reiseführer aus der Vorkriegszeit. Er wählte den höchsten Kirchturm der Stadt aus, den der Olaikirche (Oleviste Kirik), weil er ein eindeutiger Treffpunkt war und nicht zu weit vom Hafen entfernt lag. In einer Reihe von Briefen an Mila Anfang August ließ er immer wieder Bemerkungen fallen – ob sie plane, Urlaub im Baltikum zu machen? Tallinn sei sehr schön, habe er gehört. Mervyn müsse eventuell am 26. oder 29. nach Skandinavien. Ob Mila schon von der Olaikirche gehört habe? Mila verstand die Hinweise und gab zu verstehen, dass sie da sein würde.

Der Plan war riskant. Als Mervyn am 22. August nach Finnland abreiste, hinterließ er einen Brief, der dem Außenministerium übergeben werden sollte, falls er nicht zurückkehrte.

»Ende des Monats werde ich einen oder zwei Versuche unternehmen, in die UdSSR zurückzukehren, um meine Verlobte zu sehen«, schrieb er. »Ich werde sehr wahrscheinlich versuchen, nach Tallinn zu gelangen. Dort riskiere ich, in einem sowjetischen Gefängnis zu landen … Ich möchte klarstellen, dass ich, falls ich von den Sowjets verhaftet werde, keinerlei Hilfe von Mitarbeitern des Außenministeriums in der UdSSR wünsche. Ich untersage Ihren Leuten ausdrücklich, Kontakt zu meiner Verlobten aufzunehmen. Ich hoffe, diese Aussage lässt keine Unklarheiten offen … Ich bedauere es außerordentlich, je mit Ihrem Amt zu tun gehabt zu haben, und wünsche keinen weiteren Kontakt.«

Er schickte den Brief an einen Freund mit der Bitte, ihn ans Außenministerium zu senden, falls er bis Mitte September nicht zurück sei.

Mervyn nahm einen billigen Flug nach Kopenhagen, dann die Nachtfähre nach Stockholm und eine weitere Fähre nach Helsinki. Am Morgen darauf ging er zum Büro der Reiseagentur Kaleva und buchte für Samstag eine Überfahrt nach Tallinn. Den Rest des Tages spazierte er durch Helsinki, saß auf einer alten russischen Kanone in der Festung und schrieb an Mila mit der Bitte, ihre Antworten postlagernd nach Helsinki zu schicken.

»Ich finde keine Worte dafür, wie schön es hier ist«, schrieb er. »Das offene Meer mit den weiten Buchten und Inseln, die in der Sonne lächeln, und die weißen Jachten auf der ruhigen See.«

Am Freitag ging er zurück ins Reisebüro und erhielt, obwohl er kein finnischer Staatsbürger war, ohne weitere Umstände eine kleine rosafarbene Fahrkarte. Mervyn und seine Mitreisenden kamen am nächsten Morgen um neun am Südhafen an und gingen an Bord der SS Vanemuine, die eine Stunde später pünktlich ablegte.

Es war ein sonniger und stürmischer Tag, bestes skandinavisches Wetter. Schon bald nach dem Ablegen ging ein mürrisch dreinblickender Russe in dunklem Anzug herum und sammelte die Pässe in einer Kiste ein. Als Mervyn ihm seinen gab, sah ihn der Grenzbeamte in Zivil eigenartig an. Die Überfahrt dauerte zwei Stunden, und Mervyn stand die ganze Zeit über auf dem offenen Teil der Brücke und starrte über die sowjetischen Gewässer, bis die Kirchtürme von Tallinn in Sicht kamen. Als das Schiff anlegte, kam der Russe mit seiner Kiste wieder und rief die Namen der Passagiere auf, um ihnen ihre Pässe auszuhändigen. Mervyn wartete mit einem Knoten der Angst im Bauch. Doch als sein Name als Letzter aufgerufen wurde, gab ihm der Russe seinen Pass mit einem ausdruckslosen Blick zurück.

Als er den Landungssteg hinunterging, hörte er eine Frauenstimme – nicht Milas – seinen Namen rufen. Es war Nadja, Milas Nichte, und sie strahlte vor ungläubiger Freude. Sie und Mila hatten Mervyn erst am nächsten Tag erwartet, und sie war nur für einen Testlauf zum Hafen gekommen. Mila wartete an der Olaikirche. Nadja hatte nach Schlägertypen Ausschau gehalten, aber keine gesehen.

Sie gingen am Zollhaus vorbei und durch das Vortor in die Altstadt. Als sie sich der Kirche näherten, sah Mervyn auf einer Bank eine Frau mit Kopftuch und rief sie an. Zu seiner Beschämung war es nicht Mila. »Mila ist da drüben«, sagte Nadja und deutete auf eine kleine, vertraute Gestalt am Eingang der Kirche. Sie umarmten sich.

»Ich kann meine Gefühle in jenem Augenblick nicht beschreiben«, schrieb Mervyn Mila später. Selbst nach zwei Jahren Trennung fühlte er sich ihr sofort nahe, entdeckte »dieselben freundlichen Augen, das Mitgefühl, die gemeinsamen Sorgen«.

Einige wenige Stunden lang lebten meine Eltern in Tallinn das seltsame Hochgefühl gestohlener Zeit. Sie sollten eigentlich nicht dort sein; die Herrschenden der gewöhnlichen Welt hatten kategorisch bestimmt, dass sie getrennt sein sollten. Und doch waren sie dort, spazierten Arm in Arm durch die Altstadt und sprachen über die Zukunft, während Nadja ihnen in einiger Entfernung folgte und nach dem KGB Ausschau hielt. Ein winziger Spalt in der Mauer hatte Mervyn durchgelassen, und dieser kleine Sieg gab ihnen die Hoffnung, diese Stunden könnten zu einem Leben werden. Sie hätten die sechs Jahre, die ihre Trennung dauern sollte, ohne diese Augenblicke in Tallinn wohl kaum ertragen, als sie sich gegenseitig bewiesen, dass sie immer noch wirklich aus Fleisch und Blut waren, nicht nur Worte auf dem Papier, und dass sie den Kampf gewinnen konnten.

Sie tranken bei einer Freundin Milas Tee und saßen in der schwachen Sonne des Nordens auf Parkbänken. Als sie zurück zum Hafen gingen, hörten sie das Schiffshorn. Mervyn sah auf die Uhr – es war viel später, als er gedacht hatte.

Sie rannten los, Mila humpelte, so schnell sie konnte. Auf dem Schiff wurden gerade die Leinen losgemacht, doch der Landungssteg war noch nicht hochgezogen, und es blieben noch ein paar Sekunden für eine kurze Umarmung, ehe Mervyn an Bord rannte. Als das Schiff ablegte, sah er Nadja und Mila auf dem Hafenkai winken. Milas kleine Gestalt wurde immer undeutlicher, als das Schiff in die Fahrrinne fuhr. Mervyn war überwältigt von Kummer und Hoffnung.

Das Reisebüro Lomamatkat in Helsinki bot auch eine Fahrt nach Leningrad an – zwei Nächte auf See, eine in Leningrad an Bord des Schiffes. Auch hier war kein sowjetisches Visum erforderlich. Am Abend des 4. September ging Mervyn an Bord der SS Kastelholm, eines kleinen, ehrwürdigen Dampfschiffs, und machte sich auf den Weg nach Leningrad. Er bewunderte die alte Kolbendampfmaschine. Ein freundlicher Finne sammelte die Pässe ein, und Mervyn schlief besser in dem Wissen, dass keine sowjetischen Beamten an Bord waren.

Am nächsten Morgen, als er an Deck ging, entdeckte er, dass sie bereits die Newa hinauf in Richtung Leningrader Hafen dampften. Mervyn ging mit den anderen Passagieren an Land und sah Mila, die neben einem geparkten Lastwagen wartete. Sie umarmten sich nicht, um keine Aufmerksamkeit auf sich zu ziehen, und gingen ins Stadtzentrum. Mila war diesmal allein, ohne Nadja zum Aufpassen. Sie spazierten den ganzen Tag in der Stadt herum und gingen ins Russische Museum, wo sie sich einige erschreckende Minuten lang in den Räumen verloren.

Mila hatte ein Zimmer in einer Jugendherberge gebucht und schaffte es am frühen Abend mit dem stillschweigenden Einverständnis ihrer Kommilitonen, Mervyn hineinzuschmuggeln. Sie wurden einmal durch ein Hämmern an der Tür gestört, aber es war falscher Alarm. Jemand hatte sich nur in der Tür geirrt, es war nicht der KGB, um Mervyn ins Gefängnis zu zerren. Am Abend, nach einer fetttriefenden Ente in einem Restaurant, musste Mervyn aufs Schiff zurück, um die Nacht dort zu verbringen.

Der nächste Tag verlief fast genauso – ohne einen gemütlichen Ort zum Reden liefen sie den ganzen Tag durch die Straßen und über die Plätze und hielten aneinander fest. Diesmal kehrten sie rechtzeitig zum Hafen zurück. Sie verabschiedeten sich schnell zwischen den geparkten Lastwagen, und Mervyn ging allein zum Schiff. Die Trennung war nicht so traurig wie in Tallinn, doch das kurze Beisammensein machte die Leere, die darauf folgte, noch schmerzhafter.

»Jetzt bin ich über die dunkel werdende Ostsee auf dem Weg zurück nach Helsinki«, schrieb Mervyn auf dem Schiff, als es die Newa hinunter nach Westen fuhr. »Für mich waren es die glücklichsten zwei Tage in den zwei Jahren, die wir nun getrennt sind. Es war wunderbar, geistig und körperlich. Ich hoffe, ich habe nichts Verletzendes gesagt, während wir zusammen waren. Als ich an Bord ging, blickte ich zurück und sah, wie Deine zarte Gestalt und Deine Beine verschwanden. Ich war sehr, sehr traurig. Ich liebe Dich immer noch, und wir werden weiter um unser Glück kämpfen. Jetzt habe ich das Gefühl, dass alles sehr schnell gehen wird. Du wirst sehen.«

Von Stockholm aus schrieb er am 8. September: »Nach unserem Beisammensein in den beiden Städten des Nordens hat mein Leben wieder einen Sinn ... Ich glaube, es wird nie wieder so schlimm sein, wie es war.« Mila vermied es, die Begegnungen direkt in ihren Briefen zu erwähnen. Sie erschrak zutiefst, als sie las, dass eine norwegische Fähre im Skagerrak gesunken war, doch sie sah im Atlas nach und überzeugte sich, dass Mervyn nicht an Bord gewesen sein konnte.

Mein Vater beschloss, wieder zu seiner alten Idee zurückzukehren, in einem anderen Land ein sowjetisches Visum zu beantragen in der Hoffnung, es würde irrtümlich ausgestellt. Am 12. Dezember 1966 fuhr er mit der Nachtfähre von Southend nach Ostende und dann mit dem Zug nach Brüssel. Die erste Nacht verbrachte er in einem billigen, aber sauberen Hotel in der Nähe der Gare du Nord, das sich als gut besuchtes Bordell entpuppte. Ein dicker afrikanischer Gast hielt ihn die ganze Nacht mit seinem Schnarchen wach. Mervyn fand ein Reisebüro, das Reisen nach Moskau organisierte – Belgatourist in der Rue des Paroissiens –, und buchte eine fünftägige Reise. Mervyn füllte den Visumsantrag aus, schrieb seinen Nachnamen aber anders als sonst, den Vorteil nutzend, dass »Matthews« auf mindestens ein Dutzend verschiedene Weisen ins Kyrillische transkribiert werden kann. Wie er gehofft hatte, kamen einen Tag später der Pass und das Visum zurück; sein Name war unbemerkt geblieben, als die sowjetische Botschaft ihn mit den Namen auf der schwarzen Liste verglichen hatte.

Zwei Tage später war er in Moskau und nahm sich einmal mehr ein Zimmer im Hotel National. Es war seltsam, wieder zurück zu sein, und zutiefst beunruhigend inmitten der vielen Schlägertypen, die die Ausländer im Hotel beobachteten. Da mein Vater nicht sicher sein konnte, dass sein Plan funktionieren würde, hatte er Mila nicht vorgewarnt. Er rief sie am Abend seiner Ankunft von einer öffentlichen Telefonzelle in der Mochowajastraße aus an. Sie war verblüfft, als sie hörte, dass er in Moskau sei. Da er sicherlich in jedem Fall routinemäßig überwacht wurde, beschloss er, keine Tricks anzuwenden. Am nächsten Morgen rannte Mila die Mochowajastraße hinauf und begrüßte ihn vor dem Hotel National, wo er sie bereits erwartete. Sie gingen in Milas Zimmer in der Nähe des Arbat, das so war wie immer. Dann riefen sie den Hochzeitspalast an und erfuhren, dass Jefremowa, die Direktorin, am Montag wieder da sein würde. Am nächsten Tag war Weihnachten, und Mila und Mervyn verbrachten den ganzen Tag in Milas Zimmer. Am Nachmittag gingen sie zu Fuß zum Zentralen Telegrafenamt und schickten Mervyns Mutter ein Weihnachtstelegramm.

Am Montag gingen sie noch einmal in den Hochzeitspalast, um die Direktorin Jefremowa zu sprechen. Sie war sichtlich erschrocken, Mervyn ohne offizielle Ankündigung zu sehen. Sie murmelte etwas über die »normalen Verfahren« und schickte sie wieder weg. Aber zumindest hatte sie sie überhaupt empfangen. Mervyn rief die Botschaft an, und der diensthabende Vizekonsul schien überraschend bereit zu helfen, sobald die Botschaft am nächsten Tag aufmachte.

Am nächsten Morgen jedoch, als er aus dem Hotel National trat, spürte Mervyn stille Alarmglocken wie einen misstönenden Klang in einem Horrorfilm – die Schläger waren in voller Stärke da und beobachteten ihn scharf. Es war nur noch eine Frage der Zeit. Am Nachmittag wartete an der Rezeption die Nachricht auf ihn, er solle sofort Intourist kontaktieren. Im Büro von Intourist wurde ihm mitgeteilt, sein Visum sei annulliert, und er müsse unverzüglich abreisen. Mila war verzweifelt, als sie das hörte. »Aber Merwusja, jetzt können wir nichts mehr tun«, schluchzte sie.

Um vier Uhr nachmittags wurde er noch einmal in das düstere Büro der OWIR zitiert. Der stellvertretende Leiter erwartete ihn und sagte nur einen Satz, und den zweimal: »Sie müssen Russland so bald wie möglich verlassen, noch heute oder morgen, mit dem ersten verfügbaren Flugzeug.«

Es blieb ihm nichts anderes übrig als zu gehen. Wenn der KGB unangenehm wurde, konnte Mervyn ohne Weiteres neben Brooke im Gefängnis landen, als ein nützliches Druckmittel in den Verhandlungen um die Krogers. Zum dritten Mal in fünf Monaten verabschiedete Mila ihn von sowjetischem Boden – nur diesmal muss es sich wie das letzte Mal angefühlt haben. Würde er noch einmal in Russland erwischt, dann würde das mit Sicherheit Gefängnis bedeuten.

In der Presse erschienen einige Berichte über Mervyns zweite Ausweisung. Das Außenministerium hatte ein offizielles Protestschreiben der Sowjets wegen Mervyns Besuch erhalten, doch das wussten damals weder Mervyn noch die Presse. Des Zwar kontaktierte Mervyn und bat ihn um seine Mitarbeit an einer großen Story für die *People*, in der es um illegale Wege nach Russland gehen sollte. Mervyn lehnte entschieden ab.

Die Berichterstattung in der Presse hatte aber eine unerwartete Folge: Mervyn erhielt einen Anruf von Derek Deason, der im Oktober 1964 aus der Sowjetunion ausgewiesen worden war und ebenfalls eine Verlobte zurücklassen musste. Mervyn schlug ein Treffen im Albert vor, einem Pub in der Nähe der Victoria Station – ein schmuddeliges Lokal, in dem ich 30 Jahre später oft verbotenerweise mit meinen Schulkameraden aus der Oberstufe trinken ging. Derek war so alt wie Mervyn und arbeitete als Waagenprüfer bei Ford in Dagenham. Er hatte ein breites, ehrliches Gesicht und war Mervyn sofort sympathisch. Während eines Urlaubs an der Schwarzmeerküste im Sommer 1964 hatte Derek Eleonora Ginsburg kennengelernt, eine russisch-jüdische Englischlehrerin aus Moskau. Sie hatten sich ineinander verliebt, und er hatte ihr einen Antrag gemacht. Sie planten die Hochzeit für Oktober. Derek kam ein paar Tage vor dem Termin nach Moskau, und da Eleonora mit ihrer Schwester in einer winzigen Wohnung lebte, beschloss er, vor der Hochzeit für ein paar Tage nach Sotschi zu fahren. In Sotschi lernte er zufällig ein paar Russen kennen, die einen Junggesellenabschied für ihn organisierten. Derek, der keinen Wodka gewohnt war, betrank sich und wurde aufsässig. Jemand rief die Miliz. Diese verfrachtete ihn in ein Flugzeug nach Moskau und dann in ein weiteres nach London. Er bekam keine Gelegenheit, Eleonora anzurufen. Sie hörte erst wieder von ihm, als er sie unter Tränen von London aus anrief. Derek hatte seither neunmal ein Einreisevisum beantragt, doch der Antrag war jedes Mal abgelehnt worden.

Mervyn fand in Derek einen beherzten und intelligenten Kampfgenossen. Sie trafen sich von da an regelmäßig im Albert und einem ruhigen Pub namens The Audley, um ihren Kampf zu planen. Im Gegensatz zu Mervyn war Derek nie mit den sowjetischen Behörden aneinandergeraten und hatte mehr durch sein Bündnis mit Mervyn zu verlieren als dieser umgekehrt. Dennoch war es für beide ein großer Trost, wenigstens einen Verbündeten zu haben. Sie gaben sich gegenseitig die Adressen von Mila und Eleonora, damit sich die beiden in Moskau treffen konnten.

In die Sowjetunion zurückzugehen war zu riskant; selbst Mervyn begriff, dass er sein Glück nicht weiter herausfordern konnte. Doch der sowjetische Ministerpräsident Alexei Nikolajewitsch Kossygin wurde zu einem Staatsbesuch in London erwartet und bot ein perfektes Ziel für Mervyns inzwischen so oft geübte Lobbyarbeit. Mervyn beschloss, ihm einen Brief zu überreichen, eine althergebrachte Tradition. Er schrieb vorher an die Queen, die Kossygin empfangen sollte, und bat sie, die Angelegenheit zu erwähnen, doch er erhielt nur ein förmliches Antwortschreiben, in dem ihm mitgeteilt wurde, Ihre Majestät habe seinen Brief zur Kenntnis genommen. Er kontaktierte die Special Branch, um einen Ort und Zeitpunkt zu arrangieren, an dem er Kossygin seinen Brief ohne Aufsehen überreichen konnte. Der Beamte, mit dem er sich traf, war unverbindlich, und Mervyn musste grimmig amüsiert feststellen, dass die Special Branch ihm auf den Straßen Londons folgte. Er ging in die Downing Street und wartete auf der anderen Straßenseite der Hausnummer 10, doch Schlägertypen vom KGB drohten ihm, er solle sich fernhalten. Vor den Houses of Parliament schloss er sich einer Menschenmenge an und erzählte einem Polizeikommissar in Zivil, er plane, einen Brief zu überreichen.

»Das können Sie nicht tun«, sagte ihm der Polizist.

»Aber ich verstoße damit gegen kein Gesetz.«

»Wenn Sie aus der Menge treten«, erklärte der Kommissar und erschütterte Mervyns lebenslanges Vertrauen in die britische Polizei, »nehmen wir Sie mit auf die Wache und hängen Ihnen etwas an.«

Den dritten und letzten Versuch, sich Kossygin zu nähern, unternahm Mervyn im Victoria & Albert Museum, wo dieser mit Harold Wilson eine Ausstellung zur anglo-sowjetischen Zusammenarbeit besuchte. Wieder kam er nicht einmal in die Nähe von Kossygin. Doch als der sowjetische Ministerpräsident weggefahren wurde, stand Wilson noch einen Augenblick lang am Bordstein und wartete auf seinen Wagen. Mervyn drängte sich vor und sagte: »Was ist mit unseren Verlobten Herr Wilson?« Wilson wandte sich um, und ein Wiedererkennen blitzte in seinen Augen auf. »Ich kenne Sie!«, sagte der Premierminister und stieg in seinen Wagen. Der Brief blieb in Mervyns Tasche.

Mervyn hatte eine neue Idee. Vielleicht konnte er ja etwas in die Hände bekommen, was für die Sowjets von Wert war und was er gegen Milas Freiheit eintauschen könnte? Vielleicht unentdeckte Manuskripte von Wladimir Lenin – unter Kennern als Leniniana bekannt – von der Art, wie sie Milas Kollegen am Institut für Marxismus-Leninismus ihr ganzes Arbeitsleben lang erwarben und übersetzten? Die Russen hatten einen unersättlichen Hunger nach Lenins Schriften aus den Zeiten, die er zwischen 1907 und 1917 in Westeuropa verbracht und in denen er eine Revolution ausgebrütet und fieberhaft mit seinen Genossen gezankt hatte. Vielleicht konnte ja einmal in Milas Leben totes Papier Leben spenden.

Mervyns Fantasie war befeuert, und er eilte in die British Library, um sich Proben von Lenins Handschrift zu besorgen. Er forderte Lenins Antrag auf einen Leseausweis an, den er unter dem Namen »Jacob Richter« gestellt hatte, studierte die Entstehung der lateinischen Schrift und machte sich Notizen zum späteren Nachschlagen, falls er je Leniniana in die Hände bekommen sollte, die zum Verkauf standen.

Als er die Dokumente in der Bibliothek wieder abgab, überlegte er, dass er vielleicht den Schlüssel zu Milas Freiheit in Händen hielt.

Mervyn durchforstete seine Kontakte unter den russischen Auswanderern nach möglicherweise unentdeckten Archiven. In Paris spürte er Grigori Alexinski auf, der im Frühjahr 1907 in der Zweiten Duma sozialistischer Abgeordneter für Sankt Petersburg gewesen war. Er hatte Lenin gekannt und mit dem russischen marxistischen Ökonomen Georgi Plechanow korrespondiert. Der Sohn von Alexinski, ebenfalls Grigori oder Grégoire, war liebenswert, Mitte 40, und arbeitete als eine Art Funktionär in Zivil für die französische Polizei oder die Sicherheitsbehörden. Mervyn führte ihn zum Essen aus.

»Zuerst haben wir zusammen einen Aperitif getrunken«, schrieb Mervyn an Mila, ohne ihr den wahren Zweck des Treffens mitzuteilen. »Dann gingen wir zum Essen in ein ›billiges‹ Restaurant (aber die Rechnung für uns beide belief sich auf fast drei Pfund!). Dazu tranken wir Wein, von dem sich mir der Kopf drehte. Danach nahm er mich mit zu sich nach Hause, wo seine Frau uns mit Tee und Kuchen erwartete. Ihre Wohnung war luxuriös, und sie hatten drei fantastische Samoware. Wir unterhielten uns lebhaft, aber mein Gastgeber wechselte in jedem Satz zwischen Russisch und Französisch, sodass ich am Ende nicht mehr wusste, welche Sprache ich sprechen sollte!«

Alexinski Senior wurde vorgeführt, ein zerbrechlicher alter Mann, der murmelnd grüßte. Sie zeigten Mervyn das Archiv, in Kisten, gestatteten ihm aber nicht, auch nur eine zu öffnen. Die Sowjets hatten beträchtliches Interesse gezeigt, aber der alte Mann war leidenschaftlich antisowjetisch eingestellt und weigerte sich zu verkaufen. Doch sie wären eventuell bereit, das Archiv an Mervyn zu verkaufen, für nur 50 000 Francs (3700 Pfund), was in etwa Mervyns Gehalt von eineinhalb Jahren entsprach.

Trotz des enormen Preises war Mervyn sehr aufgeregt. Er schrieb an Pjotr Nikolajewitsch Pospelow, Milas einstigen Chef am Institut für Marxismus-Leninismus, ohne den wahren Grund für sein Interesse an Leniniana zu nennen.

»Ich weiß, dass sowjetische Historiker große Anstrengungen unternehmen, Manuskripte von Lenin in Westeuropa aufzuspüren und in das Heimatland des Großen Führers der Großen Oktoberrevolution zurückzuführen«, schrieb Mervyn in seinem besten Marxistisch. »Ich habe kürzlich entdeckt, dass sich die wertvollen Archive von Grigori A. Alexinski, einem Mitglied der Staatsduma und nahem Bekannten von Lenin, in Paris befinden. Gegenwärtig bietet Herrn Alexinskis Sohn, den ich gut kenne, mir die Möglichkeit, die Archive seines Vaters zu kaufen. Ich persönlich finde, dass Lenins Dokumente nach Moskau gehören, und würde gern dabei helfen, sie sowjetischen Historikern zur Verfügung zu stellen.«

Die Sowjets waren begeistert. Pjotr Fedossejew, Pospelows Nachfolger, bat um nähere Informationen. Es war ein Hoffnungsschimmer.

Mila unternahm eine Urlaubsreise zu Puschkins Gut Michailowskoje und bewunderte dort die englischen Möbel. Es schneite. Die

Luft war kalt, und sie kaufte an Puschkins Grab im Swjatogorski-
Kloster Antonowkaäpfel. Sie ging allein im berühmten Park des
Gutes spazieren. »Muss ich Dir sagen, wie sehr ich mir wünschte,
Dich bei mir zu haben?«, schrieb sie. »Ich bat die alten Bäume,
den Wald und die Vögel und die Luft, mir diesen Wunsch zu erfüllen, dann begann ich, laut mit Dir zu sprechen, und rezitierte
ganz, ganz sanft Puschkins Gedichte. Mervyn, mein Liebster, in
mir hat sich so viel Liebe und Zärtlichkeit gesammelt, wie kann
ich sie Dir nur geben? Ich liebe Dich jeden Tag mehr.«

Als sie wieder zurück in Moskau war, sprach sie im Zentralen Telegrafenamt mit Mervyn. Er wollte keine falschen Hoffnungen wecken und sagte nichts über seine Pläne. Und doch
muss sie einen gewissen Optimismus in seiner Stimme gespürt
haben; als sie nach ihrem »Lebenstelefonat« nach Hause ging,
sang Mila: »Mein Geliebter, denk an verzweifelten Tagen immer
daran: Wenn die Nacht am dunkelsten, ist die Dämmerung am
nächsten.«

»Wir sind zwei Pendel, die im selben Rhythmus schwingen«,
schrieb sie an jenem Abend. »Ich küsse das liebe Ende Deines
Pendels.« Sie zeichnete zwei Strichmännchen mit riesigen Herzen auf den Brief.

Mervyn schrieb Freunde und Bekannte um Geld an. Isaiah Berlin antwortete, er kenne in Oxford niemanden »mit einem großen Bankkonto und einem großzügigen Herzen«. Rauf Khahil,
ein alter Oxforder Freund, dessen Familie so viel von Ägypten
gehörte, dass Rauf immer behauptete, er »könne es nicht ertragen, daran zu denken«, war unpassenderweise ein paar Jahre
zuvor auf einer Vorlesungsreise in Afrika tot umgefallen. Priscilla Johnson in Harvard, eine andere Freundin, kannte Stalins
Tochter Swetlana Allilujewa, die sich 1967 in den Westen abge-

setzt hatte. Mervyn konnte Priscilla überzeugen, sie zu bitten, sich für Milas Befreiung von einigen der ansehnlichen Tantiemen für ihre Bücher zu trennen, doch diese lehnte ab. Lord Thomson of Fleet, der Medienzar, mit dem Mervyn irgendwie ein zweiminütiges Treffen arrangiert hatte, gab kein Geld, dafür aber einen guten Ratschlag. »Bitten Sie den Verkäufer, Ihnen ein Optionsrecht einzuräumen«, sagte Thomson, als er Mervyn in seinem großen grauen Rolls-Royce mitnahm. »Das kostet nicht viel und lässt Ihnen freie Hand.«

Doch ohne Geld würde Mervyns Plan nirgendwohin führen. Schlimmer noch, als Mervyn ans Institut Maurice Thorez in Paris ging und dort den Lenin-Experten Lejeune traf, erklärte dieser mit Nachdruck, die Aufzeichnungen in Alexinskis Archiv könnten nicht von Lenin sein.

Es wurde Herbst in London, und die große Schnitzeljagd schien im Sande zu verlaufen. Mervyns Treffen mit Derek wurden immer mutloser. Die Finnen hatten ihre Ausflüge ins Baltikum eingestellt, und Besuche nach Russland kamen nicht infrage. Die Lenin-Dokumente erwiesen sich als Flop, und alle seine Brücken zum KGB hatte er gründlich hinter sich abgebrochen. Er hatte kein Geld, und das Ende der fünf Jahre, die Mervyn sich dafür gegeben hatte, Mila aus der Sowjetunion zu holen, stand drohend bevor. Die scharfe Verzweiflung ihrer frühen Liebesbriefe war einem dumpfen Schmerz gewichen; Mervyns Optimismus wurde immer aufgesetzter. Das Ende der Geschichte schien nahe.

Es gab noch eine Möglichkeit – und obwohl mein Vater es sich nicht eingestehen wollte, war es ein allerletzter, verzweifelter Versuch. Ein Freund stellte den Kontakt mit Pawel Iwanowitsch Wesselow her, einem in Stockholm lebenden russischen Emigranten, der sich selbst als »Rechtsberater« bezeichnete.

Er war darauf spezialisiert, Menschen aus der Sowjetunion zu holen, und hatte bisher elf Erfolge zu verzeichnen. Seine Methoden waren unspektakulär – sorgfältige Recherchen, Kampagnen in der schwedischen Presse, Beziehungen spielen lassen, im Grunde genau das, was Mervyn bereits tat. Es war eine schwache Hoffnung, aber Mervyn hatte praktisch keine anderen Optionen mehr.

Wesselow schrieb aus Stockholm. »Ich bin eher ein Jäger als ein Kämpfer, eher ein Würger als ein Boxer«, teilte er seinem zukünftigen Kunden mit. Mervyn war beeindruckt. Und er war arm. Am Ende des Semesters nahm er ein Schiff von Tilbury nach Stockholm. Das Smörgåsbord* am Abend kostete 30 Shilling, und Mervyn blieb lieber hungrig, als zu bezahlen. Seine Kabine dritter Klasse hatte vier Kojenbetten und war laut und eng. Er schrieb weiter an Mila, aber über seinen Freund Jean-Michel in Brüssel, um seinen Aufenthaltsort vor den Zensoren des KGB geheim zu halten. In Stockholm bezog er das Hotel der Heilsarmee. Mervyns großer Kreuzzug war inzwischen eine recht armselige Angelegenheit geworden.

Wesselow erwies sich als zerzauster 50-Jähriger mit hohen slawischen Wangenknochen, der in einer winzigen Wohnung in einer nichtssagenden Straße in einem Arbeiterviertel der Stadt lebte. Er stellte Mervyn seine junge schwedische Ehefrau vor, die kein Russisch sprach, und dann, lebhafter, seinen schwarzen Kater Mischa. Sie setzten sich ins einzige Zimmer der Wohnung, staubig und vollgestopft mit Möbeln im russischen Stil, um zu reden.

Er erzählte Mervyn voller Bewegung von seinen Triumphen in der Vergangenheit; einer seiner größten Erfolge war sogar aus

---

* Schwedisches kaltes Büfett.

einem Gefangenenlager entlassen worden. Wesselow holte eine große Rolle hervor, die aussah wie Tapete, ging damit ans Ende des Zimmers und rollte sie theatralisch aus. Die Tapete war bedeckt mit Zeitungsausschnitten zu einem seiner Fälle. Mervyn bewunderte sein Geschick, sowohl beim Erstellen von Collagen als auch dabei, Menschen aus Russland zu holen.

Wesselow sagte wenig über sich, doch er erzählte Mervyn, er sei ein Altgläubiger, Angehöriger einer Sekte, die sich von der russisch-orthodoxen Großkirche abgelöst hatte, bekannt war für ihren Traditionalismus und in Russland jahrhundertelang verfolgt worden war. Er sagte auch, er habe im Krieg als Oberst des finnischen Geheimdienstes gedient. Mervyn hatte den Verdacht, Wesselow sei im russisch-finnischen Krieg 1939/40 von der Roten Armee desertiert. Er hatte einen schweren Wolgaakzent, rauchte starke Zigaretten, war gesellig und leidenschaftlich ehrlich. Wenn er je lügen sollte und die Presse es erführe, sagte Wesselow, würde sie nie wieder eine Geschichte von ihm annehmen. Er war auch ein begeisterter Amateurschriftsteller und arbeitete an einem Epos über das alte Rom. Seine Heldin war eine wollüstige römische Kurtisane, die, wie Mervyn fand, einer Wolgahure ähnelte. Später am Abend gönnte Wesselow Mervyn eine lange und leidenschaftliche Lesung seines Manuskripts. Immer wieder hielt der Schöpfer inne und rief aus: »Oi, Mervyn! Was für ein Mädchen! Was für ein Mädchen!« Als Mervyn in den frühen Morgenstunden endlich den Mut aufbrachte, ihn zu unterbrechen, um nach Hause zu gehen, wirkte Wesselow zutiefst gekränkt. »Oh, das genügt also, ja?«, schniefte er.

Im Juli, nach langem Schweigen, bewegte der Heilige Geist oder vielmehr die Nachricht, dass Alexei Kossygin zu einem Staatsbesuch nach Stockholm kommen sollte, Wesselow dazu Mervyn zu kontaktieren. Die Presse sei interessiert, und Mer-

vyn solle noch einmal versuchen, sich dem sowjetischen Minis-
terpräsidenten zu nähern und ihm einen Brief zu überreichen.
Mervyn war skeptisch. Ein weiterer Brief, nach all den anderen,
die zweifellos ungelesen geblieben waren, würde wahrscheinlich auch nichts bewirken. Aber die öffentliche Aufmerksamkeit könnte helfen.

Expressen, eine schwedische Tageszeitung, war hoch erfreut,
als Mervyn anrief. Eine Liebesgeschichte war genau das, was gebraucht wurde, um die eher trockene Geschichte über Kossygins
Besuch aufzupeppen. Die Zeitung erklärte sich bereit, einen Teil
von Mervyns Reisekosten zu übernehmen. Die Ausgaben meines Vaters für seine ständigen Reisen waren inzwischen so viel
höher als sein Einkommen, dass er in Erwägung zog, seine Wohnung in Pimlico zu verkaufen und sich etwas Billigeres in den
Vororten zu suchen.

Mervyn kam am Vorabend von Kossygins Besuch in Stockholm an und wurde im Hotel Apolonia untergebracht. Am
nächsten Morgen holten ihn ein Journalist und zwei Fotografen
in einem Wagen der *Expressen* ab, bewaffnet mit einem detaillierten Plan von Kossygins Route. Der Plan war, Kossygin den
Brief zu überreichen, wenn er ins Schloss Haga fuhr, das Gäste-
haus der Regierung. Im Schlosspark hatte er Zeit, einen Brief an
Mila zu schreiben.

»Wie Du Dir denken kannst, bin ich nach Stockholm gereist,
um Alexei Nikolajewitsch [Kossygin] zu treffen und ihm, wenn
möglich, einen Brief zu überreichen… Jetzt sitze ich gerade in
dem beschaulichen Park, der die Residenz umgibt. Er sollte in
einer Stunde hier sein. Das Schloss ist sehr groß, davor liegt ein
wunderschöner See, auf dem im Moment ein Polizeiboot ist.
Eine typische Ecke Skandinaviens, ziemlich traurig. Ich bin froh,
dass man nicht auch noch dafür bezahlen muss, auf Bänken zu

sitzen, aber eines Tages werden sie sicher Münzautomaten dafür aufstellen.«

Als es so weit war, hielt das massive Polizeiaufgebot Mervyn und das *Expressen*-Team von Kossygins vorbeirasendem Auto fern. Die Männer von der *Expressen* gingen sofort anschließend, und Mervyn wanderte ziellos in Kossygins Kielwasser herum. Spät am Nachmittag beschloss er, die schwedische Polizei um Hilfe dabei zu bitten, Kossygin und seiner Tochter den Brief zu überreichen Doch er wurde verhaftet und bis zum Abend in eine Zelle gesteckt. Schließlich ließ man ihn ohne weitere Erklärungen wieder gehen, und er machte sich müde und aufgebracht auf den Weg zu Wesselow. Wesselow war voller freudiger Entrüstung.

»Schrecklich! Und das in einem sogenannten zivilisierten Land! Aber genau das haben wir gebraucht. Damit könnten wir den Fall gewinnen! Kommen Sie, wir müssen ins Büro der *Expressen*, vielleicht kriegen wir noch was in die morgige Ausgabe.« Wesselow war grimmig entschlossen und streitlustig. »Der Polizeibeamte muss bestraft werden, und wir schreiben dem Innenminister einen Brief.«

Am nächsten Tag erschien die Geschichte von Mervyns Verhaftung in der *Expressen* und außerdem im *Aftonbladet* und im *Dagens Nyheter*, mit einem Foto eines verhärmten Mervyn am Telefon. Mervyn wurde irgendwo zitiert, er habe gesagt, Schweden sei wie ein Polizeistaat, was einen einzigen Brief eines entrüsteten schwedischen Lesers nach sich zog, der Mervyn aufforderte, mehr Respekt für die Gesetze eines fremden Landes zu zeigen.

Doch alles in allem war er nicht weitergekommen und steckte schließlich seine beiden Briefe in einen Briefkasten. In der britischen Presse waren etwa ein Dutzend kleiner Artikel erschienen und in der deutschen *Bild*-Zeitung ein doppelseitiger Bericht, doch Mervyn wurde klar, dass er nach vier Jahren keinen Schritt weitergekommen war in seinen Bemühungen, Mila aus Russland herauszuholen.

Im Dezember 1968, als Derek und Mervyn aus dem Audley Pub in Mayfair kamen, entdeckten sie ein sowjetisches Diplomaten-auto, Kennzeichen SU 1, vor der Gesandtschaft der Arabischen Emirate. Sie kamen mit dem Chauffeur ins Gespräch, der ihnen sagte, der sowjetische Botschafter Michail Smirnowski und seine Frau müssten jeden Augenblick kommen. Mervyn und Derek warteten auf dem Gehsteig neben dem Auto, bis die beiden aus der Gesandtschaft herauskamen. Mervyn trat an sie heran, und sie erkannten ihn beide sofort. Smirnowskis Frau sah alarmiert aus.

»Herr Smirnowski, warum können wir nicht heiraten?«, fragte Mervyn.

»Wir sind über den Fall unterrichtet«, sagte Smirnowski nervös, als er sich an Mervyn vorbei in sein wartendes Auto schob. »Sie dürfen keine Schwierigkeiten machen.«

Derek erzählte der *Evening Post*, die Begegnung sei »eines der ermutigendsten Dinge gewesen, die mir seit Langem widerfahren sind. Zumindest beweist sie, dass die Russen um unseren kontinuierlichen Kampf, heiraten zu dürfen, wissen.«

Mervyn gab nicht auf. Angeregt durch den Vorfall mit Smirnowski, schrieb er allen 110 Leitern der diplomatischen Gesandschaften in London in seiner Angelegenheit. Er kaufte eine gebrauchte Druckmaschine, um damit Flugblätter und Rundbriefe herzustellen, die er in London verteilen wollte. Doch die Maschine richtete nur eine große Sauerei in seinem winzigen Schlafzimmer an, mit dem Resultat, dass seine Bettwäsche voller Druckerschwärze war. Anfang April entwarf Mervyn ein Flugblatt, auf dem er Fotos von Mila, Eleonora und Frau Smirnowski einander gegenüberstellte mit der Bildunterschrift »Drei sowjetische Frauen«. Auf der Rückseite stand eine kurze Zusammenfassung der Geschichte. Er ließ die Flugblätter trotz der hohen Kosten professionell drucken. Doch dann wurde Mervyn und Derek mit Verhaftung gedroht, als sie die Flugblätter unter die Scheibenwischer von Diplomatenfahrzeugen in den Kensington Palace Gardens steckten.

Auch Mila in Moskau spürte, wie ihre Energie und ihr Optimismus schwanden. Sie schrieb Ende Dezember einen niedergeschlagenen Brief. An Neujahr 1969 antwortete Mervyn in entrüstetem Ton: »Die Situation mag Dir hoffnungslos erscheinen. Wenn Du das wirklich glaubst, dann solltest Du es entweder geradeheraus sagen oder noch fester an mich glauben... Im Verlauf der letzten neun Monate des Jahres 1968 sind etwa 50 Artikel über meine Bemühungen, in der Sache weiterzukommen, in den Zeitungen verschiedener Länder erschienen. Außerdem solltest Du nicht etwas kritisieren, von dem Du nichts verstehst. Du kennst nicht annähernd genug Fakten, um über meine Aktivitäten urteilen zu können. Und denk immer daran, dass mich jetzt nichts mehr verletzen kann als Erklärungen, ich würde es umsonst versuchen. Ich bin heute sehr mit unseren Angelegenheiten beschäftigt, aber ich habe auch damit begonnen, das Semester vorzubereiten.«

Am 2. Januar war Mila in besserer Stimmung und schickte ein Telegramm: »Beste Neujahrswünsche für meinen geliebten Kelten. Ich liebe ihn treu, glaube und erwarte unser Glück. Sehne mich nach Dir, Küsse, Mila.«

Mervyn beschloss, es riskieren zu können, ein neues Buch über die sowjetische Gesellschaft zu schreiben. Mila war anscheinend sicher und hatte seit ihrer Entlassung aus dem Institut einige Jahre zuvor keine weiteren Repressalien erdulden müssen. Das Projekt wäre vielleicht sogar ein Weg, Mervyns gescheiterte Laufbahn zu retten. Und nicht zuletzt belebte ihn die Aussicht auf die Recherchen für ein neues Buch, und er machte sich auf die Suche nach finanziellen Mitteln. Er unternahm einige kurze Reisen nach Marokko, in die Türkei und auf den Balkan.

Der Vollständigkeit halber bemühten Mervyn und Derek sich um Unterstützung im Unterhaus; ein Private Member's Bill, ein Gesetzesvorschlag, kam auf die Tagesordnung, der das Unterhaus dazu aufrief, »den Außenminister zu drängen, die Fälle Derek Deason und Mervyn Matthews wieder aufzunehmen, die beide eine Frau heiraten wollen, die kein Ausreisevisum aus der Sowjetunion bekommt, sowohl aus humanitären Gründen als auch, um etwas zu beseitigen, was ein wachsendes Hindernis auf dem Weg zu besseren anglo-sowjetischen Beziehungen darstellt.«

Die Idee mit dem Buch zahlte sich bald aus. Die Colombia University in New York bot meinem Vater eine dreimonatige Gast-Fellowship. Mervyn war überglücklich. Er freute sich darauf, London mit seinen Enttäuschungen zu entkommen, und da in Manhattan die UNO ihren Sitz hatte, bot sich ihm dort ein ganz neues Feld für seinen Kampf.

13

Flucht

Schit ne po lschi! – Lebt nicht mit der Lüge!
Alexander Solschenizyn

Mervyn kam am frühen Morgen des 20. April 1969 in New York an. Er fuhr mit dem Taxi zum Hotel Master am Riverside Drive wo er ein großes, aber schäbiges Zimmer bezog. Mervyn war mehr um die Telefonverbindung besorgt und ging direkt hinunter zu der ältlichen Telefonistin Grace. Sie versicherte ihm, dass sie ihn wahrscheinlich mit Moskau verbinden könne. Beruhigt über das Funktionieren der Kommunikationstechnik, frühstückte Mervyn für 99 Cent in einem Diner.

Die folgende Woche brachte wichtige Neuigkeiten. Derek schickte ihm einen kleinen Zeitungsausschnitt aus dem *Guardian*: »Das Außenministerium forderte gestern den sowjetischen Botschafter Smirnowski auf, Berichte zu bestätigen, denen zufolge der Dozent Gerald Brooke, 30, der wegen angeblicher subversiver Aktivitäten eine fünfjährige Haftstrafe in Russland verbüßt, wahrscheinlich erneut wegen Spionage vor Gericht gestellt wird...« Brooke sollte im April 1970 aus der Haft entlassen werden; die Krogers hatten noch über zehn Jahre ihrer Strafe vor sich. Die *Iswestija* hatte bereits 1967 angedeutet, Brooke könnte wegen angeblicher Verwicklungen in Spionagetätigkeiten erneut vor Gericht gestellt werden. Nun bedeutete die Aufforderung an den sowjetischen Botschafter, dass die Gerüchte begründet gewesen waren. Doch es war immer noch unklar, wie die Regierung Wilson auf die neuerliche Erpressung aus Moskau reagieren würde.

Mervyn schrieb an U Thant, den Generalsekretär der Vereinten Nationen, und verfasste zwei empörte Artikel für die russische Emigrantenzeitung *Nowoje Russkoje Slowo*. Wie zuvor vereinbart, tauschte er jede Woche lange Briefe und Audiobänder mit Derek aus – Telefonieren war zu teuer und dringenden Neuigkeiten vorbehalten.

Am 16. Juni erschienen in der *Times* weitere Nachrichten zu Brooke: »Ein Sprecher des Außenministeriums teilte mit, die Verhandlungen im Fall Brooke (nicht unbedingt in Hinblick auf einen Austausch gegen die Krogers) seien fortgeschritten. In dieser Angelegenheit gibt es offenbar noch keine Bewegung. Ein Sprecher dementierte jedoch gestern Berichte darüber, der Englandbesuch des ostdeutschen Anwalts Wolfgang Vogel habe etwas mit dem Austausch zu tun.« Wenn Vogel involviert war, überlegte Mervyn, dann musste auf jeden Fall etwas im Gange sein.

Mein Vater schickte knappe Telegramme an das Außenministerium: »Brooke-Kroger-Austausch muss sowjetische Verlobte Bibikowa, Ginsburg einschließen. Beobachten Entwicklungen genau. Erwägen öffentliche Aktionen«, schrieb er an Michael Stewart, der inzwischen Außenminister war. »Verhandlungen wegen Brooke müssen Bibikowa und Ginsburg einschließen, kein anderer Kurs akzeptabel«, telegrafierte er an Sir Thomas Brimelow, Deputy Under-Secretary of State im Außenministerium und einer der von Mervyn am meisten gehassten Bonzen dort.

Am 18. Juni ließ er den Telegrammen Briefe folgen: »Lieber Brimelow [sic], ich habe erfahren, dass Sie einen Brooke-Kroger-Austausch in Erwägung ziehen. Sowohl Derek Deason als auch

ich selbst erwarten, unsere leidgeprüften Verlobten darin eingeschlossen zu sehen... Die katastrophalen Ereignisse des Jahres
1964 sind in meiner Erinnerung noch sehr lebendig, und ich habe
nicht vor, das Außenministerium noch weitere Fehler auf meine
Kosten machen zu lassen. Ein Brooke-Kroger-Austausch [ohne
die Verlobten] wäre ein weiteres Versagen Ihrerseits... Offen
gesagt erwarten wir, dass alle weiteren Austauschverhandlun-
gen auch unsere Verlobten mit einschließen. Ansonsten sehen
wir uns gezwungen, alle uns möglichen öffentlichen und privaten Schritte zu unternehmen, um zu verhindern, dass nach so
vielen tränenreichen Jahren unsere Interessen ignoriert werden.
Abschriften dieses Briefes gehen an den Premierminister und
den Geheimdienstchef.«

Im Kabinett kam es am 20. Juni 1969 zu einer hitzigen Debatte über den vorgeschlagenen Austausch. Die Argumente
dafür, Brooke aus Russland herauszuholen, wurden durch die
Aussage des britischen Seemanns John Weatherby gestärkt, der
kurze Zeit in Russland interniert gewesen war, Brooke im Gefängnis getroffen hatte und bestätigte, dass sich dessen Gesund-
heitszustand verschlechterte. Harold Wilson hatte sich immer
gegen den Austausch ausgesprochen, seit er 1965 zum ersten
Mal vorgeschlagen worden war, doch nun ließ er sich schließlich
überzeugen. Vielleicht erinnerte er sich an den hartnäckigen jungen Waliser, der ihn in seinem Hotelzimmer in Moskau und auf
der Straße in London angesprochen hatte. Wahrscheinlicher aber
ist, dass er die anscheinend endlose Brooke-Saga zu einem Ende
bringen wollte. Die Dreingabe der sowjetischen Bräute würde
helfen, die negative Wirkung des Austauschs in der Öffentlichkeit und die Vorwürfe der Erpressbarkeit, die unausweichlich
folgen würden, zu mildern. Unter Vorgabe humanitärer Gründe
genehmigte das Kabinett offiziell den Austausch. Verhandlungen

mit den Sowjets zur Durchführung würden unverzüglich angesetzt werden. Endlich hatte der »Moloch der Geschichte«, von der Mila so bitter geschrieben hatte, seinen Kurs geändert.

Als Mervyn am 20. Juli aus New York zurückkehrte, kletterte der amerikanische Astronaut Neil Armstrong gerade aus dem Mondlandefahrzeug der Apollo 11 auf die Oberfläche des Mondes. »Wir sind auf verschiedenen Planeten«, hatte Mila 1964 in den ersten Tagen ihrer Trennung an Mervyn geschrieben. »Zu Dir zu fliegen ist für mich genauso schwer, wie auf den Mond zu fliegen.« Doch nun war jemand auf den Mond geflogen – und, genauso unerwartet, schien Milas Traum, die Sowjetunion zu verlassen, gar nicht mehr so unmöglich.

Mervyn wurde ins Außenministerium einbestellt. Sir Thomas Brimelow zögerte zunächst zuzugeben, dass Mervyn endlich Erfolg gehabt hatte. Sein Fall habe die Verhandlungen sehr erschwert, teilte Brimelow meinem Vater mit, und die Russen hätten die Angelegenheit aus der Übereinkunft ausschließen wollen. Mervyns unermüdlicher Kampf habe den Fall definitiv behindert, und nur unter größten Schwierigkeiten konnten die Sowjets dazu bewegt werden, ihre Abneigung gegen den Quälgeist Matthews zu überwinden. Trotzdem hatten sie ihre Zustimmung gegeben, und Mervyn konnte endlich ein sowjetisches Einreisevisum erwarten, sobald die Krogers frei waren. Mervyn fuhr zurück nach Pimlico und wagte kaum, die Neuigkeit zu glauben. Er beschloss, Mila gegenüber nichts zu sagen, aus Angst, falsche Hoffnungen zu wecken.

Brooke kam vier Tage später in England an. Seine Freilassung war auf den Titelseiten der Abendzeitungen, mit knapper Erwähnung von Mervyn und Mila. Am selben Nachmittag gab Michael Stewart im Unterhaus eine Erklärung ab. Mervyn erhielt einen Platz auf der Diplomatengalerie; Derek saß auf der Besuchergalerie. Stewart verkündete, es sei vereinbart worden, die Krogers am 24. Oktober freizulassen. »In einer gesonderten Angelegenheit wurde vereinbart, dass drei britische Staatsbürger, die sich seit einigen Jahren erfolglos darum bemühen, sowjetische Bürger und Bürgerinnen zu heiraten, Einreisevisa in die Sowjetunion erhalten, um dort zu heiraten ...« Derek und Mervyn, auf verschiedenen Seiten des Unterhauses, ernteten einen kleinen Beifall.

Am folgenden Tag war die *Times* voller Einzelheiten. Außer Derek und Mervyn durfte noch eine dritte Person, Camilla Grey, eine Kunsthistorikerin, heiraten. Sie war mit Oleg Prokofjew verlobt, dem Sohn des Komponisten. Camilla hatte nichts mit Mervyns Kampf zu tun haben wollen. Es hatte noch ein paar weitere, undurchsichtigere Nebendeals gegeben. Bill Houghton und Ethel Gee, zwei Angestellte des Verteidigungsministeriums, die von Peter und Helen Kroger als KGB-Agenten rekrutiert worden waren, sollten frühzeitig auf Bewährung entlassen werden.

Die meisten Zeitungen standen dem Austausch ablehnend gegenüber. »Je höher man menschliches Leben stellt, desto angreifbarer macht man sich für unmenschliche Erpressung«, schrieb die *Daily Sketch* in einem Leitartikel. »Nach dieser Erpressung bleiben nichts als Verachtung und eine große Sorge um künftige Beziehungen. Opfer wurde ein Mann, der offensichtlich kein Verbrechen begangen hat, das in einer demokratischen Gesellschaft als Verbrechen betrachtet würde. Im Unterhaus fragte man Stewart, was in Zukunft einen unschuldigen britischen Touristen in Moskau davor schützen sollte, aufgegriffen und in einem finsteren Deal gegen einen russischen Spion ausgetauscht zu werden? Stewart antwortete darauf: ›Ich glaube, es lässt sich mit einiger Sicherheit sagen, dass ein britischer Staatsbürger, der in die Sowjetunion reist und sich an die Gesetze dort hält, keinem Risiko ausgesetzt ist.‹ Das ist im Moment, da die roten Spione Peter und Helen Kroger noch in England festgehalten werden, sicherlich so. Doch was ist, wenn sie im Oktober freigelassen werden?«

Mervyn hatte zwar von Wilsons Deal profitiert, doch er fühlte sich in seinem Patriotismus verletzt. England war tatsächlich bei dem Deal sehr schlecht weggekommen.

Nun, da es offiziell war, buchte mein Vater einen Anruf bei Mila in ihrer Moskauer Wohnung und erreichte sie gerade noch, ehe sie mit Freunden in den Urlaub nach Nordrussland fuhr. Er erzählte ihr, dass der Agentenaustausch begonnen habe und sie Teil davon seien. Doch die Aussicht auf das unmittelbar bevorstehende Ende ihres langen und abenteuerlichen Kampfes schien keinem von beiden große Freude zu bereiten.

»Ich hatte keine Freudenschreie oder Freudentränen erwartet, und es kamen auch keine«, schrieb mein Vater später. »Wir hatten beide zu viel durchgemacht und waren zu oft enttäuscht worden.«

In Milas Stimme war ein Hauch Distanz und Traurigkeit zu spüren. Abgesehen von all den bürokratischen Hindernissen, die noch zu überwinden waren, würde sie ihre Familie, ihre Freunde, ihre Heimat verlassen müssen, ohne Aussicht darauf, je wieder zurückkehren und sie besuchen zu dürfen. Sie würde bald unwiderruflich von allem getrennt werden, was sie kannte und liebte – außer Mervyn, der ein fast mythisches Wesen für sie geworden war.

»Merwusik, mein Liebster«, schrieb Mila am folgenden Tag, als die Nachricht von Brookes Freilassung in den Landeszeitungen publik gemacht wurde. »Heute ist der 25., Dein Geburtstag.

Wieder vereint in Moskau. Mervyn und Mila kurz vor ihrem zweiten Hochzeitstag, Oktober 1969.

Ich gratuliere Dir von ganzem Herzen und wünsche Dir Gesundheit, Erfolg bei der Arbeit und Glück. Und ich liebe Dich sehr. Ich bin ganz verwirrt. Victor Louis hat gleich am Morgen nach mir gesucht. Ich habe nichts gesagt, aber die werden sich ohnehin was ausdenken. Er wollte, dass ich etwas für seine Leser sage. Vielleicht hätte ich das tun sollen, aber ich habe mich geweigert. Er gab irgendwelche Banalitäten von sich über unseren Mut, dass wir Helden sind und welches Glück wir haben. Dann rief Lena an, die gerade Urlaub im Baltikum macht. Waleri [Golowister] und meine Freundin Rima sind vorbeigekommen. Journalisten vom *Daily Express* haben angerufen, aber die habe ich auch abgewimmelt. Freunde haben angerufen und mir gratuliert, sie sind alle völlig überwältigt… Ich kann kaum noch stehen.«

Mervyns Mutter schrieb, um zu gratulieren. Das Telefon in der Wohnung in Pimlico klingelte unaufhörlich. Journalisten standen vor der Tür. Des Zwar schickte ein Telegramm. Einige Tage später erhielt Mervyn einen Brief vom Finanzamt, auf den ein Unbekannter geschrieben hatte: »Ich freue mich über die gute Neuigkeit von gestern.«

Derek und Mervyn trafen sich im Albert, um die Einzelheiten zu besprechen. Das sowjetische Konsulat stellte sich bis zuletzt quer und behauptete, die Visa würden erst im Oktober ausgestellt werden. Sie könnten ihre Verlobten sehen und im Hochzeitspalast einen Termin vereinbaren. Dann müssten sie das Land wieder verlassen, behauptete der Beamte, und könnten einen Monat später wieder nach Russland einreisen, nach Ablauf der vorgeschriebenen Frist, wenn die Zeremonie anstand. Wie sich herausstellte, war das nicht wahr – der mürrische Vizekonsul nahm nur auf seine eigene Weise Rache an den jungen Männern, die irgendwie das System geschlagen hatten.

Derek unterzeichnete eine Abmachung mit dem *Daily Express*. Die Zeitung zahlte ihm im Gegenzug für ein Exklusivinterview die Flugtickets und das Hotel. Mein Vater zog es vor, selbst zu zahlen und so öffentliche Aufmerksamkeit zu vermeiden, nun, da er sie nicht mehr brauchte. »Jeder ist gern berühmt, aber mein eigenes Bild in der Öffentlichkeit, soweit ich eines hatte, war zu sehr gefärbt durch Unglück und Versagen. Ich erschien eher als Opfer denn als Held«, schrieb er in seinen Memoiren. Mervyn hoffte außerdem, mit seinem Buch seine akademische Laufbahn neu beginnen und vielleicht wieder an »eine von [Englands] zwei ehrwürdigen Universitäten zurückkehren zu können«. Dem würde Bekanntheit in den Medien nur schaden.

Die Krogers sollten am 28. Oktober 1969 um 11.15 Uhr Heathrow Richtung Sowjetunion verlassen. Mervyn erfuhr später, dass ihre Entlassung eine patriotische Demonstration im Gefängnis Parkhurst provoziert hatte: Die Gefangenen schlugen rhythmisch mit ihren Blechtellern, als Protest gegen die vorzeitige Entlassung der Spione.

Derek und mein Vater gingen noch am selben Morgen ins sowjetische Konsulat, um ihre Visa abzuholen. Der sowjetische Vizekonsul setzte ein breites offizielles Lächeln auf, wies sie an zu warten und verschwand. Während sie nervös warteten, fand Mervyn eine Erklärung für die Verzögerung – die Beamten warteten wahrscheinlich ab, bis das Flugzeug der Krogers den britischen Luftraum verlassen hatte.

Irgendwann kehrte der Konsul mit den vertrauten blauen Visa zurück. Sie waren lediglich zehn Tage gültig, und Derek protestierte, das sei zu kurz. »Zehn Tage reichen, um zu heiraten und sich scheiden zu lassen«, sagte der Konsul und lachte.

Weit nach Mitternacht kamen sie am praktisch verlassenen Flughafen Wnukowo in Moskau an und nahmen ein Taxi in die Stadt. Sie hielten vor dem Doppelbogen von Milas Wohnblock in der Starokonjuschenny-Pereulok. Es war bitterkalt, doch es schneite noch nicht. Mervyn ging die vertrauten vier Stufen zum Erdgeschoss hinauf und klingelte. Niemand reagierte. Er klingelte wieder und wieder, mit wachsender Beklommenheit. Er hatte Mila von London aus angerufen, um ihr zu sagen, dass er in der Nacht ankommen würde. Sie war doch sicher nicht in einem verräterischen Doppelspiel des KGB weggebracht worden?

Mervyn beschloss, sich nicht gleich das Schlimmste auszumalen und Mila erst anzurufen. Er ließ Derek im Taxi zurück und ging zu einer Telefonzelle an der Ecke des Arbat. Wundersamerweise hatte er ein einzelnes Zweikopekenstück bei sich, die einzige Münze, die Moskauer Telefonzellen annehmen. Das Telefon funktionierte, schluckte seine Münze nicht einfach, Mila ging ans Telefon – eine weitere Reihe kleiner Wunder. Sie klang nicht näher als in London. Mervyn erinnert sich in seinen Memoiren an das Gespräch.

»Hallo, Mila?«

»Ja, ja? Merwusja? Bist du das?«

»Ist alles in Ordnung?«

»Ja?«

»Warum hast du dann nicht aufgemacht, als ich geklingelt habe?«

»Ich habe die Klingel nicht gehört. Ich hatte Angst, dass ich nicht schlafen kann, und hab eine Schlaftablette genommen.«

»O Gott! Eine Schlaftablette? Ausgerechnet in dieser Nacht? Egal, Derek und ich sind da, auf dem Arbat. Wir sind in zwei Minuten bei dir.«

Mila begrüßte sie an der Tür, »eine kleine Gestalt in einem farbenfrohen russischen Morgenmantel, verschlafen, aber mit erwartungsvollem Ausdruck«. Sie umarmten sich »herzlich«, schrieb mein Vater später und erinnerte sich daran, dass er »keine große romantische Gefühlswallung« verspürt hatte, »nur eine tiefe Befriedigung darüber, dass wir endlich zusammen waren«.

In den Büchern der Kindheit meiner Mutter oder in einem Theaterstück ihres geliebten Racine oder Molière würde die Geschichte hier enden. Eine große Liebe wird vereitelt, die Liebenden setzen sich gegen die Mächte des Bösen zur Wehr und triumphieren schließlich über alle Widrigkeiten. Im letzten Akt sind die Seelenverwandten wieder vereint. Die Schlaftablette wäre eine tragikomische Ausschmückung, ehe sich die beiden Liebenden Hand in Hand dem Publikum zuwenden und sich vor dem letzten Vorhang verbeugen. Hatte meine Mutter unbewusst das romantische Ende gar nicht gewollt? Hatte sie die Schlaftablette genommen, um nicht zu träumen in dieser letzten Nacht ihres alten Lebens, eines Lebens voller unschuldiger Leidenschaften, in dem sie für eine imaginäre Zukunft gelebt hatte? Nun war die Zukunft endlich gekommen und klingelte eindringlich an ihrer Tür. Es war Zeit, sie einem neuen Leben zu öffnen.

Am Morgen des 30. Oktober 1969 wachten Mervyn und Mila früh auf. Es war ihr zweiter Versuch zu heiraten, und er würde hoffentlich erfreulicher sein als der erste. Doch beim Frühstück beschlossen sie, aus einem Gefühl der Rebellion heraus oder vielleicht aus Resignation, dass es nach all dem Elend der vergangenen fünf Jahre nicht angemessen sei, sich herauszuputzen. Und so zog Mervyn anstelle seines Anzugs eine alte Tweedjacke und eine Hose an, die er sonst an der Uni trug. Mila legte das Kleid beiseite, das mein Vater aus England mitgebracht hatte, und zog einen einfachen Rock und eine Bluse an. Sie nahmen den goldenen Ring mit, den sie fünf Jahre zuvor gekauft hatten, und fanden ein Taxi, das sie zum Standesamt brachte. Sie hatten schon beschlossen, auf die übliche Champagnerfeier zu verzichten.

Die Hochzeitsgesellschaft traf sich um kurz vor zehn in der Gribojedowstraße – Mila, Mervyn, Milas Nichte Nadja, Nadjas Mann Juri, ein paar von Milas Freunden und Derek, Eleonora und Eleonoras Schwester. Lenina und Sascha kamen nicht – angesichts seiner Stellung im Justizministerium wäre es für Sascha zu riskant gewesen. Auch eine große Anzahl Reporter hatte sich versammelt, darunter Victor Louis. Im Hochzeitspalast verliefen alle Formalitäten reibungslos. Mila und Mervyn gaben ihre Pässe ab und gingen in eine große rot drapierte Halle mit einer weißen

Lenin-Büste, wo eine beleibte Matrone die sowjetischen Ehegelübde verlas. Nach fünf Jahren und fünf Monaten unablässiger Bemühungen steckte Mervyn endlich Mila den Ring an den Finger.

»Und Sie sind unsere unattraktivste Braut!«, sagte die Frau, die die Pässe stempelte, mit der üblichen sowjetischen Schroffheit zu Mila. Mervyn war »froh, dass unsere Geste des Protestes bemerkt worden war«. Sie ließen sich auf dem Flur fotografieren, ohne zu merken, dass sie die Tür zur Herrentoilette als Kulisse gewählt hatten.

Draußen wurden sie mit Fragen bestürmt, doch keiner der Beteiligten war in der Stimmung, etwas zu sagen. Mila und Mervyn waren all den Wirbel müde, Derek und Eleonora durften wegen ihres Exklusivvertrags mit dem *Daily Express* nichts sagen. Die Reporter folgten ihnen die Straße hinunter, als sie weggingen, und Juri holte gegen einen der Fotografen aus und schleuderte ihm ein »Bastard!« entgegen.

In seiner Geschichte in der *Evening News* am nächsten Abend schrieb Victor Louis Juris Bemerkung Mervyn zu, verärgert darüber, dass ihm das süße Happy End, das er nach so vielen Jahren treuer Berichterstattung verdient zu haben geglaubt hatte, verwehrt geblieben war. »Nach der Zeremonie, die überraschend kurz war – sie dauerte etwa fünf Minuten –, erkannten sie, dass es unklug gewesen war, das Taxi wegzuschicken, in dem sie gekommen waren«, schrieb Louis. »Während sie auf ein anderes warteten, wurden Dr. Matthews und seine Braut von einem Reporter fotografiert. Das Paar hatte alles daran gesetzt, die Presse zu meiden, und die beiden versuchten, ihre Gesichter hinter dem Brautstrauß aus weißen Chrysanthemen zu verstecken. Der Bräutigam versuchte, den Fotografen zu verscheuchen, indem er ihm ›Bastard‹ entgegenschleuderte.«

Verheiratet. Mila, Mervyn und Eleonora Ginsburg posieren am
1. November 1969 vor dem Kreml, nachdem sie in der britischen
Botschaft auf ihre Hochzeit angestoßen haben.

Am nächsten Tag waren sie auf ein schnelles Glas Wein und
gute Wünsche in die britische Botschaft eingeladen. Sie fotogra-
fierten einander draußen vor der Botschaft auf der Sofiskaja Na-
bereschnaja, gegenüber dem Kreml. Auf den Fotos nieselt es, und
der Himmel ist trübselig grau, doch mein Vater grinst wie ein
kleiner Junge, wie er da mit meiner Mutter posiert, den Arm um
ihre Schultern gelegt. Sie vergräbt die Hände tief in den Taschen
ihres Regenmantels und lehnt den Kopf an seine Schulter.

Mervyn hatte gehofft, nach der Hochzeit noch ein paar Tage
bleiben zu können, um in der Bibliothek zu arbeiten und Bücher

zu kaufen, doch die OWIR informierte sie, sie hätten Russland
so schnell wie möglich zu verlassen. Ein säuerlich dreinblickender Beamter nahm Mila ihren Inlandspass weg und händigte ihr
einen Auslandsreisepass aus, ohne auch nur ein Wort zu der Frau
zu sagen, die dem Mutterland den Rücken kehrte.

Der letzte Abend in Moskau war einer der traurigsten in Milas
Leben. Dutzende von Milas Freunden kamen in ihr winziges
Zimmer, um ihr Lebewohl zu sagen. Es war ein ständiges Kommen und Gehen, sie saßen auf niedrigen Hockern und hockten
auf ihrem Bett. Waleri Golowister blieb die ganze Zeit, schweigend und traurig, und brütete über die Abreise seiner engsten
Vertrauten, ihm weggenommen durch einen Briten, mit dem
er einst Freundschaft geschlossen hatte. Die meisten von Milas
Freunden waren überglücklich. Doch meine Mutter hatte Angst,
und die Aussicht darauf, von ihren Dissidentenfreunden getrennt
zu werden, machte sie so traurig, dass es wehtat. »Ich war wie
eine alte Gefangene, die plötzlich freigelassen wird«, erzählte sie
mir einmal. »Ich wollte meine Zelle nicht verlassen.« Der An-
drang wurde zu groß, und Mervyn machte einen einsamen Spaziergang auf dem Arbat. Die Straße war still und verlassen.

Am 3. November verließen Derek und Eleonora Moskau in
Richtung London, wo sie dank dem *Daily Express* eine trium-
phale Heimkehr erwartete. Mila und Mervyn flogen, um keine
Aufmerksamkeit zu erregen, nach Wien. Als sie in die Ankunfts-
halle gingen, fühlte Mervyn, wie ihn Erleichterung überströmte.
Endlich war es wirklich vorbei. In Wien verbrachten sie einen
Nachmittag und Abend als Flitterwochen, ehe sie am nächsten
Morgen nach London weiterreisten.

In Heathrow kam es zu einer kleinen Verzögerung, weil sie
aus Wien und nicht aus Moskau kamen. Während die Beamten
die Papiere durchsahen, standen Mila und Mervyn für kurze Zeit

auf verschiedenen Seiten der Absperrung. Doch bald waren sie wieder zusammen, holten ihr Gepäck ab, schoben den Gepäckwagen mit den anderen Reisenden durch die Ankunftshalle.

Mila und Mervyn hatten über fünf Jahre lang für eine Zukunft gelebt, an die sie beide nur halb geglaubt hatten. Nun waren sie endlich wieder vereint, und eine neue Herausforderung erwartete sie – die unheroische Aufgabe, mit der Gegenwart zurechtzukommen und als echte menschliche Wesen miteinander zu leben.

Doch all das lag noch in der Zukunft. Mervyn und Mila, meine Eltern, hatten den Kampf um ihr Zusammensein gewonnen, gegen die schlimmsten Widrigkeiten, die ihre Zeit gegen sie aufbieten konnte. Dies war ihr Augenblick. Der Augenblick, den ich mir als ihren kühnsten und besten vorstelle; zwei junge Menschen gegen den Rest der Welt, ihre alles besiegende Liebe, endlich allein und zusammen; und die Welt, die keine Mühe gescheut hatte, sie auseinanderzutreiben, blieb endlich außen vor.

14

Krise

Er wurde in diesem Land geboren,
in dem alles gegeben wird, um wieder genommen zu werden.
Albert Camus

Wenn ich heute an Moskau denke – wenn jemand die Stadt im Radio erwähnt oder ich sie als Ortsmarke in einem Zeitungs-artikel lese –, beschwört das immer ein Bild der Wildnis herauf, von Trümmern aufgezehrter Energie. Ich verließ die Stadt, nach-dem die große Blase der Neunzigerjahre geplatzt und der Kater am schlimmsten war. Das Pendel hing am tiefsten Punkt auf dem Weg zwischen dem Rausch des ungebremsten Kapitalismus und dem, was sich als tiefe Sehnsucht nach Autorität und Ordnung entpuppen sollte.

Das unbändige, aber freie Russland, das Boris Jelzin erschaf-fen hatte, kam im Sommer 1998 ins Wanken. Ich war inzwi-schen Korrespondent für das Magazin *Newsweek* und arbeitete ganz anders als vorher bei der *Moscow Times*. Anstatt die Stadt nach Geschichten aus der Unterwelt zu durchforsten, wurde ich in einem blauen Volvo von der Duma ins Ministerium gefahren und schrieb kluge und unerträglich geschliffene Artikel über die hohe Politik.

In meiner neuen Position hatte ich einen direkten Blick auf die Auflösung der alten Ordnung. Auf den makellos mit Teppi-chen ausgelegten Fluren des Weißen Hauses, dem Sitz der russischen Regierung, wuchs die Nervosität. Der Vizeministerpräsident Boris Nemzow, Russlands führender Reformer, bestand darauf, dass alles gut werden würde, und kritzelte zum Beweis auf meinem Notizblock. Finanzminister Boris Fjodorow, der schwergewichtige Rabauke der Reformer, schwatzte mit manischer Energie von der Unumkehrbarkeit der Reformen Russlands. Doch in allen Regierungsbüros, die ich besuchte, empfingen mich starres Lächeln und aufgesetzte Zuversicht. Alle fürchteten insgeheim, dass irgendwann, sehr bald, das ganze verrottete Gebilde in sich zusammenbrechen würde. Die Zeit der Abrechnung war nahe, nach jahrelangem Ausverkauf von Unternehmen, Veruntreuung und Diebstahl, entfesselt von den neuen Herren des Landes. Und wenn sie käme, würde sie verheerend sein.

Die ersten Anzeichen des nahenden Endes erschienen in Moskau, als Bergarbeiter aus dem ganzen Land einen Streikposten vor dem Weißen Haus aufstellten und in die Duma eindrangen, mit ihren Helmen auf die Bürgersteige der Hauptstadt und die Marmorgeländer des Parlaments schlugen. Aus dem Inneren des Weißen Hauses war stündlich der dumpfe Trommelwirbel zu hören. Es klang wie ferner Donner hinter den getönten Schweizer Fenstern.

In Sankt Petersburg kam Jelzin aus dem Krankenhaus, um die sterblichen Überreste des letzten Zaren und seiner Familie zu begraben, die 1918 von bolschewistischen Revolutionären ermordet worden waren. Ich schlich mich mit einer Gruppe um die Romanows Trauernder in die Peter-und-Paul-Kathedrale. Herein durfte ich nur, weil ich als Einziger unter den anwesenden Journalisten daran gedacht hatte, einen schwarzen Anzug und Krawatte zu tragen. Als der winzige Sarg mit den Gebeinen der Familie zum Altar gebracht wurde, kam einen Augenblick lang

Pathos auf. Jelzin, hölzern und leicht schwankend, intonierte eine Rede, in der er behauptete, Russland sei mit seiner Vergangenheit ins Reine gekommen. Ich war immer ein glühender Bewunderer Jelzins gewesen, doch nun wirkte er wie eine tragische Figur, ein torkelnder Bär von einem Mann, der sich im Geflecht der Korruption verloren hatte und nun ebenso fassungslos wie sein Volk war angesichts der übermenschlichen Kräfte des Kapitalismus, den er entfesselt hatte. Die Parallelen zwischen den Fehlern, die zum elenden Tod des letzten russischen Monarchen geführt hatten, und den seismischen Erschütterungen, die sich unter Jelzins Regierung aufbauten, wurden schmerzlich deutlich.

Moskaus Nachtleben nahm eine seltsame Intensität an. Wie Klapperschlangen, die tief im Inneren der Erde sich anbahnende Erdbeben spüren, wurden die Partymenschen wie von einem Rausch erfasst. Wo auch immer sich die dem Untergang geweihten Reichen versammelten, im Galereja, im Jazz-Café, im Titanic, konnte man aus dem Augenwinkel durch den Nebel und das Stroboskoplicht einen Blick auf eine Geisterhand erhaschen, die an die Wand schrieb: »Du wurdest auf der Waage gewogen und für zu leicht befunden.«

Die übernatürlichen Warnungen vor der Apokalypse nahmen biblische Dimensionen an: Mehltau vernichtete einen Großteil der Kartoffelernte in Russland, und der anhaltende Regen im August, der die Weizenfelder regelrecht planierte, bedeutete eine Katastrophe für die vielen Russen, die nur noch vom Eigenanbau lebten, solange die Regierung ihre Löhne nicht auszahlte. Ein außergewöhnlicher Sturm riss die goldenen Kreuze von den Kuppeln des Nowodewitschi-Klosters und brach die Zinnen von der Kremlmauer. In die russische Fahne auf dem Dach des Senatspalastes im Kreml schlug der Blitz ein. Selbst der Fernsehsender NTW wurde unabsichtlich zum Sprachrohr des

Armageddon und zeigte an vier aufeinanderfolgenden Wochenenden *Das Omen* und seine Fortsetzungen. Russlands Babuschkas, die krankhaft pessimistisch nach Vorzeichen und Menetekeln Ausschau halten, gackerten wissend.

Dann kam die Sintflut mit der Macht einer Naturkatastrophe. Nach einer Paniksitzung am Abend des 16. August 1998 entwertete die Regierung den Rubel, stellte die Rückzahlungen aller Inlands- und Auslandsschulden ein und zerstörte so in einer einzigen katastrophalen Woche den Aktienmarkt und löschte zwei Drittel des Wertes des Rubels aus.

Das neue Bürgertum, das vor der Krise noch Pauschalreisen nach Antalya für den Winter geplant hatte, drängte sich vor den kollabierenden Banken und raufte sich darum, seine Ersparnisse zu retten. All die alten, wilden Reflexe des Selbsterhalts kehrten zurück. Moskauer Hausfrauen, die dachten, sie könnten zumindest »wie Menschen leben« (wie man in Russland sagt), rafften teure Makkaroni von den Regalen der Westsupermärkte in dem verzweifelten Versuch, ihre rasant an Wert verlierenden Rubel auszugeben. Ihre ärmeren Landsleute kauften auf den Märkten der Stadt alles auf, was sie für eine Belagerung brauchen würden – Streichhölzer, Mehl, Salz und Reis.

Die halb vergessene Mentalität der bäuerlichen *nachodtschiwost*, des Einfallsreichtums, wurde abgestaubt und eingesetzt. Die Zeitungen veröffentlichten Haushaltstipps mit Überschriften wie »Welche Lebensmittel halten sich am längsten?« und rieten den Lesern wegen möglicher Stromausfälle kein tiefgefrorenes Fleisch auf Vorrat zu kaufen. Erschöpfte Verkäufer in der Moskauer Filiale der British Home Stores verzichteten auf Preisschilder und addierten die rasend schnell steigenden Rubelpreise mit dem Taschenrechner. Die Luxusboutiquen in Moskaus vulgär-opulentem Einkaufszentrum Manege sahen aus wie ein Museum des alten Regimes.

Innerhalb von zwei Monaten war die Zerstörung abgeschlossen. Vielleicht war es nur meine Fantasie, aber ich hatte das Gefühl, Moskau sei dunkler geworden, als der Herbst 1998 kam, physisch dunkler, schlecht beleuchtet, als verlösche das grelle Neonherz der Stadt allmählich. Ich rief meine Vermieterin an und teilte ihr mit, ich würde einseitig die 1500 Dollar Monatsmiete für meine Wohnung halbieren. Sie seufzte vor Erleichterung darüber, dass ich nicht auszog, und dankte mir.

Ich ging auf viele Abschiedspartys meiner ausländischen Freunde, die plötzlich festgestellt hatten, dass sich ihre Aktienportfolios in Luft aufgelöst hatten und ihre Geschäftsmodelle implodiert waren. Eine Party stieg im Starlite Diner; die Gastgeberin war ein glamouröses, silikonbusiges kalifornisches Mädchen, das in den russischen Provinzen Herbalife vertrieben hatte. Sie hatte eine Truppe tragikomisch unfähiger russischer Zirkusartisten angeheuert, die zu unserer Unterhaltung auf Glasscherben tanzten und sich Metallspieße durch die Wangen stießen. Aus der Musicbox ertönten *Get Back* von den Beatles und *Money* von ABBA.

Zum Jahreswechsel, dem Beginn des letzten Jahres des 20. Jahrhunderts, war ich selbst in einer Sackgasse angekommen. Ich verspürte eine große Müdigkeit, doch der Schlaf kam nur selten und brachte keine Erholung. Der schwarze Hund der Depression, der mich mein Leben lang immer wieder verfolgt hatte, schnappte zu. Ich dachte oft an die tote Jana und fühlte mich mittelmäßig und verbraucht. Ich verbrachte lange, leere Abende damit, auf den fallenden Schnee vor dem Fenster zu starren und dem gedämpften Lärm des Verkehrs draußen zu lauschen.

Ich begegnete Xenia Krawtschenko bei einem Abendessen einer belgischen Freundin in ihrer Wohnung in einer Seitenstraße des Arbat. Xenia war groß und dürr, hatte einen burschikosen Haarschnitt und trug abgetragene Jeans. Woran ich mich noch am lebhaftesten bei unserer ersten Begegnung erinnern kann, ist nicht ihr Aussehen oder etwas, was wir gesagt haben, sondern die überwältigende, fast schon übernatürliche Erkenntnis, dass Xenia die Frau war, die ich heiraten würde. Das klingt närrisch, aber ich spürte es mit aller Macht. »Plötzlich erkannte er, dass er sein Leben lang genau diese Frau geliebt hatte« – ich zitierte diese Zeile aus Bulgakows *Der Meister und Margarita* an genau jenem Abend einem Freund gegenüber. Einige Tage später küssten Xenia und ich uns zum ersten Mal auf einer Parkbank an den Patriarchenteichen, nicht weit von der Stelle entfernt, wo Woland, Bulgakows Inkarnation des Teufels, zum ersten Mal in Moskau auftaucht.

Xenia war intelligent und wunderschön. Die beiden Wörter passen gut zusammen. Aber tatsächlich erkennen die wahrhaftig intelligenten Frauen, diejenigen, die sich ihrer Macht über Männer bewusst sind, dass sie etwas von der Medusa in sich haben. Xenia hatte eine große, läuternde Kraft, die hinter ihrer Ruhe schlummerte, eine unheimliche Fähigkeit, Menschen aus ihrem alten Selbst zu vertreiben. Ich spürte nach meinen ersten Wochen mit Xenia, dass ich durch ihre gorgonische Gegenwart gereinigt worden war und mich grundlegend gewandelt hatte. Es war manchmal grausam, aber erleuchtend.

Darin waren keine große Krise und kein Drama. Im Gegenteil, ich fand Xenia oft aufreizend reserviert dem Leben im Allgemeinen und mir im Besonderen gegenüber. Sie schien in einer Wolke unbesiegbarer Unschuld zu schweben und weigerte sich, die Welt um sich herum ernst zu nehmen. Und doch wurde sie ein Spiegel, in dem ich zusah, wie mein Leben gewaltsam zerlegt wurde. Meine Sucht nach dem Blendwerk Moskaus, die voyeuristische Neigung, die mich nach allem suchen ließ, was verderbt und schmutzig und korrupt war – all dies kam mir plötzlich kindisch und müde und falsch vor. Ich bemerkte es nicht, während es geschah, doch Xenia riss mich von meinem alten, korrupten Selbst los und zwang mich, mich selbst als normal und ganz zu sehen. Sogar als potenziellen Ehemann und Vater.

Xenias Aussehen und Selbstbewusstsein schützten sie vor der Härte der sie umgebenden Wirklichkeit. Sie hatte es irgendwie geschafft, über das ruchlose, schmuddelige Moskauer Leben erhaben zu bleiben. Es war, als wären sie und ihre Familie aus einem anderen, sanfteren Zeitalter Russlands übrig geblieben. Sie stammte aus einer alten Künstlerfamilie und lebte in einer prachtvollen Wohnung, die seit 1914 in Familienbesitz war. Die Wohnung war vollgestopft mit staubigen antiken Möbeln und Gemälden; sie hatte eine Ruhe und Beständigkeit an sich, die ich bis dahin nur von alten englischen Landhäusern kannte. Die Familiendatscha, in der ich diese Zeilen schreibe, steht auf einer hohen Böschung an der Moskwa in Nikolina Gora, inmitten der Landhäuser der kulturellen Elite Stalins, gegenüber von den Prokofjews, Angehörigen des Komponisten, und den Michalkows und den Kontschalowskis – Schriftsteller-, Maler- und Filmemacherfamilien. Ihre Familie kannte die Nachbarn seit drei Generationen, und sie alle schienen so zauberhaft nutzlos geworden zu sein wie die wehrlosen Adeligen in Tschechows *Kirschgarten*. Ihr Charme und ihre Zerstreutheit unterschieden sie grundsätzlich von dem eisernen Willen der sowjetischen Generation, für die meine Mutter stand. Sie hatten zu den Glücklichen gezählt; ihr Leben war durch ein glückliches Schicksal nicht vom sowjetischen Jahrhundert gezeichnet worden.

Xenia zog in meine Wohnung. Wir aßen in meinem Schlafzimmer mit seinen blutroten Wänden, während sich meine
Katze im Sonnenschein vor dem Fenster räkelte. Xenia blieb zu
Hause, wenn ich zur Arbeit ging, zeichnete und malte, und wenn
ich nach Hause kam, kochten wir Curry zum Abendessen und
tranken billigen Rotwein. Ich war so glücklich wie nie zuvor.

Im Herbst 1999 brach ein neuer Krieg in Russland aus. Die ersten
Schüsse waren keine Kugeln, sondern gewaltige Bomben, die in
den Kellern von Wohnhäusern in den Außenbezirken von Moskau und Wolgodonsk in Südrussland explodierten. Ich stand inmitten der rauchenden Trümmer zerstörter Gebäude im Moskauer Vorort Petschatniki und auf der Kaschirskoje-Autobahn,
als die Feuerwehrleute nach den ganz normalen Leben suchten,
die überall verstreut lagen. Billige Sofas lagen zersplittert unter
den Ziegelsteinhaufen, und unter meinen Füßen knirschte Plas-
tikspielzeug. Über 300 Menschen kamen bei den Angriffen um.
Tschetschenische Rebellen wurden verantwortlich gemacht,
und wenige Wochen später rollte die russische Armee in die ab-
trünnige Rebellenrepublik. Ausländischen Journalisten war es
untersagt, eigenständig zu reisen, mit Ausnahme von vom Kreml
organisierten Bustouren, die sorgfältig die Front mieden. Ich verbrachte den größten Teil des Winters damit, mir neue Wege
auszudenken, um heimlich nach Tschetschenien zu gelangen:
manchmal mit den Rebellen, manchmal mit Tschetschenen, die
auf Moskaus Seite standen, und mehrfach, indem ich mich russischen Journalisten anschloss und mit russischen Kommandeu-
ren vor Ort Vereinbarungen traf, die es mir gestatteten, Zeit mit
ihren Einheiten zu verbringen.
Auf meiner letzten Reise nach Tschetschenien – meiner drei-
zehnten – waren ich und mein Freund Robert King, ein Fotograf

in der Nähe des Dorfes Komsomolskoje. Die russische Armee hatte die Überreste der Haupttruppe der Rebellen, die sich aus Grosny zurückgezogen hatten, in dem kleinen Weiler eingeschlossen und drei Tage lang mit Raketen und Artillerie beschossen. Wir kamen am vierten Tag an, als sich der Morgennebel gerade lichtete, und sahen, dass die russischen Bataillone, die sich tagelang um das Dorf herum vergraben hatten, abgezogen waren und nur Müll und von den Panzern aufgewühlten Matsch zurückgelassen hatten. Wir fuhren unbehelligt nach Komsomolskoje hinein.

Andere tschetschenische Städte und Dörfer, die ich gesehen hatte, waren ausgebombt worden, und anstelle der Häuser blieben nur noch tiefe, rauchende Krater. In diesem Dorf war es anders. Das Dorf war Haus um Haus umkämpft worden, jedes Gebäude mit Einschusslöchern übersät und die Mauern von Geschossen durchlöchert. Durch die Gemüsebeete der Dorfbewohner zogen sich kreuz und quer flache Schützengräben und improvisierte Befestigungen der Rebellen. Es roch stark nach Kordit, verbranntem Holz, aufgewühlter Erde und Tod.

Die Leichen der Rebellen lagen in Gruppen von drei oder vier zusammen. Die ersten sahen wir in der Ecke eines Hauses, aufgestapelt unter den Trümmern eines eingestürzten Daches. Ihre Hände waren zusammengebunden und ihre Brustkörbe von Kugeln in einen blutigen Brei verwandelt worden. Ein Stück weiter stießen wir auf die Leiche eines weiteren Rebellen, eines Riesen mit buschigem rotem Bart, die Hände auf dem Rücken mit Draht gefesselt. Tief in der Seite seines Kopfes steckte ein russisches Schanzzeug, mit dem er erschlagen worden war. In einem schmalen Graben lagen reihenweise Leichen, ineinander verschlungen. Sie lagen so da, wie sie nach der Maschinengewehrsalve gefallen waren. Robert zog durch die Ruinen und fotografierte, seine professionellen Instinkte übernahmen die Kontrolle. Ich kritzelte im Gehen in mein Notizbuch, formte, so schnell ich konnte, die Bilder in Worten auf die Seiten – vielleicht, damit sie nicht in meinem Geist hängen blieben.

Insgesamt zählten wir über 80 Leichen, und das war nur der Rand des Ortes. Die Russen behaupteten, insgesamt 800 der Männer des Rebellenkommandanten Ruslan Gelajew in und um Komsomolskoje getötet zu haben. Ich ertrug es nicht, noch weiter zu gehen, auch, weil ich Angst vor Minen und Sprengfallen hatte. Ich ging zu einem Gebäude aus Betonstein hinüber, das teilweise niedergebrannt war. Das gewellte Betondach war eingestürzt und lag in Trümmern zwischen einem Gewirr aus Eisenbetten und Plastikgartenstühlen. Zwischen den Überresten des Daches bemerkte ich eine Decke, die um einen Körper gewickelt zu sein schien. Ich hob ein 30 Zentimeter langes Bruchstück eines Ziegels auf und begann, die Trümmer wegzuräumen. Ich schob sacht die Decke beiseite und enthüllte das Gesicht eines Mannes. Dabei berührte der Ziegel seine Wange. Das Fleisch war hart und gab nicht nach. Nichts erinnerte an die Berührung eines Menschen.

Der Tote war ein Afrikaner, seine Haut tiefschwarz, aber mit europäischen Zügen, vielleicht ein Somalier. Er schien einer der ausländischen Kämpfer zu sein, die nach Tschetschenien gekommen waren, um sich dem Dschihad anzuschließen. In dieser trostlosen Ecke des Kaukasus war er nun vor seinen Schöpfer getreten. Er sah wie ein seriöser junger Mann aus: jemand, den man nach dem Weg fragen könnte, wenn man sich in einer fremden Stadt verlaufen hat, oder dem man seine Kamera anvertrauen würde, damit er ein Foto von einem macht.

Später – und ich sollte noch oft an ihn denken – stellte ich ihn mir vor, wie er mit seinem billigen Koffer und Polyesteranzug auf einem Flughafen stand, auf dem Weg in den Heiligen

Krieg, aufgeregt, aber freudig. Und ich dachte an eine Familie, die irgendwo ihrem Alltag nachging, zankende Schwestern und eine nörgelnde Mutter, nicht wissend, dass ihr Sohn hier in den Ruinen eines tschetschenischen Hauses lag, wo er gestorben war, als er den Krieg anderer gekämpft hatte.

Ich hatte genug von Komsomolskoje. Wir liefen zurück zu unserem Auto, einem zerbeulten russischen Militärjeep mit einem jungen tschetschenischen Fahrer namens Beslan, der stolz auf seine Fahrkünste war. Wir hatten vier Stunden, ehe vom Flughafen Nasran in Inguschetien das einzige Flugzeug des Tages nach Moskau abflog. Beslan versprach, uns rechtzeitig hinzubringen. Er ließ den Motor aufheulen, als wir auf die Hauptstraße einbogen, und wir rasten westwärts auf die Grenze zu. Robert und ich saßen eingeklemmt auf dem Rücksitz mit unserem tschetschenischen Führer Musa, einem Beamten der pro Moskau eingestellten Regierung, der uns mit seinem Regierungsausweis durch alle Kontrollpunkte gebracht hatte. Zwei russische Polizisten, die er für 30 Dollar am Tag als Leibwächter angeheuert hatte, teilten sich den Beifahrersitz. Auf halbem Weg zur Grenze sahen wir einen russischen Mi-24-Kampfhubschrauber. Er schwebte drohend über einem Wäldchen, aus dem Rauch aufstieg. Der Hubschrauber drehte sich langsam in unsere Richtung.

Als Nächstes erinnere ich mich, dass die feuchten Felder vor der Windschutzscheibe einer Wand aus Erde wichen. Ich weiß noch, wie ich die Arme, so fest ich konnte, gegen die Vordersitze stemmte. Ein Augenblick größter körperlicher Anspannung und dann Erleichterung, als ich spürte, wie mein Körper den übermächtigen Gesetzen der Physik gehorchte und vorwärts durch die Windschutzscheibe flog. Zu meinem Glück war das Glas Sekunden zuvor durch den Kopf eines unserer Polizeileibwächter zersplittert worden.

Die Augenblicke, die folgten, waren von unendlichem Frieden erfüllt. Ich lag rücklings auf dem Schotter der Straße, mit ausgestreckten Gliedern, und blickte zu den Wolken auf, die über den weiten tschetschenischen Himmel zogen. Ich war mir bewusst, am Leben zu sein, auf eine Weise wie nie zuvor oder seither, und obwohl ich merkte, dass ich wahrscheinlich schwer verletzt war, waren die Anzeichen dafür irgendwo weit weg, wie ein klingelndes Telefon, das man ruhig ignorieren kann. Langsam tasteten sich meine Finger auf der Straßenoberfläche herum, ließen winzige Kiesel und Stückchen Schotter hin und her rollen. Irgendwo hörte ich Stimmen, und ich atmete tief durch die Nase ein, ob ich irgendwo Benzin oder Kordit oder etwas Brennendes riechen könnte. Doch ich roch lediglich Lehm und die blühenden Gräser am Straßenrand.

Mein Geist wandert oft zu diesem Augenblick zurück und schreibt ihm je nach Stimmung verschiedene Bedeutungen zu. Der einzige Gedanke, den ich jenem Zeitpunkt und Ort mit absoluter Ehrlichkeit zuschreiben kann, ist folgender: Ich spürte eine tiefe Zufriedenheit darüber, dass jemand in Moskau auf mich wartete, und eine überwältigende Sehnsucht danach, zu Xenia und nach Moskau zurückzukehren und beide nie wieder zu verlassen.

Ein bärtiges Gesicht tauchte über mir auf und begann zu sprechen. Etwas wie ein Reflex überkam mich; ich begann zu antworten, ganz ruhig, und gab Anordnungen. Meine Schulter war ausgekugelt, und ich vermutete, dass einige Rippen gebrochen waren. Ich wies den tschetschenischen Dorfbewohner an, seinen Fuß auf mein Schlüsselbein zu stellen, meinen nutzlosen rechten Arm aufzuheben und zu ziehen. Der Schock muss den Schmerz blockiert haben, denn ich gab weiter Anweisungen, bis mein Arm wieder ins Gelenk zurücksprang. Ich sah Robert, der an meiner Seite kniete und behutsam den Schal von meinem Hals wickelte, um eine improvisierte Schlinge daraus zu machen. Als ich mich aufsetzte, bekam ich mit, dass Beslans geliebter Jeep in einen 1,20 Meter tiefen Granattrichter in der Straße gekracht war. Beslan selbst hatte sich, wie ich mit einer gewissen Befriedigung feststellte, den Kopf an seinem Lenkrad aufgeschlagen und war dabei, sich das Blut abzuwischen. Die beiden Polizisten waren schwerer verletzt und lagen mit Gehirnerschütterung am Straßenrand.

Nun ging alles sehr schnell. Ich holte Geld heraus und bezahlte alle. Im nächsten Dorf wurde ein Auto organisiert, das Robert, Musa und mich weiterbringen sollte. Ich hatte nur zwei Gedanken im Kopf – ins Flugzeug zu kommen und nie wieder nach Tschetschenien zurückzukehren. Selbst als unser zweites Auto in ein Schlagloch fuhr und ich mir ein zweites Mal die Schulter auskugelte, blendete der Wunsch, nach Hause zu fahren, jeden Schmerz aus, ja, alles in der Welt, was nicht damit zusammenhing, nach Inguschetien und in Sicherheit zu gelangen.

Irgendwie kamen wir an. Der Flughafen von Nasran wimmelte von Beamten der Bundesagentur für Sicherheit der Russischen Föderation, kurz FSB, Nachfolger des KGB, die unsere Akkreditierungen misstrauisch befingerten und uns danach ausfragten, wo wir gewesen waren. Robert und ich waren ein verdächtiges Paar. Wir trugen beide russische Militärmäntel und schwarze Strickmützen, unsere schwache Tarnung gegen auf Ausländer spezialisierte Entführer. Wir waren beide dreckig und rochen stark nach Rauch und Leichen. Mit übermenschlicher Willensanstrengung bewahrte ich die Ruhe, bestand darauf, dass wir Inguschetien nie verlassen und nie das verbotene Tschetschenien betreten hatten. Als wir in den Bus zum Flugzeug stiegen, kamen uns noch mehr Beamte des FSB nach und wollten

Roberts unentwickelte Fotos sehen. Ich schwatzte und scherzte mit ihnen, und nach einigen qualvollen Minuten gingen sie wieder. Wir stiegen die Stufen der alten Tupolew 134 hinauf, voller Angst, sie könnten es sich anders überlegen und uns aus dem Flugzeug zurück in die Welt von Tschetschenien zerren.

Erst später am Abend, im American Medical Center von Moskau, als mir ein Arzt aus Ohio mit einer kalten Stahlschere das stinkende russische Armee-T-Shirt vom Leib schnitt, brach ich in Tränen des Schmerzes und der Erleichterung aus. Xenia wartete vor der Notaufnahme auf mich. Nie zuvor hatte ich so tief empfunden, nach Hause gekommen zu sein.

Krieg und Erinnerung treiben seltsame Spiele. Man sieht verstörende Dinge, die auf der Oberfläche des Bewusstseins dahinjagen wie ein Ball beim Flippern. Doch von Zeit zu Zeit bleibt eine Erinnerung oder ein Bild plötzlich in einem Loch hängen und dringt tief ins Herz vor. Für mich war es die Erinnerung an den toten Schwarzen in Komsomolskoje, die mich in meinen Träumen zu verfolgen begann. Meine Schulter heilte schnell, doch mein Verstand schien sich infiziert zu haben. In der Nähe von Xenias Datscha gingen wir plaudernd am Fluss entlang. Doch als wir an eine leere Wiese gelangten, wo die Stille des Frühlings nur durch das Knarzen der im Wind schwankenden Kiefern durchbrochen wurde, brach ich auf einer tiefen, nassen Schneeverwehung zusammen und weigerte mich weiterzugehen. »Lass mich einfach ein paar Minuten hier«, flüsterte ich, die Augen starr auf den grauweißen Himmel geheftet. »Lass mich einfach allein.«

Ich kam zu der Überzeugung, dass der ruhelose Geist des toten Rebellen, den ich berührt hatte, in mich gedrungen war. Ich erlebte den Augenblick, als ich seine kalte Wange berührte, erneut und glaubte, dass irgendwie, wie eine elektrische Ladung, der Geist des Mannes in meinen lebendigen Körper gesprungen war. Ich träumte von den aufgewühlten Feldern von Komsomolskoje und malte mir aus, wie die erzürnten Seelen der Toten kraftlos über den Boden flatterten, wie verwundete Vögel.

Es war Xenia, die mich da herauszog. Sie fuhr einen widerwilligen Robert und mich zu einer Kirche in der Nähe meiner Wohnung, wo wir beide Kerzen für die Toten anzündeten. Doch viel wichtiger war, dass sie mir dabei half, mir ein Heim zu schaffen, ein richtiges Familienheim, mein erstes, seit ich London sieben Jahre zuvor verlassen hatte. Ich zog aus meiner Junggesellenwohnung aus und mietete mir eine Datscha tief in den Moskauer Wäldern bei Swenigorod, ganz in der Nähe von Xenias Eltern in Nikolina Gora. Wir strichen die Zimmer in hellen Farben. Ich kaufte Kelims aus Dagestan und alte Möbel, und wir rissen den alten russischen Kachelofen im Wohnzimmer ab und verwendeten die schweren alten Kacheln für einen offenen Kamin anstelle des Ofens. Xenia ersetzte die Messingknäufe an dem Kaminrost, den wir gekauft hatten, durch zwei kleine Tonköpfe, die sie getöpfert hatte. Der eine war ein Porträt von mir, der andere eines von ihr, und unsere kleinen Tonbilder sahen sich über den Kamin hinweg an.

Epilog

Mila und Mervyn kamen in grauem Londoner Nieselregen in
Heathrow an. Sie nahmen den Bus zur Victoria Station; ein Taxi
wäre zu teuer gewesen. Als sie den Westway entlangfuhren, kam
London Mila, wie sie mir erzählte, »sehr arm, sehr heruntergekommen« vor. Sie sah die alten Frauen in ihren Wollmänteln und
Kopftüchern und sagte zu ihrem frisch gebackenen Ehemann, sie
seien »genau wie unsere russischen Babuschkas«.

Mervyns kleine Zweizimmerwohnung in der Belgrave Road
in Pimlico war sehr asketisch, mit einem zerschlissenen Teppich und nur unzureichend geheizt über große braune Nacht-
speicheröfen, deren Temperatur niedrig eingestellt war, um
Geld zu sparen. Meine Mutter erinnert sich, dass Mervyns Bett
nur knapp 30 Zentimeter breit und mit dünnen Armeedecken
bedeckt war.

Als der frisch entlassene Gerald Brooke vorbeikam, um zu
fragen, ob Mila etwas bräuchte, dachte sie zuerst an richtige
Wolldecken. Nach den überheizten Wohnungen in Moskau fand
Mila die Wohnung furchtbar kalt. Um sich aufzuwärmen, ging
sie hinaus und lief schnellen Schrittes durch Pimlico. Von diesem ersten Winter in London blieb ihr vor allem »die schreck-

liche feuchte Kälte, die bis in die Knochen dringt«, in Erinnerung – »viel schlimmer als die russischen Winter«.

Meine Eltern gingen im St James's Park spazieren und ins Oberhaus zum Tee mit Lord Brockway, einem der Würdenträger, die Mervyn überredet hatte, ihm bei seinem Kampf zu helfen. Ein Freund von Mervyn nahm Mila mit ins Harrods, aber sie war nicht weiter beeindruckt. Der westliche Überfluss verblüffte sie nicht so wie manchen sowjetischen Besucher. »Wir hatten das alles in Russland – vor der Revolution«, scherzte sie, als sie ehrfürchtig durch Lebensmittelabteilungen geführt wurde. Mervyn fuhr mit ihr nach Swansea, mit Zwischenstopp in Oxford, und stellte Mila seiner Mutter vor. Obwohl sie Mervyn all die Jahre beschworen hatte, seinen Kampf aufzugeben, umarmte Lillian Mila herzlich.

Meine Mutter machte sich sofort daran, die Wohnung meines Vaters so gemütlich wie möglich zu machen. Sie stellte das alte Porzellan auf, das sie aus Russland mitgebracht hatte, und räumte ihre Bücher in die Regale. Sie gab sich größte Mühe, die perfekte Ehefrau ihrer Vorstellung zu werden, und bereitete Abendessen aus ihrer zerlesenen Ausgabe von *1000 leckere Rezepte* zu, der kulinarischen Bibel der sowjetischen Hausfrau. Sie versuchte, sich mit den Nachbarn anzufreunden, doch die meisten schnitten sie und grüßten sie nicht einmal im Hausflur – ob aus britischer Kühle oder weil Mila Bürgerin eines feindlichen Landes war, fand sie nie heraus. In diesen ihren ersten sechs Monaten wurde sie oft vom Schock der Entwurzelung überwältigt und brach in Tränen aus. Sie weinte vor Kälte, wenn sie Übersetzungen tippte, um ein bisschen Geld zu verdienen, und ihre Tränen tropften zwischen die Tasten der Schreibmaschine. Mervyn wusste nicht, wie er sie trösten sollte. Er beschloss, sie sich ausweinen zu lassen.

»Ich kann nicht sagen, dass ich vollkommen unglücklich war«, erinnert sich meine Mutter. »Aber ich glaube, ich habe zu viel Zeit meines Lebens in Moskau verbracht, um nicht schrecklich unter dem Weggang zu leiden.«

Sie vermisste ihre Freunde und die Leidenschaft und Aufregung des Dissidentenlebens – Samisdat-Bücher austauschen, auf die neue Ausgabe der Literaturzeitschrift *Nowy Mir* warten (die es sogar gewagt hatte, Solschenizyns *Ein Tag im Leben des Iwan Denissowitsch* zu veröffentlichen), Teil sein einer hingebungsvollen Gruppe Gleichgesinnter, die ihr zur Familie geworden war. Und obwohl sie nie reich gewesen war, waren sogar die kleinen Luxusgüter des sowjetischen Lebens immer erschwinglich gewesen. Doch in London reichte Mervyns Gehalt kaum für seine Bedürfnisse und schon gar nicht auch noch für Milas. Sie erinnert sich, wie sie weinend vor einer U-Bahn-Station stand, nachdem sie bei einem Kurzwarenhändler in der Warren Street ihr ganzes Geld für kleine Geschenke für ihre Moskauer Freunde ausgegeben hatte und nicht mehr genug für eine Fahrkarte übrig hatte. In einem Anfall von Großzügigkeit ging mein Vater mit ihr zu Woolworth und kaufte ihr für ein Pfund ein grünes Wollkleid. Es war das einzige Kleidungsstück, das sie sich in ihrem ersten Jahr kaufte.

Zum ersten Mal in ihrem Leben war Mila niedergeschlagen und unfähig, den unbesiegbaren Willen aufzubringen, der ihre Kämpfe seit der Krankheit in ihrer Kindheit angetrieben hatte. Sie schrieb ihrer Schwester in Moskau, welch schreckliches Heimweh sie hatte. Meine Mutter sagte nicht offen, dass sie zurück nach Hause wollte, aber Lenina fürchtete, das läge nur daran, dass ihre dickköpfige Schwester nicht zugeben konnte, all die Jahre des Kampfes seien ein Fehler gewesen. Lenina zeigte Sascha den Brief, und der setzte sich an den Küchentisch und formulierte eine Antwort. »Liebste Mila, es gibt keinen Weg zurück für Dich«, schrieb er. »Du hast Dein Schicksal gewählt und musst damit leben. Liebe Mervyn; hab Kinder.«

Nach so hohen Erwartungen, so viel Idealisierung, so vielen Opfern und Enthusiasmus, so hohen Idealen, konnte da die Wirklichkeit etwas anderes sein als eine Enttäuschung? Welche Ehe, welches Leben im Märchenland des Westens konnte je die Erwartungen von sechs Jahren Sehnsucht erfüllen? Ich glaube, für meine Eltern war der Kampf zum Selbstzweck geworden, schon viel früher, als sie es wahrhaben wollten. Als der Sieg kam, wusste keiner von ihnen, wie die Geschichte weitergehen sollte. Jahrelang waren Mervyn und Mila füreinander übermenschliche Wesen gewesen, die Berge und Täler überwanden, an die Tore des Himmels klopften, sich dem Moloch der Geschichte entgegenstellten. Doch als sie endlich zusammenkamen, als echte, lebende Menschen, mussten sie plötzlich etwas erfinden, was keiner von beiden je kennengelernt hatte – eine glückliche Familie. Nach einem Leben als Schauspieler in einem großen Drama fiel es ihnen schwerer als alles zuvor, einfach wieder menschlich zu werden.

Im Frühjahr 1970, als sie mit dem Zug aus Brighton, wo sie Russisch unterrichtet hatte, nach Hause fuhr, wurde Ljudmila einmal mehr von Melancholie überwältigt und brach in Tränen aus. Anders als in Russland kam keiner ihrer Mitreisenden auf sie zu, um sie zu trösten oder zu fragen, was mit ihr los sei. Doch dann blickte sie aus dem Fenster auf die grünen englischen Felder. »Was bin ich doch für eine Närrin«, dachte meine Mutter. »Ich habe nun sechs Monate lang geweint. Diese russische Düsternis muss aufhören.« Ganz langsam fing Mila an, sich ein eigenes Leben in London aufzubauen. Mein Vater hat Menschen immer gescheut und nie viele enge Freunde gehabt, doch meine

gesellige Mutter fand schnell englische Freunde, die ihre Wärme
und ihren Geist liebten und mit denen sie ins Theater und Ballett gehen konnte. Sie wurden für sie nie die enge, kamerad-
schaftliche Ersatzfamilie, die sie in Moskau in ihrem Freundes-
kreis gefunden hatte, doch unter kultivierten Menschen zu sein
linderte ihre Trauer um ihr altes Moskauer Leben.

Meine Mutter nahm mehr Übersetzungsaufträge an und
unterrichtete in Teilzeit an der Sussex University. Eine Organisation mit dem Namen Overseas Publications bot ihr eine Möglichkeit, Samisdat-Literatur auf Russisch herauszugeben, wodurch
sie ihre Dissidentenleidenschaft fortsetzen konnte. Sie redigierte
Das Urteil der Geschichte. Stalin und Stalinismus, eine minutiöse
Anklage des Stalinismus des regimekritischen Historikers Roi
Medwedew, und viele andere von Overseas Publications heraus-
gegebene Bücher, von denen Exemplare via Paketpost über ein
Netzwerk russischer Emigranten in ganz Europa in die Sowjetunion geschickt wurden. Überraschenderweise kamen fast alle
Bücher an und wurden von Milas Freunden in Moskau begierig
weitergegeben und mit der Schreibmaschine abgetippt. Der Leiter der Organisation erzählte Mila, er werde von einem reichen
amerikanischen Industriellen finanziert; in Wahrheit stamm-
ten die Mittel aus dem CIA-Budget für geheime antisowjetische Aktivitäten. Ebenso wurde auch Radio Liberty finanziert,
für das meine Mutter als Redakteurin arbeitete. Radio Liberty
bot ihr sogar eine Stelle als Moderatorin an, doch sie lehnte ab,
weil es ihren Aussichten darauf, eines Tages ihr Heimatland zu
besuchen, schaden könnte.

Mila verdiente bald genug eigenes Geld, um heimlich das bescheidene Haushaltsgeld aufzubessern, das ihr Mann ihr für Kleider und Bücher gab. Obwohl sie beide arm aufgewachsen waren,
gab meine Mutter Geld mit einem Genuss aus, wie mein Vater

es nie vermochte. Sie hatte immer schöne Dinge geliebt, und sobald sie konnte, kaufte sie alte Möbel und Bilder.

Mila folgte Saschas Rat: Im Sommer 1971 war sie schwanger. Ich kam am 9. Dezember 1971 auf die Welt, im Westminster Hospital, das meine Mutter »so luxuriös wie das Kreml-Krankenhaus« fand. Wegen ihrer deformierten Hüfte war es eine schwere Geburt, ich wurde mit der Zange in die Welt gezogen. Der Arzt sagte ihr, sie habe »ein wunderschönes Baby« – eine Bemerkung, die großen Eindruck bei ihr hinterließ und die sie in meiner Kindheit mir gegenüber oft wiederholte. Sowjetische Ärzte behielten ihre Meinung meist für sich. Mein Vater kratzte die Anzahlung für ein viktorianisches Reihenhaus für 16 000 Pfund in der Alderney Street zusammen, das meine Mutter mit orangefarbener Paisleytapete dekorierte, die sie im Schlussverkauf bei Peter Jones gefunden hatte. Zum ersten Mal seit ihrer frühen Kindheit hatte Mila eine richtige eigene Familie.

Im Winter 1978, neun Jahre nach ihrem Weggang, kehrte meine Mutter auf einen Besuch in die Sowjetunion zurück, mit mir und meiner kleinen Schwester Emily. Wir wohnten in Leninas Wohnung. Ich erinnere mich noch an den stetigen Besucherstrom; alle umarmten weinend im Flur meine Mutter, die je wiederzusehen sie nicht gehofft hatten. Ich fand alles völlig anders als in England, von den Schlangen in den Brotläden bis hin zu den gewaltigen Schneeverwehungen und der prunkvollen Metro. Ich glaubte genau zu verstehen, was Puschkin mit dem Geruch Russlands meinte. Es war ein ganz eigener Geruch, teilweise billiges Desinfektionsmittel, teilweise (wenn auch unerklärlich) der Geruch einer bestimmten sowjetischen Marke Vitamin-C-Tabletten, streng und künstlich. Russen rochen auch, auf eine Art, wie es die Engländer nie taten, ein überwältigender Körpergeruch, der

nicht unangenehm war, obwohl ich das Gefühl hatte, seine Sinn-
lichkeit sei irgendwie nicht sehr anständig.

Obwohl ich als Kind viel gereist war, wenn wir meinen Vater
besuchten, der überall auf der Welt akademische Posten inne-
hatte, war ich in Russland zum ersten Mal überwältigt von dem
Gefühl meiner eigenen Fremdheit. Alle wollten mir zeigen,
wie es *u nas* war, »bei uns«, und alle fragten mich, ob die englische Schokolade so gut sei wie das russische Bärenwaffelkon-
fekt (Antwort: ja), ob wir Champagner oder Spielzeugsoldaten
oder Schnee oder gar (dies von einem besonders idiotischen und
patriotischen Freund meiner Cousine Olga) so gute Autos wie
die sowjetischen hätten. Selbst mit sieben wusste ich, dass sowjetische Autos nichts taugten. Doch obwohl Russland in meiner
Fantasie so lebendig war, hatte ich niemals, selbst damals nicht,
das Gefühl, es sei etwas anderes als ein seltsamer und fremder
Ort.

Nostalgie für ein verlorenes Heimatland ist ein spezielles russisches Leiden; auf den Partys der russischen Emigrantenfreunde
meiner Mutter versuchten die Gastgeberinnen, in den Londoner
Vororten eine verlorene Welt der Russischkeit zu erschaffen.
Die Tische ächzten unter der Last von Stör und Kaviar, sauer
eingelegtem Gemüse und Wodka, die Luft war vom Rauch russischer *papirossy* geschwängert, und geredet wurde über kürz-
liche oder geplante Reisen zurück in die *rodina**. Doch meine
Mutter, trotz all ihrer Emotionalität, war nie sentimental, was
das Vaterland anging, und ich glaube nicht, dass sie Russland je
wirklich vermisste – zumindest nicht mehr, nachdem sie das
erste qualvolle Heimweh nach ihrer Ankunft in England über-
wunden hatte. Meine ganze Kindheit hindurch war sie immer

---

*   Heimat.

voll des Lobes angesichts dessen, was sie für die englischen Tugenden der Pünktlichkeit, Gründlichkeit und des guten Geschmacks ansah; das Einzige, was sie ärgerte, war der englische Geiz, den sie als Gemeinheit des Geistes betrachtete. Was sie mit den anderen Emigranten teilte, war eine tiefe Verachtung für das sowjetische Regime und eine Liebe für die neuesten zynischen politischen Anekdoten aus Russland. Einer ihrer Lieblingswitze war über Breschnews Mutter: Die alte Frau besucht ihren Parteichefsohn in seiner luxuriösen Villa am Meer und bewundert nervös die Bilder, die Möbel und die Autos. »Es ist wunderbar, Sohn«, sagt sie, »aber was machst du, wenn die Roten wiederkommen?«

Milas Beispiel erwies sich als ansteckend. Einer nach dem anderen sollten fast alle ihre Freunde und Verwandten entweder Russland verlassen oder Ausländer heiraten. 1979 erhielten Leninas ältere Tochter Nadja und ihr jüdischer Mann Juri, der auf Milas Hochzeit den Fotografen angeschrien hatte, die Erlaubnis zu emigrieren; sie gingen mit ihrer kleinen Tochter Natascha nach Deutschland. Sascha weinte am Flughafen hysterisch und versuchte, auf seinem künstlichen Bein seiner Tochter nachzulaufen, als sie durch die Passkontrolle ging. »Ich werde dich nie wiedersehen!«, rief er.

Sechs Monate später wurde Sascha von seinem Chef im Justizministerium herbeizitiert. Der Minister stand neben seinem Schreibtisch und schrie Sascha an, weil er seine Parteiorganisation nicht darüber informiert hatte, dass er nicht nur eine Schwägerin im Westen hatte. Sascha brach dort im Büro mit einem massiven Herzinfarkt zusammen und starb noch am selben Nachmittag im Krankenhaus. Nadja durfte nicht aus Deutschland zur Beerdigung kommen und machte sich ihr Leben lang Vorwürfe, schuld am frühen Tod ihres Vaters zu sein.

»Ich besuchte das Märchenland.« Der Autor mit Ljudmila und Marta Bibikowa in London, Sommer 1976. Sie brachte ihre eigene Bettwäsche mit.

Waleri Golowister, der schüchterne, Ballett liebende Freund meiner Mutter, der meine Eltern einander vorgestellt hatte, erhielt nach neun oder zehn Anträgen endlich ein Ausreisevisum. 1980 reiste er, wie Tausende andere sowjetische Juden, mit seiner Familie in die USA. Bald darauf verließ er seine Frau Tanja und outete sich endlich als Homosexueller. Er lebte mit seinem langjährigen Geliebten Slawa in New York und organisierte Ballettreisen russischer Künstler.

Waleri Schein, Mervyns Künstlerfreund von den Weltfestspielen, machte groß Karriere im Theatermanagement, wurde reich und berühmt und heiratete 1987 eine wunderschöne russophile Engländerin. Waleris Freunde erzählten sich immer wieder, wie sie einmal eine Stunde lang für Bananen Schlange gestanden und dann nur ein Kilo gekauft hatten – ein normaler sowjetischer Einkäufer hätte so viele gekauft, wie er nur tragen konnte.

Georges Nivats Verlobte Irina Iwinskaja wurde Ende 1963 aus dem Gulag entlassen. Sie heiratete einen bekannten Dissidenten und emigrierte später nach Paris. Ihre Mutter Olga, Pasternaks Lara, blieb in Moskau, wo sie 1995 starb.

Milas Nichte Olga konnte ihrer Schwester 1990 nach Deutschland folgen, indem sie einen Engländer heiratete. Sie ließ ihre Tochter Mascha in Moskau zurück, die von ihrer Großmutter aufgezogen wurde, meiner Tante Lenina. Als Mascha die Schule abgeschlossen hatte, ging auch sie für eine Krebsoperation nach Deutschland und blieb dort, wo sie irgendwann ihrer Krankheit erlag. Lenina blieb allein in Moskau zurück und starb im Mai 2008 an einem Herzinfarkt, gerade als dieses Buch erschien.

Mein Vater hat seine Reiselust nie verloren. Meine ganze Kindheit hindurch war er immer wieder monatelang weg, weil er Gastprofessuren in Harvard, Stanford, Jerusalem, Ontario und Australien annahm. Ich liebte seine wunderbaren Briefe, die er mit bunten Zeichnungen von australischen Eidechsen, Piraten und kleinen Karikaturen von sich selbst in lustigen Situationen versah – wie er aus dem Boot fiel, mit dem Auto auf der falschen Straßenseite fuhr. Und er fehlte mir schrecklich, ich wartete immer verzweifelt auf seine Briefe. Mehrmals flog ich allein – als »Minderjähriger ohne Begleitung«, komplett mit meinen Personalien am Mantel, wie Paddington Bär – und besuchte ihn in Cambridge, Massachusetts, und in San Francisco. Wir Männer unter uns aßen dann im Schlafanzug Pizza, blieben abends lange auf und sahen uns im Fernsehen Godzilla-Filme an. Auf dem Charles River in Boston brachte mir mein Vater bei, Dingis zu segeln.

Zu Hause war die Situation nicht so harmonisch, obwohl ich mich zu keinem Zeitpunkt weniger als absolut geliebt fühlte. Eher im Gegenteil: Nun, da meine Mutter keinen epischen Kampf mehr auszufechten hatte, richtete sie ihre Energien auf die Menschen, die ihr am nächsten waren – ihren Mann und ihre Kinder. Das Ergebnis war oft überwältigend. Das Reihenhaus in Pimlico war viel zu klein für diesen Dynamo emotionaler Energie. Mein Vater reagierte auf die regelmäßigen Dramen im Haus damit, dass er sich in seine eigene Welt zurückzog. Nach einem unbedeutenden Streit beim Abendessen erhob er sich schweigend vom Tisch, zog sich in sein Arbeitszimmer, seine Feste, zurück, der Tränen meiner Mutter nicht beachtend. Manchmal klirrte die Spannung im Haus wie Frost.

Im Dezember 1988 begann mein Vater dank Michail Gorbatschows Perestroika, wieder regelmäßig nach Russland zu reisen. Nach außen hin erschien ihm das Moskau der späten Sowjetzeit unverändert, doch als er das erste Mal mit dem Trolleybus fuhr, entdeckte er keine KGB-Autos, keine Schlägertypen. Zum ersten Mal fühlte sich mein Vater auf den Straßen der Stadt frei und endlich anonym.

Drei Jahre später war der Kommunismus in Osteuropa zusammengebrochen. In meinen Sommerferien 1991 war ich dort mit meiner Freundin Louise unterwegs. Zufällig kamen wir am Abend des 19. August 1991 nach Leningrad – am Vorabend des Putschversuchs gegen Gorbatschow, der letzten Todeszuckung der Kommunistischen Partei der Sowjetunion. Als wir erwachten, sahen wir im Fernsehen das grimmige Gesicht von General Samsonow, dem Kommandanten der Garnison Leningrad, der die Bürger warnte, Versammlungen von mehr als drei Menschen seien illegal. Einen Tag später stand ich auf dem Balkon des alten

Winterpalastes und blickte auf den Palastplatz voller Menschen, ein Meer aus Gesichtern und Plakaten. In der Nähe des Isaaksplatzes halfen wir Studenten dabei, Barrikaden aus Bänken und Stahlstangen über die Straßen zu bauen. Am folgenden Tag war der Newskiprospekt voller Menschen, so weit das Auge reichte: Eine halbe Million Menschen protestierten gegen das System, das drei Generationen lang fast jeden Bereich ihres Lebens bestimmt hatte. Die Parolen auf den selbst gemachten Plakaten der Demonstranten spielten mit den Worten »Freiheit« und »Demokratie«. Am selben Tag trat Boris Jelzin in Moskau vor das Weiße Haus, den Sitz des Obersten Sowjet der Russischen Föderativen Sowjetrepublik, stellte sich auf einen Panzer und sprach zu der Menge, die sich versammelt hatte, um das Gebäude gegen die reaktionären Kräfte zu verteidigen. Es war ein symbolischer Augenblick, und obwohl wir ihn in Leningrad nicht sehen konnten, weil das staatliche Fernsehen in den Händen der Putschisten war, markierte er das Ende von 74 Jahren kommunistischer Herrschaft. Der Coup scheiterte noch am selben Abend nach einem erfolglosen Versuch KGB-treuer Truppen, das Weiße Haus zu stürmen.

Auf rätselhafte Weise nehmen große Menschenansammlungen eine ganz eigene kollektive Persönlichkeit an, und in meinen Augen war die treibende Kraft hinter dieser großen Menschenmenge in Sankt Petersburg ein überwältigendes Gefühl der Rechtschaffenheit, ein Gefühl, dass die Geschichte auf unserer Seite stand. Es herrschte ein ziemlich naiv-sowjetisches Gefühl vor, dass der Verstand unbesiegbar sei – dass endlich einmal das Leben unkompliziert war, dass wir recht hatten und der Kommunismus unrecht. Ich verspürte an jenem Tag ein intensives Glücksgefühl. Vielleicht, dachte ich, wurde endlich all das Böse im Land, all das Gift, das Russland verdorben hatte, aus-

In der Datscha der Wassins, 1978. Babka Simka (oben links),
Ljudmila, Lenina, Sascha, der Autor und seine Cousine Mascha.

getrieben – durch diese vielen Hunderttausend Menschen, die
auf die Straßen gegangen waren, um das Ende eines Systems zu
fordern, das Millionen getötet hatte im Namen einer strahlenden Zukunft, die nie gekommen war. In späteren Jahren sollten
die meisten der Menschen, die in jenen Augusttagen demonst-
riert hatten, bitter von den Früchten der Demokratie enttäuscht
sein. Doch für viele in der Generation meiner Eltern – zumindest
für die, die wie Lenina unter Stalin gelitten hatten – blieb der
Fall des sowjetischen Systems für immer etwas zutiefst Wun-
dersames. Eine alte Freundin schickte meiner Mutter eine Post-
karte. »Neuscheli doschili?« schrieb sie, ein wunderbar prägnan-
ter russischer Satz, der bedeutet: »Ist es möglich, dass wir diesen
Tag erleben?«

Seltsamerweise schien meine Mutter recht unberührt von
den Ereignissen in jenem Herbst, der mit dem Sieg von Jelzins

Demokraten begann und Weihnachten mit Gorbatschows Rücktritt endete. Russland war damals ein Ort der Vergangenheit für sie; mit der für sie typischen Sturheit hatte sie einen Schlussstrich unter ihr altes Leben gezogen und war etwas Neues geworden. Sie war natürlich erfreut und sah es als Sieg der Dissidentenbewegung an, zu der sie zu einem kleinen Teil beigetragen hatte. Heute sagt sie, dass sie den ganzen Zusammenbruch der Sowjetunion von ihrer »herrlichen Isolierung« in London aus beobachtet hatte; große Gefühle kamen angesichts der Nachricht nicht auf. Doch ein Augenblick hallte in ihr nach, denke ich: In der Nacht bald nach dem Scheitern des Putsches versammelte sich eine tosende Menge vor der ehemaligen KGB-Zentrale am Lubjankaplatz und schrie nach Rache, weil der KGB die Reaktionäre unterstützt hatte. Ein Stahlseil wurde um den Hals der finsteren, lang gestreckten Statue Felix Dserschinskis gelegt, die auf einem Sockel mitten auf dem Platz stand. Ein Kran zerrte den eisernen Felix in die Luft, wo er über der Menge hin und her schwang, so als würde er gelyncht. Sie hatte immer daran geglaubt, dass die Sowjetmacht noch zu ihren Lebzeiten zusammenbrechen würde, sagte sie, aber erst in diesem Augenblick glaubte sie wirklich, dass es endlich geschehen war.

Ein Jahr später, 1992, ging mein Vater durch die Türen der Lubjanka, auf dem Weg zu einem Termin mit der neu gebildeten Presseabteilung des KGB. Alexei Kondaurow saß in einem vornehmen Büro mit Blick über den Hof, auf dem einst Gefangene exekutiert wurden. Der KGB – oder FSK, wie er in den frühen Jelzin-Jahren hieß – sei daran interessiert, Brücken zu Sowjetologen im Westen aufzubauen, sprudelte es aus Kondaurow heraus, während Mervyn an Zitronentee nippte. Er bat Mervyn sogar, für die neue Zeitschrift des FSK einen Artikel darüber zu schreiben,

wie er aus dem Ausland Recherchen über die Sowjetunion an-
gestellt hatte. Mein Vater interessierte sich mehr dafür, Kontakt
zu seinem einstigen Führungsoffizier in spe, Alexei Sunzow, aufzunehmen. Der FSK-Mann gab freundliche Geräusche von sich,
doch weiter wurde nichts daraus.

1998 hatten wir mehr Glück, als ich im Namen meines Vaters
die Pressestelle des SWR, des russischen Auslandsnachrichten-
dienstes, anrief. Ich plauderte mit General Juri Kobaladse, dem
aalglatten Pressesprecher, und lud ihn zu einem teuren Mittagessen inmitten der ausländischen Geschäftemacher in Moskaus
bestem französischem Restaurant, Le Gastronome, ein. Kobaladse verriet mir, dass Sunzow gestorben war, seine Witwe aber
noch lebte.

Wir fanden Inna Wadimowna Sunzowa über Waleri
Weltschko, den Leiter des Klubs der KGB-Veteranen. In den
Büroräumen des Klubs hinter der Metrostation Oktjabrskaja
wurden wir einer dicken 70-Jährigen mit freundlichem Ge-
sicht vorgestellt. Sie und mein Vater gaben sich misstrauisch die
Hand. Sie erkannten sich nicht, obwohl sie sich zweimal begeg-
net waren, einmal 1959 im Restaurant Ararat – nein, verbesserte
Sunzowa, im Budapest. Sie waren außerdem einmal in Alexeis
Auto auf die Leninberge gefahren, um Moskau bei Nacht zu
sehen.

Sunzowa kramte in ihrer Tasche und holte ein Foto von Alexei in Uniform heraus, das ein kleiner Schock für meinen Vater
war, obwohl er gewusst hatte, dass Alexei ein KGB-Offizier war.

»Ich weiß, dass er bitter enttäuscht von Ihnen war«, erzählte
Inna meinem Vater. »Er klagte: ›Matthews, dieser böse Junge, hat
mich schwer enttäuscht, und das nach allem, was ich für ihn
getan habe.‹ Als es mit Ihnen nichts wurde, wirkte sich das auf
jeden Fall negativ auf die Stellung meines Mannes im Dienst aus.«

Mervyn fragte nicht, wer seine Ehe verhindert hatte. Er bezweifelte, dass es Alexei war, und glaubte auch nicht, dass Inna etwas darüber wusste. Sie wirkte überrascht, als Mervyn ihr die Geschichte seines Kampfes erzählte. Inna gab Mervyn nach einigem Zögern ein Foto von Alexei in Zivil.

Mervyns ältester russischer Freund, der KGB-Mann Wadim Popow, war verschwunden. Mervyn recherchierte seinen Namen in der Leninbibliothek, doch außer seiner Doktorarbeit gab es von ihm keine weiteren Publikationen. Das Institut für Orientalische Studien, an dem er studiert hatte, war zusammengestrichen worden.

Mein Vater fand allerdings Igor Wail, den Doktoranden, den der KGB benutzt hatte, um ihm eine Falle zu stellen. Er suchte seinen Namen einfach im Moskauer Telefonbuch. Wie sich herausstellte, hatte Wail 30 Jahre auf die Gelegenheit gewartet, sich für den Vorfall mit dem roten Pullover entschuldigen zu können. Er war an dem schicksalhaften Morgen in die Lubjanka zitiert worden, erzählte er meinem Vater, und man hatte ihn zwei Stunden lang bedroht. Mervyns Zimmer war verwanzt gewesen, und der KGB hatte kompromittierende Dinge aufgezeichnet, die Igor gesagt hatte, als er Mervyn besuchte. Igor wäre von der Universität geflogen, wenn er nicht bei dem Hinterhalt mitgemacht hätte; er hatte kaum eine Wahl gehabt. Mervyn vergab ihm anstandslos. »Das war in einem anderen Leben und in einer anderen Welt«, sagte er zu Wail. »All das liegt nun hinter uns.«

Mein Vater und ich, wir trafen uns in den Neunzigerjahren immer wieder in Moskau. Die Begegnungen waren selten entspannt. Mein Vater missbilligte definitiv meinen zweifelhaften, unkonventionellen Lebensstil. Im Gegenzug war er in meinen Augen ein mürrischer Spielverderber. Zorn ist immer so viel un-

komplizierter als Liebe, und über große Zeiträume meines Erwachsenenlebens wählte ich, aus keinem Grund, den ich so ohne
Weiteres identifizieren könnte, zornig auf meinen Vater zu sein.
Zornig auf eingebildete (und wirkliche) Kränkungen als Heran-
wachsender, zornig auf seinen Mangel an Fantasie und seine Weigerung, mich zu finanzieren, als ich meiner eigenen frönte. Ich
glaube, er fand mich verwöhnt und undankbar. »Du hattest so
viele Vorteile, Owen«, schimpfte er mich als Kind. »So viele Vorteile.«

Erst gegen Ende meiner Zeit in Moskau, als ich einen großen Teil meiner Aggression gegen die Welt im Allgemeinen ab-
gearbeitet hatte, ließ ich mich dazu herab, zu versuchen, meinen
Vater zu verstehen, dessen Leben mein eigenes unwissentlich so
nah gefolgt war. Ich hatte mich lange geweigert zu glauben, dass
die Leben meiner Eltern etwas mit meinem eigenen zu tun hatten, doch nun akzeptierte ich endlich, dass die Zeit gekommen
war, die Augenblicke aufzuzeichnen, in denen Russland in mich
eingegriffen hatte wie zuvor in meinen Vater. Wir hatten beide
etwas von uns selbst hier gefunden, und diese Erkenntnis ließ
in mir ein Gefühl der Kameradschaft zu dem alten Mann ent-
stehen. Das Gefühl war tonlos, doch es knackte.

Mein Vater hat einen großen Teil seines Alters damit verbracht, sich in sich selbst zurückzuziehen, und arbeitet hart
daran, sich hinter einer Mauer aus Einsamkeit zu verstecken. Es
ist seltsam: Solange meine Eltern durch die Politik, durch einen
anscheinend unüberbrückbaren ideologischen Graben voneinander ferngehalten wurden, zog sie eine Willenskraft, ein Ma-
gnetismus zueinander und gab ihnen Hoffnung und Mut in den
sechs Jahren ihrer Trennung. Doch nun, ein halbes Leben später, ist die treibende Dynamik in meiner Familie eine Zentri-
fugalkraft, die uns physisch auseinandertreibt. Mein Vater ver-

bringt heute viel Zeit in Fernost, weit weg von allen, die ihn kennen. Er reist in Nepal und China und Thailand, schlendert an Stränden entlang, wohnt ihn gemieteten Zimmern, liest und schreibt Gedichte. Zu Hause in London haben meine Eltern eine Art Waffenstillstand geschlossen – begründet vielleicht auf der Erkenntnis, dass das Leben plötzlich vorbeigezogen war und aus der langen Reihe häuslicher Scharmützel, die sie gegeneinander ausgetragen hatten, kein Sieger hervorgehen konnte.

Mein Vater und ich kamen zu einer Art Versöhnung und Annäherung, nachdem ich Xenia geheiratet hatte. Wir zogen nach Istanbul, wo meine Söhne Nikita und Theodore zur Welt kamen, doch wir verbrachten jeden Winter in der Familiendatscha von Xenias Familie. Mein Vater kam dann und wohnte in der riesigen Wohnung meiner Schwiegereltern in einer Seitenstraße des Arbat, ganz in der Nähe der Starokonjuschenny-Pereulok. Er verbrachte seine Zeit damit, in Buchläden zu stöbern, voller Verwunderung, dass im Dom Knigi* auf dem Neuen Arbat so viel Literatur zu finden war und dass er mit seiner englischen Kreditkarte zahlen konnte. Auf den Straßen waren Werbetafeln für die russische Ausgabe der GQ (auf der letzten Ausgabe prangte sogar ein schmeichelhaftes Porträt seines kriegsberichterstattenden Sohnes) und ein Verkaufsstand für Handys.

In den letzten Tagen des Jahres 2002 fuhren wir zur Datscha hinaus. Es herrschte klirrender Frost, und die hohen Kiefern von Nikolina Gora standen in deutlichem Kontrast zum hellblauen Winterhimmel. In der Ferne zeichnete sich eine Reihe Bäume dunkel gegen die Schneefelder ab. Die Luft war so kalt, dass sie in den Lungen brannte.

---

* Haus des Buches, eine Buchhandlung.

Mein Vater und ich gingen auf der zugefrorenen Moskwa spazieren. Ich lieh ihm den schweren Mantel, den er sich in den Fünfzigerjahren in Oxford gekauft hatte. Ich selbst trug einen zotteligen Schaffellmantel der sowjetischen Armee. Mein Vater wurde sichtlich alt. Seine Hüfte bereitete ihm Probleme, und er humpelte und stolperte in den Schneeverwehungen auf der Uferböschung des Flusses. Es war so kalt, dass der tiefe Schnee auf dem Eis des Flusses wie Dielen unter unseren Stiefeln knarzte.

»Nicht gerade umwerfend, wirklich«, sagte mein Vater über sein Leben. »Nicht gerade umwerfend. Als mir klar wurde, dass ich nicht wieder zurück nach Oxford kommen würde, gab ich auf. Wenn ich mir so ansehe, was ich erreicht habe, ist das ziemlich bescheiden. Ziemlich bescheiden.«

Es folgte ein langes Schweigen. Der Wind stöhnte leise und wirbelte den Schnee auf.

»Aber du hast gewonnen. Du hast Mutter aus Russland geholt. Das war doch eine große Leistung, oder?«

Er nickte missbilligend und seufzte. »Ich dachte, ich wäre überglücklich, wenn ich sie heraus hätte, aber das war ich nicht. Die Probleme begannen fast sofort, alle möglichen Spannungen. Ich dachte, ich warte ein paar Monate ab, ob es besser wird. Und es wurde besser, zu einem gewissen Grad. Also ließ ich die Dinge einfach laufen.«

»Hast du je daran gedacht aufzugeben?«

»Nein. Ich habe nicht einmal daran gedacht. Ich hatte mich entschieden und ihr mein Wort gegeben, und das war's. Obwohl ich mir nie hätte vorstellen können, dass es so lange gehen würde. Nach fünf Jahren waren wir noch keinen Schritt weitergekommen. Wenn sie sich von mir getrennt hätte, wäre ich, glaube ich, ziemlich schnell darüber hinweggekommen. Da war dieser

Erik ... Ich wusste nie, ob da irgendwas lief, aber ich dachte, sie würde ihn nehmen, wenn es nicht mit uns klappte.«

Er redete, als sei es nicht er selbst, den er beschrieb, sondern jemand, den er kannte – unbeteiligt, ohne Schmerz, aber mit einer Spur professionellen Bedauerns, wie ein Chirurg, der einen gebrechlichen Patienten gründlich untersucht.

»Ich war sehr berührt, als sie mir erzählte, was sie alles durchgemacht hatte, ihre Kindheit, der Krieg. Schrecklich, wirklich. Es traf mich tief. Sie hatte so ein elendes Leben gehabt, dass ich es irgendwie wiedergutmachen wollte. Das war ein wichtiger Teil des Ganzen. Und dann war da noch die körperliche Behinderung.«

Ein röhrendes Schneemobil kam auf uns zu. Mein Vater zuckte zusammen, als wir beiseitetraten und es in einer Abgaswolke an uns vorbeifuhr. Durch die Bäume auf der hohen Uferböschung konnten wir die steilen Dächer der Datschen der neuen Superreichen Russlands sehen – Xenias neue Nachbarn –, erbaut auf Grundstücken, die Millionen wert waren. Die alte Datscha von Andrei Wyschinski, dem Generalstaatsanwalt, der das Todesurteil meines Großvaters unterzeichnet hatte, war als falsches französisches Schloss wieder aufgebaut worden. Eine neue Welt.

»Wer hätte gedacht, dass sich die Dinge so schnell ändern würden? Ich hätte mir nie vorstellen können, dass es noch zu meinen Lebzeiten geschehen würde.«

An jenem Abend, in der Küche der Datscha, rührte mein Vater seinen Tee mit demselben durchlöcherten Löffel, der ihn auf allen seinen Reisen wie ein Talisman begleitet hatte. Wir hatten einen unbedeutenden Streit über meine Schwester, und er stolzierte nach oben, mich mit der Teetasse wegwedelnd. Eine halbe Stunde später kam er zurück. Wir wechselten das Thema

Mervyn und Ljudmila, London 2006.

und redeten noch eine Weile. Als er aufstand, um zu Bett zu gehen, beugte er sich unvermutet vor und umarmte mich, der ich auf dem Küchentisch saß, und küsste mich flüchtig auf den Kopf.

Ein letztes Bild. Meine Mutter, auf der Terrasse in unserem Garten in Istanbul, mit dem vierjährigen Nikita. Sie ist 72 Jahre alt, ihre Hüfte bereitet ihr Beschwerden, und sie geht am Stock. Doch als ich sie aus dem Fenster meines Arbeitszimmers beobachte, sehe ich, wie sie den Stock beiseitelegt und ein Stück altes Seil mit einer Schere abschneidet. Kit schaut begeistert zu, als sie anfängt, Seil zu springen. Langsamer, schneller, das Seil vor sich überkreuzend, sagt sie Kinderreime auf, die sie auf dem Spielplatz in Werchnedneprowsk gelernt hat. Kit ist begeistert und singt die Reime selbst. Er wedelt mit den Armen in der Luft und rennt in kindlicher Begeisterung im Kreis herum. »Eins-zwei, eins-zwei-drei, der Hase lugt hinter dem Baum hervor«, singt meine Mutter, genau, wie sie es gelernt hat, als sie so alt war wie Kit und eines von Stalins Kindern. Wie so viele russische Kinderreime ist er wunderbar rhythmisch, absurd und grausam.

> »Jäger zielt mit seinem Gewehr,
> Schießt den Hasen, peng-peng-peng,
> Schnell ins Krankenbett mit ihm!
> Der Hase sieht ganz tot aus.
> Bring ihn heim, drei-vier-fünf,
> Guck! Der kleine Hase lebt!«

Danksagung

Dieses Buch hat einen langen, steinigen Weg hinter sich – tatsächlich habe ich vor einem halben Leben begonnen, mir erste Notizen dazu zu machen. Es sollte viele Jahre dauern, bis daraus das Memoir wurde, das es heute ist. All meinen Freunden und Kollegen, die meine schriftstellerischen Agonien über diesen langen Zeitraum ertrugen, schulde ich großen Dank. Sie halfen mir zu erkennen, dass es nicht darum gehen sollte, über mich selbst zu schreiben, sondern über Russland.

Fast alle meiner engen Freunde bekamen über die Jahre immer wieder verschiedene Teile des Manuskripts zu lesen. Jahr für Jahr beteuerte Andrew Paulson, dass ich das Zeug zum Schreiben habe, was mir sehr hilfreich war, auch wenn es vermutlich häufig nicht stimmte. Melik Kaylan versicherte mir schmeichelhafterweise, mein Schreiben sei »überraschend gut«. Charlie Graeber, Andrew Meier, Michael FitzGerald, Mark Franchetti und Masha Lipman waren so freundlich, das ganze Manuskript ausführlich zu redigieren und zu kommentieren, als es endlich einigermaßen Form angenommen hatte; ihr Rat und ihre Freundschaft waren von unschätzbarem Wert. Martin Dewhirst war so nett, mir akribische Korrekturen meiner technischen und orthografischen Fehler in der ersten Ausgabe zu schicken.

Mia Foster war die Erste, die das Projekt anregte: »Warum schreibst du nicht ein Buch, Owen?«, sagte sie am Kamin in Charlie Bausmans Datscha in Nikolina Gora – und es war Charlie, der mich dazu brachte, schließlich anzufangen. Aber eigentlich habe ich es meinen Geschichtstutoren in Christ Church zu verdanken, dass ich es überhaupt in Erwägung ziehen konnte, ein geschichtliches Werk zu schreiben, noch dazu ein so persönliches: William Thomas, Katja Andrejew und dem verstorbenen Patrick Wormald. Robin Aizlewood eröffnete mir die russische Literatur als intellektuelle Erfahrung, im Gegensatz zur emotionalen Erfahrung, die mir meine Mutter in meiner Kindheit gegeben hatte.

In Russland gebührt vielen Freunden und Komplizen mein Dank, auch wenn sie wahrscheinlich entsetzt sein werden, sich auf ein und derselben Liste wiederzufinden: Isabel Gorst, Ed Lucas und Masha Naimushina sowie Ab Farman-Farmaian, Vijay Maheshwari und Robert King. Mit Mark Ames und Matt Taibbi teilte ich eine dunkle Faszination für die düstere Schattenseite Moskaus. Sie erwiesen sich als großartige Chronisten jener seltsamen und wilden Jahre.

In Istanbul, wohin ich mich die meiste Zeit während des Schreibens dieses Buches flüchtete, war mir Gunduz Vassaf ein weiser und zuverlässiger guter Freund so wie auch Professor Norman Stone. Andrew Jeffreys war mein engster Vertrauter und teilte mit mir meine Abenteuer nach der Zeit in Moskau. Georgiana Campbell überließ mir ihr Cottage in Dorset, damit ich mit der Niederschrift beginnen konnte. Jean-Christophe Iseux kennt mich am längsten und besten von allen; er ist einer der wenigen Menschen, der wirklich das Leben seiner Wahl lebt, was mich dazu inspiriert, es ihm eines Tages gleichzutun.

Marc Champion und Jay Ross von der *Moscow Times* haben aus mir einen Journalisten gemacht, im Gegenzug machte ich ihnen vermutlich das Leben zur Hölle, weil ich mich für so viel talentierter hielt, als ich es eigentlich war. Bei *Newsweek* war mir Bill Powell der ideale Chef und Mentor, *il miglior fabbro* von Reportagen, der mir je begegnet ist. Chris Dickey hatte großen Einfluss auf mich und war mir ein treuer Verbündeter. Mike Meyer und Fareed Zakaria begnügten sich jahrelang mit einem Korrespondenten, der immer mit halbem Kopf bei seinem Buch war, und beschwerten sich nie.

Doch wichtiger als alle anderen war Michael Fishwick bei Bloomsbury, der einen unerschütterlichen Glauben an dieses Buch hatte, weit über seine Pflicht oder die Vernunft hinaus. »Warte auf mich, aber warte vor allem geduldig«, schrieb Konstantin Simonow über die sowjetischen Frauen, die auf die Heimkehr ihrer Lieben aus dem Krieg warteten, nie wissend, ob sie je zurückkommen würden. Fishwick weiß, wie sie gefühlt haben. Ohne seinen Glauben an mich wäre nichts von all dem je Wirklichkeit geworden. Trâm-Anh Doan und Emily Sweet waren Paradebeispiele an Langmut und Effizienz.

Meine US-Agentin Diana Finch hat eine Menge Zeit und emotionale Energie in die Entstehung dieses Buches gesteckt. Bill Hamilton, mein Londoner Agent, war ein Fels in der Brandung angesichts der ständig wechselnden Planung und der ständig wechselnden Geschicke seines Autors.

Dieses Buch ist meinen Eltern gewidmet – ich schulde ihnen unendlichen Dank für die Hilfe bei der Niederschrift ihres Lebens. Ich habe viel auf die beiden Bände der Memoiren *Mervyn's Lot* und *Mila and Mervusya* meines Vaters zurückgegriffen.

Meine Mutter hat mir nicht nur ausführlich ihre Erinnerungen erzählt, sie versah das endgültige Manuskript mit vielen hilfreichen Randnotizen. Meine Tante Lenina war mir jahrelang eine liebe Freundin und Inspiration; es macht mich sehr traurig, dass sie nur wenige Tage, ehe ich ihr die ersten Druckfahnen dieses Buches zeigen konnte, im Schlaf starb. Meine Schwester Emily hat das Buch in all seinen Inkarnationen intelligent und furchtlos kritisiert. Meine Schwiegereltern Alexei und Anna Krawtschenko haben nicht nur taktvoll jahrelang meine Launenhaftigkeit, meine Trunksucht, meine Verzweiflung und allerlei andere Allüren ignoriert, sie haben auch immer darauf bestanden, mich allen Kommenden als »den Schriftsteller der Familie« vorzustellen. Nach einem Jahrzehnt voller Mühen ist dies nun fast wahr geworden.

Doch die bei Weitem größte Last fiel meiner Frau Xenia zu. Seit sie mich kennt, habe ich an diesem Buch gearbeitet. Zwei Kriege, zwei Kinder und einen Umzug in ein neues Land später saß ich immer noch daran. Irgendwie wird sie sich daran gewöhnen müssen, mit mir allein zu leben, nun, da das Buch endlich geboren und draußen in der Welt ist. Ohne sie hätte ich es nicht geschafft.

Bibliografie

Die auf Deutsch erschienenen Titel sind in Übersetzung aufgeführt.

[Achmatowa, Anna], *The Complete Poems of Anna Akhmatova*, Brookline: Zephyr 1998. Deutsche Auswahl: *Liebesgedichte*, Berlin: Insel 2013.

Amis, Martin, *Koba der Schreckliche – die zwanzig Millionen und das Gelächter*, München: Hanser 2007.

Applebaum, Anne, *Der Gulag*, Berlin: Siedler 2003.

Beevor, Antony, *Stalingrad*, München: Goldmann 2001.

Bulgakow, Michail, *Das hündische Herz. Eine fürchterliche Geschichte*, Galiani, Berlin 2013.

Camus, Albert, *Actuelles, III: Chroniques algériennes 1939–1958*, Paris: Gallimard 1958.

Conquest, Robert, *Ernte des Todes*, München: Langen-Müller 1988.

Conquest, Robert, *Der große Terror. Sowjetunion 1934–1938*, München: Langen-Müller 2001.

Figes, Orlando, *Nataschas Tanz. Eine Kulturgeschichte Russlands*, Berlin: Berlin 2002.

Ginsburg, Jewgenija, *Marschroute eines Lebens*, München: Piper 1986.

Gogol, Nikolai, *Der Mantel und andere Erzählungen*, Frankfurt am Main: Insel 1977.

Grossman, Wassili, *Leben und Schicksal*, Berlin: Claassen 2007.

Grossman, Wassili, *Ein Schriftsteller im Krieg. Wassili Grossman und die Rote Armee 1941–1945*, München: Bertelsmann 2007.

Koch, Stephen, *Double Lives: Stalin, Willi Munzenberg and the Seduction of the Intellectuals*, New York: Enigma 2004, rev. Neuausgabe.

Koestler, Arthur, *Sonnenfinsternis*, München/Hamburg/Wien: Europa 2001.

Kotkin, Stephen, *Magnetic Mountain: Stalinism as a Civilization*, Berkeley: University of California Press, 1997.

Mandelstam, Nadeschda, *Das Jahrhundert der Wölfe. Eine Autobiographie*, Frankfurt am Main: S.Fischer 1971.

Mandelstam, Ossip, *Gedichte*, Frankfurt am Main: S.Fischer 1959.

Matthews, Mervyn, *Privilege in the Soviet Union*, London: Unwin Hyman 1978.

Matthews, Mervyn, *Poverty in the Soviet Union*, Cambridge: Cambridge University Press 1986.

Matthews, Mervyn, *Mila and Mervusya: A Russian Wedding*, Bridgend: Seren 2002.

Matthews, Mervyn, *Mervyn's Lot*, Bridgend: Seren 2003.

Massie, Robert K., *Peter der Große. Sein Leben und seine Zeit*, Frankfurt am Main: Athenäum 1982.

Medwedew, Roy, *Das Urteil der Geschichte. Stalin und Stalinismus*, Berlin: Dietz 1992.

Meier, Andrew, *Black Earth: A Journey through Russia after the Fall*, New York: W.W.Norton 2005.

Merridale, Catherine, *Steinerne Nächte. Leiden und Sterben in Russland*, München: Karl Blessing 2001.

Merridale, Catherine, *Iwans Krieg: Die rote Armee 1939–1945*, Frankfurt am Main: S.Fischer 2006.

Montefiore, Simon Sebag, *Stalin. Am Hof des roten Zaren*, Frankfurt am Main: Fischer 2006.

Moynahan, Brian, *The Russian Century: A Photographic History of Russia's 100 Years*, New York: Random House 1994.

Pasternak, Boris, *Doktor Schiwago. Roman*, Frankfurt am Main: S.Fischer 1959.

Rasgon, Lew, *Nichts als die reine Wahrheit. Erinnerungen*, Berlin: Volk und Welt 1992.

Remnick, David, *Lenin's Tomb: The Last Days of the Soviet Empire*, New York: Vintage 1994.

Rilke, Rainer Maria, *Die Gedichte*, Frankfurt am Main: Insel 2006.

Bibliografie

Rybakow, Anatoli, *Die Kinder vom Arbat*, Berlin: Aufbau 2002.

Schalamow, Warlam, *Schocktherapie. Kolyma-Geschichten*, Berlin: Volk und Welt 1990.

Simonow, Konstantin, *Tage und Nächte. Roman mit einem Epilog*, Berlin: Verlag der Sowjetischen Militärverwaltung in Deutschland 1947.

Solschenizyn, Alexander, *Der Archipel GULAG*, Bern/München 1974.

Solschenizyn, Alexander, *Krebsstation. Roman in zwei Büchern*, Neuwied/Berlin: Luchterhand 1969.

Solschenizyn, Alexander, *Ein Tag im Leben des Iwan Denissowitsch. Erzählung*, Berlin: Herbig 1963.

Thomas, Dylan, *Windabgeworfenes Licht. Gedichte*, Frankfurt am Main: Fischer Taschenbuch 1995.

Werth, Alexander, *Rußland im Krieg 1941–1945*, München: Droemersche 1965.

[Zwetajewa, Marina]: Tsvetaeva, Maria, *Selected Poems*, New York: Penguin 1994. Deutsche Auswahl: *Liebesgedichte*, Frankfurt am Main: Insel 2008.

Personenregister

Abel, Rudolf (eigtl. William Fisher) 301

Adschubei, Alexei Iwanowitsch 270

Afanasjew, Juri Nikolajewitsch 154, 185

Alexinski, Grigori Alexejewitsch 318f., 321

Alexinsky, Grégoire 318f.

Allilujewa, Swetlana (eigtl. S. Iossifowna Stalin) 320

Aragon, Louis 157

Armstrong, Neil 332

Bach, Johann Sebastian 164, 211

Batner, F.A. 74

Battersby 265, 271

Battista, Fulgencio 178

Bedny, Demjan (eigtl. Jefim Alexejewitsch Pridworow) 52

Berlin, Isaiah 274, 320

Bernstein, Jonas 290

Bibikow, Alexandr 32

Bibikow, Boris Lwowitsch 9f., 19, 23, 26–35, 38–43, 46–49, 51, 54, 57–79, 88–90, 121–123, 129, 139f., 146, 149, 152–154, 159, 223

Bibikow, Issaak Lwowitsch 32, 34, 90–92, 109, 123, 124, 152

Bibikow, Jakow Lwowitsch 25, 32, 34, 90, 121–126, 129f., 135, 138f., 152

Bibikow, Lew 32

Bibikowa, Lenina Borissowna *siehe* Wassina, Lenina Borissowna

Bibikowa, Ljudmila Borissowna *siehe* Matthews, Lyudmila

Bibikowa, Marta Platonowna (geb. Schtscherbakowa) 18f., 23, 26–30,

35–39, 42, 60, 64f., 88–90, 92–95, 104f., 123, 129, 140–150, 175, 183, 263, 367

Bibikowa, Sofija Naumowna 32, 90, 140, 152f.

Bibikowa, Warwara 122f., 129, 132f., 139

Bilibin, Iwan Jakowlewitsch 105

Bljucher, Wassili Konstantinowitsch (eigtl. W.K.Gurow) 122

Blok, Alexandr Alexandrowitsch 21

Brandt 74

Breschnew, Leonid Iljitsch 281

Breschnewa, Natalija Denissowna 366

Brimelow, Thomas 330, 332

Brockway, Fenner Baron 360

Brooke, Gerald 285f., 296, 301, 314, 329–334, 359

Bucharin, Nikolai Iwanowitsch 56

Bugajewa, Marusja 53

Bulgakow, Michail Afanasjewitsch 349

Bunin, Iwan Alexejewitsch 155

Buzenko 74

Charlamowa, Marija Nikolajewna 135f.

Charms, Daniil (eigtl D. Iwanowitsch Juwatschow) 21

Chruschtschow, Nikita Sergejewitsch 48, 79, 152f., 157, 162, 252, 258–261, 270, 280

Chruschtschowa, Nina Petrowna 258f.

Churchill, Winston 175, 258

Corneille, Pierre 156

Cubitt, Thomas 172

Cumber, Frederick 286

Deakin, Bill 258, 264, 271, 289

Deason, Derek 315f., 321, 326–330, 333, 336–340, 342

Owen Matthews

Moskau Babylon

Roman.
Aus dem Englischen von
Hans-Ulrich Möhring.
Gebunden mit Schutzumschlag.
Auch als E-Book erhältlich.
www.graf-verlag.de

»Grandios!« Le Figaro Mazazine

Boomtown Moskau der neunziger Jahre: Fasziniert und abgestoßen zugleich schaut PR-Manager Lambert zuerst von außen in die Abgründe dieser Welt aus Kommerz, Drogen und Luxus. Dann verliebt er sich in die schöne Sonia und wird, ohne es zu wollen, zum Dostojewskischen Helden. Ein literarischer Thriller der Extraklasse.

*»***Moskau Babylon** *trinkt man auf Ex, wie einen eiskalten Wodka.«*
Livres Hebdo

GRAF